U0574598

权威·前沿·原创

皮书系列为
"十二五"国家重点图书出版规划项目

四川蓝皮书

BLUE BOOK OF
SICHUAN

2015 年
四川经济形势分析与预测

ANALYSIS AND FORECAST OF ECONOMY OF SICHUAN
(2015)

主　编／杨　钢
副主编／达　捷　陈　映　魏良益

社会科学文献出版社
SOCIAL SCIENCES ACADEMIC PRESS（CHINA）

图书在版编目（CIP）数据

2015 年四川经济形势分析与预测/杨钢主编. —北京：社会科学文献出版社，2015.1
（四川蓝皮书）
ISBN 978 - 7 - 5097 - 6946 - 1

Ⅰ.①2… Ⅱ.①杨… Ⅲ.①区域经济 - 经济分析 - 四川省 -
2014 ②区域经济 - 经济预测 - 四川省 - 2015 Ⅳ.①F127.71

中国版本图书馆 CIP 数据核字（2014）第 300612 号

四川蓝皮书
2015 年四川经济形势分析与预测

主　　编/杨　钢
副 主 编/达　捷　陈　映　魏良益

出 版 人/谢寿光
项目统筹/高振华
责任编辑/高振华

出　　　版/社会科学文献出版社·皮书出版分社（010）59367127
　　　　　　地址：北京市北三环中路甲29号院华龙大厦　邮编：100029
　　　　　　网址：www. ssap. com. cn
发　　　行/市场营销中心（010）59367081　59367090
　　　　　　读者服务中心（010）59367028
印　　　装/北京季蜂印刷有限公司

规　　　格/开　本：787mm × 1092mm　1/16
　　　　　　印　张：26.75　字　数：446千字
版　　　次/2015年1月第1版　2015年1月第1次印刷
书　　　号/ISBN 978 - 7 - 5097 - 6946 - 1
定　　　价/89.00元

皮书序列号/B - 2015 - 408

本书如有破损、缺页、装订错误，请与本社读者服务中心联系更换

▲▲ 版权所有 翻印必究

编　委　会

主　任　李后强　侯水平

副主任　杨　钢

委　员　达　捷　林　彬　张克俊　蓝定香　王晓琪
　　　　　伏绍宏　李　玲　徐学书　卢阳春　陈　映
　　　　　魏良益

主要编撰者简介

杨 钢 研究员，经济学硕士，研究生导师，四川省社会科学院副院长，四川大学兼职教授。享受国务院特殊津贴的专家，四川省有突出贡献的中青年优秀专家，曾为四川省科技顾问团顾问，四川省学术技术带头人。主要研究领域：宏观经济学、产业经济学。主持、主研国家基金课题和省规划课题十余项，出版学术专著、公开发表学术论文百余本（篇），获四川省人民政府二等奖4项、三等奖6项。多项政策建议被省委省政府采纳。

达 捷 研究员，经济学博士，四川省社会科学院产业经济研究所所长。长期从事产业经济、金融投资与资本市场领域的研究以及政府和企业顾问工作。出版学术专著，在经济类核心学术刊物发表论文及主持、参与各类课题研究计数十项，多项成果获优秀科研成果奖，多项政策建议成为政府决策的参考。

陈 映 研究员，经济学博士，硕士生导师，四川省社会科学院产业经济研究所副所长、《经济体制改革》杂志副主编。长期从事区域经济、产业经济等领域研究工作。独著和合著学术专著十余部，在 CSSCI 来源期刊上发表论文数十篇，主持和主研国家社会科学基金课题和省级规划课题数十项。获第五届吴玉章人文社会科学优秀奖1项，获四川省哲学社会科学优秀成果一等奖2项、二等奖2项、三等奖1项。

魏良益 副研究员，管理学博士，四川省社会科学院乐山分院副院长，四川省社会科学院产业经济研究所产业投资与资本营运研究室主任。主要研究领域：产业经济、企业管理、创业与创新管理。主要研究成果：主持国家社科基金课题1项；主持省软科学计划课题2项；主研省规划课题多项，主研省部级横向课题多项；对策建议多项获省领导批示；公开发表 CSSCI 来源期刊论文数十篇。

摘　要

　　《2015 年四川经济形势分析与预测》一书，由四川省社会科学院产业经济研究所具体负责并整合院内外科研力量编撰而成。本书既有对四川经济发展的总体描述与发展趋势预测，也有对四川区域、重点产业和行业的深度分析，还有对四川经济发展和改革的重点、难点的专题研究，是一项全面展示当前四川经济发展现状和未来走势的重要研究成果。全书分五个部分：第一部分为"总报告"，对四川省经济形势进行分析与预测；第二部分为"综合篇"，对投资、出口、消费以及财政等议题进行分析与预测；第三部分为"产业与行业篇"，研究了四川三次产业的发展现状和发展趋势，对部分重点产业和行业进行了分析与预测；第四部分为"专题篇"，内容基本反映了四川近期经济社会发展中需重点关注的问题，如国有经济、县域经济、非公有制经济、人口与劳动就业、城镇住房保障等；第五部分为"区域篇"，对四川五大经济区中部分经济区的经济发展进行了分析与研判。

前　言

　　四川省地处中国的西南腹地，辖区面积48.6万平方公里，居中国第5位，辖21个市（州）、183个县（市、区），山清、水秀、人美，宜居、宜业、宜商，素有"天府之国"的美誉。四川是我国的资源大省、人口大省、经济大省，人口和经济总量均居西部首位，产业种类完备，市场潜力巨大，在西部经济版图中具有举足轻重的地位。经历了汶川地震和雅安地震洗礼的四川各族人民，展现出开放包容、团结奋进、越挫越勇的精神风貌，在这片充满诗情画意的土地上书写着从悲壮走向豪迈的壮丽篇章。

　　近年来，四川省经济发展受到了全球经济复苏乏力和国内经济下行压力的严重影响，在党中央、国务院和省委省政府的坚强领导下，面对芦山强烈地震、特大暴雨洪灾等重大自然灾害和多重困难叠加的严峻考验，全省坚持经济发展的工作重心不动摇，实施"三大发展战略"不松劲，始终保持专注发展的定力，及时推出既促当前又利长远的地方调控"组合拳"，实施了强工业、抓投资、促消费、推进新型城镇化等四个"八条措施"和扩大外贸"十条措施"，有效防止了经济增速过快下滑，确保经济发展稳中向好。

　　2015年是实施"十二五"规划的最后一年，也是全省经济发展进入新常态的承启之年。一方面，全省经济长期积累的结构性矛盾仍然十分突出。工业中传统资源型产业比重过高，相当部分企业和产品竞争力不强；现代农业基础薄弱，服务业比重偏低，经济向好发展的基础不牢；民间投资活力有待激发，产业投资增速不快；地方政府性债务规模较大，保障和改善民生任务很重；政府公共服务和依法治理能力有待提升；宏观环境不利因素和严重自然灾害等持续影响经济预期目标和城乡居民增收目标的实现。另一方面，成渝经济区区域发展规划、新一轮西部大开发发展规划、长江经济带发展战略、国家级新区天府新区的建设为四川省经济发展带来了新机遇。如何认识和抓住这些重大历史机遇，找准发展定位，明确发展目标，制订发展规划，构建现代产业体系，以实现四川省经济在总量、结构、质量上有重大提升，让全省的重要支柱产业在国际分工体系中占有一席之地，让各种重要产品参与国际市场大流通，成为我们必须面对的重大问题。而要全面、深刻认识四川省经济发展面临的新问题、新机遇，就需要大批经济、管理、法律、金融等领域的专家学者辛勤工作。

本书以四川省经济发展面临的新环境、新机遇为出发点，以四川省经济问题为主要研究对象，以为省委省政府进行经济发展战略决策、制定经济宏观调控政策提供对策建议为主要目标，培养四川省经济问题研究的理论研究队伍，构筑四川省经济问题研究平台，充分调动全社会各种资源为全省经济发展服务。本书在分析2014年全省各项经济工作的基础上，对2015年全省经济发展形势做出了初步分析和预测。全书分为总报告、综合篇、产业与行业篇、专题篇、区域篇五大部分。其中，总报告主要对全省总体经济发展进行了分析与预测；综合篇，主要对固定资产投资、财政金融、进出口等宏观经济形势做出了分析和预判；产业与行业篇，重点对四川省重点支柱产业、优势特色产业包括农业、工业、服务业、电子信息产业、能源电力产业、食品饮料产业、汽车制造产业、旅游产业、文化产业等做了分析和预测；专题篇，对四川省国有经济发展形势、县域经济、非公有制经济、高新技术与园区经济、人口与劳动就业、大中型企业创新、城镇住房保障、民族地区经济、丘陵地区农村特色产业等重点、热点问题进行了研究与分析；区域篇，重点对川南经济区、川东北经济区、攀西经济区等区域性经济发展形势做了分析和预测。

本书各专题论文由四川省社会科学院、四川省商务厅、四川省农业大学、西南石油大学、西南民族大学、攀枝花学院、成都市住房储备中心等单位的专家学者撰写，得到了省统计局、省发改委、省经信委、省财政厅、省商务厅、省科技厅、省住建厅、省农业厅、省人社厅、省民委、中国人民银行四川省分行等单位的大力支持，在此一并表示感谢。

本书的编撰和出版得到了社会科学文献出版社的领导和同人的帮助和支持，在此表示深深的谢意。

由于编撰经验不足，编撰过程中的缺点和纰漏在所难免，敬请各位同行和广大读者指正。

杨　钢

2014 年 11 月

目 录

BⅣ 专题篇

BⅤ 区域篇

皮书数据库阅读 **使用指南**

总 报 告

General Report

B.1

中国经济进入新常态后的四川经济走势

——2014年运行情况分析和2015年走势预测

盛 毅 陶 鑫 欧阳星玢 张春沂 余海燕*

摘　要：　2014年四川经济增速回落15%，明显高于全国，工业和服务业
增速进一步放慢、部分地区结构调整压力大、投资主体的筹资
能力下降等是主要影响因素。面对新情况、新问题，四川在稳
增长的同时，主动调结构，大力促改革，经济快速下行趋势基
本得到抑制，结构调整取得新进展。2015年，预计四川将借助
国内外市场有所回暖的条件，继续消化灾后重建期间的透支因
素，加快天府新区、川南城市群等新兴增长极的培育，加快经
济结构调整步伐，大力推动战略性新兴产业和现代服务业发展，
为经济止滑回升奠定新的基础，使经济增长速度略高于上年。

---

*　盛毅，四川省社会科学院副院长、研究员，主要研究领域：工业经济、产业经济、区域经济；
陶鑫、欧阳星玢、张春沂、余海燕，四川省社会科学院研究生。

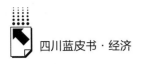
关键词： 四川经济走势　新常态　增长速度

2014 年，四川经济走势与全国和许多省（市、区）的情况相似，增长速度继续下行，结构调整压力进一步加大，发展动力有所减弱，一改过去每年都要超额完成年初确定目标的常态。2014 年的经济运行具有哪些特点，2015 年的经济发展将面临哪些新情况，现有的走势会发生哪些变化，稳定经济增长需要采取哪些手段，本文对此作一些分析和预测。

一　2014年的经济运行情况及主要特征

1. 主要经济指标完成情况

2014 年前三季度，四川主要经济指标完成情况如下。

——实现地区生产总值（GDP）20681.54 亿元，同比增长 8.5%。其中，第一产业增加值 2746.08 亿元，增长 3.9%；第二产业增加值 10625.61 亿元，增长 9.5%；第三产业增加值 7309.85 亿元，增长 8.4%[①]。在第二产业中，规模以上工业增加值同比增长 9.8%，而重工业增加值同比增长 10.7%，轻工业增长 8.2%（见图 1）。

——全社会固定资产投资 17829.5 亿元，同比增长 12.8%。其中，固定资产投资（不含农户投资）16990.7 亿元，增长 16.1%。分产业看，第一产业投资 482.5 亿元，同比增长 5.4%；第二产业投资 5469.8 亿元，同比下降 0.4%，其中工业投资 5428.9 亿元，同比增长 0.3%，增速比上半年回落 2 个百分点；第三产业投资 11877.2 亿元，同比增长 20.5%，比上半年回升 1.3 个百分点。其中，房地产开发完成投资 3257.7 亿元，同比增长 15.9%（见图 2）。[②]

——2014 年 1～9 月，社会消费品零售总额 8375.6 亿元，同比增长

---

① 四川省统计局：《2014 年前三季度四川经济形势新闻发布稿》，四川省统计局网站（http://www.sc.stats.gov.cn/tjxx/zxfb/201410/t20141023_22236.html）。
② 四川省统计局：《2014 年前三季度四川经济形势新闻发布稿》，四川省统计局网站（http://www.sc.stats.gov.cn/tjxx/zxfb/201410/t20141023_22236.html）。

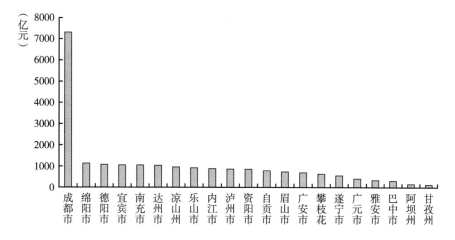

图1 2014 年四川省前三季度各市州生产总值

注：根据各地统计局资料整理。

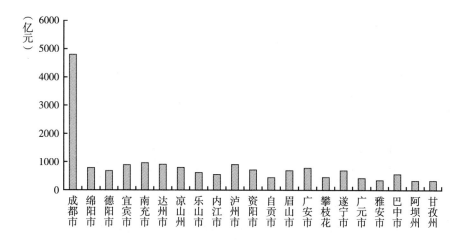

图2 2014 年四川省前三季度各市州固定资产投资

注：根据各地统计局资料整理。

12.9%，其中，城镇实现零售额 6734.4 亿元，同比增长 12.6%；乡村市场零售额 1641.2 亿元，增长 13.9%。按消费形态分，餐饮收入 1188.8 亿元，同比增长 9.9%；商品零售 7186.8 亿元，增长 13.4%。1~10 月客运量和旅客周转量同比分别增长 3.7% 和 6.7%，货运量同比下降 6.3%，货物周转量同比增长 19.2%（见图 3 和图 4）。

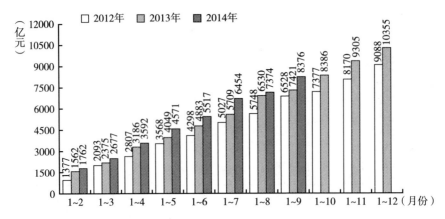

图3 2012～2014年四川省社会消费品零售总额（月度累计）

注：摘自四川省统计局网站。

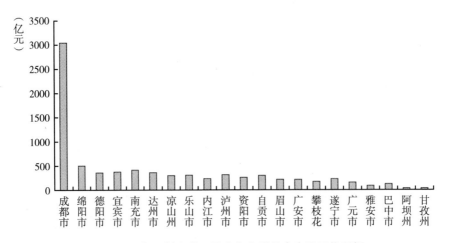

图4 2014年四川省前三季度各市州社会商品零售总额

注：根据各地统计局资料整理。

——2014年1～9月，外贸进出口总额522.5亿美元，同比增长13.5%，增速比上半年提高1个百分点，比全国高10.2个百分点。其中，出口额335.9亿美元，增长12.7%，增速比上半年提高0.8个百分点，比全国高7.6个百分点；进口额186.6亿美元，增长15%（见图5）。

——居民消费价格总水平（CPI）同比上涨1.8%。其中食品类价格上涨2.2%，居住类价格上涨2.2%，衣着类价格上涨3.2%，烟酒类价格下降

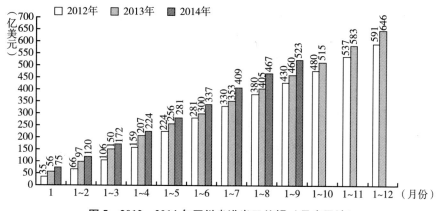

图 5　2012～2014 年四川省进出口总额（月度累计）

注：摘自四川省统计局网站。

1.6%。工业生产者出厂价格（PPI）同比下降 1%，工业生产者购进价格（IPI）下降 1%①。

——城镇居民人均可支配收入 18757 元，同比增长 9.4%；农民人均现金收入 7853 元，同比增长 12%（见图 6）。

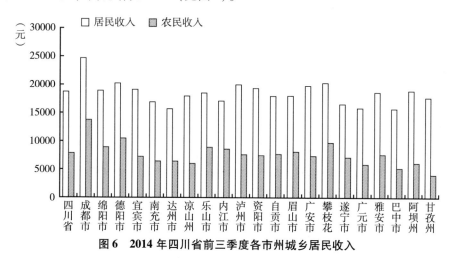

图 6　2014 年四川省前三季度各市州城乡居民收入

注：根据各地统计局资料整理。

---

① 四川省统计局：《2014 年前三季度四川经济形势新闻发布稿》，四川省统计局网站（http://www.sc.stats.gov.cn/tjxx/zxfb/201410/t20141023_22236.html）。

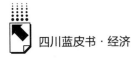

2. 经济运行的主要特点

从2014年前三季度的经济运行看，有以下几个特点。

（1）地区生产总值增速继续沿袭近几年的回落走势

地区生产总值增速从上年的10.0%下降到8.5%左右，降幅为15%，比全国的2.5%的降幅要大得多。四川从2010年的历史新高15.1%下降到2014年的8.5%，降幅已经达到44%，而全国同期的降幅只有27%。不过，考虑到四川2009～2011年的灾后重建有力度较大的刺激政策作用，增长速度偏了运行的常态，不能完全作为正常值来进行比较。如果我们对2007～2014年进行观察后发现，四川经济的季度增速从2007年二季度的13.7%下降到2014年二季度的8.5%，降幅38%；年度增速从2007年的14.5%下降到2014年三季度的8.5%，降幅为41%。而同期全国的季度增速降幅为44%，年度增速降幅为46%，分别比四川高6个百分点和5个百分点（见图7）。

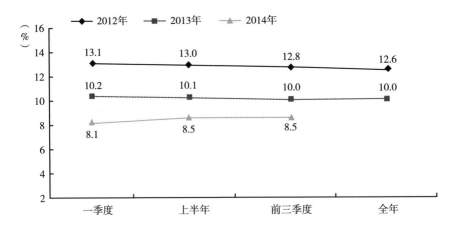

图7 2012～2014年四川省地区生产总值增长率（季度累计）

注：该图摘自四川省统计局网站。

（2）二、三产业增长速度均呈较大幅度回落

在三次产业中，除第一产业较上年增速略有提高外，二、三产业均呈明显回落走势。其中，第二产业回落幅度在16%左右，高于地区生产总值回落幅度。工业回落幅度在12%左右，虽然小一些，但它是在前几年急速回落基础上的继续。如果以2007年为基数计算，四川省的规模以上工业增速已经从

25.4%下降到 2014 年的 10% 左右，降幅达到 60%，而全国同期从 18.5% 预计下降到 8.6%，降幅为 54%，比四川低 6 个百分点。尽管社会消费品零售总额增速比全国高 0.9 个百分点，但与上年相比，即使扣除物价因素，增长速度仍然低于上年，由此导致第三产业增长速度回落 25% 左右，这是近年来没有出现过的情况（见图 8）。

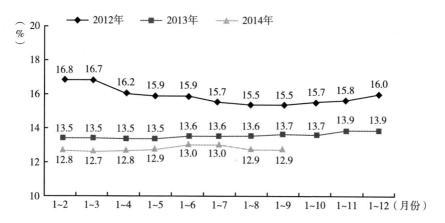

图 8　2012～2014 年四川省社会消费品零售总额增长速度（月度累计）

注：摘自四川省统计局网站。

（3）部分新兴行业增长快而传统行业普遍低迷

2014 年 1～9 月，石油加工、炼焦和核燃料加工业增加值同比增长 25.5%，铁路、船舶、航空航天和其他运输设备制造业同比增长 19.1%，汽车制造业同比增长 16.0%，计算机、通信和其他电子设备制造业同比增长 14.7%，电力、热力生产和供应业同比增长 14.8%[①]。近几年成长较快的汽车同比增长 30.1%，铁路机车同比增长 164.9%，电子计算机整机同比增长 29.9%，电子商务、化妆品类同比增长 17.1%。而成品钢材仅同比增长 4.1%，水泥仅同比增长 4.2%，煤炭开采和洗选业仅同比增长 8.0%，酒、饮料和精制茶制造业仅同比增长 6.8%，一些行业和产品出现负增长。第三产业中过去增长较快的石油及制品类零售额同比增长 6.5%，住宿和餐饮业仅同比

---

① 四川省统计局：《2014 年前三季度四川经济形势新闻发布稿》，四川省统计局网站（http：//www. sc. stats. gov. cn/tjxx/zxfb/201410/t20141023_ 22236. html）。

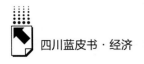
增长6.7%，房地产业仅同比增长6.8%，批发和零售业仅同比增长7.3%，建筑及装潢材料类仅同比增长8.7%。

（4）经济增长快速下行的态势初步得到抑制

从季度走势看，1~3季度分别增长8.1%、8.5%、8.5%，与前两年的下行势头相比，速度开始走稳甚至有略为回升的迹象。从投资看，固定资产投资没有出现大的起落，与全国的增速接近，也初露回升势头。其中第三产业投资增长20.5%，比上半年回升1.3个百分点；房地产开发完成投资同比增长15.9%，增速比上半年提高0.4个百分点。部分投资主体的资金来源有所改善，其中自筹资金增长18.2%，其他资金来源增长23.3%。从产业看，1~8月规模以上工业企业利润总额增长10.8%，增速虽然同比回落4.9个百分点，但比上半年回升3.3个百分点。外贸进出口总额增速比上半年提高1个百分点，比全国高10.2个百分点。其中，出口额335.9亿美元，增长12.7%，增速比上半年提高0.8个百分点，比全国高7.6个百分点。

（5）不同地区之间增长速度出现新的变化

各市州增速差别明显，部分工业起步稍晚的城市如资阳、眉山、广安、巴中，有灾后重建优势的雅安，以及部分产业结构调整进展明显的泸州等，在全省保持了领路地位。而部分老工业城市如乐山、宜宾，已经完成灾后重建任务的成都、德阳、绵阳，以及承担生态经济区建设的阿坝、甘孜等，地区生产总值增速回落的幅度大一些（见图9）。

从投资增长速度也可以看出，增长速度偏慢的成都市、自贡市、攀枝花市、广元市、乐山市、南充市、凉山州、阿坝州等8个市州工业投资负增长，其中成都市、自贡市工业投资下降幅度继续加大。尽管全省的技改投资增长好于工业增长，1~9月同比增长6.7%，但仍有成都市、广元市、南充市、达州市、甘孜州等5个市州技改投资负增长。

3. 影响当前经济运行的主要因素

（1）国内外市场继续疲软

国际经济形势复杂多变，虽然对四川直接产生的影响较小，主要反映在像光伏、制鞋、丝绸、家电一类企业遭遇反倾销，涉及出口企业面小，产值总额不大，但间接的影响很大。出口不振尤其是大量传统制造产品出口增速显著回落，对四川省大面积与此有配套关系的原材料、半成品或成品生产企业，造成

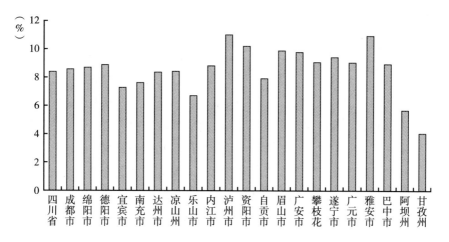

图9 2014年1~9月四川省各市州地区生产总值增速

注：根据各地统计局资料整理。

了很大冲击。2013年四季度的一项调查显示，受外需不振影响的我国出口企业面高达77.9%，由此可以估计其对四川企业的影响程度。不少出口产品由外销转向内销，也加剧了同类产品的竞争。发达经济体鼓励产业回归并且更加重视扩大出口，东盟等新兴市场和发展中国家利用低成本优势加快发展外向型产业①，不仅使四川外向型企业继续面临新的压力，也使四川利用外投的增速大幅度回落。国内经济的下行、工业和房地产库存处于历史高位、产能过剩的面和数量的增加，都使四川企业经营更加困难。

（2）工业投资持续低迷

虽然四川省高度重视第二产业投资逐年下降的突出问题，着重抓了工业投资，并提出将页岩气、节能环保装备、信息安全、航空与燃机、新能源汽车等五大产业，确定为四川省近期重点突破、率先发展的高端成长型产业。但2014年前三季度第二产业投资完成5469.8亿元，下降0.4%，其中工业投资5428.9亿元，同比增长0.3%，增速比上半年回落2个百分点，比上年回落8.8个百分点②。工业投资

---

① 沈丹阳：商务部新闻发布会，中华人民共和国商务部网站（http：//www.mofcom.gov.cn/xwfbh/20140116.shtml），2014年1月16日。

② 四川省统计局：《2014年前三季度四川经济形势新闻发布稿》，四川省统计局网站（http：//www.sc.stats.gov.cn/tjxx/zxfb/201410/t20141023_22236.html）。

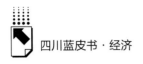

增速从2009年的45%下降到接近零增长，将会严重削弱下一步工业增长的后劲。

（3）服务业增长速度放慢

虽然2014年四川省将加快第三产业发展作为重点，提出增长速度要加快，比重要提高。为实现经济工作会上确定的目标，四川省大力推进生产型服务业发展，着力推进服务业集聚区建设，并提出将电子商务等五大产业作为新兴先导型服务业培育，专门出台了电子商务、现代物流、现代金融、科技服务、养老服务业工作推进方案。但受市场、政策等的不利因素影响，前三季度的增长速度仅为8.4%，与最低的2008年水平接近，比正常年份要低1个百分点。

（4）部分地区结构调整压力大

四川省在2014年继续主动作为，积极推动钢铁、水泥、平板玻璃、电解铝等行业加快淘汰落后产能，还出台了《关于化解产能过剩矛盾促进产业结构调整的实施意见》。一些地区由于产能过剩严重，一方面短期淘汰数量较大，暂时保留的产能不少处于停产和半停产状态。另一方面，新兴产业的培育进展缓慢，"做加法"的速度跟不上"做减法"的速度，因而出现了增长速度明显回落的走势。从这些地区的产业结构看，要想在短期内扭转这种趋势，面临的困难很多。

（5）投资主体的筹资能力下降

经历过大规模的灾后重建，各类资金都出现明显下降。首先，国家预算资金继续下降，2014年前三季度降幅为17.8%。前几年快速增长的外商投资增速也在下降，前三季度利用外资下降15.9%。各类贷款增速也在下降，前三季度国内贷款增长0.6%。各级政府融资平台和地方国有企业面临着较大的偿债压力，很难在现有基础上扩大融资规模。不少企业经营困难，也缺乏扩大融资的能力。

4. 对2014年经济运行的总体判断

2014年的四川经济发展，是在中央不断出台对西部地区更有利的政策，尤其是鼓励西部的铁路建设、城市棚户区改造、清洁能源开发、民族地区加快发展等政策环境下进行的，是在深入实施事关全局和长远的"三大发展战略"（"多点多极支撑发展"、"两化互动、城乡统筹"、"创新驱动"），不断深化改革前提下进行的，是在加快推进新型城镇化和服务业发展、进一步扩权强县和扩权强镇等重大措施的激励下进行的，是在落实上年"财富论坛"、"西博会"、"央企和民营企业四川行"活动的投资项目基础上进行的，是在面对中国经济进入新常态后增长动力有所减弱的情况下，在全国率先出台稳增长"十六条"措施的推动下进行的。

应当看到，四川借助相对有利的宏观政策环境和积极稳增长的措施，主动调结构，大力促改革，积极惠民生，在稳定经济增长速度的同时，加快了结构调整力度。在产业结构调整方面，四川进一步聚集五大新兴成长型产业、五大先导型服务业发展，继续加大传统产业改造力度和淘汰落后产能，支持20个省级现代服务业集聚区建设。经过调整，资源类产业比重下降，以电子信息、汽车为代表的先进制造业，保持了明显快于传统产业的增长速度，其增加值在工业增加值总量中的比重上升。在区域结构、城乡结构、投资结构等的调整方面，天府新区建设、川南城市群建设步伐加快，民生投资、第三产业投资、技改投资的增长速度有所加快。

我们判断，通过以上努力，2014年四川经济显著下行的走势得到初步抑制，自2012年开始的寻底过程基本告一段落，有的方面正在出现转折性变化。

二　2015年的国内外环境和主要走势预测

2015年，四川经济能否止住持续下滑的势头，基本完成本轮的探底过程，使经济增长从显著超过两位数以上，转入8%～9%的增长区间，关键要看国内外环境的变化，以及四川如何利用好各种机遇和成功应对新的挑战。

1. 国际经济变化对四川可能产生的影响

（1）经济形势总体上好于2014年

从当前已经发表的各种研究报告预测看，国际经济环境会略好于2014年，但需求乏力的状况不会有大的改变，世界经济仍然处于相对低迷的时期，外部环境仍然复杂严峻。由于2014年全球经济复苏力度不强，上半年全球经济活动没有达到预期值，国际货币基金组织于10月7日晚发布的《世界经济展望》，已将预期经济增长速度从3.7%下调至3.3%。2015年，IMF在其最新的展望报告中称增长仍然"平庸"，对增长率的预期只有3.8%，略高于2014年。

（2）不同经济体的情况差异明显

分经济体看，如果不出现意外，发达经济体的情况应当略好于2014年。

首先，发达经济体转好的主要原因是美国经济有所复苏，IMF预测美国2015年可实现3.1%的增长，比2014年要高近1个百分点，在发达经济体中领跑。不确定的因素是美国逐步退出量化宽松，其负面影响会有多大。其次，尽管欧元区和日本尚未摆脱经济增长缓慢的泥潭。据欧盟统计局数据，2014年上半年，欧元区经济已连续两个季度放缓，2014年二季度GDP环比折年率仅为0.1%，比上季度和上年同期分别低0.8个和1.1个百分点。欧洲央行行长德拉吉曾指出，近期的国内生产总值和通货膨胀数据表明欧盟"经济复苏的动能正在流失"①。IMF对欧元区的预测只有1.3%，日本只有0.8%。不过，欧央行又启动了大规模的量化宽松政策。2014年9月宣布主要再融资利率由0.15%降至0.05%，隔夜存款利率由－0.1%降至－0.2%，隔夜贷款利率由0.4%降至0.3%，10月份启动了大规模量化宽松政策用于购买资产支持证券（ABS）和欧元区非金融企业发行的欧元债券。10月2日，欧央行在议息会议上宣布维持基准利率不变，并宣布QE将至少持续两年，这对欧元区经济的提振会起到促进作用。9月份日本制造业PMI初值为51.7，保持温和扩张态势，预示着日本经济会有所回升。再次，新兴经济体的经济增长速度显著下降，面临的不确定因素增多，可能是最大的不利影响因素。虽然目前90%的新兴经济体在过去的18个月中持续减速，部分国家资本外流，IMF已将2014年新兴经济体增速预估从5.1%下调至4.9%，比前几年的6%左右的速度回落1个百分点，但预计2015年的增速可能达到5.3%，略高于2014年。一个值得关注的现象是，2015年新兴经济体在全球经济中的比重将超过发达国家，主要原因是东南亚和拉丁美洲国家的中产阶级人口增加，以及这些国家公共和私营部门投资的增长。最后，东亚、非洲等落后国家发展速度加快，会给世界经济增长注入一些新的活力。

（3）对四川的不利影响可能大于上年

综合以上分析，四川与出口相关联的企业，尤其是数量众多的为沿海地区配套的加工企业，订单不会有大的增加。如果考虑到许多新兴国家正在以低成本挤占我国出口企业市场这一因素，以原料、初级加工占相当比重的直接和间

---

① 《达沃斯关注2015年世界经济前景：悲观预期成主流》，网易财经（http://money.163.com/14/0911/10/A5RUBBV600254TI5.html）。

接出口企业，订单还会进一步减少。同时，以引进这类产业为重点的地区，外商投资的增长速度也会出现明显下降。因此，预计四川的外向型经济部分，要保持现有增长速度的难度不小。

2. 国内经济增长的动能进一步减弱

（1）消化过剩产能的任务异常艰巨

前期刺激政策带来的后遗症，使本应进入收缩期的诸多传统产业，得到更大规模的扩张，PPI连续20多个月下跌，正是这种后遗症的反应。随着多项成本的继续上涨，一般制造业面临的市场竞争压力会加大，尤其是以出口导向为主的企业，其过剩产能还会进一步增加。而淘汰落后产能，一方面要做"减法"，另一方面需要解决遗留问题，必然会对经济发展形成一定制约。

（2）投资增速下降已成必然趋势

2014年，我国采取了一些稳定增长的措施，包括加大中西部地区铁路投资力度、支持城市棚户区改造、鼓励向中小企业融资、定向下调部分商业银行存款准备金等，仅二季度总共出台的重大政策措施就不少于17项，都是旨在促成经济的平稳运行，近期又批复了一批铁路建设项目。尽管如此，我国固定资产投资增长速度仍然下降到16%左右的水平。2015年，我国还将继续面对房地产开发投资增速回落、基础设施和产业投资规模下降等压力，而潜力巨大的城际交通、城市地下管网、保障性安居工程、节能环保、农业水利、农村道路交通、公共配套设施等的建设，受投资主体能力的制约，释放过程相对缓慢。尤其是许多政府投融资平台负债率很高，目前不得不将主要力量用于化解债务风险，新上交通、水利、市政等基础设施项目，缺乏更多资金投入，因此投资增速下降的可能性很大。

（3）经济运行中的突出矛盾增加

"三期叠加"的时期，也是矛盾比较集中的时期。其中，地方政府性债务不仅因为监管政策影响，部分平台获得新增贷款难度加大，融资能力持续下降，而且由于普遍进入偿债高峰年份，2015年的偿债比重将在17%左右，短期的流动性风险进一步增加，自身也必须为应对偿债主动缩减融资。部分房地产企业出现资金困难，一方面使企业开放进度放慢，有的企业已经出现债务违约；另一方面导致地方收入大幅下降，用于城市建设和基础设施建设的投资资金减少。

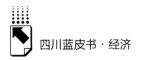

（4）发展理念变化对速度有影响

当前在如何处理速度与效益、消费与投资、宽松与紧缩等的关系上，存在着较大争论，有的人把速度与效益对立起来，轻视速度；把消费与投资对立起来，恐惧投资；把宽松与紧缩对立起来，倾向紧缩的政策取向①。这些，将使各个方面就经济增长无法达成一致意见，而在旧的发展模式已经难以为继，新的发展模式尚未形成之中的徘徊，不利于形成经济稳定增长的合力。

（5）潜在增长率下降成为决定性因素

虽然上述问题所产生的影响，已经在当前的经济运行中较充分反映出来。2014年第三季度GDP同比增长仅7.3%，创下22个季度以来的新低，9月CPI同比上涨1.6%，创56个月新低，PPI同比下降1.8%，连续31个月负增长，创56个月新低，尤其是8月份工业增速再次出现回落，使人看到了多种短期不利因素共同作用所产生的冲击。但实际上，本轮中国经济增速的下降，其深层次原因是基本面正在发生变化，是潜在增长率下降后增长阶段转换的结果。尽管现阶段我国基本面的变化并不意味着后优势的消失，但增长动能减弱是不争的事实，速度下行是大概率事件。也正是基本面的变化，才使各省市区首次出现增长目标难以完成的情况（见表1）。

表1　2014年前三季度全国各省（自治区、直辖市）经济增速排名

单位：%，亿元

省（自治区、直辖市）	第一季度	上半年	前三季度	前三季度总量
重 庆 市	10.90	10.90	10.80	9500.83
贵 州 省	10.80	10.80	10.70	6169.53
天 津 市	10.60	10.30	10.00	11101.31
新　　疆	10.20	10.00	9.80	5884.48
陕 西 省	9.20	11.00	9.60	11567.42
福 建 省	9.40	9.70	9.50	15212.75
江 西 省	9.30	9.50	9.50	10797.91
湖 北 省	9.20	9.50	9.50	18874.15
青 海 省	10.10	10.20	9.50	1541.28
湖 南 省	9.20	9.30	9.20	18531.2

① 徐诺金：《主张容忍甚至主动把经济增长速度降下来的主流声音是非常危险的》，《财经》2014年11月号。

续表

省(自治区、直辖市)	第一季度	上半年	前三季度	前三季度总量
安 徽 省	9.60	9.30	9.10	14709.5
江 苏 省	8.80	8.90	8.80	45642.8
山 东 省	8.70	8.80	8.70	42814.2
海 南 省	7.30	8.00	8.70	2453.5
四 川 省	8.10	8.50	8.50	20681.54
河 南 省	8.70	8.80	8.50	25445.43
广 　 西	8.00	8.50	8.30	9792.2
云 南 省	7.70	8.40	8.00	8212.42
广 东 省	7.20	7.50	7.60	48130.36
浙 江 省	7.00	7.20	7.40	27822
北 京 市	7.10	7.20	7.30	14774.1
上 海 市	7.00	7.10	7.00	16607.08
河 北 省	4.20	5.80	6.20	21710
辽 宁 省	7.40	7.20	6.20	20361.7
山 西 省	5.50	6.10	5.60	9109.9
黑 龙 江 省	2.90	4.80	5.20	8987
西 　 藏	9.20	11.70	—	—
甘 肃 省	7.90	8.40	—	—
内 蒙 古	7.30	7.60	—	—
吉 林 省	7.00	6.80	—	—
宁 　 夏	6.90	7.40	—	—

注：数据来自各省市统计网站。

根据这些情况判断，2015 年，四川经济增速将继续处于换挡中，由于当前的经济运行既是中国经济中长期趋势的反映，也与一些特殊的因素有关，其复杂性要明显大于其他省份，结构调整的阵痛不比 2014 年小，前期刺激政策还将继续消化，经济增速加快的难度不小。

（6）对四川的影响将集中在投资和工业

总体上看，2015 年的经济发展环境可能不如 2014 年宽松，增速有所下行不可避免。一方面，出口继续低迷，人工、资源、环境等成本进一步上升，房地产市场出现转向，将进一步制约投资和消费需求的扩大，使四川企业拓展市场的难度增加，处于过剩行业的企业经营更困难；另一方面，消化过剩产能的力度加大，钢铁、有色金属、建材等行业首当其冲，四川省采矿业产值占全部工业产值的 10%，原材料制造业占 20%，以食品、饮料、纺织等为代表的劳动密集型轻工业占 28%，三部分之和为 60%。即使是电子信息类产业，也主要分布在劳动密集环节。在本轮结构调整中，这类企业不仅淘汰数量多，成为"去产能"重点对象，暂时保留下来的企业经营也很困难。两个方面的因素，都决定着投资和工业发展的情况不乐观。实际上，进入 2014 年以来，整个西部地区的投资增速开始下降，并且降幅高于东部地区，已经在某种程度上间接印证着四川的走势。因此，保持投资稳定增长，尤其是促进工业投资增速的回升，面临的困难不小。当然，积极的因素也在开始发生作用，战略性新兴产业的发展步伐有所加快，汽车、医药等依然增长良好，部分新兴服务业迅速崛起，可以略见一斑。尤其是城镇居民人均医疗保健、交通通信、文教娱乐三大消费支出占人均消费支出的比重逐年上升，推动着服务业占比不断提高，为经济增长注入了新的活力。同时，深化改革和推进依法治国，将为经济发展创造更加良好环境，释放已有的潜力。正是在这些积极因素支撑下，经济企稳迹象已经显现，一系列先行指标开始向好。CPI 和 PPI 处于低位使通胀不再成为宏观调控重点，为中央继续推行"定向"和"改革"相结合的政策放松束缚。

3. 2015年发展的有利条件

（1）多项有利政策叠加的环境没有改变

无论是中央深入推进西部重点地区开发、加快民族地区发展、落实"一带一路"战略和长江经济带战略，还是直接支持四川的天府新区、成都城市群、川南城市群、绵阳科技城、攀西战略资源开发，都会在 2015 年继续实施，有的方面会取得新的进展，这在宏观上为四川经济发展创造了有利的政策环境。

（2）各种稳增长措施有利于四川扩大投资

2015 年，中国经济依然面临下行压力，中央为稳定经济增长而采取多种措施，尤其是通过稳定投资来抑制经济下行，将是经济工作的重要任务。四川作为西部经济大省，在产业发展和城市建设，在交通、水利和公共服务设施建设，在生态环境治理等领域，可以投资的空间广阔，必然会在中央的稳增长项目中分享更多份额。

（3）围绕实施"三大战略"的成果初见成效

培育天府新区、川南经济区、川东北经济区三大新兴增长极的工作已经全面铺开，2015 年将有更多项目上马。多数区域性中心城市有望保持较快发展势头，成为部分前期发展较快城市的接替者，使全省经济发展形成新的热点。扩权强县和扩权强镇的深入推进，将进一步促进县域经济发展，拓展更广泛的投资空间。城市化率稳步提高、园区功能显著提升、创新能力持续增强，都将为调整经济结构、推动产业升级提供支撑。

（4）交通和城市功能提升使发展条件改善

四川已建成的高速公路超过 5000 公里，2015 年还有部分道路通车，交通网络更为密集。成绵乐客专、成渝客专等的投运，将加强沿线城市的经济联系，拓展产业优化配置的空间。四川的城镇化水平比全国低 8.8 个百分点，城乡居民收入分别为全国平均水平的 83%、89%，工业化和城镇化仍然处于加速时期，上升空间较大。而更多区域性中心城市承载能力的提升，对大项目和先进企业的吸引能力增强，有利于促进全省产业布局向纵深推进。

4. 对2015年主要经济指标的预测

基于以上分析，我们对 2015 年的经济增长有以下预计。

（1）经济增长有望在8%～8.5%之间运行

地区生产总值增长速度继续寻底，以进一步消化灾后重建以来的透支因素和近期出现的一些特殊因素，巩固 2014 年的稳增长取得的成果，季度增速的下限应在8%左右，如果没有大的意外情况出现，增长速度有望达到8.5%左右。

（2）二、三产业增长速度会略有回升

第二产业中的建筑业将会继续回落，但占绝对比重的工业，其增长速度有望稳定在9%左右，尤其是部分新兴产业的发展速度加快，既为保持工业的持续增长奠定基础，又对产业层次的高级化形成支撑。第三产业的发展环境会好于 2014 年，增长速度将回升到9%以上，生产型服务业、以电子商务为代表的新兴服务业，在产业结构中的比重上升。农业增长有望保持上年水平。

（3）投资缓慢下行和消费稳步上行并存

随着政府投资平台融资能力的下降，有效益的基础设施建设项目、房地产开发项目数量的减少，外商投资进入速度的放慢等，投资的增长速度将继续回落，城镇固定资产投资增长可能会在13%～15%之间。消费的领域有所扩展，更多消费热点逐步形成气候，政府鼓励消费的政策力度有所加大，消费对经济增长的贡献将有所上升。虽然进出口增长速度可能有所回落，但增速仍然会明

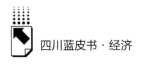

显高于全国。

（4）城乡居民收入增速会有所下调

随着经济增长速度进入新的运行轨道，以及农产品价格的低速增长和农民政策性收入增速放慢，近几年城乡居民收入高速增长将暂告一个段落，进而转向中高速增长阶段。2015年将是出现重要转折的一年，城乡居民收入增速可能降至9%左右，其中农村居民的收入增长将快于城镇居民收入增长。

（5）物价低水平徘徊的格局不会改变

在产能普遍过剩、货币政策和财政政策偏向稳健的情况下，投资和消费需求基本保持平稳，有的方面尤其是房地产等投资还略有下降，由此决定了主要建筑材料、基本工业原料、大宗能源产品等需求相对不足。日用消费品受市场供过于求的影响，价格难改普遍低迷状态。农产品和服务业受人工成本上升偏快的推动，会继续保持比一般商品更高一些的涨幅。房价等的回落，对物价的上翘形成一定制约。综合分析，预计CPI将保持在3%以下，PPI由负转正的可能性不大。

（6）城镇登记失业率将稳中有升

受量大面广的传统制造业经营不景气的影响，工业吸纳就业的能力将有所下降。基建投资、房地产开发投资规模的增速回落，也会减少建筑业的就业人数，而服务业增长速度有所加快，会适当增加就业。第二产业就业减少和第三产业就业增加共同作用的结果，可能是全省的就业保持稳定，失业率略有上升。

综合篇

Comprehensive Reports

B.2

2014～2015年四川省固定资产投资
发展分析与预测

陈 妤*

摘 要： 2014年，在全国经济下行的压力下，四川省固定资产投资仍
然继续保持了平稳增长，呈现投资结构进一步优化、三产业
投资增长强劲、资金到位速度稳中有升、民间投资继续保持
高速增长、空间结构明显变化等特点，但同时也存在工业行
业投资增速下滑、房地产市场销售不佳、成都市投资增长乏
力等问题。展望2015年，四川省固定资产投资总体上有望
继续保持平稳增长态势，但投资领域仍然面临较为严峻的挑
战，二产业投资可能继续低位运行。

---

* 陈妤，四川省社会科学院产业经济研究所研究实习员，硕士，主要研究方向为宏观经济、计
量经济、货币政策。

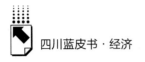

关键词: 四川　固定资产投资　空间结构

2014 年以来，四川省上下认真贯彻落实党中央、国务院和省委、省政府对改革发展的重大决策部署和政策措施，坚持把稳投资作为稳增长的关键，扎实推进投融资体制改革，创新投资工作管理，加强投资形势研判，及时制定稳投资政策措施，着力扩大有效合理投资，全省投资继续保持平稳较快增长，为促进全省经济保持健康发展做出了重要贡献。2014 年 1~8 月四川省累计完成固定资产投资 15522.73 亿元，同比增长 12.8%，为全年完成全社会固定资产投资并增长 13% 左右的预期目标打下了良好基础。预计 2014 年全年完成固定资产投资 23831.36 亿元，同比增长 13.2%，2015 年完成固定资产投资 27405.59 亿元，同比增长 15%。

一　2014年1~8月四川省固定资产投资情况分析

（一）四川省固定资产投资现状

1. 投资实现平稳较快增长，增速与全国保持一致

在全国经济下行的压力下，四川省投资实现平稳较快增长。四川省全社会固定资产投资 2014 年 1~8 月同比增长 12.8%，累计完成 15522.73 亿元，增速较 2013 年同期下降 4.4 个百分点（见图 1）；其中，固定资产投资（不含农户投资）14820.9 亿元，同比增长 16.5%，与全国平均增速保持一致，总量排名全国第 6 位，仅低于江苏、山东、河南、辽宁、河北。从时间进度看，完成全社会固定资产投资占全年投资预期目标 2.37 万亿元的 65.5%。

2. 三产业投资增长较快，投资结构进一步优化

2014 年 1~8 月，四川省三次产业投资比重由 2013 年同期的 2.7∶34.6∶62.7 调整为 2.7∶30.5∶66.8。其中，第一产业固定资产投资 412.93 亿元，同比增长 10.6%，较 2013 年同期下降 24.7 个百分点；第二产业固定资产投资 4733.23 亿元，同比下降 0.4%，较 2013 年同期下降 10 个百分点，在当前工

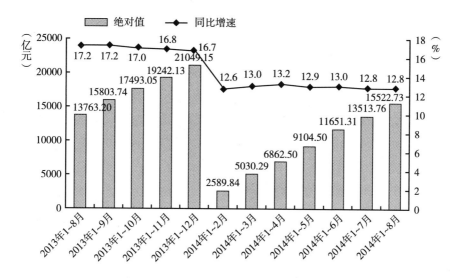

图1　2013年1~8月至2014年1~8月累计完成全社会固定资产投资情况

注：图中数据来源于四川省统计局网站，下同。

业发展较为困难的形势下，第二产业投资增速虽有下滑，但占全省投资的比重仍超过30%；第三产业固定资产投资10376.6亿元，同比增长20.2%，在三次产业中同比增速最高，第三产业占全省投资的比重提高到66.8%，成为承接投资的新载体，这主要得益于基础设施、民生及社会事业等投资的带动。随着产业结构进一步优化，未来第三产业将承接更多投资，进而促进四川省产业结构的优化（见图2）。

3. 资金到位速度稳中有升，民间投资继续保持高速增长

2014年1~8月，全省到位资金17404.6亿元，同比增长14.5%，项目建设资金到位速度稳中有升，总体保障了项目建设资金需要。其中，国家预算内资金下降18.5%，国内贷款增长0.7%，利用外资下降8.7%，自筹资金增长18.3%，其他资金来源增长26.9%。

2014年以来，四川深入推进投融资体制改革，加大简政放权力度，最大限度缩小核准范围，全面下放投资管理权限，强化企业和基层投资自主权，使得市场活力不断增强，民间投资实现健康发展。1~7月，四川省民间投资总额7660.9亿元（较2013年1~7月增长14.6%），对四川省投资增长的贡献率

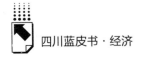

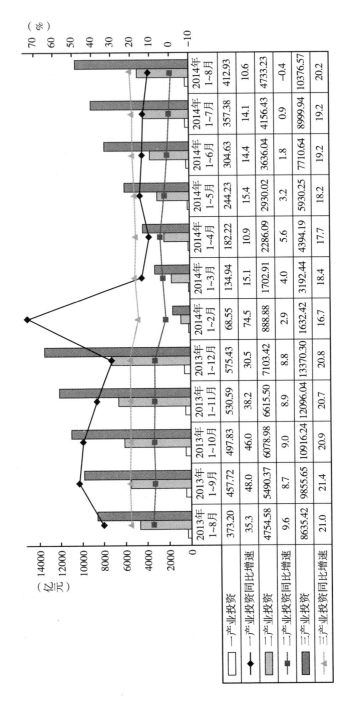

图 2　2013 年 1~8 月至 2014 年 1~8 月三次产业固定资产投资情况

	2013年1~8月	2013年1~9月	2013年1~10月	2013年1~11月	2013年1~12月	2014年1~2月	2014年1~3月	2014年1~4月	2014年1~5月	2014年1~6月	2014年1~7月	2014年1~8月
一产业投资	373.20	457.72	497.83	530.59	575.43	68.55	134.94	182.22	244.23	304.63	357.38	412.93
一产业投资同比增速	35.3	48.0	46.0	38.2	30.5	74.5	15.1	10.9	15.4	14.4	14.1	10.6
二产业投资	4754.58	5490.37	6078.98	6615.50	7103.42	888.88	1702.91	2286.09	2930.02	3636.04	4156.43	4733.23
二产业投资同比增速	9.6	8.7	9.0	8.9	8.8	2.9	4.0	5.6	3.2	1.8	0.9	-0.4
三产业投资	8635.42	9855.65	10916.24	12096.04	13370.30	1632.42	3192.44	4394.19	5930.25	7710.64	8999.94	10376.57
三产业投资同比增速	21.0	21.4	20.9	20.7	20.8	16.7	18.4	17.7	18.2	19.2	19.2	20.2

达 63.6%，其总额占到四川省固定资产总投资的 56.7%，较 2013 年 1~7 月增长 0.89 个百分点，为全省投资增长注入新活力。

4. 房地产市场调整的累积效应显现，对投资的拉动作用减弱

2014 年 1~8 月，四川省房地产开发完成投资 2842.5 亿元（较 2013 年 1~8 月增长 15.8%，高出全国增速 2.6 个百分点）。从商品房竣工面积来看，1~8 月增长 2.0%（绝对额为 2690.3 万平方米），但住宅竣工面积下降 3.5%（绝对值为 2045.6 万平方米）。从商品房施工面积来看，1~8 月增长 13.9%（绝对额 32024.0 万平方米）。从商品房销售面积来看，1~8 月下降 2.1%（绝对额为 4260.9 万平方米），比 1~7 月降幅扩大 1 个百分点。由此可以看出，8 月份四川省房地产市场需求进一步减弱（商品房销售面积持续下降），近期需求的持续减弱在一定程度上导致房地产投资和相关投资品生产动力减弱，整个市场仍处于继续调整阶段，对投资的拉动作用减弱（见图 3）。

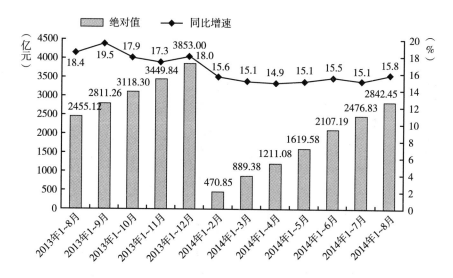

图 3　2013 年 1~8 月至 2014 年 1~8 月房地产投资情况

5. 空间结构明显变化，投资热点向外围扩散

2014 年 1~7 月，四川省 21 个市州投资均为正增长，但其中增速低的仅为个位数，而增速较高超过 20%，市州之间投资增长速度差异较大（相比 2013 年，21 个市州除绵阳、广元、雅安、阿坝之外，其余市州均在 20%~30%），

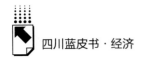
有 12 个市州投资增速高于四川省平均水平，成都、攀西、川西北经济区投资仅分别增长 8.5%、7.3%、9.8%。

随着多点多极支撑发展战略的深入实施，新兴增长极不断崛起，川南和川东北两大经济区投资增长强劲，分别增长 23%、20.3%，比全省平均水平分别高 10.2 个、7.5 个百分点，成为全省的投资新热点。从占比来看，川南、川东北经济区完成投资额占全省总额的 35.5%，比 2013 年同期提升 2.5个百分点，对四川省投资增长的贡献率达到 55.4%，拉动四川省投资增长7.1 个百分点。

6. 新开工和在建项目投资规模增长较快，重点领域、重点项目投资支撑作用明显

四川省新开工和在建项目投资规模较快增长。2014 年 1～7 月四川省有10746 个新开工项目，计划总投资 9909.6 亿元，较 2013 年 1～7 月增长26.2%。在新开工项目带动下，全省施工项目个数达到 23869 个，投资总规模达到 57171.5 亿元，同比增长 13.8%。

四川省三大重点领域（基础设施、产业发展、民生及社会事业）完成投资较 2013 年 1～7 月增长 11.6%（绝对额为 10654.5 亿元），延续快速增长趋势，占总投资的比重为 78.8%，支撑作用明显，投资结构继续优化。2014 年以来，全省继续创新重点项目推进工作举措，加快推进重点项目建设，全省重点项目（500 个）完成投资（2608.3 亿元）达年度计划的 62.8%（比 2013 年1～7 月高 3.7 个百分点）。

（二）四川省与代表省份固定资产投资状况的横向比较

从表 1 可见，与选取的代表省份相比，2014 年 1～8 月四川省固定资产投资规模处于较高水平，增速与全国增速保持一致，高于东部代表省份，但低于中部和西部代表省份。从三次产业结构来看，四川省一产业投资比重低于东、中部，仅高于西部，而二产业投资比重最低，三产业投资比重最高，说明当前四川省的第三产业投资对总投资贡献最大。其中，房地产投资规模仅低于东部省份，处于较高水平，增速高于全国水平，且远高于西部代表省份。

表1 2014年1～8月部分省份固定资产投资情况

单位：亿元，%

地区	固定资产投资(不含农户)		三次产业投资结构	房地产投资	
	绝对额	增速		绝对额	增速
全国	305786.48	16.5	2.3∶42.1∶55.5	58974.51	13.2
四川(西部)	14820.9	16.5	2.7∶30.5∶66.8	2842.5	15.8
江苏(东部)	25524.82	16.4	0.5∶48.7∶50.8	5300.37	15.4
浙江(东部)	14793.91	16.4	1.0∶34.4∶64.6	4548.27	20.4
湖北(中部)	13939.59	20.4	2.2∶44.2∶53.6	2446.85	22.7
江西(中部)	9347.23	17.3	2.1∶55.7∶42.2	803.58	—
陕西(西部)	10181.53	16.8	3.7∶32.3∶64.0	1475.76	8.3
甘肃(西部)	5186.89	22.1	5.7∶51.0∶43.3	447.26	-0.24

注：表中数据来源于国家统计局网站及各省统计局网站，"—"表示未从公开渠道获得该数据。

二 四川省固定资产投资目前存在的问题

2014年以来，四川省投资虽然实现了平稳增长，但在当前投资运行中，不仅有前几年灾后重建投资高速增长（最高的时候达到了60%）所形成的高基数效应影响，还存在传统工业行业受到冲击、房地产市场销售不佳、成都等重点地区投资增长乏力等问题。

（一）工业行业投资增速下滑，传统行业受到冲击

2014年1～8月，四川省全社会固定资产投资同比增长12.8%，固定资产投资（不含农户投资）增长16.2%，其中第二产业投资增速下降0.4%，第三产业投资增速虽为20.2%，但房地产仅完成投资2842.5亿元，同比增长15.8%。工业投资放慢，部分行业投资增速乏力是当前四川省投资放慢的重要原因之一。具体来看，一是产能过剩给四川省工业经济带来较大压力。目前，四川省工业结构中，重化工业比重近70%，六大高耗能行业、传统资源型行业增加值占全省比重约40%。受2013年四季度以来我国淘汰落后产能影响，当前四川省产能过剩的产业发展困难，工业中的资源型企业（如煤炭和钢铁）降幅明显，产品价格持续下降，且销售形势严峻，其生产较2013年同期大幅

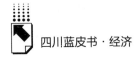

回落。二是以酒为代表的饮料企业持续低迷。四川是酒、饮料的生产大省，酒、饮料在工业中的比重非常高，近几年受宏观政策调整、全国全省贯彻中央的精神、提倡勤俭节约精神、控制公款消费影响，以酒为代表的饮料企业销售市场急剧萎缩，生产情况不乐观，特别是走高端路线的企业受冲击尤为明显，对相关产业的影响非常大。三是铁路项目完成投资难度较大。受配套资金不够、拆迁难度大等因素影响，铁路项目推进较难，2014年1~4月四川全省铁路项目完成投资占年度投资计划的20.2%，未达到进度。四是工业投资增速回落，工业未来增长动力减弱。工业投资增速从2012年3月开始回落，2013年7月以来连续回落至个位数（9.1%），2014年上半年已经回落到2.3%，持续低增速的工业投资意味着未来新增的工业生产能力将会减少，工业失去新的增长动力，将进一步拉低工业增速。

（二）房地产市场销售不佳，投资增速下滑

据统计，2014年6月末全省商品房待售面积为2016.95万平方米，同比增长15.7%。与此同时，几大国有银行按揭贷款购房利率在基础利率基础上上浮，执行基准利率上浮10%的贷款占比逐渐扩大，消费者出现较强观望情绪。受房地产企业销售压力增大影响，房地产开发投资增速较2013年同期放缓2.6个百分点，加上近期人民币快速贬值，可能存在外资加速撤离房地产市场行业的潜在性风险。

（三）成都市投资增长乏力

尽管随着近期川南和川东北两大经济区投资的强劲增长，成都经济区投资在全省总投资中占比有所下降，但从绝对值来看仍然具有绝对优势，是对全省投资起到重要贡献的区域。然而，成都市目前工业投资下滑、工业支撑单一（主要依靠电子信息和汽车），且后续重大项目不足，再加上投资多年高位增长形成的高基数效应，使投资增长难度加大，未来投资下滑的压力仍然相对较大，给全省投资增长带来较大压力。

三 2015年四川省固定资产投资发展因素分析

从全国的固定资产投资来看，上半年全国固定资产投资同比仅增长

17.3%，为 10 多年来最低，增速连续 9 个月回落，其中影响最大的是房地产投资进一步下降。6 月底日均发电量、铁路货运量、建筑业订单等高频、先行指标萎缩，预示国内生产、投资继续走弱。新开工项目计划总投资仅增长13.6%，到位资金增长 13.2%，这意味着未来两年投资增长的后劲不强。

从四川省来看，2015 年，四川省固定资产投资运行存在国家政策导向继续支持基建投资稳步增长、投资刺激政策助力投资增长、新兴增长极将成为投资新热点、服务业投资仍将保持强劲增长等有利因素，同时也存在房地产投资将继续回落、工业面临形势严峻、企业融资贵问题依然突出等不利因素。

（一）有利因素分析

1. 投资刺激政策助力投资增长

从国家层面来看，国家政策明确将继续支持基础设施建设投资稳步增长。国家政策继续鼓励资金投向基础设施建设领域（包括节能环保、保障性住房、城镇化建设、重大基础设施等）。

从省级层面来看，截至 2014 年 7 月先后推出了多项促经济、稳投资的政策措施，包括出台《促进当前经济稳增长的十六条措施》、《支持外贸稳定增长十二条措施》、《关于促进县域经济发展的意见》等。以上政策措施的范围涵盖了多个方面（包括对外贸易、产业、县域经济等），其贯彻落实将有助于激励投资、鼓励消费、推动出口、优化环境、企业减负，推进四川经济结构调整与增长，实现经济结构转换基础上的新增长、新发展。在此之后，其他城市也先后出台了相关配套实施的具体细则。6 月 30 日审议通过《关于进一步做好稳定和扩大投资工作的意见》，专门针对投资领域，明确了将来稳定和扩大投资的具体措施和落脚点，以保障完成 2014 年四川省的投资预期目标。

另外，随着西部地区经济的发展以及我国铁路建设技术的提高，我国铁路建设的重心已经逐步地自东向西转移，2014 年更是将近 80% 的国家投资投向中西部地区。由于铁路投资规模较大、产业链长，增加对铁路的投资将刺激水泥、钢材等相关建材的市场需求，有利于剩余产能的合理消化。

2. 新兴增长极将成为投资新热点

自实施"多点"、"多极"发展战略以来，四川大力培育新的经济增长极，打造市州经济梯队，形成"多点"；"成渝经济区"和"天府新区"等区域经济板块不断发展壮大，形成"多极"。各地立足实际，充分发挥区域优势，精心打造本区域经济增长"点"，认真做强本地经济发展"极"。随着多点多极支撑发展战略的深入实施，经济热点从成都的核心向四围扩散，包括川南在内的新兴增长极不断崛起，将成为全省投资的新热点，总量和占比都将进一步提高，投资增速有望进一步加快。

3. 服务业投资仍将保持强劲增长

一是，近期出台的《关于服务业改革发展的指导意见》，围绕推进市场化改革、完善推进机制、深化开放合作、完善政策体系、实施保障5个方面，为服务业发展最大限度"松绑"。二是，上半年工商登记制度改革全面推开，全省新增第三产业市场主体16.9万户；前5个月，"营改增"试点为文化创意服务业、鉴证咨询服务业企业减税19亿元，12.9万户纳入试点的企业中近九成受益。三是，服务业大举向外资开放，上半年四川外商投资实际到位总额中有六成流向服务业。四是，四川省已筛选出100个总投资超3000亿元的服务业重点项目，并建立全省服务业重点项目库和省市县三级联动推进机制，对当年投资额10亿元以上的服务业重点项目，将按一定比例给予贷款贴息扶持。这些项目不仅能够保持全省投资高位平稳增长，还能优化投资结构。

（二）不利因素

1. 房地产投资将继续回落

当前，四川省部分市州房地产销售增长迟缓，房地产投资动力不足，已连续两年维持较低投资开工面积增速，房地产投资的增长受到较大影响。受2014年土地购置面积和房屋新开工面积增速较低、资金成本较高、保障房投资明显减缓等影响，预计未来房地产投资增速还将继续回落。

2. 工业面临形势严峻

当前四川省工业经济运行面临形势严峻。一是经济下行压力较大，全国经济运行进入调整期，四川省工业经济运行受到较大影响；二是工业生产上游供给趋紧，劳动力、资金、能源等要素成本上升，对工业的生产产生一定影响；三是市场的有效需求不足，引发价格持续走低，目前宏观市场特别是生产资料市场并未好转，PPI近两年来持续下降，8月份PPI同比下降0.1%，且近几月降幅仍在扩大（见图4）；四是工业投资自2013年7月下降至个位数后仍在下降，影响新增生产能力，工业发展后劲相对不足；五是美国等发达国家经济复苏步伐放缓，致使外贸出口增长不及预期。

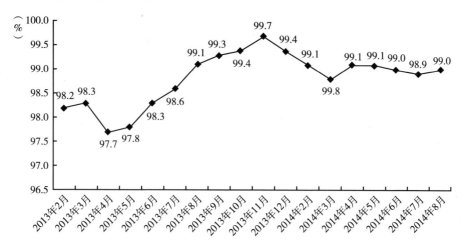

图4　2013年2月至2014年8月四川省PPI累计变化情况

3. 企业融资贵问题依然突出

2014年6月末，全省小微企业贷款余额5716.8亿元，同比增长25.4%，高出各项贷款增速9.8个百分点。但调查发现，企业融资贵问题仍然突出。5月，四川省各期限贷款利率当月加权平均水平为8.23%，比2013年同期提高43个基点，其中，中小企业贷款利率上升较快，对中小企业实行利率上浮的贷款占比达87.1%，比2013年同期提高5.9个百分点。企业通过银行获取资金的综合成本通常在10%以上，部分小微企业融资成本甚至高达15%以上，通过企业间、理财中介机构的民间借贷成本一般年率在20%以上。

四　四川省2015年固定资产投资主要指标预测

根据四川省近期固定资产投资数据的走势，综合目前面临的有利因素和不利因素的影响，经测算得到表2的预测结果。

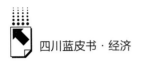

表2 2014年、2015年全年固定资产主要指标预测值

指标	2014年		2015年	
	绝对值(亿元)	增速(%)	绝对值(亿元)	增速(%)
固定资产投资	23831.36	13.2	27405.59	15.0
第一产业投资	630.1	10.0	702.56	11.5
第二产业投资	7103.42	0	7160.25	0.8
第三产业投资	16097.84	20.0	19542.78	21.4
房地产投资	4394.71	14.1	5040.73	14.7

五 对2015年工作的几点建议

(一)继续加强创新驱动,推进工业结构的转型升级

一是推进自主创新,促进科技成果的及时转化。加强创新平台建设,完善技术创新市场的导向机制;加快科技成果转化平台建设和国家重大科技基础设施建设,建立完善产业技术创新体系。二是大力推进特色优势产业和战略性新兴产业发展。大力实施优势产业培育发展方案,构建、完善和整合延伸优势产业链;进一步壮大重大产业基地,完善综合配套体系,稳步提升产业发展质量和效益。三是有序化解产能过剩矛盾。严把准入关,综合运用行政、法律、窗口指导等多种手段,分类妥善地处理正在建或已建成的剩余产能。继续推进淘汰落后产能,完成产能过剩行业淘汰落后任务,积极推进行业整合重组,提高产业集中度。

(二)加强房地产市场分类指导,合理激发房地产市场需求

一是加强四川省房地产市场的分类指导,银行业金融机构进一步落实好对首套房贷款的首付比例和贷款利率优惠政策,加大对改善性住房消费的信贷支持力度,支持和保障居民的改善性住房需求。二是充分发挥住房公积金的保障作用,进一步放宽贷款条件,提高贷款额度。三是鼓励房地产开发商根据市场需求调整现有产品开发结构,增加市场有效供给。一方面,继续加强保障性安居工程建设;另一方面,针对普通居民为满足自住而产生的刚性需求,合理增加中低价位的中小户型商品房供应。

（三）进一步促进服务业发展，继续支撑投资增长

一是扩大服务业市场准入，进一步对民资和外资开放服务业市场，扶持新兴消费模式（比如信息、养老、健康消费等），缓解养老、教育、医疗等基础服务业供给不足和服务质量不高的问题，以促进对第三产业的投资。二是认真贯彻落实省政府出台的支持电子商务做大做强的政策措施，积极引进电子商务龙头企业，加大对本土电商企业培育力度，构筑电子商务核心竞争力。三是着力发展生产性服务业，有效促进工业的转型升级和效率改进，比如金融、信息服务、研发、售后服务、物流等服务业。

（四）破解资金瓶颈，增强投资后劲

一是加快完善投融资体制，拓宽城乡建设融资渠道，并进一步强化市场约束机制。二是推进金融支持中小企业的各项措施，务实评估中小企业政策支持效应，引导扩大小微企业融资。三是解决企业信息不对称的问题，引导企业采取直接投资或开租赁公司的方式降低成本，避免高风险的民间借贷，为企业提供一个健康的投资空间。四是通过信贷政策引导商业银行调整信贷资金结构，大力支持当前鼓励发展的领域，同时对限制发展的领域应减少金融支持，具体来说，对基础设施和保障性安居建设投资、促进消费需求、节能环保、小微企业、民间投资、自主创新、三农等领域应保障资金支持，而先进制造业、战略新兴产业、服务业等产业应提供大力支持；相反的，对房地产行业、"两高一剩"行业，以及其他不利于产业结构调整的领域应限制资金支持。

B.3

2014~2015年四川省财政形势分析与预测

胡建中*

摘　要： 2014年1~8月全省地方公共财政收入继续保持了较为稳定的增势，非税收入对全省财政的增收贡献率为32.1%。财政支出保持较快增速，加大了对民生保障、产业发展、基础设施建设等领域的投入力度。随着国家"一路一带"战略的实施以及天府新区上升为国家级新区，为四川经济2015年持续更好发展奠定了坚实的基础。初步预测，2015年全省地方财政收入相对2014年会有较大的增长，预计增长10%。

关键词： 四川　财政收入　财政支出

2014年以来，面对复杂严峻的经济形势，全省上下认真贯彻落实省委、省政府重大决策部署，坚持"稳增长、调结构、促改革、惠民生"的大政方略，千方百计稳定经济增长，尽心竭力保障和改善民生，积极稳妥推进财税改革，较好地完成了阶段性目标任务。全省财政收入达到时序进度，支出进度创近年来最好水平，财政运行总体平稳，为实施"三大发展战略"、实现"两个跨越"做出了重要贡献。

一　2014年四川财政形势分析

2014年上半年，省委、省政府紧紧抓住发展这一第一要务，始终保持专

---

* 胡建中，四川省社会科学院金融与财贸经济研究所助理研究员，博士研究生，主要从事公共经济学、金融学研究。

注发展的定力，及时推出了一系列稳增长措施，促进全省经济平稳较快发展。经济运行呈现主要经济指标有所回升、产业结构调整稳中有进、激发市场活力初显成效、保障改善民生有力推进的特点。但经济结构以及运行中的主要矛盾和问题依然存在，经济下行压力依然较大。一季度四川省经济增长仅有8.1%，二季度工业、投资、消费、进出口等主要经济指标增速企稳回升，总体来看，上半年四川经济运行总体平稳，呈现稳中有进的发展态势。上半年四川省实现地区生产总值（GDP）12697.4亿元，按可比价格计算，同比增长8.5%，增速比全国平均水平高1.1个百分点。以此为基础，各级财政部门奋力把稳增长的各项财税政策落到实处，通过挖潜节流，确保财政收入的持续增长和财政支出的顺利执行。

（一）预算执行基本情况

1. 全省财政收支

2014年1～8月，全省地方公共财政收入2009.91亿元，完成年初预算的65.7%，比上年同期增加153.81亿元，增长8.3%。其中：税收收入1525.34亿元，为预算的65.6%，增长7.4%；非税收入484.57亿元，为预算的65.9%，增长11.4%。全省上划中央"两税"收入完成568.11亿元，为计划的58.8%，下降1.9%。上划中央所得税完成429.05亿元，为计划的72.9%，增长8.4%。全省公共财政总收入完成3007.06亿元，增长6.2%。全省公共财政支出3833.83亿元，为预算的54.2%，增长15.1%。

全省基金收入完成1512.93亿元，为预算的99.2%，增长13.9%；基金支出1471.49亿元，为预算的71.8%，增长16.9%。

2. 省级财政收支

2014年1～8月，省级公共财政收入517.53亿元，完成年初预算的65.25%，同比增长5.25%；省级公共财政支出完成571.28亿元，为预算的44.8%，增长9.4%。

省级基金收入完成60.69亿元，为预算的73.3%，增长13.4%；基金支出18.95亿元，为预算的22.8%，增长7.9%。

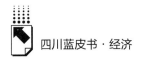

（二）收入预算执行的主要特点

1. 财政收入增幅有所放缓

2014年1～8月，全省地方公共财政收入增长8.3%，继续保持了较为稳定的增势，但收入增幅较上年同期回落7.6个百分点，较2014年一季度、上半年和1～7月分别回落3.1个、0.6个、0.7个百分点，增幅有所放缓。从当月入库数来看，2014年8月财政收入入库数仅为160.33亿元，为2014年以来较低金额，主要原因如下。

（1）经济增速总体放缓。2014年上半年，全省地区生产总值增长8.5%，比上年同期回落1.6个百分点。2014年1～7月，全省规模以上工业增长值增长9.8%，比上年同期回落1.5个百分点；全省固定资产投资增长12.8%，比上年同期回落5.1个百分点；全省社会消费品零售总额增长13%，比上年同期回落0.6个百分点。受此影响，全省三次产业共实现税收2691.77亿元，增长7.3%，增幅回落5.1个百分点。其中，第二产业增长4.5%，回落1个百分点；第三产业增长8.8%，回落8.5个百分点。

（2）重点行业税收下滑。批发和零售业税收下降：受社会消费品零售总额增幅回落等影响，全省批发和零售业完成税收320.02亿元，下降5.4%，增幅回落9.1个百分点，占全省税收收入的比重为11.9%，比上年同期下降1.6个百分点。同时，全省采矿业完成税收83.49亿元，下降5.9%，增幅回落13.6个百分点，占全省税收收入的比重为3.1%，下降0.4个百分点；交通运输、仓储和邮政业完成税收52.92亿元，下降6.4%，回落17.6个百分点，占全省税收收入的比重为2%，下降0.3个百分点。房地产业税收回落：2014年1～8月，全省房地产业税收完成569.25亿元，增长11.25%，增幅回落23.3个百分点，主要是2013年"国五条"出台后，垫高了基数，2014年以来，市场观望情绪渐浓，房产成交面积持续回落，相关收入增幅持续走低。1～7月，全省商品房销售面积3740.83万平方米，下降了1.1%，回落25.1个百分点，其中住宅销售面积3270.52万平方米，下降了4.1%，回落30个百分点。值得欣慰的是，全省制造业、金融业税收增幅有所提高，对全省税收下滑的局面起到了一定的缓冲作用：2014年1～8月，全省制造业实现税收606.38亿元，增长4.3%，提高了3.6个百分点；全省金融业实现税收266.13亿元，增长

30.7%，提高了 13.8 个百分点。

（3）结构性减税影响。近年来，围绕中央的统一部署，四川省实施了一系列结构性减税政策，如西部大开发税收优惠，营业税改增值税，提高增值税和营业税起征点，提高个人所得税费用扣除标准，高新技术企业税收优惠，宣传文化企业增值税先征后退，降低部分娱乐业营业税税率，对生产销售的尿素、有机肥产品免征增值税，对蔬菜批发、零售环节免征增值税，对承担储备任务的商品储备管理公司及其直属库免征印花税、房产税、城镇土地使用税，100 万千瓦以上水电站增值税即征即退政策，等等。这些税收优惠政策的施行，有利于企业税负降低，增强综合竞争力，推动产业转型升级，但同时也对财政收入造成了较大的减收。

（4）税收滞后效应。2014 年以来，全省各级认真贯彻落实中央、省里稳增长的有关政策要求，相继出台了 10 项稳定经济增长的财税政策措施、支持县域经济发展 22 项财政政策，对稳增长起到了支撑推动作用，但受税收收入滞后效应影响，有关收入尚未体现到财政收入中来。

2. 收入进度略显偏慢

2014 年 1～8 月，全省地方公共财政收入完成年初预算的 65.7%，慢于序时进度 0.9 个百分点，为近年来同期较低进度。从构成看，全省税收收入进度为 65.6%，慢于序时进度 1 个百分点；非税收入进度为 65.9%，慢于序时进度 0.8 个百分点。分级次看，省级财政收入进度为 65.2%，慢于序时进度 1.5 个百分点；市（州）收入进度为 65.9%，慢于序时进度 0.8 个百分点，有 11 个市（州）收入进度慢于序时进度，比上年同期增加 2 个百分点。受上年同期基数较高及一次性收入减少的影响，进度最慢的甘孜州财政收入仅完成年初预算的 55.15%，分别慢于全省、市（州）平均和序时进度 10.6 个、10.8 个和 11.5 个百分点。全省财政收入进度有待加快。

3. 非税收入贡献较大

2014 年 1～8 月，全省非税收入完成 484.57 亿元，比上年同期增加 49.38 亿元，对全省财政的增收贡献率为 32.1%，比上年同期提高 9.1 个百分点，贡献作用较大。主要是全省各级在认真贯彻落实简政放权有关要求，清理规范行政事业性收费的基础上，着力加强国有资产使用管理，并及时将有关收入缴库，如：成都市本级办公楼处置收入约 2 亿元缴库，达州市河道砂石采砂权拍

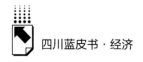

卖及办公楼、门市等国有资产处置收入入库约 2.26 亿元等。2014 年 1 ~ 8 月，全省国有资源（资产）有偿使用收入完成 155.79 亿元，比上年同期增加 27.52 亿元，增长 21.5%，对全省非税收入和地方公共财政收入的增收贡献率分别为 55.7% 和 17.9%，比上年同期分别提高 11.2 个和 7.7 个百分点。

4. 基金收入增幅持续回升

2014 年 1 ~ 8 月，全省基金收入完成 1512.93 亿元，比上年同期增加 184.34 亿元，增长 13.9%。其中，国有土地使用权出让收入完成 1236.49 亿元，比上年同期增加 136.05 亿元，增长 12.4%，从增长幅看，全省基金收入、国有土地使用权出让收入增幅虽较上年同期有所回落，但仍实现了较快增速，并分别连续 3 个月、5 个月将增幅保持在两位数，反映出四川省市场配置作用发挥较好，土地市场交易趋于理性，也说明企业对四川省后期经济形势发展的信心有所增强。

（三）全省财政支出情况

1. 财政支出保持较快增速

2014 年 1 ~ 8 月，全省财政支出增长 15.1%，比上年同期提高 4.9 个百分点，在上年较高基数上保持了较快增速，增幅在 GDP 超过 2 万亿元的 12 个大省中排名靠前。2014 年以来，全省各级认真贯彻落实稳增长、促改革、调结构、惠民生各项政策措施，积极筹措，合理调度，及时下达相关资金，注重发挥投资对稳定增长的支撑作用，创新财政支持产业发展方式，大力支持重大产业基地建设。同时，采取有效措施清理解决影响执行的难点和问题，成效较为明显。需要指出的是，虽然 2014 年 1 ~ 8 月全省财政支出保持了较快增速，但增幅较 2014 年前几个月均有所回落，主要是 2014 年中央和省财政收入没有出现大的增幅，当年动用超收安排支出相对较少所致。

2. 8月当月实现支出减少

2014 年 8 月，全省财政支出 344.98 亿元，比上年同月减少 140.73 亿元，比 2014 年 1 ~ 8 月各月平均支出规模少 134.25 亿元。从支出科目看，全省城乡社区公共设施支出比上年同月减少 30.22 亿元，下降 77%；其他扶贫支出减少 7.57 亿元，下降 95.9%；公路改建支出减少 11.97 亿元，下降 86.9%；铁路运输支出减少 11.95 亿元，下降 76.1%；公共租赁住房支出减少 5.48 亿元，下降92.3％；其他保障性安居工程支出减少5.75亿元，下降55％。主要是四川省转移支付制度体系进一步完善，定向财力转移支付改革取得明显突破，部分原由省上确定的项目改为采取定向财力转移支付方式安排资金，由各地根据本区域实际情况自主确定项目，资金分配时间进一步提前。同时，随着预算管理改革向纵深推进，转型资金管理改革取得初步成效，省级年初专项预算项目个数比上年压缩40％，部分专项资金分配下达时间较往年提前了2～3个月，预算执行的均衡性进一步提高，进度进一步加快，导致8月大约支出规模比往年偏小。

3. 重点支出投入加大加快

2014年在全省收支矛盾加大的情况下，各级财政着力保障重点支出，严控一般性支出，支出结构进一步优化。首先，在继续实施"十项民生工程"基础上，将困难群众急需急盼解决的19件民生实事作为保障重点，加大对民生保障、产业发展、基础设施建设等领域的投入力度。从增幅看，2014年1～8月，全省社会保障和就业、医疗卫生、住房保障、农林水、交通运输、科学技术、节能环保、城乡社区等支出分别增长14.2％、10.4％、10.4％、19.2％、21.1％、32.3％、14.8％、25.2％。从进度看，2014年1～8月，全省社会保障和救援、医疗卫生、住房保障、农林水、交通运输、科学技术、节能环保、城乡社区等支出合计完成年初预算的64.1％，高于全省平均进度10个百分点，并高于上年同期2.6个百分点。其次，继续严格落实中央八项规定、省十项规定，大力压缩"三公"经费，强化预算约束，严控预算追加，全省一般公共服务支出增长6.1％，低于全省财政支出平均增幅9.1个百分点，低于上年同期7.8个百分点。①

二　2015年四川财政形势预测

2015年，世界经济将处于美国金融危机过后的温和复苏期，逐步趋于稳定。美国经济增长、就业、通胀等数据向好，进一步确认了其复苏的真实性。随着QE的完全退出，大量国际投资会进入美国。欧债危机已经见底，德国经

---

① 四川省财政厅：《四川省财政收支预算执行情况》，2014年8月。

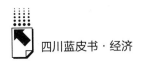

济的强势，决定了欧洲经济不会往更坏的方向发展，2015年欧洲复苏在即。从国内来看，十八届三中全会制定了改革60条，一系列改革红利会陆续释放，刺激经济持续稳定发展。

从省内形势来看，首先，2014年省委、省政府陆续出台了一系列促进经济稳增长的措施，如《四川省人民政府办公厅关于印发促进当前经济稳增长的十六条措施的通知》、《四川省政府支持民营经济发展十五条措施》、《四川省政府支持外商投资企业发展八条措施》、《四川省政府支持外贸稳定增长十二条措施》、《四川省政府稳定经济增长的十条财税政策措施的通知》等，增强了地方经济活力，减轻了企业负担，由于政策效应的滞后性，其实施效果会在2015年持续体现。其次，多点多极支撑发展战略，"两化"互动、城乡统筹发展战略和创新驱动战略的实施，扩权强县和扩权强镇改革的持续推进，"四大片区扶贫攻坚行动"的开展，也会推动四川经济持续向好发展。再次，国家"一路一带"战略的实施也为四川经济发展注入新的活力。最后，天府新区上升为国家级新区，意味着国家会在政策上给予四川更多的支持，更多的项目落地天府新区。这些因素都为四川经济2015年持续更好发展奠定了坚实的基础。

根据对2015年四川经济形势的初步分析和判断，结合财政与经济的相关关系，初步预测，2015年全省地方财政收入相对2014年会有较大的增长，预计增长10%。

三 2015年四川财政支出政策

2015年，全省应认真贯彻落实党的十八届三中全会和四川省委十届四次全会精神，继续抓好"稳增长、促改革、调结构、惠民生"财税政策措施的落实，继续实施积极财政政策，全面深化财税体制改革，促进经济发展方式转变，着力保障和改善民生，为实施"三大发展战略"、推进"两个跨越"提供坚实的财力保障。

1. 建立现代预算制度

建立透明的预算制度，扩大预算公开范围，细化公开内容；完善政府预算体系，改进年度预算控制方式，建立跨年度预算平衡机制，实行中期财政规划管理；加强预算执行管理，强化预算约束，完善财政结转结余资金和财政专户管理；规范地方政府债务管理，加强债务规模控制，建立政府综合财务报告制度；全面规范税收优惠政策。①

2. 增收节支，节流开源

坚持保证重点、保民生、控制一般，严格执行预算法，强化预算刚性。财政支出重点是保民生、打基础、调结构、促和谐等方面。严格控制一般性支出，特别是要压缩和控制"三公"经费。加强制度约束，确保"三公"经费总量只减不增。坚持依法治税，认真落实增值税转型和营改增。强化预算执行管理，提高年初预算到位率，确保预算按批准的项目、科目和数额执行。加强预算执行情况分析，及时解决预算执行中存在的问题。

3. 完善省以下分税制

完善省以下分税制财政体制，根据中央统一安排部署，组织开展省与市县事权范围和支出责任的清理划分工作，推进建立事权与支出责任相适应的制度。进一步完善企业所得税共享和部分共享税种下划工作，适当提高省市共享税市（州）的分享比例，同步改革完善市（州）对县（市、区）收入划分体系。完善地方税收体系，保证市（州）、县都要有几个收入稳定的主体税种。

4. 完善转移支付制度

优化转移支付结构，逐步减少专项转移支付，提高一般性转移支付和定向财力转移支付比重。一是考虑将那些范围标准固定、功能指向明确、政策相对稳定的专项转移支付改为一般性转移支付；二是将那些适合市县统筹管理、具有特定政策目标、适用因素法分配的专项转移支付改为定向财力转移支付，同时，赋予市县项目决策权和资金管理责任；三是改基数法为因素法，充分考虑区域资源禀赋、主体功能区定位、产业布局等因素，继续加强对老少边穷地区、革命老区、民族地区、生态功能区和资源枯竭地区的转移支付，完善转移支付分配办法，积极支持区域经济均衡发展。②

---

① 韩洁、高立：《楼继伟：突出问题导向，打赢财税改革硬仗》，《新华每日电讯》2014 年 8 月 1 日。

② 王一宏：《关于四川省 2013 年财政预算执行情况和 2014 年财政预算草案的报告》，《四川日报》2014 年 1 月 28 日。

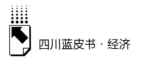

5. 探索建立四川省主体功能区之间的横向转移支付机制

主体功能区建设，具有正的外部性，因此，在建设主体功能区过程中，要协调好各区域的生态问题，建立起合理的区域生态补偿机制，解决水、空气、土地、森林等生态要素的补偿机制。可以模仿碳交易的模式建立政府间资源使用的补偿机制。例如，考虑将区域性控制指标（耕地占用、水资源、污染物排放等）使用权限分配到各市（区）、县。那些使用数量大、超过指标配额的地区，可以通过市场购买相应的指标配额，而那些使用量指标配额较少的地区则可以将这些指标配额卖给超额使用地区，从而获得相应的收益。[①]

6. 继续加大对民生支出

按照"保基本、守底线"的基本思路，在继续实施"十项民生工程"的基础上，继续保持对交通、农林水、科技、教育、就业、社会保障、医疗卫生、保障性住房等方面的投入力度。

7. 强化政府债务管理

认真落实《国务院出台加强地方政府性债务管理意见》，建立规范的地方政府举债融资机制，坚决制止地方政府违法违规举债。研究制定四川省政府债务管理办法，全面推进以额度控制、风险预警、动态监控、债务风险应急处置、考核问责等为主要内容的政府债务管理控制。加强融资平台管理，逐步剥离融资平台承担的政府融资职能，实现市场化运作。

---

① 张晓军：《主体功能区视角下的甘肃公共财政政策研究》，财政部财政科学研究所，2012。

B.4

2014~2015年四川金融形势
分析与预测

杜坤伦　罗志华*

摘　要：　基于2014年上半年四川省金融运行情况，分析了四川金融运行特点及未来发展的主要影响因素。采用历史数据分析法和相关性分析方法，重点对2014年、2015年四川银行业、多层次资本市场发展的主要经济指标进行了分析和预测。认为国家金融改革的深度及进程对区域经济发展具有宏观主导和决定作用，相关市场主体要主动作为，地方政府在推进区域金融发展、强化区域性金融风险防控方面可以更好地发挥作用。

关键词：　四川　区域金融　形势分析　发展预测

面对经济下行压力加大、金融风险有所积聚等不利因素，相关部门积极应对，市场主体主动作为，各项融资稳步增长，2014年1~6月，四川全省社会融资规模4595.7亿元①，同比多增557.6亿元，为四川经济社会健康发展提供了有力的资金支持。

---

* 杜坤伦，四川省社会科学院金融与财贸经济研究所副所长，经济学博士，高级会计师，研究方向：资本市场与区域经济发展；罗志华，任职于四川省社会科学院金融与财贸经济研究所，兼任西南财经大学信托与理财研究所副所长，经济学博士，高级经济师，研究方向：银行业改革与创新。

① 基于相关权威数据公告的滞后性，为确保数据的准确性和可比性，除特别说明外，2014年数据截至2014年6月末或9月末。特别致谢省政府金融办、人民银行成都分行、四川银监局、四川证监局、四川保监局。

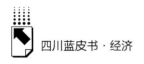

一 2014年1~6月金融运行情况及特点

（一）银行信贷稳步增长

2014年6月末，全省金融机构各项贷款余额3.3万亿元，较年初新增2721.7亿元，完成全年计划的60.5%，实现时间过半、任务过半。上半年新增贷款同比多增250.4亿元，贷款余额同比增长15.6%，高于同期全国平均水平1.6个百分点。其中，人民币贷款余额3.2万亿元，同比增长15.4%，人民币贷款余额在各省（市、区）排第7位；人民币贷款比年初增加2591亿元，增加额在各省（市、区）排第6位。不良贷款率为1.5%，比年初下降0.03个百分点。

（二）信贷结构出现积极变化

一是重点项目融资得到有力保障，2014年6月末，全省重点项目本外币各类融资余额3173.8亿元，比年初新增399.2亿元，其中贷款余额2862.6亿元，比年初新增469.6亿元。二是信贷支持"三农"及小微企业的力度显著加大。截至6月末，全省小微企业各项贷款余额5716.8亿元，同比增长25.4%，高于同期各项贷款平均增速9.8个百分点；涉农贷款余额11579.8亿元，同比增长15.9%，高于同期各项贷款平均增速0.3个百分点。三是房地产行业贷款保持平稳较快增长。上半年四川省房地产贷款比年初增加840.1亿元，同比多增124.8亿元，其中个人购房贷款比年初增加578.5亿元，同比多增77.1亿元。四是部分产能过剩行业融资有所下降，上半年全省制造业贷款比年初增加226.1亿元，同比少增51.2亿元，主要是钢铁、水泥等产能过剩制造业贷款下降。

（三）直接融资大幅增长

2014年上半年，全省相关企业在银行间市场实现直接债务融资496.5亿元，同比增长115.7%，完成全年计划的62.1%，实现时间过半、任务过半。发行企业债券133亿元，同比增长22%。通过资本市场实现融资105.4亿元，其中新股发行实现融资 5.7 亿元，增发 57.7 亿元，公司债 17 亿元，可转债 25 亿元。

（四）保险业运营状况趋好

2014 年上半年，全省保险业实现保费收入 619.8 亿元，同比增长 24.2%。其中，产险收入 182.1 亿元，同比增加 19.6%；寿险收入 437.7 亿元，同比增加 26.2%。全省保险赔付和给付支出 181 亿元，同比增长 21.3%。

（五）小额贷款公司和融资性担保公司服务实体经济能力提升

截至 2014 年 6 月末，小额贷款公司贷款余额 657.2 亿元，同比增长 30.5%，高于全省金融机构人民币各项贷款增速 15.1 个百分点；全省融资性担保公司融资性担保在保余额 2444.6 亿元，同比增长 12.9%。全省小额贷款公司投放贷款和通过融资性担保公司担保投放贷款共达到 3101.8 亿元，与全省银行业金融机构贷款余额之比为 9.6%，准金融业已成为全省金融的一支重要力量。

（六）需要重点关注的问题

1. 有效信贷需求大幅下滑

2014 年以来，四川省经济运行的宏观形势较以前更趋复杂，虽然二季度工业、投资、消费、进出口等主要经济指标增速均比一季度有所回升，但是有效信贷需求依然明显不足。影响的主要因素有以下几个。

（1）不同行业信贷需求差异突出。受煤炭整顿，白酒转型，以及钢铁、有色、化工等产能过剩行业调整等因素影响，全省工业有效信贷需求下降。

（2）不同领域信贷需求差异明显。主要受房地产市场调整和近年来汽车消费过快等因素影响，以购房和购车为主的个人消费贷款需求明显萎缩，2014 年二季度全省个人消费贷款需求指数分别较上季度和 2013 年同期下降 10.9 个和 7.4 个百分点。

（3）不同规模企业信贷需求出现分化。大型企业由于经营状况和融资条件相对稳定，融资需求无较大变化；中小企业受经济增长下滑影响，信贷需求萎缩比较明显。

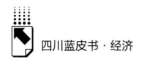

2. 实体经济融资难、贵、慢问题突出

面对宏观经济形势下行压力，2014年四川省银行业金融机构"惜贷"现象较为突出，部分银行对个别地区、企业（特别是产能过剩行业企业）只收不贷，对部分民营企业下调信用等级，企业融资难问题有增无减。由于中国人民银行两次定向降准以及银监会调整存贷比计算口径有效增加了地方法人金融机构可用资金，以及国开行棚户区改造贷款规定必须执行基准利率下浮10%，6月份全省金融机构人民币贷款加权平均利率显著下降，为8.08%，环比下降0.15个百分点，企业融资贵问题出现一定程度缓解，但是仍然没有得到根本解决。除了民营企业管理水平、财务制度等自身原因之外，也存在一些深层次的客观原因。

（1）金融机构风险控制有所加强，各商业银行总行对房地产、融资平台以及"两高一剩"产业严格执行总量压降和限额管控要求，加快低层级客户减退，限制了分支机构的信贷投放能力。

（2）最近出现了多起因资金链断裂形成的民营企业信贷违约风险，加剧了银行的谨慎心态，贷款审核更趋严格。

（3）担保机构与银行风险分担机制不够健全，增加了民营企业融资难度。

（4）面对经济下行和不良贷款反弹压力，金融机构加大拨备提取力度，贷款风险溢价增加推高企业融资成本。

（5）存款竞争日趋激烈，金融机构几乎都将各期限存款品种一浮到顶，融资成本明显增加，进而拉高了贷款利率。

（6）贷款中间环节较多推高企业融资成本。企业贷款需经历抵押登记、评估、融资担保等多个环节，每个环节的费用分别占抵押物评估金额的1%~3%、0.1%~0.3%以及0.1%~0.25%。

二 影响2014~2015年四川金融运行
形势的重点工作

地方金融形势的发展，受制于国家货币政策、财税政策，以及《证券法》等国家宏观调控范畴相关法规、政策和措施的影响，地方政府一方面应当按照全国的统一要求，督促市场主体积极适应相关规制的调整和变化，同时，基于各地区情况的差异，地方政府也可以在职责范围内通过缩小区域政策单元，主动作为，有针对性地加强相关工作，更好地服务地方经济发展。

（一）继续推进各项融资稳步增长

一是继续发挥信贷融资主渠道作用。包括深入开展"小微企业金融服务提升工程"，召开"险资入川"、保险资金与四川重大基础设施项目对接会、交通重点建设项目银企对接会、金融支持县域经济发展建设项目对接会，通过举办一系列项目对接活动，促进产融对接，推动金融更好地服务于实体经济。二是加强对金融机构的引导，引导金融机构提高服务实体经济实效，实行差别化的信贷政策和审批程序，避免"一刀切"式的抽贷、惜贷和压贷行为；积极开发适应企业尤其是民营、中小微企业发展需要的信贷产品，进一步提高金融服务水平；简化信贷审批流程，压缩审批环节，提高融资效率；合理确定贷款正常的风险损失率，适当降低对中小企业信贷风险的容忍度，取消不合理的收费，切实降低中小企业融资成本。三是加快全省多层次资本市场建设，拓宽企业融资渠道。出台《四川省人民政府关于发展多层次资本市场服务实体经济的若干意见》（川府发〔2014〕51号），推动四川企业利用好多层次资本市场和银行间市场扩大融资规模。支持上市公司行业整合，支持有实力的企业通过并购重组为实体经济转型发展服务。

（二）进一步优化金融资源配置

一是围绕全省重大基础设施项目、重大产业项目目录，加强重大融资监测分析，切实保障其融资需求。结合七大优势产业特点，有针对性地推进金融创新，支持四川省七大优势产业发展，加大对"二五"（五大高端成长型产业和五大新型先导型服务业）产业发展的支持力度；强化政策支持与金融支持的结合，为民生工程、灾后重建提供有力的金融支持。二是科学制定小微企业直接融资目标，强化目标约束，充分发挥好财政资金作用，通过增加、优化财政风险补偿资金等手段，进一步撬动金融服务小微企业，确保小微企业贷款"两个不低于"目标的实现。三是提高金融服务"三农"水平，加快村镇银行发展步伐，逐步实现村镇银行对县（市、区）基本全覆盖；推行以农村产权为抵（质）押的融资业务发展，积极稳妥地推进农村土地流转

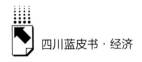

收益保证贷款试点工作;充分利用现代通信网络技术和金融创新,延伸金融服务"三农"触角,进一步提高农村基础金融服务水平。

(三)深入推进各项金融改革

深入贯彻执行《四川省金融改革实施方案》,进一步抓好各项金融改革事项的推动和落实。一是进一步加强分类指导,明确各方责任,强化多方联动和综合协调,争取全省城商行改革取得重要突破,特别是在条件成熟的城商行引进战略投资者方面。二是继续推进出台相关管理制度,积极稳妥地推进农民专业合作社开展资金互助试点工作。三是加大对两类公司的监管力度,建立年度监管考核、评价机制。

(四)大力加强体制机制建设

一是加强省金融办与一行三局、财政、公安、宣传等部门的会商协调机制,明确维护金融稳定的责任分工,完善金融风险处置机制,提高应急处置能力。二是加强监测分析和信息报送,建立融资情况和金融风险的信息收集、整理、发布和宣传机制,统筹建立金融重大事项报告制度,进一步完善金融风险监测和预警机制,完善应急预案,对责任领域内的风险隐患提高敏感性,发现重大金融风险及时报告。三是高度关注政府融资平台、房地产、过剩产能、非法集资等重点领域的金融风险。

三 2014~2015年四川省金融运行形势分析与预测

(一)四川银行业发展形势分析[①]

1.四川银行业金融机构面临的发展环境与经济形势分析

总体来看,外部经济环境和监管政策变化正在对四川银行业金融机构

---

① 对四川银行业的分析与预测,详见罗志华《2015年四川银行业金融总量与地区经济增长分析》一文。

2014年、2015年主要经济指标产生影响,传统银行业务正在发生变化,使2014年、2015年四川银行业金融机构部分经济指标具有不确定性。这虽为相关预测增加了难度,但仍可采用"基于过去预测未来"的历史数据分析方法进行分析预测。2014年,四川部分贷款企业、担保企业风险事件导致银行业不良率上升,一些银行出现收贷、慎贷、惜贷等现象,可能影响四川省地区信贷增速。基于以上因素和2011~2013年信贷增速分析,2014年、2015年信贷增速可能维持在15%左右。

存款理财化、货币市场基金等金融脱媒对商业银行存款增速形成影响,加之2004年9月中国银监会办公厅、财政部办公厅、中国人民银行办公厅发布的《关于加强商业银行存款偏离度管理有关事项的通知》对商业银行存款稳定性要求,2014年四川银行业存款增速将趋于稳定,存贷比可能稳定在63%左右,存款增速可能稳定在15%左右。2015年,随着大额可转让存单的试点发行,该增速可能继续稳定在15%左右。

2012年、2013年,非标业务快速发展为商业银行表内金融资产增长提供了条件,但这一现象正在发生变化。随着2014年4月中国银监会叫停非标业务和去杠杆化,以及信贷资产证券化、表外代客理财、影子银行等表外业务的快速发展,2014年商业银行表内资产增速可能降至16%左右,2015年这一增速可能会进一步降至15%左右。

随着2013年、2014年经济结构调整和经济增速放缓,一些贷款企业违约导致商业银行不良资产增加和不良率上升,四川银行业金融机构逐年下降的不良率水平可能出现逆转。利率市场化导致付息率上升和净息差收窄,及中国银监会实施限制非标资产等去杠杆、去影子银行等监管措施,或对商业银行表内资产规模增速和利润增速产生影响。

2. 四川银行业金融机构2014年、2015年主要经济数据分析与预测

基于信贷增速基本稳定,存款、资产去杠杆化,信贷资产质量面临下迁压力,本文对2014年、2015年四川银行业金融机构主要经济指标增长速度假定如表1所示。

基于表1的假定条件,以及2003~2013年历史数据分析,对四川银行业金融机构2014年、2015年主要经济指标预测如表2所示。

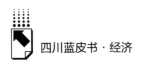

表1　四川银行业金融机构2014年、2015年主要经济指标增速及比率假定

单位：%

序号	经济指标	2014年	2015年
1	本外币信贷余额增速	15.00	15.00
2	本外币存款余额增速	14.03	14.10
3	存贷比（本外币）	63.50	64.00
4	贷款不良率	1.80	2.00
5	本外币资产总额增速	15.00	14.00
6	资产利润率（税后）	1.30	1.25
7	外币贷款/本外币贷款	2.80	3.00
8	外币存款/本外币存款	1.00	1.00
9	营业网点数量增长	3.00	3.00
10	从业人员数量增长	5.00	5.00

表2　四川银行业金融机构2014年、2015年主要经济指标预测

序号	经济指标	2014年	2015年
1	本外币存款余额（亿元）	54872	62610
2	其中：人民币存款（亿元）	54323	61984
3	本外币贷款余额（亿元）	34844	40070
4	其中：人民币贷款（亿元）	33868	38868
5	本外币资产总额（亿元）	71562	81581
6	营业网点总数（个）	13834	14249
7	从业人员总数（人）	228704	240139
8	不良资产总额（亿元）	627	801
9	税后利润总额（亿元）	930	1020

（二）多层次资本市场的发展形势分析与预测

随着各地贯彻执行国发〔2014〕17号和川府发〔2014〕51号文及各地方政府相关配套实施办法出台，中国证监会IPO工作重启，以及2014年全国下半年计划100家企业首次公开发行股票，四川将有2~3家公司获准在沪、深交易所发行并上市。同时，符合再融资条件的上市公司通过公司债、定向增发、并购重组实现再融资获批的进度加快，随着前期已经获得证监会审核通过

的再融资方案的实施,相关资金将进入实体经济运营过程,重组资产进入上市公司主体,对经营主体核心竞争力提升作用明显。但总体而言,四川企业直接融资比例与2013年基本持平。

随着成都(川藏)股权交易中心在2014年第四季度正式开业,预计2014年度内挂牌企业有望达到240~300家,其中交易板、融资板企业8~15家,但融资、交易不活跃。

受2014年国务院与省政府关于发展多层次资本市场服务实体经济发展等政策的深入推进执行影响,以及《证券法》修改和证监会IPO注册制改革进程加快,特别是政府对改制企业的政策补贴落地、全省后备企业资源库建设与"创业板行动计划"的有效实施,结合前期各部门的市场培训效应,2015年四川中小微企业有望再掀改制上市新高潮,预计2015年度内按照现代企业制度要求规范和改制的企业将超过100家,其中在场内市场挂牌上市(视全国总体进度、规模及注册制的推进时间影响)审慎预计有5~8家,乐观预计有10~20家,总体上占全国新增上市公司总数的3%左右,上市公司家数占全国总数的第8~9位,西部第一位。私募债及资产证券化的规模、进程明显加快,并购重组的广度和深度增加,特别是市值规模较小,或绩差公司通过并购重组导致主业改变的可能性增大,个别已退市公司将探索通过司法程序进行破产重整的可能性。

在新三板、四板挂牌企业可望达到450~600家,交易额上升幅度大,合格投资者开户人数增加,市场主体参与热情增长,交易活跃程度增加,但总体规模仍然较小。

(三)其他金融活动的发展形势分析与预测

受2014年经济下行压力影响,以及个别小贷公司、担保公司、地方金融机构风险逐步出现,以及个别有较大区域影响力的实体企业资金链断裂甚至进入司法重组等程序,2015年部分银行机构对敏感公司收贷加速和更加惜贷,企业融资的"过桥"行为增加,中小微企业融资难、融资贵矛盾将更加突出。

2015年,各类要素市场按照《国务院关于清理整顿各类交易场所切实防范金融风险的决定》(国发〔2011〕38号)、《国务院办公厅关于清理整顿各类交易场所的实施意见》(国办发〔2012〕37号)和清理整顿各类交易场所

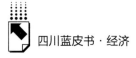

部级联席会议办公室《关于开展各类交易场所现场检查的通知》（清整联办〔2014〕28号）文件要求，运营和管理进一步规范，创新动力增强，部分交易所业务拓展将有较大突破，大宗商品交易和金融资产交易额进一步扩大，区域内更多公共资源纳入平台交易的可能性增加。民营银行筹建有望进入操作实施阶段。

基于相关风险的逐步释放，小贷公司、担保公司业务总体增速放缓，个别公司风险凸显或业务急剧萎缩。相关部门结合经济运行实际，可能适时出台促进规范发展的指导性文件。

金融监管仍以支持市场化发展为主调，同时将加强风险处置的协调性和及时性，各部门的监管职责和事权划分更加明晰，综合监管合力更加有效。

2014~2015年四川省
进出口分析与预测

陈友清 孙李军*

摘 要： 2014年四川省对外贸易保持平稳较快增长态势，贸易结构进一步优化，民营企业发展迅速，重点地区牵引作用增强，进出口增速高于全国、领跑经济大省。但面临外需复苏缓慢、全球贸易保护主义盛行、本土企业竞争力较弱等压力。四川应坚持把进出口"稳增长"放在首位，调结构、促转型，推动各项外贸政策措施落实，大力培育外向型产业和企业，加快形成开放型经济竞争新优势。

关键词： 四川 进出口 增速

2014年，四川省委、省政府坚持"对内靠改革、对外靠开放"的重大决策部署，坚持深化全方位开放合作，出台支持外贸稳定增长的"十二条措施"，全省对外贸易在结构明显优化的基础上持续较快发展，预计全年进出口增速有望达到10%，领跑8个经济大省。2015年，四川对外贸易面临的竞争与挑战与日俱增，但仍然处于重要机遇期，总体上将继续保持平稳增长势头，初步预测全年进出口增长8%左右。

一 2014年前三季度四川进出口主要特点

2014年前三季度全省实现进出口522.5亿美元，同比增长13.5%，其中

---

* 陈友清，四川省商务厅综合处处长；孙李军，四川省商务厅综合处副主任科员。

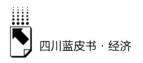

出口 335.9 亿美元，增长 12.7%；进口 186.6 亿美元，增长 15%。①

一是进出口商品结构进一步优化。机电产品进出口同比增长 17.2%，占比较上年同期提升 1 个百分点，达到 66.8%，创近年来新高。高新技术产品进出口增长 19.1%，较上年同期提高 9 个百分点，占比提升 1.5 个百分点，达到 50.1%。服装、鞋类、纺织品、箱包、家具、塑料及其制品六大劳动密集型产品出口 47.9 亿美元，同比下降 3.6%；占出口总值的 18.2%，较 2013 年前三季度微降 0.1 个百分点。

二是民营企业成为拉动外贸增长的第一主体。民营企业进出口 202.8 亿美元，同比增长 35%，高于整体增幅 19.5 个百分点，连续 10 个月保持 20% 以上的增速。民营企业进出口拉动全省整体外贸增长 13 个百分点，占比由 2013 年前三季度的 37.1% 提升到 43.4%。欣华欣进出口 10.6 亿美元，增长 58.7%；龙蟒进出口 1.8 亿美元，增长 34.4%；新希望进出口 1.5 亿美元，增长 1.1 倍；中嘉汽车进出口 1.5 亿美元，增长 8 倍。外商投资企业进出口增长 12.6%，占全省进出口的 44.9%。国有企业进出口下降 19.4%。

三是重点企业支撑作用明显。全省百户重点企业进出口 255.8 亿美元，增长 10.8%，高于 2013 年前三季度 9.1 个百分点；占全省进出口比重达到 54.7%。戴尔进出口 33.1 亿美元，增长 1.1 倍，连续保持 60% 以上高速增长；全球物流进出口 19.1 亿美元，增长 6.5 倍；资阳南车进出口 1.5 亿美元，增长 5.9 倍。英特尔进出口 36.5 亿美元，虽然负增长 2.7%，但降幅较 2013 年前三季度收窄 2.9 个百分点；富士康进出口 63.5 亿美元，负增长 20.1%，占全省进出口的 13.6%，占比呈逐步下降态势。

四是对主要市场贸易加速。与美国实现双边贸易 101.9 亿美元，增长 42.4%，连续 5 个月逐月攀升，创 19 个月来最高增速。对东盟进出口 80.2 亿美元，增长 11.5%，也保持了 5 个月的持续提高。与日本双边贸易由 2013 年前三季度的下降 25.3% 转为增长 5.4%，增速高于上半年 0.4 个百分点。对欧盟进出口出现下滑，实现进出口 57.7 亿美元，下降 6.9%；出口 43.2 亿美元，增长 7.5%。

五是成都经济区牵引作用还在增强。成都经济区进出口增长 17.1%，高于全省整体外贸增速 1.6 个百分点；进出口占全省进出口总额的 93.3%，较上年同

① 本文数据未做特殊标注的均整理自四川省商务统计资料，2014 年 9 月。

期提升 1.3 个百分点。其中,成都市进出口增长 17.7%,高于 2013 年前三季度 13.8 个百分点,拉动全省整体外贸增长 13.8 个百分点。绵阳市增长 18.1%,德阳增长 11.5%。川南经济区由上半年的下降 6.6% 转为增长 6.8%;川西北经济区增长 33.7%。川东北经济区和攀西经济区分别下降 12.4% 和 4%。

六是四川持续领跑全国经济大省。四川省进出口和出口增速分别高于全国 13.2 个和 11.2 个百分点,均居全国第 11 位;增速分别比 8 个经济大省平均水平高 16 个和 13.5 个百分点,均居 8 个经济大省首位。

七是服务贸易快速增长。2014 年 1~9 月,四川省服务贸易进出口额 87.6 亿美元,同比增长 25.3%。其中,出口额 41.8 亿美元,增长 13.3%;进口额 45.8 亿美元,增长 38.7%。其中,旅游服务出口同比增长 10.4%,创年内最高增幅。高附加值的专业咨询服务、文化和娱乐服务、金融服务均保持了两位数的增长。运输服务出口同比增长五成。旅游服务进口占比超四成,文化和娱乐服务同比增长超十倍,保险服务进口超两倍。

二 四川对外贸易发展面临的挑战

(一)国际经济复苏分化加剧,外需回暖步伐放缓

全球经济正在走出国际金融危机的阴影,但是地缘政治、极端主义、网络安全等传统、非传统安全因素的影响都在增大,依然存在下行风险。美国经济复苏一枝独秀,日本、欧盟等发达经济体和其他新兴经济体还同时面临潜在增长下降的局面。

美国经济出现了金融危机以来的强势反弹。第二季度美国实际国内生产总值最终修正值按年率计算增长 4.6%[①],高于预估值 0.4 个百分点,创 2011 年第四季度以来最大增幅。美国去杠杆化持续推进,金融体系修复成效初显。新能源革命使得能源成本降低,带动了制造业回归和高端制造业发展,5 月份制造业指数高达 56.6,连续 16 个月扩张。失业率降至 5.9%,为 6 年来新低,预示美国就业市场正持续改善。欧元区经济虽然上半年保持了增长势头,但复

---

① 数据整理自新华社中国金融信息网,http://dc.xinhua08.com。

苏疲弱,9月份经济景气指数降至99.9,自2013年11月份以来首次跌破长期平均水平100。欧元区9月综合PMI初值52.3,创9个月新低。IMF、世行年会确认欧元区为全球增长最疲软经济体。由于结构性改革迟迟不到位,"安倍经济学"刺激效应递减,日本一季度增长率虽高达6.1%,但二季度萎缩7.1%。国际货币基金组织(IMF)报告称,日本经济复苏不可持续将成为亚洲经济的主要风险。新兴经济体保持较快增速,但增势继续放缓。俄罗斯和南非环比均负增长,印度与巴西增长速度低于预期。

国际货币基金组织最新报告中,将2014年全球经济增长预期下调至增长3.3%,比7月份的预测值下调了0.1个百分点,这也是IMF在2014年以来的第三次下调全球经济增长预期;并将2015年全球增长预期小幅下调至3.8%。世界贸易组织2014年11月发布的《2014年世界贸易报告》显示,2014年全球贸易额预计增长率仅为3.1%,远远低于1993~2013年近20年5.3%的平均增长水平。[①]

(二)全球贸易保护主义形势严峻,国际贸易摩擦案件频发

全球经济复苏步伐缓慢,拖累了全球贸易的增长,进而导致贸易保护主义对全球贸易的健康发展威胁上升。世界贸易组织、经济合作暨发展组织和联合国贸易和发展会议在2014年6月联合发布的例行监督报告指出,2013年11月至2014年5月,20国集团的成员国新实施了112项限制性贸易措施。据统计,自2008年以来,20国集团的成员国一共实施了1185项限制性贸易措施,截至2014年5月仅有251项措施被取消,仍有近1000项措施在继续实施,占总量的79%。我国也将连续18年成为遭受到反倾销调查最多的国家,将连续8年成为遭遇反补贴调查最多的国家,是贸易保护主义的最大受害国。2014年上半年,我国共遭受18个国家(地区)发起的贸易救济调查53起,涉案金额52.9亿美元,分别较2013年前三季度增长20.4%和136%[②];涉及四川的国际贸易摩擦案件3起,一是美国对我光伏产品发起的"双反"调查案,二是澳大利亚对我国金

---

① 中国金融信息网,《世贸组织:今年全球贸易额增长率预计仅3.1%》,http://world.xinhua08.com/a/20141104/1407596.shtml。

② 数据整理自商务部贸易救济调查局,http://trb.mofcom.gov.cn/。

属硅发起的反倾销调查案，三是印度对我国风力发电机组铸件发起的反补贴调查案。在世界贸易组织多哈回合谈判进展迟缓的背景下，以美国主导的 TPP 和 TTIP 谈判正在加紧推进，更高层次的规则之争愈演愈烈，而 TPP 及 TTIP 这样的区域经济合作模式也正在削弱全球经济一体化的努力。

（三）人民币仍处升值通道，出口企业综合成本上升

复旦大学发展研究院金融研究中心发布的中国经济调查（CEP）第 12 期结果显示，虽然近期中国、美国的 GDP 增长指标出现回暖迹象，但对当前经济形势的判断并不乐观。而人民币贬值的短期调整将告一段落，可能再度进入升值通道。国际清算银行的统计资料显示，2011～2013 年，人民币的实际有效汇率上升超过了 16%；2014 年 8 月人民币实际有效汇率指数为 116.7，环比上涨 1.6%，创下 2014 年以来的次高涨幅①。人民币实际有效汇率与中国出口呈较强的负相关，实际汇率的每一轮升值，都伴随着出口增速的回落。人民币实际有效汇率的攀升，将会给出口带来明显压力，特别是对美国以外的其他发达经济体出口影响较大，当前出口高增的局面很快就会受到挑战。而主要竞争对手的实际有效汇率却在不断贬值，过去三年中贬值幅度最大的分别是南非贬值 25%、日本贬值 23%、印度和巴西均贬值 16.8%。这对四川省传统产业竞争力产生严重影响②。

企业融资成本高企，国内贷款利率远高于美国、日本等发达国家，众多中小微出口企业承受了资金成本不断上升的负担。同时，随着物价、房价及租金的上涨，以及劳动力成本的上升，劳动力成本低的优势逐渐丧失，省内富士康等企业出现招工难、招工贵等情况。

2014 年春季第 115 届广交会大会统计数据折射出当前中国外贸的严峻形势。本届广交会遭遇采购商和成交额"双降"，与会境外采购商约 18.8 万人，比第 114 届减少 0.8%，比第 113 届减少 7.2%；出口成交额 1911.8 亿元人民币，扣除汇率因素环比下降 2%，同比下降 12.6%③。反映出当前国际经济复

① 《8 月人民币实际有效汇率暴涨，外贸增长前景仍艰难（组图）》，搜狐财经，（http：//business. sohu. com/20140916/n404364975. shtml）。
② 数据整理自国际清算银行的统计资料。
③ 《广交会遭遇"双降"》，成都日报，（http：//www. cdrb. com. cn/html/2014－05/07/content_ 2044344. htm）。

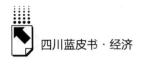

苏势头不足，可能更反映出我国传统产业和产品的国际竞争力在下降，国际订单存在规模流失的风险。

（四）产业结构制约外贸发展，本土企业出口竞争力不强

从产业发展看，2014年上半年全省规模以上工业企业出口交货值1424.2亿元，仅占工业销售产值的7.4%，其中电子信息产业出口交货值占全部工业出口交货值的60%以上。在电子信息产业中，鸿富锦和英特尔两家企业出口交货值合计占该产业的80%以上。全省像电子信息这样高度外向发展的产业匮乏，可选择参与国际竞争的产品不多。

面临中西部地区要素资源以及外贸企业、产业、载体等相似省市的同质化竞争，且呈日趋激烈态势。重庆自2013年6月进出口超过四川后，2014年与四川差距越来越大，到2014年前三季度差距已近200亿美元，而且增速是四川的两倍以上。四川身后的陕西、河南进出口和出口增速均大大高于四川，赶超势头十分强劲。东部10省市服务贸易先发优势日益明显，中西部省份加大服务贸易支持力度，而四川服务业整体水平不高，金融、保险、广告、研发设计服务等生产性服务业起步较晚，缺乏较强的国际竞争力。

2013年，四川有进出口实绩企业仅3800余家，而广东达到6.5万家，浙江5.5万家；四川入围中国进出口企业500强只有11家，中小企业的国际化经营实力尤为薄弱。多数企业将国际市场作为产品国内销售市场的补充，在国际市场开拓中缺乏长远战略，海外营销体系亟待构建。同时，管理水平不高，外向型经营的实用人才严重不足。

三　四川对外贸易发展的机遇

（一）外部经济环境有利于对外贸易保持稳定增长

总体上看，2014年全球经济好于2013年，经济增长和贸易增速都在加快，发达经济体重新成为全球经济发展的主动力。美国经济的复苏会带动中美贸易的快速增长，2014年前三季度双边贸易增速超过40%，占比较2013年前三季度提升2个百分点以上，这样的增长势头有望在近期持续保持下去，这将

对四川全年的外贸增长发挥积极作用。目前我国已与东盟、新加坡、巴基斯坦、新西兰、智利、秘鲁、哥斯达黎加、冰岛、瑞士等9个国家和地区签署了自贸协定，签署了内地与香港、澳门的更紧密经贸关系安排，以及大陆与台湾的海峡两岸经济合作框架协议。正在进行与韩国、海湾合作委员会、澳大利亚和挪威的自贸区谈判，以及中日韩自贸区谈判、RCEP等6个自贸协定谈判。我国已初步构建起横跨东西的周边自贸平台和辐射各洲的全球自由贸易网络。

（二）国内经济发展环境为外贸稳定增长提供了持久动力

中央按照稳中求进的工作总基调，统筹稳增长、调结构、促改革，坚持不扩大赤字，不放松也不收紧银根，推出简政放权、贸易投资便利化、利率市场化、扩大营改增试点等多项改革。2014年4月国务院常务会议部署支持外贸稳定增长和优化结构有关工作，率先出台了包括优化外贸结构、提高贸易便利化水平、改善融资服务、进一步加快出口退税进度、增强企业竞争力等稳定外贸增长的五项具体措施。四川省为贯彻落实国务院精神，也出台了支持外贸稳定增长的"十二条措施"，大力推进"万企出国门"等市场拓展活动。随着这些措施的深入实施，外贸发展环境将持续改善。

（三）优化外贸区域布局有利于四川加快发展对外贸易

西部大开发、国家丝绸之路经济带和21世纪海上丝绸之路等战略的实施，给四川省进一步扩大和深化开放带来了新的机遇。特别是西向和南向开放，这为四川进一步拓展对外贸易发展的空间创造了更加有利的积极条件。四川省作为中西部地区的外贸大省，被列为中西部重点省份之一，将得到国家有关部委的高度关注和大力支持。四川率先在成都市高新综合保税区（含高新、双流园区）、成都空港保税物流中心（B型）2个海关特殊监管区域学习借鉴上海自由贸易试验区17项改革经验，并待条件成熟后在更大范围推广，将有利于四川加快与国际接轨，进一步改善和提升国际化营商环境。

（四）跨境电子商务将成为外贸进出口的新增长点

跨境电子商务是分属不同关境的交易主体，通过电子商务手段将传统贸易中的展示、洽谈和结算等交易环节数字化和网络化，并通过跨境物流送达商品,最终完成产品进出口交易的新型贸易。随着经济全球化和电子商务的快速发展,跨境电子商务为我国外贸导向型企业转型升级提供了最佳途径。借助于互联网等网络工具,境内与境外、生产者与消费者的联系更加直接和便利,广大境外消费者可以更加全面、及时、方便地了解四川名优特新的产品,刺激更为广阔的境外市场需求,同时也会带动省内消费者对境外产品和服务的选择,从而扩大外贸进出口规模。四川已于2014年初在成都双流启动跨境电子商务基地建设,零售出口和保税进口将成为该基地的两大基本功能。目前米兰网、摩宝网络、北岸科技、厦门优传、北京鼎润达等一批企业达成了入驻双流跨境电商基地意向。四川新立新进出口公司等外贸企业已在探索跨境电子商务,并借此转型升级。据不完全统计,2013年全国跨境电商平台企业已超过5000家,进出口交易额超过3万亿元,同比增长35%,大大快于外贸7.6%的增长速度;利润由原来大宗采购的5%~10%提高到30%以上[1]。

(五)服务贸易发展具有巨大潜力

服务贸易是指将一个国家的服务产品生产能力转变为可交易的商品或资产,再转变成为贸易的价值形态,从而获得增值价值的贸易方式。发展服务贸易是在国际分工大背景下提升国际分工地位的必然要求,也是推动服务业发展的有效途径。目前,服务贸易已经成为经济增长的新动力,也是各地经济竞争的新焦点。我国服务贸易增势明显,2013年同比增长14.7%,高于全球10.6个百分点,居世界第三位。近几年,四川服务贸易快速发展,规模不断提高,结构持续优化,在全国的地位逐步提升,2013年服务进出口额65.7亿美元,增长15.3%,高于全国0.6个百分点,竞争力优势初步显现。从全球贸易看,服务贸易占全球GDP的2/3多,是世界贸易中增长最快的板块。在过去几年,服务贸易的发展速度明显快于商品贸易,2006~2013年世界服务贸易的出口年均增长率为7.3%,而同期商品贸易的出口年均增长率为6.5%;全国的增长率分别为27.9%和12.5%,四川服务贸易的出口年均增长率为48.6%,货物贸易的出口年均增长率为30.2%。

---

① 金柏松、刘建颖:《从十大关系看中国对外贸易》,《国际贸易》2014年第8期。

四　2015年四川对外贸易稳定发展的措施建议

保持外贸平稳增长对稳定宏观经济和就业至关重要。经历多年的高速发展，四川要在促进外贸转型升级的同时继续扩大进出口规模，面临十分显见的巨大压力。必须坚持把外贸"稳增长"放在首要位置，把调结构、促转型作为重要抓手，继续推动各项政策措施落实，加快外向型企业和外向型产业的培育速度，力争2015年全省对外贸易增速保持高于全国水平的发展势头，巩固和提升四川开放型经济在中西部地区的领先地位。

（一）深入推进"万企出国门"活动

进一步完善活动的促进机制、政策手段、服务体系，广泛发动、精准引导、示范带动，力争利用3~5年时间全省"走出去"实绩的企业超过10000家。坚持把"万企出国门"与实施"大经贸"战略和"市场多元化"战略结合起来，一个产业一个产业地抓，一个市场一个市场地抓，分类指导、精耕细作，着力增强企业国际市场竞争意识，逐步提升经济外向度。重点开展"万企出国门"大培训，加快发展外贸综合服务企业，支持企业购买出口信用保险，支持企业到境外投资办厂，支持企业构建海外营销渠道。通过一系列的"组合拳"，全方位支持有实力的国企、民企在全球范围内整合配置资源，着力打造一批内外结合，贸易投资互动，具备全产业链、供应链和价值链较强整合能力的川籍跨国企业。开展"国际化经营100强企业"的培育及评定工作，推出一批跨国经营、开放发展的企业家领军人物。充分发挥骨干企业的引领带动作用，推动行业企业"集群式"走出去，形成以跨国公司为龙头、成长型企业为基础、潜力型企业为补充的外经贸主体队伍，打造"能级梯次、承接互补、共兴共荣"的企业国际化新格局。

（二）推动外向型产业集聚发展

进一步完善基地培育机制，统筹发展、分层推进，更高水平地增强和发挥外向型产业聚集效应。大力支持现有国家级科技兴贸创新基地、加工贸易转移重点承接地、国家软件出口创新基地和服务外包示范城市建设，让国家级基地真正成为全省对外贸易的示范载体；加快省级基地建设，依托各类园区特别是国家级经开区和高新区，培育外向型产业园区，争取更多的基地成为国家级基地，让省级基地成为全省对外贸易的支撑载体；鼓励各市州根据本地外向型块状经济特点，结合优势出口产业和园区实际，培育本地基地，让市级基地成为全省对外贸易的补充载体。围绕重大装备、电子信息、汽车、新材料、生物医药和新能源等战略性新兴产业，推动加工贸易产业集聚，争取将成绵德培育成为第一批国家级加工贸易承接转移示范区。

（三）推进企业国际化公共服务平台建设

建立与完善对外贸易公共信息服务体系，以政府为主导、行业协会为辅助，为中小型进出口企业提供国际贸易政策法规、国际市场信息、对外贸易状况等有效的信息服务，切实解决制约外贸企业发展的信息瓶颈，进一步改善对外贸易的运行环境。大力发展为"初创企业"服务的国际孵化器、国际营销服务、国际化人才培训三大基础性平台，逐步建立和完善为企业国际化进程持续服务的国际物流、跨境电子商务、公共展示交易、产业安全预警四大支撑性平台，使公共信息服务的覆盖更加全面。

（四）大力发展跨境电子商务

目前，四川电商平台企业不多，知名电商平台企业、物流快递、第三方支付本土企业正在崛起。要全力支持成都开展跨境电子商务试点，以国际航空枢纽、保税物流中心和综保区为依托，以综合信息服务平台和监管中心建设为重点，加快建立跨境电子商务通关服务通道。完善跨境电子商务报关报检、收结售付汇、退税等新型海关监管模式，即海关对通关商品进行预先备案，备案后的商品通过电子口岸可实现海关、检验检疫、国税、外管等部门的数据共享和自动比对，买家可便捷地实现快速报关报检、阳光纳税、在线购结汇等。打造具有进出口双向功能的电子商务和关务平台。鼓励成都、绵阳、宜宾、自贡等有条件的市开展跨境电商业务，推动跨境电商模式不断创新，使跨境电商成为对外贸易发展的新热点、加快转变外贸方式的新抓手。

(五)抢占服务贸易制高点

按照"立足特色、示范引领、重点突破、创新驱动"的总体思路,以计算机信息服务、建筑服务、专业服务、旅游4个重点行业为核心,以文化、中医药、运输、技术等行业为新兴增长点,构建"4＋X"的服务贸易产业发展格局。发挥成都作为服务外包示范城市、落实CEPA示范城市的辐射带动效应,推动德阳、绵阳、自贡、乐山、宜宾、凉山等有产业比较优势的市州突破性发展,培育一批以成都动漫游戏、信息技术和服务外包、自贡彩灯文化出口等为代表的服务贸易特色基地。贯彻落实省政府《关于加快发展对外文化贸易的实施意见》,开展对外文化贸易大培训,培育文化出口重点企业、重点产品、重点项目,支持文化贸易企业建立国际市场营销网络,推广和创设具有中国元素和四川风格的自主文化品牌。通过几年的不懈努力,将四川的服务贸易打造成为内陆开放型经济的新增长极。

产业与行业篇

Industry Reports

B.6
2014～2015年四川省农业经济
发展形势分析与预测

虞洪 桑晚晴*

摘　要：　近几年来，四川农业总体上呈稳定增长的态势，主要表现为
　　　　粮食等主要农产品稳定增产，特色农业发展较快；农业生产
　　　　结构持续优化；农民收入较快增长，且增幅超过城镇居民；
　　　　现代农业稳步推进。但是在农村经济运行中还存在着一些问
　　　　题，为更好地促进农业经济的发展，国家和省委省政府不断
　　　　完善相关政策，为四川农业发展提供了良好的外部环境，基
　　　　于以上的综合分析，展望2015年，四川农业仍将保持良好
　　　　的发展势头。

* 虞洪，四川省社会科学院农村发展研究所助理研究员，博士研究生，主要研究方向：农村经
济；桑晚晴，四川省社会科学院农村发展研究所助理研究员，硕士研究生，主要研究方向：
农村经济。

关键词： 四川　农业经济形势　农业政策　农业发展预测

　　四川省地处我国西南腹地，土地类型多样，地域辽阔，物产丰富，人口众多，是一个多民族聚集的人口大省、农业大省。全省常住人口8673万人，居全国第九位，其中农村人口4467万人；全省辖区面积48.6万平方公里，居全国第五位，其中耕地面积599.63万公顷，耕地复种指数达到242%。林地1962.78万公顷，牧草地1371.58万公顷，未利用土地441.76万公顷（见图1）。

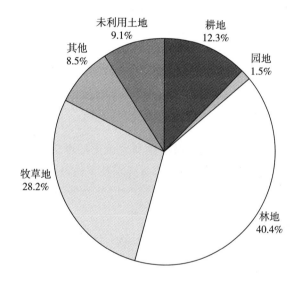

图1　四川省土地资源利用现状

资料来源：《四川年鉴》2013卷。

　　纵观四川省的农业土地资源，主要面临着林地、草地、山地面积大，人均耕地少，人地矛盾突出，耕地后备资源不足，水土流失严重等矛盾。针对这些严峻形势，四川省深入贯彻中央农村工作会议和中央1号文件精神，全面推进四川省农业经济的发展。

　　2014年，四川省农业经济发展站在了一个新的起点上，工业化、城镇化、信息化快速推进，进一步推动了现代农业的发展。回顾2014年，四川省农业经济运行和发展取得了较好的成果，新形势下加快推进农业现代化的发展，立

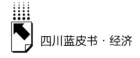

足四川农情，不断推进改革创新，依靠科技支撑和创新驱动，切实提高农业科技进步贡献率和农业资源利用率。农业经济自身总体形势明显好于预期，粮食作物基本保持稳定，经济作物产量较上年有所提高；农业产业结构不断优化，畜牧业稳步发展；农民收入保持了良好的增长势头，工资性收入成为农民增收的主要增长点。

展望 2015 年，四川省农业经济发展仍面临着严峻的内外部形势，非农化、非粮化情况依然存在，农业生产资料价格上涨、农产品市场波动以及自然灾害等不确定因素严重影响着农民生产的积极性，但在国家政策的导向下，将继续加大对耕地的保护力度，切实强化农业支持保护政策，充分调动农民的生产积极性，不断推动新型农业经营体系的发展，2015 年四川农业经济仍将保持良好的发展势头。

一　2014年四川省农业经济的主要特点

回顾 2014 年，随着工业化、城镇化和现代化的推进，四川省农业经济发展取得了丰硕的成果，概括来看，主要表现为几个特点。

（一）农业经济总体形势运行平稳

2014 年，四川省农业经济总体运行平稳，呈现稳中有进、平稳较快的发展态势。农业发展加快转型升级，不断推进规模化、标准化农业产业发展，促使农业生产效率不断提高。据统计资料显示，2014 年前三季度四川省第一产业增加值 2746.08 亿元，按可比价格计算比上年同期增长 3.9%，同比快 0.4个百分点，比第一季度快 0.4 个百分点（见图 2）。

从国民经济的主要结构来看，2014 年四川省前三季度第一产业比重比2013 年同期降低了 0.7 个百分点，第一产业增加值占 GDP 的比重缓慢下降，一二三次产业比重从 14.0∶51.4∶34.6 调整为 13.3∶51.4∶35.3，国民经济结构不断优化。但从第一产业对 GDP 的贡献和拉动作用来看，目前还呈现小幅度的增长态势，从 2013 年第三季度的 4.6% 增长为 5.7%，农业经济总体发展呈现良好的增长态势。

从固定资产投资来看，2014 年前三季度对第一产业的固定资产投资仍然乏

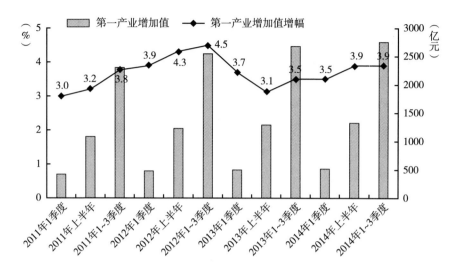

图 2 最近几年前三季度第一产业增加值及其增幅变化情况

资料来源：四川省人民政府网站。

力，仅占全社会固定资产投资的 2.7%，同比（下同）下降 0.2 个百分点。在固定资产投资中，第一产业投资 482.5 亿元，较 2013 年同期名义增长 5.4%。

从消费市场趋势来看，2014 年前三季度四川农村消费零售额增长速度稍微快于城镇，增速较城镇同比快 1.3 个百分点。乡村消费品零售额达到 1641.2 亿元，比 2013 年同期名义增长 13.9%，在全社会消费品零售总额中占 19.6%，比 2013 年同期占比增加 0.2 个百分点。

（二）粮食生产基本稳定，特色农业发展较快

1. 春季粮食产量保持稳定增产

随着现代农业的推动，四川省已经开始进入土地流转规模更大、范围更广的新阶段，但同时也面临着非粮化、非农化的风险。为有效保障粮食安全和主要农产品供给，四川省不断加大支农扶农力度，使粮食产量保持基本稳定增长态势。据相关资料显示，2014 年四川省小春农作物播种面积 5275.0 万亩，比上年增加 0.6 万亩。全年粮食产量稳中略增，2014 年春季粮食产量 590.6 万吨，较上年增产 15.1 万吨，增长 2.6%，夏粮增产 2.6%。

2. 油菜籽产量连续增产

四川是我国重要的油菜籽主产区之一，油菜籽产量连年增加。同时，较高

的经济效益，也进一步刺激了农民种植油菜籽的积极性，2014年四川油菜籽种植面积又创历史新高，达到1514.7万亩，增加27.1万亩。总产量231.8万吨，增加4%，增长速度明显提高（见图3）。

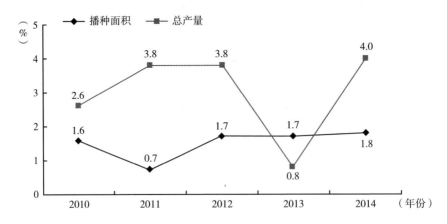

图3　2010~2014年油菜籽产量、种植面积增幅变化

资料来源：四川省人民政府网站。

3. 蔬菜生产保持良好的发展势头

随着人民生活水平的提高、消费结构的变化，人们对蔬菜的需求量不断加大，蔬菜价格也呈现逐年上涨的态势；同时，为保障人们的"菜篮子"，国务院及省政府近年来特别强调"菜篮子"工程的重要性，出台了一系列相关的优惠扶持政策，以保障蔬菜市场的供应及价格稳定；并且随着现代科学技术的发展，新技术不断应用于蔬菜生产，使蔬菜生产周期不断缩短，单位面积产量不断提高，进一步提升了蔬菜的种植效益。这些因素在一定程度上都刺激了农户种植蔬菜的积极性，推动了四川省蔬菜种植面积的增加。据资料统计，2014年四川省小春蔬菜种植面积为819.8万亩，增长2.8%。在面积扩大和单产提高的前提下，小春蔬菜产量达1610.2万吨，增产62.8万吨，增长4.1%。

4. 茶叶、水果、药材等加快发展

在"一村一品"政策的推动下，四川更加注重区域特色农业的发展，不断调整农业产业结构。据相关的资料显示，四川2014年前三季度茶叶、水果产值分别增长13.6%、13.1%。春茶产量达11.6万吨，增长6.3%；春季水果产量达89.4万吨，增长5.1%；春季药材产量达13.8万吨，增长0.8%。

（三）农业生产结构持续优化

2014 年，四川各地积极落实各项强农惠农政策，不断加大投入力度，针对当前经济发展的实际情况及农产品价格波动等不利因素对农业生产的影响，合理调整农林牧渔业生产比重，不断优化农业生产结构。据国家统计局核定，2014 年上半年四川省农林牧渔业总产值 2223.8 亿元，按可比价格计算比上年同期增长 4.2%，比 2014 年一季度高 0.7 个百分点。农林牧渔业增加值1326.6 亿元，增长 3.9%，从 2011 年到 2014 年上半年的统计数据中看，2014年上半年四川省农林牧渔业的总产值和增加值最接近峰值。

2014 年以来，四川林业部门着力转型升级，大力培育现代林业产业基地，据省林业部门统计，截至 5 月底，四川省完成营造林总面积 354.6 万亩，完成年度目标任务的 59.1%。同时，特色林产业经济效益发展向好，据相关统计部门预算，2014 年前三季度预计实现林业总产值 1437 亿元，按可比价格计算，同比增长 19.8%。比四川省农林牧渔业增加值平均增速快 15.9 个百分点。

在畜牧业发展方面，以生猪为主导的畜牧业生产呈现稳定发展态势，据测算 2014 年上半年四川省实现畜牧业增加值 533.1 亿元，同比增长 3.0%。同时，针对近年来生猪价格波动较大的情况，四川省加大了对畜牧业养殖结构的调整力度，在继续稳定生猪养殖扶持发展政策的同时，又陆续出台了对牛羊养殖的扶持发展政策，使畜牧业得到持续稳定发展。据国家统计局核定，2014年上半年四川省生猪出栏 3274.7 万头，同比增加 75.6 万头，增长 2.4%；猪肉产量 234.6 万吨，增长 3.9%；上半年四川省出栏牛 125.3 万头，同比增长5.2%；出栏羊 775.8 万只，增长 3.3%；牛、羊肉产量 26.7 万吨，增长5.5%。

在渔业生产上，针对群众对渔产品的大量需求，使渔业生产持续保持了良好的发展势头。据相关部门统计，2014 年前三季度水产业实现增产增收，预计水产品总产量达 94 万吨，同比增长 6.5%；实现渔业经济总产值 248 亿元，同比增长 10%。

（四）农民收入保持持续较快增长

据国家统计局核定，2014 年前三季度全省农民人均现金收入达到 7853

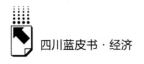

元，同比名义增长 12.3%，比城镇居民可支配收入高 2.6 个百分点，比全国平均水平高 0.2 个百分点。

从目前农民的收入结构来看，农民收入多元化，呈现明显的增长态势，农村居民对于农牧业的收入依赖程度呈下降趋势，工资性收入仍以相对较快的速度增长。随着外出务工农村劳动力数量的增加，以及工资率的提高，工资性收入成了目前农民增收的最大动力来源（见表 1）。据相关部门统计，2014 年前三季度四川省人均工资收入 3525 元，在农民纯收入中的比重提升到 44.9%，对农民增收的贡献率达到 53.4%。在以后的农民增收中，工资率将成为最重要的影响因素。

2014 年前三季度，农村居民家庭经营人均收入达到 3147 元，比上年同期增长 6.7%，呈现平稳增长态势；财产性收入则实现了大幅度的增长，较上年同期增长 25.1%，人均收入达到 145 元；转移性收入增幅明显加快，增长 19.1%，比上年同期快 1.7 个百分点，对农民增收的贡献率也比上年同期上升 3.1 个百分点。

表 1　2014 年前三季度农村居民收入分项比较

单位：元，%

项目	工资性收入	家庭经营现金收入	财产性收入	转移性收入
人均收入	3525	3147	145	1036
增长率	14.60	6.70	25.10	19.10
贡献率	53.40	23.40	3.40	19.8

资料来源：四川省统计局。

据相关部门的统计数据，农民人均纯收入名义增长速度和实际增长速度都快于城镇居民人均可支配收入，2014 年四川省城乡居民收入差距继续呈现缩小的态势，2014 年前三季度城乡居民收入比缩小到 2.39∶1，比上年同期下降 0.06 个百分点。

对城乡居民收入来源可比部分进行分析（见表 2），从名义增长速度上来说，农村居民的工资性收入、财产性收入和转移性收入增长速度都明显快于城镇居民，分别比城镇居民高出 5.6 个、17.2 个和 8.6 个百分点。但是这三个收入来源的城乡收入差距仍然较大，城镇居民工资性收入、财产性收入和转移性收入分别是农村居民的 3.53 倍、3.84 倍和 4.91 倍。

表2　2014年前三季度城乡居民部分收入来源比较

单位：元，%

类别	居民收入水平		比上年同期名义增长		城乡居民收入比率
	城镇	农村	城镇	农村	（以农村居民为1）
工资性收入	12430	3525	9.0	14.6	3.53
财产性收入	557	145	7.9	25.1	3.84
转移性收入	5089	1036	10.5	19.1	4.91

资料来源：四川省统计局。

（五）现代农业发展稳步推进

四川作为农业大省，近年来一直致力于推进传统农业向现代农业跨越，取得了较好的成果。实施"现代农业千亿增收工程"，积极推进现代农业示范区的建设，因地制宜地发展区域特色优势产业。同时，以建设大基地、培育大产业、打造大品牌、开拓大市场为目标，以农民增收为核心，加快构建现代农业产业体系，在政府引导与市场配置资源的有机结合下，不断加大土地流转和农业经营方式创新。以农业产业化发展为主线，在省内着力发展区域布局合理、专业分工明确、品牌竞争力较强的特色优势农业生产基地，建设现代农业示范区、产业基地强县，推进产业基地的集聚发展。目前，已建设成都、南充等国家级现代农业示范区7个，建成现代农业产业基地强县培育县60个、现代林业产业强县培育县25个、现代畜牧业重点县46个。与此同时，全省不断加快推进现代农业经营体系的建立，着力构建以家庭经营为基础、合作与联合为纽带、社会化服务为支撑的现代农业经营体系。重点扶持机制完善、管理规范、利益共享、风险共担、实体化运作的农民专业合作社，不断发挥其带头作用。截至2013年底，全省农民合作社达35603家，入社成员249万户，入社成员和带动农户占全省农户总数的39%。

在大产业的培育上，充分利用四川优势资源特色，加快优先品种的推广，提高科技成果的转化率，积极培育蔬菜、油菜、茶叶等新品种，推动形成大产业发展格局。狠抓农业科技创新，并不断延长和拓宽农业产业链条，大力发展农产品精深加工，进一步提高农业的综合效益。截至目前，四川省农业科技进步贡献率达54%，已高于国家平均水平。

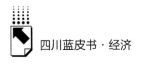

在促进农业基地建设和大产业发展的基础上，积极推进标准化生产，强化品牌的包装宣传，继续实施"区域品牌＋企业品牌"战略，整合现有的农业品牌，更加突出特色优势，重点打造"大凉山"、"川藏高原"、"峨眉山茶"等川字号品牌。在农产品的销售上，不断创新现代营销模式，巩固扩大西北市场，积极推进川字农产品市场的开拓。

现代农业的发展离不开农业基础设施的支持，2014 年省级财政安排现代农业千亿示范工程项目专项资金 1.44 亿元，支持各地现代农业的发展。该资金主要用于基础设施、生产设施、良繁基地、种子种苗 4 个环节补助。截至 2014 年上半年，四川省已基本建成亭子口等 7 处大中型水利工程，新开工 8 处中型水利工程，新增有效灌面 130 万亩，解决 400 万农村人口饮水安全问题，新增高标准农田 200 万亩，为改善农业农村生产生活条件提供了有力的支撑。

二 四川农业经济发展存在的主要问题

四川农业发展在保持良好稳定发展态势的同时，还面临着一些问题和挑战。

（一）耕地"非农化"、"非粮化"现象日趋明显

促使农业土地实现规模化经营，是提高土地及劳动力生产效率与效益、提升现代化农业生产水平的关键。近年来，四川省积极创新土地流转模式，土地流转已进入了一个快速发展的阶段，但在流转的过程中，耕地的"非农化"、"非粮化"现象相当突出。工商资本投资农业，虽说利于农业的发展，但资本的进入都有趋利倾向，部分工商资本长时间、大规模地流转农户的土地，无形中会把部分土地转化为建设用地，使农户的土地到期无法恢复或者无法收回，致使更多土地走向"非农化"、"非粮化"。

并且，随着现代科学要素的进入，农业的发展也开始迈入商业化的发展阶段，劳动力和土地投入不计成本的时代已经结束。据相关资料统计，目前四川省农业雇工的工资每天大约 100 元，平均每亩耕地的流转价格在 600～800 元。同时，农业生产资料的价格也在不断上涨，从而导致粮食生产成本不断提升，

种粮效益低下，尽管国家对粮食生产进行了优惠补贴，但种植粮食的经济效益远不如非粮经济作物。相当多的新型农业经营主体流转过土地后，都会趋利地选择种植经济效益较高的经济作物，如蔬菜、水果等，使今后粮食生产面临较大的供需矛盾。因此，四川省在今后现代农业的发展过程中，不仅要注重土地规模，更重要的是在土地适度规模的基础上进行制度创新，确保粮食安全。

（二）农业劳动力短缺矛盾加剧

四川省是农业人口大省，也是我国最主要的劳务输出地之一，据资料统计，截至2013年底农村劳动力转移达到2446.9万人，占农村人口的54.8%，大量的农村青壮年外出务工导致农业劳动力老龄化、农业边缘化趋势越来越突出，严重影响了现代农业科学技术的运用，导致农业发展后劲不足，现代农业发展缓慢。农业劳动力结构性短缺问题已成为制约四川省农业发展一大因素，使现代农业的发展不仅面临着专业人才资源的不足，而且还导致了农业向粗放经营的反向倒退，谁是"未来的农民"将是现代农业发展面临的紧迫难题。

（三）农业现代化发展水平较低

四川作为传统的农业大省，农业现代化建设起点低，前期发展比较慢，农业基础设施还比较薄弱，现代化水平仍需进一步改善。截至2013年底，全省有效灌溉面积只有耕地的44.1%。骨干水利工程偏少，渠系相关配套设施较差，水利工程对农业生产的支撑能力脆弱，保障能力下降。特别是在山区和丘陵地区，大部分耕地还处于"靠天吃饭"的状态，一些微型水利设施由于年久失修，已失去其应有的作用。虽说四川省农村基础设施建设在近年来获得了较大的发展，在资金投入总体上有所增加，但投入总量偏少，地区之间分布不均衡，农业基础设施仍显脆弱，使农业还不能完全摆脱"靠天吃饭"的局面。

四川省农业机械化、信息化水平相对较低，与现代农业设施装备还存在一定的差距，2013年全省机械总动力3937.2万千瓦，而山东、河南、河北的农业机械总动力分别是其的3.23倍、2.83倍、2.79倍，四川省每公顷耕地拥有的机械总动力为6.57千瓦，比全国平均水平低了1.1千瓦，差距比较明显。就信息化而言，四川省不断加大对农业信息化建设的投入力度，但全省来看，信息技术装备水平还有待进一步提高，其对农业生产所起的作用还十分有限。

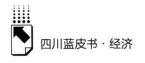

（四）社会化服务体系还不完善

农业社会化服务组织是在家庭承包经营的基础上，为农业产前、产中、产后各个环节提供各种公共服务的组织。四川省近年来不断创新社会化服务组织形式，鼓励多种模式联合发展，已基本形成了多元化、社会化的新型农业社会服务体系雏形。但在其发展过程中还存在一些问题，社会化服务体系还有待进一步完善，总的来说，各类主体提供的社会化服务还不能满足农户的需求，具有公益性服务特征的农业科技推广、动植物防疫、农产品质量监管等还有待进一步提高，基层农技管理体制、设施条件、动物疫病防控机构不健全，甚至有些合作经济组织有名无实，并没有对农户产生带动作用。

农业社会化的供需矛盾较突出，目前农民对农业服务的需求不仅是农业生产的产前、产中环节，还需要的是资金、技术、加工、销售、运输、管理等综合性服务，但在这方面社会化服务组织还相对比较薄弱，没有很好地与农户的需求对接。并且，部分农业产业化龙头企业与农户的利益联结机制还不完善，没有起到真正的带头作用，市场体系中经营性服务组织商业化色彩过于严重，服务体系不够规范，使农户还是处于弱势的被动地位。这些都有待今后进一步完善和发展。

（五）农业可持续发展问题面临新的挑战

随着四川省工业化、城镇化快速推进，四川省农业资源利用强度高、转化效率低、环境污染大的矛盾日益加剧，主要表现在：务农增收的压力越来越大、耕地保护的压力越来越大、保障农产品质量安全的压力越来越大。农业作为一个弱势的基础产业，从目前的发展情况看，务农人员老龄化、耕地零碎化等情况还没有得到根本解决，老龄化使现代农业要素进入困难，零碎化使农业经营难以形成规模，要真正实现农业经济转型还面临着较大的挑战。并且随着近几年农产品价格的变化，农业生产资料价格也在不断上升，农业综合生产成本越来越高，农业生产效益很难得到进一步提升。

据相关统计部门统计，截至 2013 年底，四川省人均耕地面积为 0.07 公顷，大约仅为全国人均耕地面积的 2/3。与此同时，随着城市和基础设施的建设，耕地将会进一步被占用，耕地非农化、非粮化的倾向严重，加之四川省耕地后备资源不足，四川省今后的人地资源矛盾将更加尖锐，今后对耕地资源的保护将面临更大的压力。并且随着社会经济的发展和人民生活水平的提高，居民消费水平和质量意识不断增强，对农产品的质量安全越来越重视。因此，必须改变传统的以农药、化肥等高污染生产资料提高农业生产效益的农业生产方式，但就目前情况看，我们在技术、设备、人员等方面还存在较大的差距，确保农产品质量安全压力还较大。

总的来看，四川省农业发展将面临更大的资源挑战，资源的不可持续性使当前的农业发展模式已难以为继，更多地需要探索新型农业经营机制来提高农业的可持续发展能力。

三　四川农业经济发展面临的外部环境

农业作为国民经济的基础产业，一直以来都是国家发展的重点，尤其是最近几年，随着经济的转型升级，现代农业的发展成了国家政府工作中的重中之重。外部环境对农业发展的影响较大，国家宏观政策、国际国内农产品价格机制、国家对"三农"的投入、新型城镇化的加快推进等都会对农业发展产生一定程度的影响。而四川作为农业大省、人口大省，更多地享受了国家对"三农"的支持和优惠政策，农业经济转型不断加快。

（一）国家宏观政策日趋完善

2014年，国家宏观调控政策以稳为主，始终围绕着处理好保持经济较快平稳发展、经济结构调整和管理通货膨胀预期三者的关系。在国家宏观调控等因素的作用下，国民经济基本上扭转了过快增长的趋势，较大程度地缓和了通货膨胀压力。据相关资料统计，四川省国内生产总值增速呈现回落的态势，由2013年前三季度的10%回落到2014年前三季度的8.5%，但总体来看仍然保持着平稳较快的增长速度，为我国农产品需求增长和农民增收提供了较好的外部环境。

在国家宏观调控政策上，始终坚持农业的基础地位，根据党的十八大发展方向，要通过现代农业的发展来带动农业综合生产能力的提高。一方面，不断强化农业支持保护政策，增加公共财政对三农的支出，2014年上半年对第一产业的固定资产投资为304.63亿元，较上年同期增长近14.4%，投资比重占到2.6%，比上年增加了0.2个百分点。同时，通过相关政策优惠和鼓励，引导更多的金融和社会资本进入农业。另一方面，严格把握好土地关，实施建设用地管理，保护预期基本农田。同时，有效控制居民消费价格预期。从统计数据来看，虽然居民消费价格比同期增长了近1.9个百分点，但居民食品消费价格指数与同期相比出现了下降，其增速也由2014年第一季度的2.5%下降到第二季度的2.3%，有效地控制了居民消费价格预期。而从粮食及猪肉的价格指数来看，第二季度较第一季度分别增长了0.3个、1.8个百分点。

国家今后的发展政策更加注重农民的主体地位，对于现代农业的发展，将在稳定家庭承包经营的基础上进行，以农民为主体发展现代农业和农业产业化经营，使农民真正成为现代农业收益的主体。同时，更加注重城乡一体化的发展，加大城乡统筹力度，促进城乡生产要素的流动。国家宏观调控政策对于切实保护基本农田和粮食生产，有效稳定粮食价格，以及增加农民收入、缓解"三农"问题将起到积极作用。国家对农业政策、资金的倾斜，引导有关涉农部门加大了对农业的支持力度，将在一定程度上调动农民生产的积极性。这一系列的政策措施将为四川农村经济的长期稳定发展奠定坚实的基础，对四川农业生产和农民增收将产生积极深远的影响。

（二）国内国际农产品价格新机制不断完善

进入"十二五"时期以来，在工业化和城镇化的快速发展过程中，中国农业农村发展也出现了一些新情况。农产品价格变化的不确定性增加，从目前来看，国内外粮食产品价格比较接近，但还是稍高于国外市场价格，棉花和食糖的价格国内远高于国外，国际市场的大米、玉米等农产品的价格也低于国内水平，这种趋势使中国对农产品的进口快速增加。在市场经济条件下，农产品价格因素对农业生产产生至关重要的影响，农产品价格的不确定，加上农业自然灾害必然会影响今后整个农产品供求关系和农业资源配置，给农产品生产供给带来不确定性，使农业支持保护政策的任务更加艰巨。

从最近几年发展来看，随着国内宏观经济周期性变化、农业生产结构调整及国际化程度的提高，我国农产品价格总体不断攀升，价格波动频率和幅度均发生了明显变化，不同重要农产品价格波动也呈现显著的差异化特征，并且国际农产品价格波动对国内农产品价格的影响也越来越深。针对这些复杂的变化形势，为了更好地维护农民的利益，促进农民增收，我国要不断创新农产品价格保护机制，推动农产品目标价格制度的形成。

2014 年中央一号文件指出，农产品价格要坚持市场定价，市场价格形成要逐步与政府补贴挂钩。今后政府定价不再具有决定性作用，而仅仅是预测指导，最终的市场价格由市场本身决定。在今后一段时间的发展过程中，将着重采取以下一些措施：首先要在全国范围内逐步取消相关农产品的收储政策，政府不再参与农产品定价，完全遵循市场规律；其次对新疆、内蒙古产粮大省试点农产品价格补贴，根据市场定价给予农业生产者差额补贴；最后完善补贴方式，将"暗补"变为"明补"，目标价格补贴额与种植面积、产量或销售量挂钩，进一步提高农业补贴效率。

（三）国家对"三农"的投入持续增加

财政"三农"支持政策是国家财政政策的重要组成部分，也是促进农业和农村社会经济发展的重要财力保障。随着公共财政改革的发展和国家财力的增长，国家对"三农"的投入不断增长，从 2007 年的 3404.7 亿元增加到 2013 年的 13227.9 亿元，与此同时，在支农政策上也进行了创新，在强化农业基础地位、促进农民增收、推进新农村建设等方面发挥了积极作用。

2014 年，中央预算内用于"三农"的投资在规模和比重上都超过 2013 年，着力点放在促进粮食增产、农民增收及农村各项社会事业的发展方面。安排 700 多亿元用于加强以水利为重点的农业基础设施建设，支持引水调水、江河湖泊治理、高效节水灌溉等重点项目。今后将继续加大对"三农"项目的投入，不断完善农村水、电、路、网、气等民生工程建设。

国家在不断加大对"三农"投入的基础上，切实加强对粮食主产区的扶持。针对中西部地区特别是粮食主产区的财政问题，为了增强地方政府投身粮食生产的积极性和主动性，中央政府要制定一定的奖励和补助措施，缓解粮食主产区的财政压力。同时，调整中央财政对粮食风险基金的补助比例，通过一定的经济手段鼓励引导社会资金进入农业，以扶持粮食主产区的生产能力建设。国家对"三农"政策的优惠扶持，为四川农业的快速发展提供了良好的外部环境。

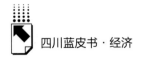

（四）新型城镇化加快推进

新型城镇化建设会对农业农村发展产生巨大的推动作用，是破解"三农"问题的有效途径。面对目前农村的老龄化、空心化及土地抛荒现象，新型城镇化较有效地解决了这一问题，通过城镇化发展承接农村剩余劳动力到城镇就业，进一步加快了农村土地流转，使耕地更多地转移到新型农业经营主体手中，为农业适度规模经营提供了有利的条件，推动了农业现代化的发展，促进了农民增收、农业增效。

另外，新型城镇化的发展为城乡要素自由流动提供了良好的发展空间，推动了资金、信息、技术的进入，为农业的发展注入了新的活力。并且对农业农村经济的发展起到了较好的促进作用，首先是通过城镇化的发展使大量的农村人口转变为城镇人口，将农村人口从农业生产者变为消费者，有效地拉动了农产品消费需求；其次是在城镇化的过程中随着工商资本的进入，进一步延长农业产业化链条，对农产品进行深加工，提高农产品的附加值，促进农业经济的发展；最后是城镇化的发展还能有效促进新型农业服务体系的形成，为农业的发展提供专业化生产服务，促进农业产业化发展和农民增收。

新型城镇化既对实现以工促农、以城带乡，加快农业产业化、规模化和标准化发展具有重要作用，又对现代农业的发展提出了更高的要求，不仅要提供新型城镇化发展所需的土地资源，还要保障粮食等重要农产品的供给、更加注重农产品的质量安全。这就要求农业的发展不但要守住耕地红线，不断提高粮食的生产能力，更要加快转变农业发展方式，注重农业产业结构调整，以满足居民对农产品的消费需求。

四 2015年四川省农业经济发展形势展望与预测

展望2015年，随着四川省现代农业的推进、新农村建设的发展，其农业农村经济将呈现良好的增长态势，但同时也面临着新的挑战。农业生产将更趋于规模化、机械化、标准化、品牌化，虽说粮食的种植规模会相对有所减少，但单位面积产量将呈现大幅度增长，将继续发挥其保障国家粮食安全的功能；将继续推动以新型农业经营主体为核心的农业产业转型升级，以土地流转为抓手，带动农业经营方式迅速由分散的家庭经营向集约化的适度规模经营转变，依托新型农业经营主体不断完善经营模式，提高农业生产效益；农产品供需将依然紧张，农产品价格易涨难跌，但增长幅度将有所降低；农民的收入来源将更加多元化，农民人均收入将保持持续增加，但增长速度将会有所降低，工资性收入将是其收入的主要来源。

（一）农业经济发展的总体态势持续向好

四川作为农业大省，省委省政府一直将"三农"工作作为重中之重来推进，不断加大对三农的投入，2015年，省级财政支出将进一步向"三农"倾斜，以支持农村基础设施建设、新农村建设、扶贫工程的推进等，同时，也将使农村生态环境、农村居民生活条件得到大力改善。根据2014年前三季度对第一产业固定资产的投资数据，采取线性趋势预测法进行预测，截至2014年底对第一产业的固定资产投资额将达到654.9亿元。采取同样的方法来预测2015年对第一产业的固定资产投资，考虑近几年国家对"三农"的政策倾斜和扶持，2015年第一产业固定资产投资将有望达到近756亿元（见图4）。

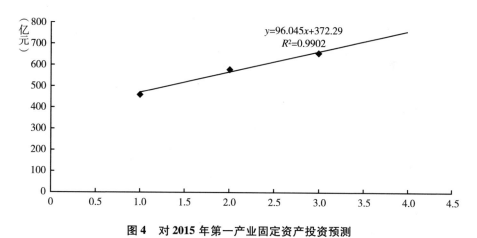

图4　对2015年第一产业固定资产投资预测

资料来源：四川省统计局。

根据国家宏观政策导向及目前四川农业发展态势，预期农业的增长速度仍然会相对较高，第一产业增加值持续保持增长的态势，尤其是畜牧业、渔业、林业等的增加值上升将较为明显。第一产业增加值在国内生产总值中的比重将

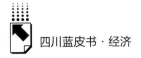

趋于下降，根据前期的趋势预测，且按当年价格计算，第一产业总产值在国内生产总值中的比重将有可能下降到10%以内。

从目前的形势来看，2015年农产品供需仍将保持紧平衡态势，稳定农产品价格仍是农业农村经济发展的核心问题，农产品价格是所有产品价格的基础，几乎每次物价的涨跌都与农产品价格波动有关。四川为了有效平衡物价，保持农产品合理价格水平，仍将采取多方面的措施：加快规模化、机械化、集约化的现代农业发展，不断提高农业的综合生产能力，以稳定粮食等主要农产品生产产量，使农业生产不出现大波动；健全市场信息服务制度，向种养大户、农业专业合作社等提供定向信息服务，同时不断构建完善鲜活农产品流通的"绿色通道"，以稳定鲜活及小宗农产品价格；健全农产品产地市场体系，围绕主产区建立区域性产地市场，以保障农产品"存得住、运得出、卖得掉、赚得到"。这些措施都使四川省在稳定农产品价格上基础明显增强。

（二）现代农业发展将加快推进

农业现代化的发展是在工业化、城镇化的过程中同步推进的，是四川省在"十二五"时期的一项重要任务。"十二五"时期是四川省加快发展现代农业的关键时期，要不断深化农村改革，加快转变农业经济发展方式，突破农业发展的瓶颈制约，不断提高农业综合生产能力，增加农民收入，加速新农村建设。

展望2015年，现代农业建设将深入推进，粮食等主要农产品供给保障能力将进一步增强，农业产业结构更加合理，农业产业体系更趋完善，科技支撑能力、现代物质技术装备水平都将上一个新的台阶。

不断推进土地适度规模经营，全方位保护和调动各方面发展粮食生产的积极性，推进粮食生产重点县建设成为高产稳产商品粮生产基地，稳定粮食生产面积，提升粮食单位面积产量，实现粮食供给总量平衡。将更加着力于现代农业产业、现代畜牧业、现代林业产业基地项目的建设，在保障基本粮食产量外，优势特色农业发展将进一步显现，川西蔬菜、川西南名优茶、龙泉山脉特色水果产业带等产业集中发展将基本成形。与此同时，现代畜牧业发展将进一步提质，巩固和提高川猪优势，畜牧业发展在坚持农业可持续发展的目标下，加快循环养殖农业发展模式的推广，更加注重对生态环境的保护。

在休闲观光农业发展方面，通过加强扶持休闲观光农业基础设施、特色产业和公共服务平台的建设，将逐步形成集农业生产、农耕体验、文化娱乐、生态保护、产品加工及销售于一体的休闲农业发展新格局。

围绕提高粮食生产综合能力、现代农业产业基地和新农村建设任务，高标准农田建设初具规模，据目前的推进力度，到2015年全省高标准农田占耕地面积的比例将达到43%，相应配套的农田水利设施、电力设施和农村机耕道路也将逐步完善。将不断提高农业基础设施建设，包括"再造一个都江堰灌区"重大骨干水利工程、大型灌区配套改造及规模化节水灌溉项目等，进一步强化农业基础设施对农业增产、农民增收及农业可持续发展的促进作用。

（三）主要农产品供需形势依然紧张

根据目前四川省发展形势预测，到2015年主要农产品的供需形势依然紧张，但随着现代化农业的发展，这一局势将会得到改善。在四川省转型升级的过程中，充分利用现代科学技术，不断提高劳动生产率和土地产出效率，保障了粮食等主要农产品的供需平衡。

首先在经济作物方面将实现大丰收，油菜籽播种面积和产量继续增长，按照往年4%的增长速度，预计2015年油菜籽产量将达到250.71万吨。同时，根据四川省"菜篮子"工程的推进及特色产业带的形成，蔬菜、水果、茶叶、药材等在满足民生需求的情况下，都将实现持续稳定增产。其次是畜牧业的发展，四川省对畜牧业养殖结构的调整及其发展扶持政策，推动了畜牧业持续稳定发展，在保证特色生猪发展优势外，像现代蜂业、兔等特色禽畜养殖也会得到全面提高。其价格的部分上涨，在一定程度上减轻了农民因生猪价格不稳定带来的增收压力。并且在生态经济发展理念下，草食牲畜将保持较快的发展势头。

（四）新型农业经营体系趋于完善

四川省是全国农村土地承包经营权确权颁证整体推进的试点省，通过实施多权同确及相关的制度改革，不断放活农村土地经营权，以加快新型农业经营体系的建立。通过培育种养大户、专业合作社、家庭农场、龙头企业等新型农业经营主体，构建种养加、产经销为一体的立体式复合型现代农业经营体系。

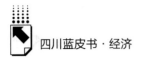
在充分尊重农民意愿的基础上，鼓励发展多种形式的规模经营，并加大对新型农业经营带头人的培训力度，使农民逐渐由"身份"象征向职业转变。

农业社会化服务体系将会不断创新，支持新型农业经营主体开展订单式、合作式等多种社会化服务，不断扩展农业社会化服务范围，以农民的需求为宗旨，试点推广农业生产全程社会化服务体系，构建完善的农村社会化服务体系、现代流通网络和农产品批发市场。并鼓励引导经营性服务组织参与到农业社会化发展体系中来，增加社会资本对农业的投入。

（五）农民收入将持续增长

按照目前农业农村发展趋势，2015年农民收入将会另上一个新台阶，农民人均纯收入有望突破万元大关，与城镇居民的收入差距将进一步缩小。从多元化的农民收入来分析，农民收入主要包括家庭经营性收入、工资性收入、转移性收入和财产性收入，四项收入均呈现良好的增长势头，工资性收入将是今后农民收入的主要增长点（见图5）。

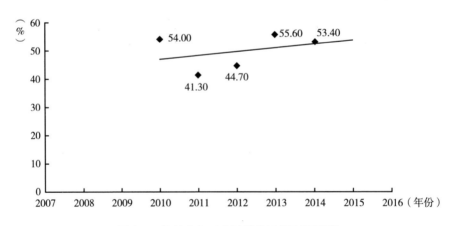

图5 工资性收入对农民增收贡献率的预测

资料来源：四川省统计局。

从家庭经营性收入来看，目前农业生产形势发展良好，家庭经营的二、三产业蓬勃发展。四川省依托区域优势资源，建成的特色优势农产品产业基地，一定程度上助推了现代农业的发展和农民收入的增长；而工资性收入，随着外出劳动力的增加，将是大多数农民收入增长的主要来源。近年来，农村劳动力的就业形势趋于稳定,结合国家的各项惠农政策,从目前的发展趋势来看,农业生产率进一步提高,第三产业和农村非农产业快速发展,城市化进程加快,农民的工资性收入还将快速增长。根据最近几年工资性收入对农民增收贡献率的变化,采取线性趋势对其进行预测,2015年工资性收入对农民增收的贡献率有望达到55%左右。但因其受市场经济发展因素的影响较大,增长幅度将有所降低。

从转移性收入增长来看,随着国家惠农力度的不断加大,转移性收入增幅明显加快,对农民收入增长的贡献率也在不断加大;对于农民财产性收入增长,我们可以看到四川省农村产权改革已初见成效,有效保证了农民的财产权利,预计到2015年,财产性收入将成为农民收入增长的重要来源。

B.7

2014~2015年四川省工业经济发展形势分析与预测

达捷　王磊*

摘　要： 2014年前三季度，四川工业经济实现了平稳较快增长，工业增加值增速达9.8%，工业结构明显优化，整体实力显著提升。2015年，全省工业经济发展的国内外宏观环境将持续改善，产业发展活力逐步释放，预计全年将保持平稳较快增长态势，增速保持在10%左右，增长质量和效益将进一步提升。

关键词： 四川省　工业经济发展　产业结构

2014年，四川省工业领域紧紧围绕实施"三大发展战略"，奋力推进"两个跨越"的总体部署，坚持"科学发展、又好又快发展"的工作思路，进一步整合资源、凝聚力量，积极应对各种经济下行压力，全力支持主导优势产业发展，不断加大结构调整力度，提升发展质量，整体实力明显提升，为全省经济持续健康发展提供了有力支撑。但仍存在结构性矛盾突出、需求不旺、效益不高、发展后劲不足等问题。2015年，国际经济形势将继续保持缓慢向好态势，国内经济"新常态"将进一步深化，四川省工业将在继续支持优势产业发展的同时，进一步加大结构调整力度，促进高新技术和战略性

---

* 达捷，四川省社会科学院产业经济研究所所长，经济学博士，研究员，主要研究领域为产业经济、金融投资与资本市场；王磊，四川省社会科学院产业经济研究所副研究员，硕士，主要研究方向为产业经济学。

新兴产业发展，同时将加快培育五大高端成长型产业，探寻新的增长点，增强后续发展能力，预计全省工业仍将保持平稳较快增长。为确保实现这一目标，应进一步优化工业发展环境，完善产业发展平台，吸引和聚集更多高端要素，提升产业整体发展实力和竞争力，增强工业在全省经济发展中的引导带动能力。

一　2014年前三季度四川省工业经济运行的基本特点

（一）工业经济平稳增长，增速高于全国平均水平

2014年前三季度，四川省工业经济保持平稳较快增长，规模以上工业增加值同比增长9.8%，尽管低于2013年同期11%的增长率，但高于全国8.5%的增长率。分经济类型看，全省国有及国有控股企业增加值同比增长7%，集体企业增长11%，股份制企业增长10.2%，外商及港澳台商投资企业增长10.5%。重工业增加值同比增长10.7%，轻工业增长8.2%。41个大类行业中有37个行业增加值保持增长。其中，汽车制造和电子信息产业增速分别为16%和14.7%，占工业比重达到13%。主要工业产品产量增长较快。其中，多晶硅增长278.8%，铁路机车增长164.9%，农用薄膜增长133.3%，发电量增长31.4%，汽车增长30.1%，电子计算机整机增长29.9%，成品钢材增长2.9%，白酒增长8.3%，房间空气调节器增长43.9%，水泥增长4.4%，工业产品产销率达到97.5%（见表1）。1～8月，规模以上工业企业实现出口交货值1874.7亿元，同比增长21.3%。

表1　2014年1～9月四川工业经济发展主要经济指标

指标	1～9月	同比增长（%）
第二产业增加值（亿元）	10625.61	9.5
规模以上工业增加值	—	9.8
轻工业	—	8.2
重工业	—	10.7
分经济类型：	—	—
国有企业	—	1.1

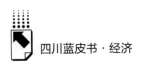
续表

指标	1~9月	同比增长(%)
集体企业	—	11.0
股份合作企业	—	19.0
股份制企业	—	10.2
外商及港澳台商投资企业	—	10.5
其他经济类型企业	—	5.4
国有及国有控股企业	—	7.0
主要产品产量	—	—
汽油(万吨)	149.6	156.3
天然气(亿立方米)	187.2	2.9
发电量(亿千瓦小时)	2186.9	31.4
生铁(万吨)	1483.6	-6.3
钢(万吨)	1604.3	-0.9
成品钢材(万吨)	2175.8	2.9
农用氮磷钾化学肥料(万吨)	324.1	-6.6
白酒(万千升)	246.7	8.3
水泥(万吨)	10724.4	4.4
汽车(辆)	721412	30.1
电子计算机整机(万台)	5059.0	29.9
三、全社会固定资产投资(亿元)	17829.5	12.8
其中:工业	5428.9	0.3

资料来源:四川省统计局:《2014年前三季度四川经济形势新闻发布稿》,2014年10月23日。

(二)七大优势产业保持稳步发展

七大优势产业整体实力增强,2014年1~8月,主营业务收入占全省工业的比重达78%。

1. 电子信息和汽车业成为全省增长最快的产业

近年来随着富士康、联想、戴尔、纬创、仁宝的进入并相继建成投产,四川已形成了从设计研发、半导体原材料及元器件、芯片及集成电路、光电显示到计算机等终端产品制造和市场营销及配套服务为主的较完整的电子信息产业体系,2014年1~7月,全省电子制造业规模以上企业完成销售产值2027.3亿元,增长20.4%,总量居全国第6位;2014年1~8月,软件与信息服务业主营业务收入 1473 亿元，增长 19.6%。随着一汽大众、一汽丰田、吉利沃尔沃、现代商用、中国重汽、东风集团的进入，四川已经聚集了 400 多家整车制造和零部件生产企业，初步形成了以乘用车、载货车、中轻型客车、越野车、天然气汽车、专用车等整车为龙头，以发动机、车桥、方向机、减震器、轴瓦等关键零部件为配套的汽车产业体系，并形成了以成都、绵阳、资阳、南充、内江等为主的"一带、一区、七园"的产业发展格局。2014 年 1～7 月，汽车制造产业实现整车制造 56.3 万辆，同比增长 36.1%；实现工业总产值 1339.4 亿元，同比增长 25.5%，成为拉动全省工业增长的主要动力。

2. 食品饮料及能源电力发展较快

依托优越的自然生态资源，四川重点打造成德资眉内宜泸饮料食品产业带，重点发展优质白酒、烟草、肉食品、粮油制品、方便食品、泡菜、饮料与果蔬加工等产业链。2014 年 1～7 月，饮料食品产业完成总产值 3854.38 亿元，同比增长 8.24%。截至 8 月底，四川省发电总装机容量达到 7565.1 万千瓦，其中：水电 6001.7 万千瓦、火电 1542.6 万千瓦、风电及光伏发电 20.8 万千瓦。跨省跨区电力外送通道能力达到 2700 万千瓦。1～8 月全省累计发电量 1967 亿千瓦时，同比增长 19.26%。其中，水电 1574 亿千瓦时、火电 391 亿千瓦时。

3. 装备制造、油气化工和钒钛钢铁及稀土产业

依托东方电气、中国二重、中航工业成飞、四川宏华等龙头企业，四川积极打造成德绵自内资装备制造产业带，重点发展清洁高效发电设备、重型机械及容器、石油天然气钻采输送设备、轨道交通设备、工程施工机械、节能环保设备、航空航天装备、智能制造装备、民生用机械设备等 9 条产业链。2014 年 1～7 月，装备制造业累计完成工业总产值 3112.8 亿元，增长 11.98%；实现主营业务收入 2926.46 亿元，增长 8.63%；利税总额 250.37 亿元。四川以天然气、硫、磷、盐等为原料的化学工业，已成为全国重要的化工产业基地，重点建设成眉乐自泸宜遂南达化工及新材料产业带，发展石油、天然气、盐化工、氯碱、磷硫及煤化工等。2014 年 1～8 月全省油气化工完成工业总产值 2948.71 亿元，同比增长 16%。四川依托丰富的资源重点发展钒钛钢铁及稀土产业已具备较为雄厚的产业基础，攀西地区成为我国最大的钒产业基地和钛原料基地。2014 年 1～7 月全省钒钛钢铁及稀土产业实现销售产值 2347 亿元，同

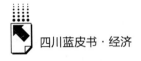

比增长 7.38%。①

预计 2014 年全年七大优势产业主营业务收入将达到 2 万亿元，占全省工业比重的 80% 左右。

（三）调整力度加大，工业结构持续优化

全省不断加大淘汰落后产能力度，高耗能产业比重继续下降，高新技术及战略性新兴产业发展较快，比重持续提升。2014 年上半年，六大高耗能行业增加值占四川省工业总量的 25.5%，比上年同期下降 0.3 个百分点。其中化学原料和化学制品制造业，石油加工、炼焦和核燃料加工业，有色金属冶炼和压延加工业，非金属矿物制品业占比下降较快。传统资源型产业占比为 13%，较上年同期下降 2 个百分点。

高技术产业规模进一步扩大，产业增加值占全省总量的 13.5%，预计 2014 年全年产值将达 12000 亿元，实力进一步提升。战略性新兴产业发展加快，1~7 月，全省战略性新兴产业实现产值 3098 亿元，同比增长 11.68%。其中：新一代信息技术产业实现产值 1086.4 亿元，增长 10.2；新能源产业实现产值 232 亿元，增长 3.9；高端装备制造业实现产值 368.6 亿元，增长 15.6；新材料产业实现总产值 719.8 亿元，增长 10%；生物产业实现总产值 411.9 亿元，增长 17.2；节能环保产业实现总产值 279.3 亿元，增长 16.4。预计 2014 年全年战略性新兴产业占全省工业的比重将超过 15%。②

（四）投资保持稳定，企业实力增强，效益有所改善

工业投资基本保持稳定，2014 年 1~9 月，全省固定资产投资达 16990.7 亿元，增长 16.1%。其中第二产业投资 5469.8 亿元，其中工业投资 5428.9 亿元，同比增长 0.3%。工业招商引资保持良好态势。8 月 12 日举办的四川电子信息产业合作发展洽谈会，共有 51 个投资合作项目签约，总投资额达 929 亿元。1~8 月，全省共有 48 个汽车项目落户四川，其中有 5 个整车制造项目，总投资达 500.9 亿元。其他行业利用外资也有所增加，预计全年工业利用省外

① 1~7 月七大优势产业发展数据由四川省统计局相关部门提供。
② 数据资料由四川省统计局相关部门提供。

投资规模将超过 2013 年。全省不断加大企业技术改造力度，上半年已完成技术改造投资 2700 亿元，其中七大优势产业占 70% 左右，预计全年技改投资将突破 5000 亿元，有效促进了工业企业生产技术实力的提升。

全省工业企业组织结构进一步优化，整体实力有所提升，经济效益有所改善。全省 100 家大企业大集团整体实力提升。2014 年，长虹、新希望、五粮液、华西、川威、通威、宏达、泸州、科伦实业、成都建筑工程以及四川路桥等 13 家集团公司入围中国 500 强企业，其中，长虹以 915.6 亿元的营业收入排名川企榜首，在 500 强中排名第 149 位。新希望以 778.9 亿元位列川企第二；五粮液集团 630.9 亿元，排名第三。中小企业发展活力进一步释放。企业更加注重技术创新，不断加强研发机构建设，研发投入也不断增加。目前，全省工业企业已有 51 家国家级企业技术中心，以及 591 家省级企业技术中心，自主创新能力明显提升。

工业经济效益有所改善。2014 年 1~8 月，规模以上工业企业实现主营业务收入 24289.5 亿元，同比增长 10.7%；规模以上工业企业利润总额增长 10.8%，增速同比回落 4.9 个百分点。预计全年工业经济效益将进一步改善。[①]

二 2014年四川省前三季度工业经济运行存在的问题

受国内外宏观经济环境的影响以及市场需求不足等的制约，四川工业也出现增速下滑、结构性矛盾突出、效益不高、发展后劲不足等问题。

（一）增速趋缓，发展动力不足

受国际环境不景气、国内宏观经济下行压力较大的影响，四川工业增长率近几年首度降到两位数以下，2014 年 1~9 月增长率仅为 9.8%，较 2013 年的 11% 下降 1.2 个百分点。远低于前几年 20% 以上的增速。全省有 8 个市州规上工业增加值增速低于全省平均水平。从工业投资来看，全省第二产业投资仅 5469.8 亿元，下降 0.4%，其中工业投资 5428.9 亿元，同比仅增长 0.3%，发展后劲明显不足。从市场需求开看，仍然较为疲软，主要表现在工业消费不

---

① 四川省统计局：《2014 年前三季度四川经济形势新闻发布稿》，2014 年 10 月 23 日。

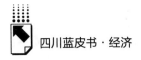

足,工业品销售价格持续下降。2012年PPI(工业生产者出厂价格)下降
1.4%,2013年下降1.3%,2014年1~9月下降1%,反映了国内需求仍然低
迷,四川省的酒、饮料、茶、钢铁、建材、化工等产品,库存积压严重,利润
下降明显。工业发展缺少新的增长点,若不尽快寻找到新的高成长型战略新兴
产业,并将其发展成主导优势产业,全省工业要保持高速增长的难度较大。

(二)结构矛盾仍较突出,淘汰落后产能仍需加力

全省工业结构和布局仍存在较大改进空间。全省排名前10位的规模以上
工业行业除电子信息和汽车制造外,大都属于传统制造业,其中有4个高耗能
行业,部分行业产能明显过剩。水泥、钢铁、有色金属、光伏及部分建材和化
工行业产能过剩较为明显。从工业创新能力来看,四川R&D经费占地区生产
总值的比重明显低于全国平均水平,高新技术及战略性新兴产业比重较低,产
品竞争力相对较弱。同时,由于国家利用经济增速放缓的时机,加快产业结构
调整和淘汰落后产能,四川省钢铁产业消耗的能源和产生的废弃物,均占到全
国能源消费总量和废弃物排放总量的1/10,淘汰压力巨大,四川省依赖高投
入和高消耗的传统重化产业增速明显放缓。

(三)经济效益不高,部分行业经营困难

工业经济效益有所改善,但仍不理想。2014年1~7月,全省规模以上工
业企业实现利润总额1144.1亿元,增长9.8%,比1~6月提高2.3个百分点,
比1~3月提高6.4个百分点。亏损面达11.5%。钢铁、装备制造、化工等行
业亏损较为严重,攀钢、川威等钢铁企业亏损近百亿元,二重亏损超过10亿
元,生产经营较为困难。全省停产企业减产企业仍有1000多家,亏损企业也
有1000家左右。由于生产和融资成本上升、招工难等问题不断累加,小微企
业也面临增长困境,对工业整体发展形成制约。

三 2015年四川省工业经济发展展望

2015年,随着国内外宏观经济发展环境趋于稳定,宏观调控政策及改革
开放红利进一步释放,四川工业经济发展环境将进一步趋好,工业经济将保持

稳定增长态势，结构进一步优化，效益稳定提升，创新能力增强，整体实力也将进一步增强，在全省经济发展中继续发挥主导作用。

（一）国内外宏观经济稳定回升，四川工业发展环境趋好

2014年以来，全球经济呈缓慢复苏态势，美国经济稳步回升，失业率降低，增长有所加快，欧洲经济增长由负转正，日本经济出现短期复苏，有走出通缩迹象，发达国家经济整体出现好转迹象。新兴经济体和金砖国家，调整特征明显，除少数外，基本保持了正增长，且增速依然高于世界平均水平。这非常有利于我国出口的继续回暖，工业品出口有望出现改善，带动全国PPI进一步稳定下来，并可能出现小幅上升，这将有助于改善四川省工业企业盈利和投资者信心，促进工业经济健康发展。全球产业结构调整和转移的新趋势，也有利于四川工业通过承接产业转移加快发展。

我国经济发展已经告别高速增长阶段，进入结构调整阵痛期、增速换挡减速期及前期刺激政策消化期叠加的阶段，在连续保持30多年的高速增长后，支撑经济发展的动因已经发生了深刻变化，过度依赖投资、规模扩张和资源消耗获得的增长难以为继，土地、能源、劳动力等低成本优势不断减弱，环境及资源承载能力约束日益强化，面临着化解产能过剩、稳定经济增长、扩大就业、改善民生等多方面的艰巨任务，经济发展进入"新常态"。国家不可能再出台大规模的经济刺激政策。而是将重点放在了通过大力推进经济、金融及行政管理体制等领域各项改革，激发发展活力，减少发展阻力，努力释放改革红利，促进经济发展。近几年，相继出台的各项深化改革的措施，将在2015年继续发挥积极成效，不断激发市场活力和增长动力。尤其是2014年下半年以来，出台的减税小微企业、加快棚户区改造、加快铁路建设、放开住房限购令等财政微刺激政策，以及央行定向降准、存贷比计算口径微调等货币微调措施落实发力后，将为2015年四川工业经济在短期内平稳运行提供政策支撑，为结构调整创造良好条件。长江经济带和丝绸之路产业带的建设，也将为四川工业经济带来新的机遇。

（二）四川省工业经济将保持稳定增长态势

从四川省内的经济发展形势以及2014年前三季度工业经济发展趋势来看，

随着四川省工业经济发展内外环境的逐步改善和稳定，以及众多投资项目的建设投产，2015年，全省工业经济将延续2014年平稳较快发展的趋势。生产增速将保持在合理区间，预计将维持在10%左右。分行业来看，七大优势产业规模将进一步扩张，尤其是电子信息、汽车和能源电力将保持较快增长，仍将是拉动全省工业增长的主要动力，装备制造、食品饮料、油气化工和钒钛稀土等行业仍将维持稳定增长态势，增速有可能回升，将成为全省工业稳定发展的中坚力量；高新技术和六大战略性新兴产业将在结构调整中获得更多的政策支持和发展机会，仍将保持较快增长。

随着国内外经济发展环境的改善，工业品市场需求将稳步回升，尤其是房地产回暖的带动以及宏观"微刺激"政策的见效，四川工业产品出口和销售将进一步好转，企业经济效益也将稳步提升，亏损面将进一步减少。并且，随着改革红利和产业扶持政策促进效应得到进一步释放，工业企业活力将得到进一步激发，特别是中小以及小微工业企业发展将迎来转机，为全省工业发展增添新动力。从要素保障来看，水煤电油气等生产要素以及各类原材料保障较为充裕，也将为全省工业经济的发展提供有力支撑。

（三）工业结构将进一步优化

调结构、稳增长仍将是2015年四川工业发展的主旋律。部分行业产能过剩已成为阻碍全省工业经济发展的重要原因。不仅钢铁、水泥、平板玻璃、化工、建材等传统行业问题严重，多晶硅、光伏、风电设备等新兴产业领域也存在困扰。因此，治理产能过剩已经成为促进四川省工业健康发展的关键。因此，2015年，四川省将进一步加大淘汰落后以及高耗能、高资源消耗产业的力度，使产能过剩行业及高耗能产业占全省工业产值比重进一步下降。同时，高新技术产业以及六大战略性新兴产业将获得更大的发展空间，占全省工业经济的比重将继续增加。七大优势产业中的电子信息、汽车及能源电力行业因近几年引进和开工的重大产业项目较多，相继建成投产后将有效加快产业的发展，并且随着相关配套企业的跟进，将进一步增加产业发展实力。钢铁产业结构调整力度需进一步加大，努力提高符合市场需求产品产量。白酒、茶、饮料和食品行业加大产品结构调整力度，面向大众消费，增加中低端产品产量，将有助于提升企业经营效益。

为寻找新的产业增长点，增加工业经济发展后劲，2014年以来，四川省选择页岩气开采和加工、节能环保装备、信息安全等五大产业，确定为全省近期重点突破、率先发展的高端成长型产业，并加大培育扶持力度。新的一年里，信息安全、新能源汽车、航空与燃机等产业将可能获得较快发展，进一步带动全省工业结构趋于优化。

（四）仍存在波动及下行的风险

宏观经济形势的不确定性和区域竞争的加剧，使2015年四川工业经济的运行仍存在波动和下行的风险。首先，目前全球经济企稳复苏的基础并不稳固，美国退出QE后的影响还不明朗，欧洲经济复苏艰难，日本经济回升也不顺利，尤其是新兴国家和金砖国家的经济基本保持在低位运行，金融及贸易风险上升，再加上热点地区战事不断，不排除经济形势可能出现反复，世界经济面临的困难和风险仍然不容忽视。国内宏观经济形势出现好转的同时，下行的压力仍然较大，工业经济产能过剩、节能减排、生态环保以及结构性矛盾仍然突出，市场需求并不稳定，因此，对四川工业经济发展仍存在不确定性的影响。

从区域经济发展来看，四川与周边的重庆、陕西、云贵以及中西部其他省市，在主导产业选择和招商引资过程中存在激烈竞争，尤其是重庆、西安、成都都将电子信息、汽车、航空航天、生物医药及装备制造作为主导产业，在招商引资、市场开发和资源引进等领域存在较为激烈的竞争。在食品饮料、油气化工以及能源电力领域与周边省市竞争也较为激烈，能否应对这些竞争，在招商引资和市场开发等领域取得先机，是确保2015年工业经济稳定发展的关键。

四 促进2015年全省工业经济稳定发展的对策建议

为确保2015年全省工业经济在调结构与稳增长中实现协调发展，必须进一步优化投资创业环境，强化招商引资，激活社会资本活力，增加工业投资；同时加大工业结构调整力度，扩大优势产业规模，淘汰落后产能；积极提升创新驱动和内生增长能力，提高增长质量和效益，同时加强要素保障，确保工业经济平稳增长。

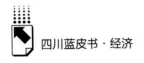

（一）全面优化投资创业环境，吸引社会资本参与，增加工业投资

1. 加快改革开放步伐

健全政策服务和宏观管理体系，完善基础设施及配套服务体系建设，全面优化全省投资创业及经济发展环境；努力构建行政高效、制度完备、经济发展充满活力的亲商、安商、富商的投资创业环境，吸引更多优秀工业企业和高端要素进驻四川，加快优势产业集聚，增强工业经济发展实力和后续发展能力。

2. 重视项目在投资拉动中的作用

加快启动并实施一批科技含量高、引导带动作用大，配套能力强的重大产业项目，在建、续建项目应加快建设，发挥重大项目在投资拉动中的龙头作用。加大招商引资力度，创新招商方式，吸引更多重大产业项目入川。突出抓好产业投资，围绕优势产业转型升级和传统产业改造提升，切实推进投资重点技改项目，增加全年技术改造投资。继续向民间投资推出一批重点项目，增强投资增长后劲。争取多上快上一批战略性新兴产业，依托电子信息和汽车产业龙头项目，促进关键零部件和配套企业加快集聚，促进产业投资特别是工业投资回升。

3. 鼓励和引导民间投资

进一步推动减政放权，破除体制机制障碍，按照"非禁即入"原则，放宽民间社会投资市场准入条件，鼓励民间投资加快进入工业经济各个领域，扩大民间投资规模，充分激发各类市场主体活力。同时，瞄准战略性新兴产业、节能减排和生态环境建设等国家重点投向，挖掘培育新的投资增长点。

（二）加大结构调整力度，提升发展质量

以壮大七大优势产业、培育六大新兴产业、改造提升传统产业、加快五大高端成长型产业发展为切入点，推动技术结构和产品结构调整，带动和助推产业结构优化。抑制产能过剩行业和"两高"行业投资，促进资源向优势行业聚集。

1. 加快优势产业和战略性新兴产业发展

加大对七大优势产业发展的扶持力度，促进产业积聚，尽快壮大电子信息、汽车制造、装备制造等优势产业规模，提升整体发展实力。在大数据、云

计算、物联网、高端装备、节能环保、民用航空等领域集中支持一批重点项目，培育一批技术先进、创新能力强的企业。继续实施"51025"产业园区发展计划，重点支持国家级和省级开发区发展，加快培育一批千亿园区。

2. 有序化解产能过剩矛盾，降低高耗能产业比重

严把项目审批及产业准入关，综合运用环保、土地、能源及产业引导政策以及法律手段，分行业、分类别妥善处理过剩行业产能。加快淘汰落后产能，尽快完成水泥、钢铁、平板玻璃等行业淘汰落后任务，关闭不具备安全生产条件的小煤矿。积极推进水泥、钢铁、煤炭等行业整合重组，提高产业集中度。加大节能减排力度，控制高耗能产业规模，逐步降低其在全省工业经济中的比重。

3. 加快培育五大高端成长型产业

尽快制定页岩气、节能环保装备、信息安全、航空与燃机产业、新能源汽车五大高端成长型产业发展规划，完善配套支持体系，并尽快落实相关政策，使这五大产业的发展尽快步入正轨。

4. 加快生产性服务业发展

深入推进服务业综合改革试点，实施服务业重点行业示范引领工程，加快金融、商贸、仓储物流、研发设计、信息服务、商务会展、法律会计咨询等生产性服务业发展。积极推进制造业服务化，鼓励制造业服务外包，释放企业内部需求，促进研发、设计、管理、营销等企业内部服务分离出来聚集发展，形成社会化、专业化协作的现代服务机制。

（三）完善工业创新体系，提升创新驱动和内生增长能力

依托四川较雄厚的科研技术实力和产业基础，加快构建以市场为导向，企业为主体，产学研、政府及中介机构互动结合的工业创新体系。鼓励企业加大科技创新力度，提高产品品质和附加值，增强市场竞争力，扩大市场占有率。加大政府扶持力度，并帮助工业企业争取更多的国家及省内科技创新和技术改造资金；努力构建更多工业经济发展的公共技术及信息服务平台，降低企业创新的成本和风险；鼓励和引导银行、风险投资、创业基金等金融机构加大对工业企业支持力度，鼓励有实力的企业上市融资。抓好国家重大科技基础设施建设，积极推进国家生物治疗转化医学研究设施、高海拔宇宙线观测站等重大项

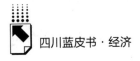

目建设。创新军工技术转化机制，推动大飞机、航空发动机与燃气轮机、北斗二代导航系统等项目落地建设。

加快科技成果转化平台建设，推动实施企业创新主体培育、产业创新牵引升级工程，鼓励企业引进世界先进技术，并鼓励本土企业尽快消化吸收，进而实现独自研发和再创新。加快走出去步伐，培育一批具有自主知识产权、自主品牌的大企业大集团，积极参与国际市场竞争。

（四）强化生产要素保障

1. 加强能源电力保障

加快建设电网、天然气站点等能源基础设施，改善全省能源支撑条件。统筹调度，全力保障重大项目用电、用气需求。全力做好生产要素保障，吸引社会资本参与重点项目建设。严格执行环保、安全、能耗等市场准入标准，大力推广节能减排技术和装备，发展循环经济，提升工业节能水平。

2. 提高土地集约利用水平

加强项目用地的统筹管理，优先保障重大项目用地。强化项目用地的投资强度、容积率、建筑密度、产出效益指标控制，提高土地集约节约利用水平。加大对闲置土地和违规占用土地的清理力度，充分利用已批未用土地，盘活土地存量。

3. 完善金融服务体系

加强银政企三方合作，引导金融机构加强对四川省重点工业项目和新兴产业的支持。制定和落实优惠政策，促进创业投资、风险投资、产业投资基金和股权投资以及中小企业担保机构的发展，鼓励有实力的企业通过上市融资。

参考文献

四川省统计局：《2014 年前三季度四川经济形势新闻发布稿》，http：//www. sc. stats. gov. cn/tjxx/zxfb/201410/t20141023_ 22236. html，2014 年 10 月 23 日。

四川省经济信息中心：《四川经济展望 2014 年》，http：//www. sc. cei. gov. cn/。

B.8

2014～2015年四川省服务业发展
形势分析与预测

吴建强*

摘　要：　2014年前三季度，四川第三产业发展较快，成为四川稳增长
的重要动力。从服务业占GDP的比重来看，四川服务业还有
很大的发展潜力。当前，四川服务业发展面临诸多有利条
件，预计全年及2015年四川服务业将保持持续增长的态势。
为促进服务业的发展，四川可采取相应的对策措施。

关键词：　四川　服务业　形势分析　预测

2014年以来，四川坚持抓住发展是第一要务，积极采取"稳增长、促发
展"的政策措施，前三季度全省经济运行态势呈现总体平稳、稳中有进的特
点，主要经济指标增速继续高于全国水平。在经济下行压力加大的情况下，四
川省更加重视服务业的发展，积极营造有利于服务业发展的政策环境，全省服
务业发展保持了稳中向好的态势。

一　四川服务业发展现状

（一）服务业增速低于第二产业

2014年前三季度，四川省实现地区生产总值（GDP）20681.54亿元，按

---

* 吴建强，四川省社会科学院产业经济研究所，经济学博士，副研究员，主要研究方向为区域
经济、金融和房地产。

可比价格计算，同比增长 8.5%，增速比全国平均水平高 1.1 个百分点。其中，第一产业增加值 2746.08 亿元，增长 3.9%；第二产业增加值 10625.61 亿元，增长 9.5%；第三产业增加值 7309.85 亿元，增长 8.4%。服务业增速与GDP 基本持平，高于第一产业 4.5 个百分点，低于第二产业 1.1 个百分点（见图 1）。

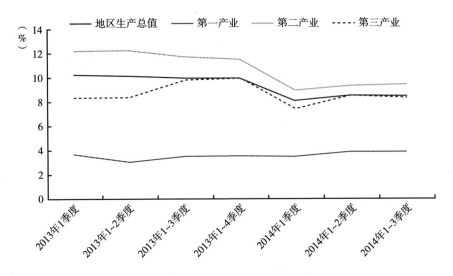

图 1　四川省三次产业增加值增长情况

资料来源：四川统计局网站。

（二）服务业贡献率低于第二产业

2014 年 1 ～ 3 季度，服务业的贡献率为 32.9%，第二产业的贡献率为61.4%，服务业的贡献率低于第二产业 28.5 个百分点。与上半年相比，在工业增速放缓的情况下，服务业对经济增长的贡献率正在提升（见图 2）。在转方式、调结构的背景下，服务业正成为四川稳增长的重要动力。

（三）服务业结构不断优化

2014 年 1 ～ 3 季度，金融和房地产两大现代服务业产业实现增加值1974.43 亿元，占服务业增加值的比重达 27%，现代服务业所占比重趋于上升，以金融业为代表的现代服务业增速高于服务业整体水平。从其他行业来

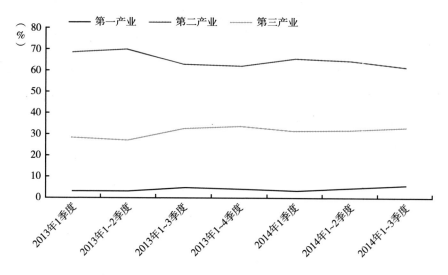

图2 四川省三次产业对经济增长的贡献率情况

资料来源：四川统计局网站。

看，交通运输、仓储和邮政业增速有所上升，批发和零售行业增速略有下降，住宿和餐饮业增速则略有回升（见表1）。

表1 四川省第三产业增长情况

单位：亿元，%

项目	2014 年 1 季度		2014 年 1～2 季度		2014 年 1～3 季度	
	产业增加值	同比增长	产业增加值	同比增长	产业增加值	同比增长
第三产业	1998.16	7.4	4282.64	8.5	7309.85	8.4
交通运输、仓储和邮政业	223.18	7.0	286.78	8.7	565.51	8.6
批发和零售业	309.59	7.5	649.09	7.3	1026.75	7.3
住宿和餐饮业	195.86	5.5	374.9	6.4	517.32	6.7
金融业	205.53	15.8	828.47	14.9	1277.2	14.5
房地产业	171.24	7.0	359.5	6.9	697.23	6.8
其他服务业	892.76	6.2	1783.9	7.1	3225.84	7.4

资料来源：四川统计局网站。

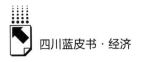

（四）服务业固定资产投资增速高于其他产业

2014年1~3季度，全社会固定资产投资17829.5亿元，同比增长12.8%。分产业看，第一产业投资482.5亿元，同比增长5.4%；第二产业投资5469.8亿元，下降0.4%；第三产业投资11877.2亿元，增长20.5%，比上半年回升1.3个百分点。第三产业比第一产业和第二产业增幅高出15.1个百分点和20.9个百分点，继续保持较快增长，成为拉动全社会投资快速增长的主要动力（见表2）。

表2 2014年9月四川省分行业固定资产投资情况

单位：亿元，%

指标名称	1~9月累计	累计增长
全社会固定资产投资	17829.5	12.8
第一产业	482.5	5.4
第二产业	5469.8	-0.4
第三产业	11877.2	20.5

资料来源：四川统计局。

（五）服务业投资在固定资产项目投资中占比较高

从2013年来看，在全国投资总量前8位的省份中，四川第三产业投资比重居第二位（见表3）。四川第三产业投资比重较大，领先多数大省，第三产业投资发展优势明显，体现了四川在交通运输业投资、城市基础设施投资中的后发优势。

表3 2013年全国投资总量前8个省份投资结构情况

单位：%

地区名称	分产业固定资产项目投资占比		
	第一产业	第二产业	第三产业
江苏	0.6	51.2	48.2
山东	1.8	48.0	50.2
河南	3.5	52.1	44.4
辽宁	1.8	41.5	56.7
河北	3.1	48.8	48.1
广东	1.6	34.2	69.1
浙江	1.0	35.0	64.0
四川	1.8	34.4	64.5

资料来源：四川省统计局。

二 四川服务业发展需要关注的问题

（一）服务业占GDP的比重低于全国和一些沿海省市水平

2014年前三季度，四川省服务业增加值占地区生产总值的比重为35.3%，第二产业增加值占地区生产总值的比重为51.4%，服务业增加值占比低于第二产业占比16.1%。虽然服务业增速仍低于第二产业，但增速与第二产业的差距正在缩小。从全国来看，前三季度第三产业占GDP的比重为46.7%，第二产业占GDP的比重为44.2%，第三产业占比高出第二产业2.5个百分点。从上海市来看，前三季度第三产业增加值占全市生产总值的比重达到62.8%，第二产业增加值占全市生产总值的36.7%，第三产业占比高出第二产业占比26.1%。从广东省来看，前三季度第三产业占地区生产总值的比重为47.6%，第二产业占地区生产总值的比重为47.7%，第三产业占比与第二产业占比基本持平（见图3）。

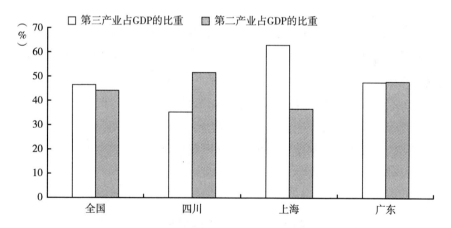

图3 四川与全国和部分沿海省市第三产业占比比较

资料来源：国家统计局网站。

（二）房地产市场存在不确定性

2014年1～9月，四川省房地产开发完成投资3257.7亿元，同比增长

15.9%，与2013年相比出现明显回落。从全省来看，开发商销售压力较大，新项目推进放缓，新开工面积仍有可能出现下滑，影响房地产开发投资的进度。从商品房待售面积来看，全省各地普遍较高，值得警惕。2014年房地产市场的变化是宏观调控政策持续作用和房地产信贷政策收紧等因素共同作用的结果，也是房地产市场在高速增长后回归理性的反映。目前，四川省的市场观望情绪较浓，房地产销售普遍不景气，房价下行压力逐渐增加，房地产市场下行的风险不断加大。

（三）体制性约束仍较为突出

从四川省的省属和市属国有企业经营来看，市场化程度还不够高。交通运输、电力、通信、公用事业等行业垄断现象依然普遍，民间资本对电信、铁路、金融等领域的建设参与度不高。金融、保险、会计、教育等行业市场准入限制较多，未能向民间资本和外资充分开放。部分服务产品价格管制过多，难以及时、真实反映市场供求状况。一些服务行业标准化程度较低，标准体系尚不健全。

（四）服务业稳定增长的基础还不牢固

一是第三产业的发展受宏观调控的影响较大，特别是金融业等行业的发展需要宏观政策的支持。二是第三产业的发展需要第二产业做支撑。2014年，四川工业增长和2013年相比有明显的回落，工业生产正面临PPI下降、利润减少、工业投资增幅回落等不利影响，这些会降低对批发业的需求，从而使批发业增幅出现回落。三是非营利性服务业虽然有所增加，但受多种因素影响，能否保持持续增长尚难确定。因此，三次产业要保持一个稳定的增长，困难还比较多，难度也很大，需要各行各业共同发展。

三 四川服务业发展的影响因素及走势分析

（一）产业结构调整和经济转型升级

为全面贯彻四川省委十届四次全会精神，充分发挥服务业在调结构、转方式、促升级中的重要作用，全面提升服务业发展水平，当前四川正在加快推动经济由工业主导型向服务主导型转变。服务业是扩大内需的最大潜力所在，是经济转型升级的主要突破口，也代表着产业结构调整的重要方向。从长远来看，四川服务业的增速超过第二产业，占 GDP 比重超过第二产业，将是一种趋势，这种趋势会对四川经济增长、就业以及各个方面带来深远的影响。四川将顺应经济发展的大势，因势利导，推动生产性服务业和生活性服务业的发展，促进整个服务业的发展以带动四川经济的转型升级。

（二）新型城镇化

当前，四川正处于工业化和城镇化"双加速"时期，新型城镇化将是推动四川经济长期发展的重要动力。四川省人民政府的数据显示，2013 年末四川常住人口 8107 万人，其中，城镇人口达 3640 万人，城镇化率为 44.90%，较 2012 年提高 1.37 个百分点，增幅比全国的 1.16% 高 0.21 个百分点，列全国第 3 位，比 2012 年在全国的增幅上升 1 位，仅低于贵州（增 1.42%）、甘肃（增 1.38%）。城镇化水平居全国第 24 位，比 2012 年上升 2 位。在西部位次也由 2012 年第 8 位上升到第 6 位。作为人口大省的四川来讲，四川的工业化和城镇化还没有完成，后发优势比较明显，具有继续保持中高速增长的潜力和条件。新型城镇化注重"以人为本"，对服务业的发展具有很强的推动作用，将会带动医疗、教育、文化、房地产、旅游等行业快速发展。

（三）改革开放

中国新一届政府提出，要加大服务业改革开放力度，把服务业打造成经济社会可持续发展的新引擎。政府将进一步简政放权，削减 1/3 以上的行政审批，其中大部分涉及服务业，未来服务业将充分享受改革红利。当前服务业的体制障碍首先是垄断，像邮政、电信、金融、铁路、民航、港口、文化等高端的服务业，都存在垄断问题。加快垄断性服务业的改革，如放宽准入领域、降低准入标准、培育多元化竞争主体等，将有效激发服务业发展的内在动力和活力。深化服务体制机制改革，还将催生出许多新的利民举措，拉动服务消费，为服务业发展创造良好的条件。

（四）经济发展环境

1. 国际环境

虽然从全球来看，经济格局分化进一步加剧，国际资本流动性增强，国家和地区间的贸易摩擦日益频发，地缘政治冲突不断加剧，世界经济增长的基础尚不稳固。但自 2014 年下半年以来，欧美日经济温和复苏，日本经济出现改善迹象，各方预期好于 2013 年。中国出口则温和回升，表明外需在回暖，为国内经济发展创造了良好的外部环境，世界经济有望延续缓慢复苏态势。

2. 国内环境

当前，中国经济正处在转型升级、结构调整的关键阶段，经济增速从过去的高速增长回调到中高速增长，国内经济进入提质增效升级的重要时期。从短期来看，产能过剩制约着经济的稳定运行，投资消费结构失衡抑制着内需的扩大，不断积累的金融风险影响着经济的健康发展，资源和能源的短缺影响着经济发展的空间，保持经济持续发展的难度进一步加大。但从长远来看，中国经济发展的基本面没有改变，支撑经济增长的动力仍然强劲，中国经济回旋余地较大，有条件保持经济持续较快发展。

3. 四川

2014 年，四川深入实施“多点多极支撑”、“两化互动、城乡统筹”、“创新驱动”三大发展战略，加快推进经济提质增效升级。中央全面深化改革，实施内陆沿边开放战略，支持跨区域、次区域发展，推进新型城镇化等措施为四川提供了较多的积极因素和有利条件。此外，成渝经济区发展上升为国家战略，国家加快建设“新丝绸之路经济带”、“长江经济带”，天府新区升级为国家级新区等，必将带动四川迎来新一轮大发展。

综上所述，四川服务业的发展面临诸多有利条件，发展环境较为稳定，预计 2014 年全年及 2015 年四川服务业将在 2014 年前三季度企稳回升的基础上继续走强，并始终保持持续增长的态势，增速约为 8.5%。

四　政策建议

（一）加快服务业的对外开放

改革开放以来，四川省制造业的整体竞争力得到极大的提升。相比之下，服务业开放程度较低，竞争力不强，成为经济发展的“短板”。在四川省的服务业中，房地产、贸易和商业服务一直是吸引外资的重要行业，而外资进入教育、医疗等现代服务业则相对滞后。针对利用外资面临的新形势，四川应进一步放宽外商投资准入，抢抓国家推进服务业领域有序开放的难得机遇，大力吸引外资进入金融、教育、卫生、会计、旅游、电子商务等领域。

（二）进一步放宽市场准入

简化和规范行政审批手续，下放和减少审批事项。推进工商登记制度改革，实行注册资本认缴登记制。放宽注册资本登记条件，将企业年检制度改为年报公示制度，提高服务业投资便利化程度。进一步完善市场机制，形成有利于公平竞争的环境和秩序。打破行业垄断，保证资源与要素的自由流动，鼓励民间资本进入电信、铁路、金融、能源等领域。推进行业协会市场化改革，实施一业多会，并加快完成行业协会与政府机关脱钩的工作。在服务业综合改革试点地区实行负面清单管理制度，创造非禁即入的宽松发展环境。

（三）大力发展新兴服务业

加快推进四川省产业结构调整和经济转型升级，大力发展电子商务、现代物流、养老健康、社区金融、教育培训等新兴服务业，强化产业支撑。加快建设电子商务产业体系，推动第三方电子商务综合服务平台建设，大力发展平台电商。依托西部综合交通枢纽建设，有序推进国家级物流园区和配送基地建设，打造航空、铁路、公路、水运货物转运中心。深化金融改革，加快推进西部金融中心建设。支持企业技术创新，积极做大计算机信息服务。鼓励民间资本投资健康养老设施，推进医疗卫生与养老服务相结合。

（四）强化区域合作

着眼于服务业的差异性和互补性，加强与周边地区的联系。加强与长三角、泛珠三角、环渤海、北部湾及周边省份交流合作，推进金融、贸易、文化、旅游、物流、会展等行业跨区域交流和合作。鼓励组建跨区域的产业联盟，通过品牌输出、连锁经营、特许经营、知识产权投资等方式开展跨区域经营活动，提升区域整体竞争力，实现共赢。

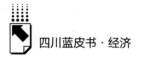

（五）完善相关政策

出台加快服务业发展的财政、金融、税收、土地等扶持政策，综合运用各种政策手段支持服务业发展。大力推进城乡公共服务均等化，提高农民工群体服务消费能力。加快社会保障体系建设，调整收入分配结构，释放城乡居民服务消费潜力。以四川省的现代服务业为依托，积极营造良好环境，大力引进服务业人才，鼓励各类人才带项目、带技术来四川省创业和发展。

2014~2015年四川电子信息产业
发展形势分析与预测

方茜 苏平*

摘　要：　近五年，四川电子信息产业总体运行呈增长态势，增速降低、投资缓慢、结构调整明显、出口增势良好等特点也较为明显。目前，有利于四川电子信息产业增长的因素有区域经济企稳、内需和出口好转、发展环境改善、行业景气度向好；不利因素有产品成本增加、新投产能减少、产能利用率低、大项目引进放缓。综合多方分析，2015年四川电子信息产业将会保持平稳增长态势，主营业务收入在7500亿元上下波动。

关键词：　电子信息产业　电子信息制造业　软件与信息服务业

2014年，面对全球经济变局重生、国内经济下行压力加大的形势，四川电子信息产业主管部门认真贯彻中央经济会议"稳中有进、稳中向好"的工作总基调，坚持科学发展、加快发展的工作指导思想，优化调整产业空间布局，促进骨干企业转型发展，培育信息消费热点领域，适度加大政策调控力度。信息产业总体运行态势良好，生产保持较快增长，升级换代步伐加快，在区域经济中重要性持续提高。

---

* 方茜，四川省社会科学院副所长，博士后，副研究员，主要研究方向为产业经济、公共管理；苏平，四川省经济和信息化委员会，调研员，主要研究方向为产业经济。

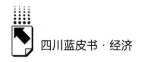

一 电子信息产业运行特点和影响要素分析

(一)四川电子信息产业运行的主要特点

近五年,四川电子信息产业总体运行呈增长态势,增速有所放缓(见图1)。2013年,四川电子信息产业销售收入约5640.1亿元,同比增长21.2%;其中,规模以上电子信息制造业实现主营业务收入3531.1亿元,同比增长22.5%;软件和信息技术服务业实现软件业务收入2109亿元,同比增长19.1%。从规模来看,电子信息产业较2008年有加大幅度增加,收入是2008年的4.6倍;电子信息制造业、软件和信息技术服务业收入分别是2008年的5.2倍和3.9倍。从增速来看,四川电子信息产业近五年(2009~2013年)平均增速为36.64%,2011年达到五年增速的峰值63.6%;电子信息制造业五年平均增速为40.68%,2011年达到峰值83.1%;软件和信息技术服务业五年平均增速为31.56%,2010年达到峰值48.90%。①"十二五"以来,四川电子信息产业增速逐渐放缓。电子信息制造业连续两年(2012~2013年)增速下降,软件和信息技术服务业连续三年(2011~2013年)增速下降。

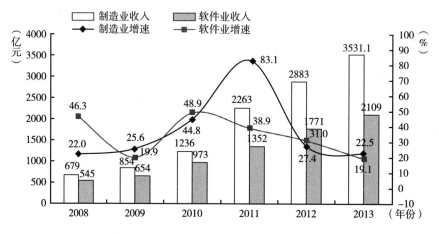

图1 2008~2013年四川电子信息产业收入规模

---

① 此处电子信息制造业增速以收入计算。

　　2014 年四川电子信息产业呈平稳增长的运行态势。2014 年上半年，规模以上电子信息制造业实现主营业务收入 1647. 4 亿元，同比增长 7. 2%；软件和信息技术服务业实现软件业务收入 1118. 6 亿元，同比增长 20. 2%；计算机、通信和其他电子设备制造业增加值增速保持在 16. 7%～21. 9%（见表 1）；软件与信息服务业收入增速保持在 20. 2%～26. 2%。从变异系数来看，软件与信息服务业增速的离散程度更小。也就是说，软件与信息服务业的波动更小、更稳定。比较 2013 年下半年、2014 年上半年均值可知，电子信息制造业、软件业呈现 2014 年上半年均值变小的状况，产业增速明显放缓。

　　在增速放缓情况下，四川电子信息产业的行业增速仍旧保持领先。2013 年 7 月至 2014 年 6 月，四川规模以上工业增加值同比增速保持在 9. 0%～12. 6%，电子信息制造业增速高于工业平均水平近 9 个百分点（见表 1）。

表1　四川电子信息制造业与工业增加值累计增速对比

单位：%

时间	2013 年 6 月	2013 年 9 月	2013 年 12 月	2014 年 2 月
工业增速	12. 6	10. 9	11	9
电子信息制造增速	18. 1	21. 9	20. 1	17. 1
时间	2014 年 3 月	2014 年 4 月	2014 年 5 月	2014 年 6 月
工业增速	9. 2	9. 4	9. 5	9. 6
电子信息制造增速	19. 3	16. 7	19. 5	19. 0

　　资料来源：根据四川省统计局公布资料整理得到。

　　电子信息产业结构调整明显，不断"软化"（见图 2）。2006～2013 年，四川电子信息制造业占电子信息产业的比重呈缩小趋势，从 2006 年的 71% 到 2013 年的 63%，下降了 8 个百分点；软件业占电子信息产业的比重从 2006 年的 29% 提升到 2013 年的 37%。

　　软件产品、数据处理和运营、信息系统集成是软件业务收入的重要来源（见表 2）。2014 年 5 月，四川软件产品、数据处理和运营服务、信息系统集成服务占软件业务总收入的比重分别为 38. 7%、29. 7% 和 18. 7%，三项服务收入之和占软件业务总收入的 87. 1%。同期，全国软件业务收入来源较为分散，收入占比排名前四位的分别是软件产品（31. 2）、信息系统集成服务

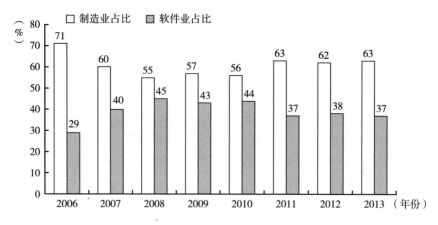

图2 电子信息制造业与软件业结构变化

（20.0%）、数据处理和运营服务（18.3%）、嵌入式系统软件收入（16.8%）。
与全国平均水平相比，在嵌入式系统软件方面四川存在较大差距。

表2 软件和信息技术服务业结构

单位：%

时间	地区	软件产品收入占比	信息系统集成服务收入占比	信息技术咨询服务收入占比	数据处理和运营服务收入占比	嵌入式系统软件收入占比	IC设计收入占比
2012年12月	全国	31.7	22.5	9.8	16.8	16.1	3.1
	四川	33.4	23.6	10.8	28.0	0.9	3.3
2013年12月	全国	32.3	21.4	9.9	17.9	15.3	3.2
	四川	33.4	24.2	13.4	24.4	0.48	4.0
2014年5月	全国	31.2	20.0	10.6	18.3	16.8	3.1
	四川	38.7	18.7	9.2	29.7	0.80	3.0

电子信息产品进出口增势良好。2013年，四川电子信息产品进出口总额
296.66亿美元，是2008年的5.2倍。其中，电子信息产品出口额179.2亿美
元，是2008年的7.7倍；电子信息产品进口额117.5亿美元，是2008年的
3.5倍。2008～2013年，四川电子信息产品进出口年均增速39.2%。其中，出
口年均增速50.4%，进口年均增速28.5%。"十二五"期间，四川电子信息产
品出口增速加快，前三年年均增速高达71.2%。2014年上半年，四川出口增

速良好。2014 年 6 月，四川电子信息产品出口额 92.9 亿美元，同比增加
24.2%。2014 年上半年，电子信息产品月度出口额的同比增速保持在 19.2%～
38.8%。2011 年 3 月～2014 年 5 月，四川通信设备、计算机及其他电子设备
制造业出口交货值情况如图 3 所示。

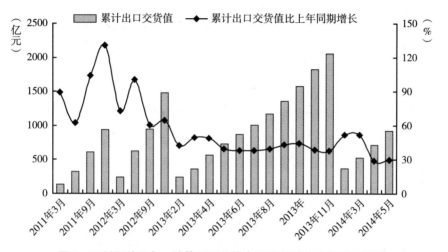

图 3　四川通信设备、计算机及其他电子设备制造业出口交货值

资料来源：中宏数据库。

产业投资增速放缓。2013 年，四川电子信息产业 500 万元以上项目完成
固定资产投资额 599.8 亿元，同比增长 34.8%；全年，新增固定资产投资
273.4 亿元，同比下降 8.6%。2014 年 3 月，四川电子信息产业 500 万元以上
项目完成固定资产投资额 112.0 亿元，同比下降 12.2%。新增固定资产投资
25.5 亿元，同比增长 17.4%（见表 3）。

表 3　2013~2014 年四川电子信息产业固定资产投资完成情况

单位：亿元，%

时间	本年累计完成投资			本年新增固定资产		
	本年累计	上年同期	增减	本年累计	上年同期	增减
2013 年 6 月	235.6	156.7	50.4	79.7	97.7	-18.5
2013 年 7 月	272.2	188.5	44.4	93.7	121	-22.5
2013 年 8 月	325.9	217.7	49.7	115.2	140.5	-18
2013 年 9 月	410.1	297.7	37.8	142.1	164.1	-13.4

续表

时间	本年累计完成投资			本年新增固定资产		
	本年累计	上年同期	增减	本年累计	上年同期	增减
2013 年 10 月	466.1	343.1	35.9	168.3	181.1	-7.1
2013 年 11 月	535.5	373.6	43.3	208.1	182.2	14.2
2013 年 12 月	599.8	445.1	34.8	273.4	299.0	-8.6
2014 年 2 月	52.4	54.9	-4.5	16.2	8.0	101.7
2014 年 3 月	112.0	127.6	-12.2	25.5	21.7	17.4

资料来源：根据工信部运行监测协调局数据整理得到。

在通信方面，四川 2013 年末电话普及率达到 94.4%，比上年年末增加 18 个百分点。其中，固定电话普及率 16.3%、移动电话普及率 78.1%。软件和信息技术服务业主要经济指标如表 4 所示。

表 4　四川软件和信息技术服务业主要经济指标

单位：万元

项目	软件业务收入	软件产品收入	信息系统集成服务收入	信息技术咨询服务收入	数据处理和运营服务收入	嵌入式系统软件收入	IC 设计收入
2013 年 1~7 月	8935621	3205237	2135124	860551	2338625	89241	306843
2013 年 1~8 月	9924820	3725311	2225942	942690	2589642	112392	328843
2013 年 1~9 月	11431989	4501863	2299777	1140966	2939560	127649	422174
2013 年 1~10 月	12792540	4697939	2694636	1498517	2981564	479215	440669
2013 年 1~11 月	13862142	5336910	2708663	1499221	3154013	496322	667013
2013 年 1~12 月	16003086	5345359	3879166	2151603	3906156	76095	644707
2014 年 1~2 月	2400169	1144720	220254	200402	689520	29401	115872
2014 年 1~3 月	3902975	1892944	325619	261372	1260985	35340	126715
2014 年 1~4 月	5200738	2310044	665267	465988	1547827	50674	160937
2014 年 1~5 月	6618581	2563258	1234852	607524	1964022	50675	198250
2014 年 1~6 月	9201892	3514303	1934240	982471	2469550	51690	249638

资料来源：根据工信部运行监测协调局资料整理得到。

（二）影响电子信息产业运行的因素分析

1. 有利于电子信息产业增长的主要因素

区域经济企稳，国内需求回暖。"2014 年世界经济将迎来加快增长的拐点，全球GDP增长率预计从2013年的2.4%提高到2014年的3.2%"。① 在发达经济体中，美国和欧元区预计增长率分别为2.8%和1.1%，发展中国家的经济增长将达到5.3%。② 在世界经济温和复苏的大背景下，在上游企业去产能，政府去杠杆的改革中，外需不足、内需疲软导致国内投资意愿不强，我国经济由"高速增长"换挡进入"中速增长"。从国家层面看，2014年我国经济运行缓中趋稳表现在五个方面，即增速趋稳、就业总体稳定、物价基本平稳、农业稳固、居民收入稳定增长。2014年第二季度，我国经济增速较第一季度略有提升。③ 从省级层面看，2014年第一季度四川经济增速达8.1%，上半年增速8.5%，工业、投资、消费和进出口等主要经济指标普遍回升。从投资来看，总体保持稳定，波动幅度较小。全社会固定资产投资11651.3亿元，同比增长13.0%。其中，固定资产投资（不含农户投资）11058.5亿元，同比增长17%。工业投资3611.6亿元，同比增长2.3%；第三产业投资7710.6亿元，同比增长19.2%。从消费市场看，增势较为稳定，月度社会消费品零售总额增速自2月份以来逐渐回升。④

发展环境有所改善。从全球采购经理人指数来看，美国制造业表现强劲，德国经济强势，法国接近衰退。欧元区分化为三大板块，德国经济领先增长，外围国家缓慢复苏，其他国家发展陷入停滞。相比欧元区，亚洲经济发展较为平稳。中国和日本制造业都保持着一定的增长。中国制造业采购经理人指数连续四个月上升。2014年6月，制造业PMI指数为51%，比5月上升了0.2个百分点，比2月上升了0.8个百分点。其中，大企业指数保持上升，采购指数、新订单指数、新出口订单指数都有良好表现。PMI指数已经连续12个月位于临界点以上，制造业活动扩张，经济增长看好。

出口状况逐步好转。我国海关进出口额月度指标保持良好增势，2014年6月达到1867.89亿美元，同比增长7.2%。同期，四川外贸进出口总额336.9

① 世界银行《全球经济展望》。
② 工业和信息化部电子科学技术情报研究所：《2013世界信息技术产业发展年度报告》，电子工业出版社，2014。
③ 国家统计局：《国家统计局新闻发言人就2014年上半年国民经济运行情况答记者问》，http：//www.stats.gov.cn/tjsj/sjjd/20140716_582269.html，2014年7月16日。
④ 《2014年上半年四川经济形势新闻发布会召开》，http：//www.sc.stats.gov.cn/sctj/default.htm?status=Info&menu=20&sub=1，false。

亿美元，同比增长12.5%，比全国平均水平高11.3个百分点。四川电子信息产业产品出口保持良好增势。2014年1~6月，电子信息产品出口月度指标的同比增速为19.2%~38.8%。

行业景气度向好，产业发展有支撑（见图4）。DRC行业景气指数监测显示，2014年以来，我国计算机、通信和其他电子设备制造业发展趋势良好。2014年5月计算机、通信和其他电子设备制造业景气指数为107.5，比2013年12月高2点；比2009年以来的历史均值105.7高1.8点。

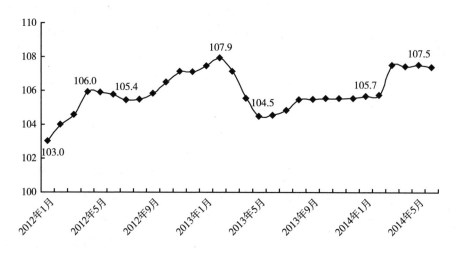

图4　计算机、通信和其他电子设备制造业行业景气指数

资料来源：DRC行业景气监测数据库、国家统计局。

2. 不利于电子信息产业增长的主要因素

产品成本有所增加，企业利润增速下滑。2014年第二季度，全国工业品出产价格指数持续三个月攀升，从3月的97.7到6月的98.9，增加了1.2个点。2014年1~5月，四川计算机、通信和其他电子设备制造业企业亏损总额连续四个月同比增速高达三位数，平均增速达到212%。同期，企业利润总额连续三个月同比增速为负。[①]

新投产能少，增速明显放缓。近五年国际知名企业相继落户四川，且在

---

① 计算使用的原始数据来源于《中宏数据库》。

2010～2012年集中投产。如2010年富士康旗下的鸿富锦精密电子（成都）有限公司投产，2011年联想（西部）产业基地投产，2012年"成都造"戴尔产品正式出货，纬创（成都）制造基地建成投产。相较前几年，2014年四川电子信息产业大项目落地少，新投产产能不多，产业增速放缓在情理之中。

有的企业产能利用率低。复杂严峻的宏观经济形势对落户四川的重大引进项目造成一定冲击。企业转移订单、订单减少等现象并存。如富士康将部分订单转移到其他地区，减少了在四川省的加工量。

引进大项目的速度放慢。随着招商引资工作的深入，入川国际、国内知名企业数量的增加，四川引进大企业、大项目的空间也在不断缩小。2010年以来，四川引进重大项目的速度明显放缓，电子类大企业、大项目已无太多深挖可能。此外，成都地区的产业承载空间趋于饱和，"成德绵乐广"要形成富有引力和张力的产业带尚需时日，需要培育和发掘重大项目引进的空间载体和相对优势。

此外，在人才引进、产业配套、贸易便利度和融资等方面四川电子信息产业还存在诸多问题。外企普遍反映高端人才个税税率高，海关通关国际化水平不够，配套企业不能满足所需，本地科技资源和引进企业的合作亟待提高等问题也较为普遍。

二　电子信息产业发展趋势及模型预测

（一）电子信息产业发展趋势

电子信息产业处于规模扩张期。从政治层面看，"棱镜门"事件曝光了美国的"监听计划"，敲响了国家信息安全的警钟。随着一系列产业促进政策的发布，"服务器、存储行业终端领域呼吁实现自主可控的声音高涨，IT国产化成为长期趋势。未来在政府领域，一场以国家核心、重点、大型、涉密的项目将带动软件、硬件、运维、服务全面国产化进程，为国产软硬件厂商带来商机。"[1] 从

---

[1] 运行监测协调局：《2013年计算机行业发展回顾及展望》，http://www.miit.gov.cn/n11293472/n112950 57/n11298508/159182，2014年3月11日。

技术层面看，未来几年最具代表性的信息技术是物联网、云计算和移动互联技术。预计 2015 年，全球物联网市场规模将达 5000 亿美元。智能手机、平板电脑的广泛应用，将互联网带入移动时代。通过搭建开放式的应用平台，移动互联网为众多第三方开发商提供了创新舞台，云计算服务将成为信息产业最重要的商业模式之一。此外，制造企业服务化趋势越来越明显，电子商务、现代物流、网络金融、软件和服务外包等业态催生新的商业模式，生产性服务业从制造业中独立出来，将进一步推进电子信息产业规模化发展。从市场层面看，市场研究机构 IDC 预测，2014 年全球 IT 支出将达 2.1 万亿美元，增长 5%。"以巴西、俄罗斯、印度及中国为代表的新兴国家在新技术产品方面的开支将增加 13%；企业在大数据技术和服务方面的开支将增长 30%，超过 140 亿美元。"[1]《世界电子数据年鉴 2013》数据显示，未来三年，电子信息产品市场规模将持续扩大，产业进入平稳增长期，增速在 3.5% ~ 5% 之间。美国、日本、西欧仍然控制世界电子信息产业价值链的高端，占世界总体份额的 50% 左右。中国所占比重将由 2013 年的 21.52% 上升到 2016 年的 23.26%，上升 1.74 个百分点。预计 2014 年，我国规模以上电子信息制造业增加值将增长 10% 左右，软件业增速将在 20% 以上。[2]

四川进入"万亿俱乐部"攻坚期。2011 年，四川提出将电子信息产业助推至万亿级别。2013 年，四川电子信息产业规模跃上 5000 亿元台阶，位居中西部第一，但与"万亿俱乐部"仍有较大差距。2014 年，为进一步推动四川经济结构调整和产业转型升级，四川省委、省政府在战略性新兴产业和特色优势产业中筛选出五大产业集中发展，信息安全产业包括在内。下一步四川将出台《信息安全产业发展推进方案》，产业迎来加快发展的重大机遇。2014年 8 月中旬，四川举行"电子信息产业合作发展洽谈会"，签约投资合作项目51 个，总投资额 929 亿元，其中，框架协议项目 5 个，投资额 652 亿元；正式合作项目 46 个，投资额 277 亿元。电子信息产业后续三年发展支撑力增强。

---

[1] 运行监测协调局：《2013 年计算机行业发展回顾及展望》，http：//www.miit.gov. cn/ n11293472/n112950 57/ n11298508/159182，2014 年 3 月 11 日。

[2] The yearbook of Electronics Data 2013, Reed Electronics Research (United Kingdom)。

（二）电子信息产业模型预测

利用四川电子信息产业近期收入数据建立两种预测模型。在综合考虑各种影响变量、产业运行情况，且结合专家经验判断的条件下，做出以下预测分析。

1. VAR 模型预测

运用向量自回归（VAR）模型，对四川电子信息制造业 2014 年产业增速进行预测。设定主营业务收入 y_{t1}、利润总额 y_{t2}、固定资产投资 y_{t3} 以及电子信息产品出口额 y_{t4} 4 个内生变量，记为 $Y_t = (Y_{t1}, Y_{t2}, Y_{t3}, Y_{t4})^T$。样本区间为 2013 年 4 月至 2014 年 4 月，样本数据来自四川省经济与信息化委员会信息处。对原始数据做对数处理，记为 LnY_t。

建立 VAR 模型的数学形式如下：

$$y_t = A_1 y_{t-1} + A_2 y_{t-2} + \cdots + A_p y_{t-p} + \varepsilon_t$$

其中，y_t 是 k 维的内生变量；$A_1, A_2, \cdots, A_p$ 是待估计的系数矩阵；ε 是扰动向量。

利用 Eviews 建立 VAR 模型，将主营业务收入、电子信息产品出口额、固定资产投资、利润总额分别记为 ZYYW、CKZE、GDZCTZ、LRZE。对 4 个序列求一阶差分，记为 DZ1、DC1、DG1、DL1。做出 4 个序列的时序图、一阶差分图（略）。直观而言，ZYYW、CKZE、GDZCTZ、LRZE 在 2013 年 4 月至 2014 年 4 月的 2007 变动出现非平稳性。ZYYW、GDZCTZ、LRZE 呈现共同向上的趋势。从一阶差分序列图来看，ZYYW、CKZE、GDZCTZ 和 LRZE 具有平稳性，一阶差分序列可能是平稳序列。对三个一阶差分序列是否平稳做单位根检验（见表5）。

表5　单位根检验

	ADF 统计值	1% 临界值	5% 临界值	10% 临界值	平稳/非平稳
CKZE	-2.034	-4.200	-3.175	-2.729	非平稳
GDZCTZ	-1.949	-4.200	-3.175	-2.729	非平稳
LRZE	-2.199	-4.200	-3.175	-2.729	非平稳
ZYYW	-2.034	-4.200	-3.175	-2.729	非平稳

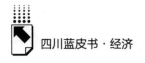

续表

	ADF 统计值	1% 临界值	5% 临界值	10% 临界值	平稳/非平稳
DC1	−3.352	−4.297	−3.213	−2.748	平稳
DG1	−3.746	−4.297	−3.213	−2.748	平稳
DL1	−3.732	−4.297	−3.213	−2.748	平稳
DZ1	−3.542	−4.297	−3.213	−2.748	平稳

根据模型阶数选择标准，但滞后数为2时，AIC 最小，因此，将滞后期取为2。建立 VAR（2）模型，具体表达式为：

$$
y_t = \begin{vmatrix} 1.26 & 0.84 & -0.70 & -3.32 \\ -0.96 & 2.37 & -0.14 & -4.78 \\ 3.53 & 0.71 & -1.82 & -4.55 \\ 0.96 & 0.65 & -0.74 & -2.20 \end{vmatrix} y_{t-1} + \begin{vmatrix} 6.21 & -3.91 & 3.20 & -5.67 \\ 3.97 & -5.84 & 9.57 & -8.73 \\ 7.87 & -4.57 & 2.95 & -6.10 \\ 4.99 & -3.15 & 2.33 & -4.21 \end{vmatrix} y_{t-2} + \begin{vmatrix} -9.57 \\ 3.32 \\ -22.58 \\ -10.03 \end{vmatrix}
$$

预测得到电子信息制造业 2014 年末可能达到的收入为 3600 亿 ~4000 亿元。设定电子信息软件业增速保持在 20% ~30%，2014 年四川省电子信息产业销售收入在 6000 亿 ~6700 亿元。①

2. 转导法预测

2014 年，四川下调增速，如地区生产总值 9%，全社会固定资产投资 13%，进出口总额 6%。2014 年、2015 年四川电子信息销售收入的增速应低于 2010 ~2013 年年均增速水平 37%。若要"十二五"末达到万亿规模，则要保持年均 33.15% 增速。考虑到四川经济增速逐年下降，电子信息产业销售收入增速也逐年下降，2013 年同比增速回落到 21%。设定四档年均增速，分别为 15%、20%、25%、30%。由此计算得到四川电子信息销售收入规模预测数据（见表6）。

由 VAR 预测知，收入增速在 15% ~20% 的可能性更大。考虑到 2014 年、2015 年四川电子信息产业没有大项目突进，产业将保持平稳增势，结合专家意见，2015 年四川电子信息产业销售收入在 7500 亿元上下波动。换句话说，"十二五"期末四川电子信息产业过万亿元的目标难以达成。

---

① 因该方法预测时间不宜过长，仅预测到 2014 年 12 月。

表6　2014～2015年四川电子信息销售收入预测数据

单位：亿元

年均增速	年份	电子信息产业 主营业务收入	电子信息 制造业	软件和信息 技术服务业
30%	2014	7332.1	4619.2	2712.9
	2015	9531.8	6005.0	3526.8
25%	2014	7050.1	4441.6	2608.5
	2015	8812.7	5552.0	3260.7
20%	2014	6768.1	4263.9	2504.2
	2015	8121.7	5116.7	3005.0
15%	2014	6486.1	4086.2	2399.9
	2015	7459.0	4699.2	2759.8

注：2011～2013年四川制造业和软件业的收入比保持在63∶37左右，以此进行收入分配。

三　促进四川电子信息产业加快发展的建议

（一）世界主要经济体发展IT产业举措

美国：2013年11月12日推出第二轮大数据行动计划，政府拨出2亿美元研究开发预算；修订《网络空间行动战略》，完善网络空间在国家防御网络中的作用；继续推进宽带基础设施建设。

日本：2013年制定《新增长战略》，培育信息产业新增长点；发布《ICT增长战略》，抢占未来发展制高点；出台光伏产业新政策。

欧盟：2013年5月发布《欧盟微纳电子元件及其系统战略》，计划未来7年为电子产业研发创新提供50亿欧元的财政拨款；2013年7月发布总额高达220亿欧元的"联合技术计划"，针对电子、医药、航空、汽车、生物技术和农业等重点领域。

韩国：2013年组建未来创造科学部；2013年10月发布"ICT中长期战略"。计划未来5年内实施一系列经济政策促进信息通信技术发展；政府将投资8.5万亿韩元支持信息通信技术研发。

中国：2013年8月国务院发布《"宽带中国战略"及实施方案》、《国务院关于促进信息消费扩大内需的若干意见》，提出到2015年信息消费规模超过3.2万亿元，年均增长超过20%；初步建成下一代信息基础设施，推动智慧城市建设取得进展。2014年4月国务院发布《国家集成电路产业发展推进纲要》，提出到2020年，我国集成电路产业与国际先进水平的差距要缩小，全行业销售收入达到1万亿元。移动智能终端、云计算、网络通信、物联网、大数据等重点领域集成电路设计技术达到国际领先水平，产业生态体系初步形成，安全可靠的软硬件广泛应用于党政军等重要信息系统。

（二）促进四川电子信息产业加快发展的建议

促进区域开放合作。抓住国家扩大内陆沿边开放，建设丝绸之路经济带、海上丝绸之路和长江经济带的机遇，深化产业开放合作。推动电子信息产业实施产业链、供应链、价值链招商。围绕软件、集成电路、智能终端、物联网、云计算、大数据、移动互联、平板显示、北斗导航、数字家庭等领域引进企业，鼓励企业设立总部和研发中心等功能性机构。争取中央企业在川布局产业项目，支持有条件的IT企业在全球范围内开展资源和价值链整合。

形成新的增长点。在通信设备、信息服务、信息技术应用等领域培育新的增长点。在电脑、芯片、游戏等形成规模后，既要考虑提升本地企业的配套能力、配套企业水平，又要寻找有较大市场需求，与区域产业发展方向契合，成长性好且能够促进产业结构优化、升级，具有高技术附加值的新产品或服务。加大对新一代信息技术产品（如手游、其他软件产品序列）的引进，力争在家居、3G、数字会议桌面、金融智能终端上实现突破。加大对结算中心、运营中心、研发中心的引进力度。进一步推进信息基础设施建设，强化信息技术在经济社会领域的运用，推动信息技术改造传统产业，以新应用带动新增长。

突出重点实现提升。以成都中国软件名城建设为抓手，大力发展软件与信息服务业；以集成电路产业为核心，重点突破一批关键共性技术，带动材料和零部件发展；以智能终端大规模开发应用为目标，扩大市场占有率；以大数据中心建设、宽带中国建设为基础，推进智慧城市、小区、家庭建设，促进信息消费；以中国电科网络空间信息安全产业园项目为契机，建设国家信息安全产业基地；以两化深度融合为核心，创造信息化产品，提高工业化水平；以四川省北斗综合应用示范工程为牵引，推广北斗应用终端，实现以用兴业；以开放合作为动力，抓住引进京东方等重大项目的契机，促进省内优势企业加快发展，壮大新型平板显示产业。

做大做强信息安全产业。加强产业基地和载体建设，重点发展国家网络空间安全产业园建设、绵阳军民融合集中发展核心区等重点园区（基地）建设。加大支持力度，转变支持方式。设立信息安全产业专项资金、信息安全与集成电路产业基金。加强产学研合作，重点组建信息安全产业发展研究院，推进信息安全科技成果转化平台建设。强化制度建设和平台搭建，发挥应用示范效应。建立四川省网络安全审查制度，建设四川省信息安全公共服务运营平台，针对党政、金融、电信、涉密军工等行业领域业务应用开展示范试点工作。加强产业招商，争取相关企业将研发成果在四川省实现产业化，积极争取国家大数据基地等国家信息安全领域重大工程落户四川。

优化 IT 产业发展环境。提升四川贸易便利化程度。通过简化程序、增强透明、统一标准、完善规范、减少限制等一系列措施，降低四川国际贸易活动的交易成本，发挥海关特殊监管区域的政策和功能优势，促进货物、服务的自由流动。优化产业集聚区发展环境。加强产业基地公共基础设施和支撑服务体系的建设，进一步优化涵盖产业发展各个环节（投资、管理、营销、研发、设计、技术等）的 IT 高端人才引进、留存的政策环境，对负责跨国公司战略决策的顶级人才，给出强有力的人才激励政策。

构建产业创新战略联盟。充分发挥四川电子类高校、科研机构的优势，促进企业、高校、科研机构联合攻关，形成企业、高校、科研机构、政府、中介机构的创新战略联盟。鼓励创新战略联盟以多方认同、共赢的合作模式推进科技创新。积极鼓励企业在省外、国外设立研发机构，引导国外研发机构与四川电子信息产业企业开展科技合作。对关系四川 IT 产业发展的重大项目，省级有关部门要积极支持，给予政策倾斜、资金资助或项目支持。

B.10
2014～2015年四川能源电力
形势分析与预测

劳承玉[*]

摘　要：本文对四川省优势能源资源开发现状进行了阐述，重点分析了全国最大清洁能源基地四川水电支柱产业的发展规模和面临的主要矛盾，对风电、太阳能、页岩气等新能源产业发展形势，以及天然气资源勘探和产能开发，电网设施建设、能源电力结构调整等重点项目进展进行评述。本文预测认为：能源革命将为四川能源电力产业发展带来一系列机遇和挑战，2015年四川能源生产将保持3%～5%、年发电量15%左右的稳定增长态势。

关键词：四川　能源电力　形势　预测

　　能源是国民经济的基础产业和重要保障，在我国工业化、城镇化、信息化和农业现代化加速推进的关键时期，能源电力产业的发展具有举足轻重的地位。2014年习近平总书记、李克强总理多次就国家能源安全战略、能源发展战略和重大项目发表讲话，强调能源安全是关系国家经济社会发展的全局性、战略性问题，对国家繁荣发展、人民生活改善、社会长治久安至关重要。

　　四川省能源资源具有缺煤少油、水能和天然气资源丰富的特点，水电产业和天然气勘探开发产业在全国具有显著地位和优势，在全国5%的国土面积上，每年生产了全国20%以上的水电、近20%的天然气。2013年以来，四川

＊　劳承玉，四川省社会科学院研究员，主要研究方向：能源经济、资源经济。

能源电力产业围绕能源结构的战略性调整，大力发展水电、风电、太阳能、生物质能等清洁可再生能源，努力构筑安全、稳定、经济、清洁的现代能源体系，使全省能源电力保障能力不断提升，对国民经济稳增长、调结构、惠民生发挥了重要的基础性、支撑性作用。

一　四川能源电力发展现状

（一）全国最大的清洁能源基地建设初具规模

水电是四川省委省政府确立的全省国民经济支柱产业，是多年来四川能源电力产业优先发展的重点行业。继 2011 年四川水电发电量、2012 年水电装机总量超过湖北省成为全国最大水电基地后，2013 年以来，四川水电投产进入高峰期，以金沙江、雅砻江、大渡河"三江"为主的一批大中型水电工程陆续建成，水电装机规模持续扩大。从 2013 年 7 月至 2014 年 7 月，世界第三、国内仅次于三峡水电站的第二大水力发电工程——溪洛渡水电站 18 台机组先后投产发电，新增水电装机 1386 万千瓦，年均发电量 571.2 亿千瓦时。国内第三大水电站向家坝电站全部机组也同期投产发电，新增水电装机 640 万千瓦。此外，雅砻江锦屏一级电站、二级电站相继建成运行，使四川省水电规模一举达到近 6000 万千瓦。至此，金沙江下游水电装机已超过 2000 万千瓦，雅砻江下游装机约 1300 万千瓦，接近 1.5 座三峡电站的装机量。2013 年，全省实现全口径发电量 2616.99 亿千瓦时，其中水电发电量 2023.41 亿千瓦时，比 2012 年大幅增长 30.99%，占全国同期水力发电量的比重高达 22.2%。截至 2014 年 3 月，四川省水电装机容量达到 5358 万千瓦，占全国水电装机总规模的1/5，全国最大的清洁能源水电基地已初具规模。

（二）风电、太阳能等新能源发展提速

风电、太阳能等新能源产业是国家重要的战略性新兴产业，新能源技术革命蕴藏着重大的全球性、历史性发展机遇。四川省在资源、技术、装备制造和市场等方面都具有发展新能源的特色和良好条件，2013 年以来全省新能源开发进展迅速。

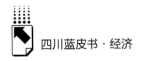

风电方面，四川被划为全国"四类资源区"，开发重点主要集中在凉山州和秦巴山区。四川风电享受国家财政补贴的最高价格0.61元/千瓦时，由此激励了包括五大电力集团在内的国内投资者投资四川风电产业的热情。截至2014年8月，已有华能新能源、华电四川、大唐四川、中电投喜德电力、三峡新能源以及四川兴澜集团、德昌风电、四川能投、西昌飓源风电等企业投资开发四川山地风电场。其中，华能新能源累计核准10期风电项目共50万千瓦装机，另有7期共55万千瓦风电项目取得启动"路条"。2014年7月，华能昭觉特口甲谷风电站首批11台机组1.65万千瓦通过验收进入调试，省能投风电公司会东拉马鲁风电场66台机组共9.9万千瓦通过验收，预计2014年全省将完成芳地坪、拉马、鲁南、黄水、鲁基、干坝子、特口甲谷、洛尔、红旗、长海子、火烈、补尔、梁子乡等13座风电站建设，新增风电装机规模60万千瓦，使全省风电装机规模达到70万千瓦以上。

太阳能方面，四川素有中国西部"硅谷"和"光伏第一省"之称，拥有丰富的多晶硅产能资源和较集中的产业基地，形成了乐山多晶硅基地和双流光伏产业园区，已发展成为多晶硅产能、产量大省，为太阳能上下游产业发展奠定了良好基础。但四川太阳能资源优势在全国并不突出，太阳能资源主要集中在攀西地区。2013年，全省新建成太阳能电站3座、装机3.32万千瓦。2014年又重点建设了火古龙、洛若、树堡三期、大河乡、万家山等5座光伏电站，预计年底部分光伏电站可实现投产，新增光伏发电装机规模8万千瓦。

（三）页岩气勘探开发居全国前列

页岩气是21世纪全球重要的非常规天然气能源，页岩气的开发对实现能源的经济性和降低石油对外依存度具有极大价值和战略意义。

四川是我国最早开展页岩气研究和勘探开发的省份，已初步掌握了全省页岩气生成、储存地质条件以及全省页岩气资源基本特征。根据国土资源部油气研究中心2012年发布的《全国页岩气资源潜力调查评价及有利区优选》，四川省页岩气资源量约27.5万亿立方米，占全国的21%；预估可采资源量4.42万亿立方米，占全国的18%，页岩气资源量和可采资源量均居全国第一。2012年底国家发改委、国家能源局批准设立四川"长宁—威远国家级页岩气先导示范区"，该示范区是我国第一个国家级页岩气示范区。2013年，国家发布了页岩气产业补贴政策，确定按产量每立方米补贴0.40元。随着中石油、中石化、壳牌、四川能投等大型能源企业进入页岩气开发领域，四川又陆续设立了"富顺—永川示范区"等。截至2013年底，全省已完成页岩气钻井36口，占全国的20.2%；已完成页岩气井压裂31口，约占全国的25%，累计开采出页岩气9385万立方米，销售使用页岩气达7565万立方米，分别占全国的42.3%和37.1%，[①]居全国前列。

四川省还率先探索央地合作开发页岩气的"长宁模式"，2013年成立了由地方国有企业与央企合作开发页岩气资源的合资公司——四川长宁天然气开发有限责任公司，在开发体制上取得突破和创新，受到国家能源局高度评价和肯定，极大地促进了长宁—威远页岩气开发示范区的产能发展。截至2014年9月，长宁—威远国家级页岩气示范区累计产量突破1亿立方米，示范区日产气量达到70万立方米[②]，展示了该区块良好的开发前景。2014年，页岩气开发被列为四川省五大高端成长型产业之一，力争在页岩气资源勘探和开发利用方面取得新突破。目前，四川省页岩气勘探开发的投资主体已有5家，这些企业在川南威远、长宁、筠连区块获得气井42口，投入试采井11口，累计生产商品气1.4亿立方米。[③]

（四）天然气产量下降勘探获重大突破

2013年四川天然气产量213.1亿立方米，较2012年同期减产29亿立方米，天然气产量占全国的比重随之下降为18.2%，而同期全省天然气消费量增长了11.4%，达到148亿立方米。

四川天然气产量主要来自中石化普光气田、中石油西南油气田分公司和中石化西南油气分公司。2013年，中石化普光气田年产气量创下历史新高，达到106.7亿立方米，同比增长5.8%，其中大部分用于"西气东输"，外输天然气75.6亿立方米。此外，中石化元坝气田2014年内将建成投产，新增一期产能17亿立方米。而中石油、中石化在川渝两地的老气井近年逐渐衰减，年

---

① 《四川设立页岩气改革开发试验区欲望强烈》，《中国矿业报》2014年3月10日。
② 刘川：《长宁—威远国家级页岩气示范区累计产气超1亿立方米》，《四川日报》2014年9月5日，第1版。
③ 刘川：《我省页岩气或明年亮"家底"》，《四川日报》2014年9月3日，第1版。

产量有所下降。为弥补日益扩大的供需缺口，除继续加大川东北、川中、川西三大天然气基地的勘探开发，不断扩大产能外，天然气大省四川还从2011年开始每年大量外购天然气。2013年，兰州—成都原油管道、中卫—贵阳天然气管道、中卫至南部段等9个天然气管道项目顺利建成，通过中卫至南部段管道向川内引入中亚天然气47亿立方米，极大地缓解了全省天然气供应的紧张状况。

2013年，四川盆地天然气勘探获得重大突破，位于遂宁的安岳气田磨溪区块龙王庙组气藏新增天然气地质储量4403.83亿立方米，技术可采储量3082亿立方米，是迄今我国发现的单体规模最大的特大型海相碳酸盐岩整装气藏。据报道，安岳气田龙王庙组气藏发现后，中石油拟用4年时间在此建成年产110亿立方米产能，使其成为国内居前列的大气田。截至2013年10月，年产气10亿立方米的试采工程已投入运行，年产气40亿立方米的产能工程正在建设中，预计2014年底磨溪净化二厂装置将陆续投入运行，使四川盆地天然气日供气量再增加900万立方米。①

（五）川藏电网联网打造"电力天路"

四川水电的输出有赖于国家电网的支持，有赖于特高压电网的强力支撑。四川省处于全国"西电东送"的中部通道，电网建设对水电外输至关重要。2013年，四川电网完成投资277亿元，完成售电量1633亿千瓦时。随着国家电网溪洛渡左岸—浙江金华、向家坝—上海、锦屏—苏南三大特高压直流输电工程的投产，以及藏电入川通道建设，四川已形成"西电东送"外送通道能力2160万千瓦。2013年，四川外送电量达到689.73亿千瓦时，是2012年同期的两倍。其中二滩送重庆36亿千瓦时，锦屏官地送苏州45.45亿千瓦时，送重庆196.16亿千瓦时，向家坝送上海158.26亿千瓦时；外购电22.96亿千瓦时，同比下降53%。2014年预计可实现电网投资290亿元，连续四年年度电网投资近300亿元。其中，"十二五"规划重点工程——"新甘石"电网联网工程继续推进，新开工建设连接四川甘孜州与西藏昌都地区的"川藏电力联网工程"，这项被誉为"电力天路"的工程，"五跨"金沙江，在世界海拔

---

① 刘川：《国内最大单体海相整装气藏大规模开发》，《四川日报》2014年8月30日，第1版。

最高的乡城至巴塘至昌都新建 500 千伏输变电线路 1009 公里，工程建设项目还包括：新建昌都至玉龙、昌都至邦达 220 千伏线路 512 公里，新建巴塘、昌都两座 500 千伏变电站和邦达、玉龙两座 220 千伏变电站，工程总投资 66.3亿元。"川藏电力联网工程"预计 2014 年底可全部投运，届时西藏昌都和四川甘孜南部孤网将与四川电力主网相接，形成川藏电力送出通道东西贯通、南北互联的格局，四川电网也将成为连接我国西部和东部地区的现代能源配送枢纽电网，这对有效缓解东部地区用电紧张状况和环保压力，保障国家能源安全具有重要的战略意义。

（六）能源电力结构逐渐优化

随着四川省水能、风能、太阳能和生物质能开发规模的扩大，以及全省加快推进煤矿企业兼并重组，实施淘汰落后小煤矿、"上大压小"、关停一批小火电机组等能源结构调整政策，全省能源电力电源结构逐渐优化。2013 年全省电力总装机容量 6453.88 万千瓦，其中，水电装机 5266.23 万千瓦，火电装机 1581.85 万千瓦（含垃圾发电 12.2 万千瓦）；风电、太阳能电站装机分别为10.95 万千瓦、3.32 万千瓦。按装机规模，水电已占 81.60%，火电占24.51%，风电占 0.17%，太阳能占 0.05%，电力结构逐渐优化（见图 1）。预计 2014 年全省非化石能源发电装机比重可达到 78.5%，非化石能源消费比重将比 2013 年提高 3%，万元 GDP 能耗比 2013 年下降 4.2%。

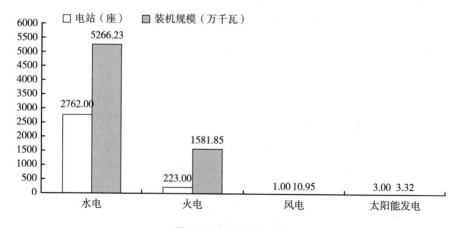

图 1　四川省电力结构

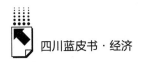

二 四川能源电力产业发展形势分析

2015 年，四川能源电力产业将面临我国经济发展新常态下的能源供需格局变化，能源电力发展将出现新形势和新趋势。"能源革命"将成为 2015 年能源电力产业发展的主旋律，加快推动能源消费和能源供给革命，将构成 2015 年乃至整个"十三五"时期能源电力产业发展的宏观大背景。这是一场较"改革"、"变革"力度更大、更为深刻的革命，包括能源消费革命、能源供给革命、能源技术革命、能源体制革命等，将为四川能源电力产业的发展带来一系列新机遇和新挑战。

（一）能源消费革命的机遇和挑战

能源消费革命，意味着长期以来我国经济社会发展中存在的能源消费粗放式高增长模式将彻底终结，国家对节能减排的要求不再局限于地区生产总值单位能耗水平的下降，还将实行能源消费总量控制，在兼顾经济增长的同时实现节能降耗。能源消费革命，还意味着绿色低碳能源消费方式，把节能贯穿于经济社会发展全过程和各领域，加快形成能源节约型社会。大力实施、有效落实节约优先战略，加快推进重点领域和单位节能工程，提高能源利用效率，以较少的能源消耗促进经济社会较快发展。[1] 能源消费革命不仅为节能环保产业的发展带来机遇，更为四川能源结构的优化调整创造了历史性机遇。

另外也要看到，全国经济发展步入低速稳定增长的新常态，阶段性的经济下行特别是工业增长乏力仍将持续一段时间。2015 年，四川能源电力产业增速放缓将不可避免。由于工业用电占全社会电力消费总量的 70% 左右，其中高耗能又占工业用电量的 50%，因此工业生产减速将导致电力市场扩张乏力，并降低能源生产企业的整体产能水平和盈利能力，进而影响到能源电力行业投资规模，使能源电力产业的可持续发展面临挑战。

---

① 《李克强主持召开新一届国家能源委员会首次会议》，《人民日报》2014 年 4 月 21 日。

（二）能源供给革命的深刻影响

我国的能源发展仍面临着能源需求压力巨大、能源供给制约较多、能源生产和消费对生态环境损害严重、能源技术水平总体落后等严峻挑战。这是我国能源供给的基本态势和中长期趋势。对此，中央提出要推动能源供给革命，建立多元供应体系。立足国内多元供应，大力推进煤炭清洁高效利用，着力发展非煤能源，形成煤、油、气、核、新能源、可再生能源多轮驱动的能源供应体系，同步加强能源输配网络和储备设施建设。[①]

四川人均用电水平仅为全国人均水平的60%多，到2020年要实现与全国同步建成小康社会的目标，还有较大的用电市场发展空间。全省工业化、信息化、城镇化、农业现代化的发展，离不开强大的能源电力供给保障。因此，2015年四川要继续坚持"能源先行、电力先行、适度超前"的规划理念，在妥善安置移民和生态环保的基础上，进一步加快水电开发，加快新能源发展，加快页岩气勘探和开发示范，加快核电前期工作，加快电网和电力通道枢纽建设，大力提高能源供给保障能力。同时，坚持推进能源结构调整优化。以保障安全稳定供给为前提，以能源经济性为原则，实现能源供给方式的转变：由依赖单一能源资源，转变为"绿色多元"发展；由侧重于省内自给自足转变为充分利用省外资源和市场，统筹省内外两种资源、两个市场。实行多种优质能源并举，满足能源消费结构升级和能源服务质量提高的要求。加强水火调剂，积极参与全国一次能源平衡。进一步提高非化石能源的比重，优化化石能源结构，提高煤炭利用效率，推进煤炭清洁高效利用。

（三）能源体制改革的新形势

"十八大"提出要发挥市场在资源配置中的决定性作用，这是我国能源领域市场化改革的新形势。能源管理体制和定价机制还存在较多的计划经济和行政色彩，已越来越不适应社会主义市场经济发展的需要，特别是石油、天然气和电力输配的高度垄断体制，扭曲了能源价格体系，加大了能源投资和供给成本，不利于提高我国能源产业的国际竞争力。

[①] 习近平：《积极推动我国能源革命》，新华网，2014年6月13日。

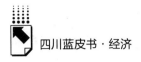

2015 年能源体制改革的重点是还原能源商品属性,构建有效竞争的市场结构和市场体系,形成主要由市场决定能源价格的机制,转变政府对能源的监管方式。一是要放开部分能源投资领域,形成多元化投资格局。开放竞争性业务,鼓励各类投资主体有序参与,公平竞争新能源开发。在四川风能、太阳能、页岩气等新能源开发领域率先探索混合所有制试点。二是加快电力体制改革步伐,在四川着重推动电力供求双方直接交易的"直购电"交易方式,为终端用户提供更加经济、优质的电力保障,让市场机制在电力资源配置中发挥决定性作用。① 三是积极推进清费立税,深化煤炭资源税改。四是积极探索市场经济条件下财政对新能源的定价和补贴方式。

(四)电力"丰余枯缺"矛盾

四川以水电为主的电源结构,使丰水期电力相对过剩和枯水期电力相对不足的矛盾难以避免。随着长江上游大中型水电站的密集投产,水电产能集中释放,2015 年四川电力生产可能面临更为严重的"丰余枯缺"矛盾。一旦经济下行,电力消纳市场低迷,高耗能产业萎缩,电量外销不畅,将造成四川电力供需失衡矛盾更加突出。表现在丰水期电力相对过剩,发电企业被迫大量"弃水"、"弃电",水电产能发挥受到严重制约,导致发电企业经济效益降低。而进入冬季后,河流来水量不足导致发电量减少,难以满足冬季取暖等季节性因素带来的市场用电高峰需求。预计 2015 年四川省丰水期弃水和枯水期缺额电量可能均超过 100 亿千瓦时,电力"丰余枯缺"矛盾加剧是水电大省能源产业发展迫切需要研究解决的难题。

三 四川能源电力产业发展预测

(一)能源生产保持3%~5%的稳定增长态势

2015 年是全省完成国民经济和社会发展"十二五"规划目标任务的最后一年,也是最为关键的一年。作为国民经济发展的晴雨计和风向标,四川能源

---

① 习近平:《积极推动我国能源革命》,新华网,2014 年 6 月 13 日。

产业将与全省国民经济及其各产业保持协调发展、稳步增长的基本态势。根据全省近年能源生产弹性系数和电力生产弹性系数预计，2015 年全省能源生产将保持3% ~5% 的增长速度，年发电量增长15% 左右，为实现全省"十二五"各项规划目标提供坚强保障，为实现国家"西电东送"战略输送优质清洁能源，为实现全国节能减排和低碳发展目标做出贡献。

（二）进一步完善"优先发展水电"的方针政策

2015 年，四川能源产业发展将继续坚持"优先发展水电"的方针，在加强生态保护和完善移民政策的基础上，加快推进金沙江、雅砻江、大渡河"三江"水电基地建设；加快推进大中型河流水能资源比较集中的阿坝北部、阿坝东部、绵阳、甘孜中东部、甘孜南部、凉山、雅安等 7 个水电集群建设；加快推进嘉陵江、岷江中下游、长江上游干流 3 个航电通道，形成"三江七片三线"水电基地格局，到 2015 年底实现全省水电装机容量 6500 万千瓦。为此，2015 年要进一步完善促进水电优先发展的各项政策措施，解决目前制约水电发展的突出矛盾和关键问题。

1. 深入研究解决四川电力"丰余枯缺"问题

对于丰水期富余电量消纳，短期应对之策是加强水火调剂，坚持以节能发电调度为基础，积极开展水火电置换，不断优化电力结构。长远之计，一是必须依靠电力体制改革和水电定价机制改革的推进，进一步完善电价政策和调整财税政策，使"川电外送"利益分享机制更加公平合理。二是要积极参与全国一次能源平衡，按照"优先自用、合理外送"的原则，在保障省内用电前提下积极开拓省外市场，扩大省际联网，争取丰水期外销更多的电量。这将有赖于电网投资特别是特高压智能电网系统的规划建设，使水电开发与电网建设协调发展，促进电量输出能力不断增长。三是扩大丰枯峰谷电价差，鼓励大型燃煤机组改为枯水期发电的季节性电源，并制定有利于促进丰水期电力消费的电价政策，引导工业企业错峰分时用电，利用丰水期优惠电价集中生产。而对于枯水期电力缺口，应采取自建一定火电、调高大型水电枯期留川电量比例、加强省际电力交流如"疆电入川"等措施逐步解决。此外，要加快推进雅砻江两河口水电站、大渡河双江口水电站等具有可调节性能的龙头电站建设，提高可调节电站的比重，增加枯水期流域梯级电站的发电量，提高发电效益。为

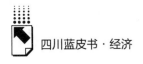

此应研究创新水库效益补偿办法，实行下游受益梯级按受益程度入股分摊龙头水库电站投资的补偿政策。

2. 积极探索"先移民后建设"方式

要妥善解决四川民族地区移民生产生活安置面临的特殊矛盾，使移民群众"移得出、稳得住、能致富"，切实保障移民群众的生活水平在原有基础上稳步提高，使水电开发和移民安置工程成为促进经济结构优化、带动移民群众脱贫致富、拉动地方经济发展的民生工程、民心工程。

3. 逐步完善水电定价机制

随着金沙江、大渡河、雅砻江"三江"流域一批大型水电站的投产发电，四川水电在建规模持续萎缩，水电投资增速明显放缓。根据2014年国家发改委《关于完善水电上网电价形成机制的通知》（发改价格〔2014〕61号），新投产水电站，跨省跨区域交易价格由供需双方参照受电地区省级电网企业平均购电价格扣减输电价格协商确定；省内消纳电量上网电价实行标杆电价制度，标杆电价以省级电网企业平均购电价格为基础，统筹考虑电力市场情况和水电开发成本制定。这项规定意味着：新水电站上网电价将根据区域电网的平均电价水平核定，从而使造价成本上升的水电可能丧失电价竞争力，意味着水电盈利水平下降、投资风险上升，这对于水电开发而言是实质性的利空政策。因此，2015年需要进一步完善水电定价机制，探索"一流域一电价"，允许一个流域公司以老电站的低成本优势来承担一部分未来新投产电站的高成本劣势，在一个流域实现互补，以市场化手段促进水电清洁能源发展。

（三）加快电网投资和特高压智能电网建设

为进一步提高四川能源参与全国一次能源平衡能力，2015年要进一步加大电网投资力度，加快电力输出通道建设步伐，把四川电网建成内部以500千伏电网为骨架，220千伏电网为支撑，110千伏及以下网络为基础，布局优化、结构合理、覆盖全省的输配电体系；成为对外坚强智能、跨省区跨流域水火互济、进出灵活的全国电力资源配置大平台，由局部电网终端逐步成为全国电力交换枢纽。在特高压电网建设方面，要创造条件尽快核准1000千伏雅安—武汉交流特高压工程，力争早日开工建设。启动后续1000千伏绵阳—万县交流特高压工程前期工作，满足四川"十三五"及后续水电等外送需求。此外，鉴于四川省工业化、城镇化快速发展对供电需求的日益增长，以及新疆煤电加快开发外送的紧迫性，尽早开展±1100千伏准东—四川特高压直流工程的前期工作，为全省经济社会的持续发展提供电力供给保障。

（四）鼓励民间资本投资，加大油气资源勘探开发

2015年，四川将积极争取国家在川开展天然气勘探开发改革试点，鼓励多种所有制投资主体参加四川油气资源开发，鼓励和支持民间资本扩大能源领域投资。在长宁页岩气开发示范区的基础上，争取中央将四川设立为全国页岩气改革开发试验区。总结借鉴央地合作开发模式，探索鼓励省属企业、地方企业、民营企业与中石油、中石化合作成立合资公司，推进油气资源和页岩气资源的勘探开发。在试验区内建立页岩气勘探、开发、集输、应用加工、生态保护产业集群。加快制定和实施确定勘探权的矿区开发规划、投资强度，建立进入与退出机制；搭建矿权管理平台和管理体系，试点混合所有制优势协同机制。

到2015年，力争实现全省成品油年产量700万吨，盆地内天然气年产量413亿立方米，页岩气年产量20亿立方米的产能规模水平。加快天然气资源勘探和天然气产能建设，增强脱硫净化能力，提高调峰能力。重点加快安岳磨溪区块龙王庙组气藏净化二厂工程、元坝气田第二期产能工程建设等，预计上述两大项目2015年可新增天然气产量64亿立方米。在油气管道建设方面，重点建设北外环、楚雄—攀枝花—西昌天然气管道、中卫—贵阳天然气联络线（四川段）等11条输气管线。延伸和完善天然气支线网络建设，扩大天然气供应范围，通过天然气管网延伸和采用CNG、LNG等措施，解决省内尚未使用天然气地区的天然气利用问题。到2015年，全省天然气利用量达到286亿立方米，其中城市燃气108亿立方米，占全部利用比重的37.8%。

（五）淘汰煤炭落后产能，优化煤电基地

针对四川煤炭资源保障能力不足的现状，四川煤炭行业一方面要加大煤炭资源勘查力度，提高煤炭产能建设。另一方面必须加大淘汰煤炭落后产能力度，重点关闭9万吨/年及以下的煤矿。推进煤炭企业的兼并重组，培育大型煤炭企业集团，重点建设筠连矿区、古叙矿区、华蓥山中段等大型煤炭基地。

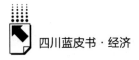

到 2015 年全省煤矿总数控制在 1100 对左右，单井产能提高到 15 万吨/年以上。形成 2～3 个 1000 万吨以上、10 个 100 万吨以上生产规模的大企业集团，产量占全省的 50% 以上。到 2015 年力争实现全省煤炭年生产能力 1 亿吨左右，产能发挥 90%。大力发展煤炭循环经济，积极推进洁净煤技术和产业化，提高煤炭洗选加工程度。开展煤矸石、煤泥、煤层气（煤矿瓦斯）、矿山用水以及与煤共生伴生资源的综合开发和循环利用，加强矿区生态环境保护、水环境和废弃物治理。

继续坚持"上大压小"，关停小火电机组，优化发展煤电，进一步改善全省电源结构。根据四川煤炭资源分布和运力分布，重点建设路口煤电基地、川南煤电基地、攀枝花煤电基地和川东煤电基地。加大宜宾、泸州等产煤区新扩建坑口大型燃煤机组，以及宜宾、泸州、攀枝花、广元等地区坑口煤矸石、劣质煤综合利用电厂的前期工作力度。到 2015 年全省火电装机容量达到 1800 万千瓦，60 万千瓦及以上煤电机组占煤电装机容量的比重提高到 50%。

四川省食品饮料产业发展现状及前景分析

袁境　李强*

摘　要：　食品饮料产业是关系国计民生的产业，是促进农业综合效益提高、农民收入增加、农业现代化发展的有效途径。四川的食品饮料产业发展突出，是其特色优势产业之一。在当前经济结构处于调整阶段和宏观经济环境处于新常态的条件下，四川食品饮料制造业面临新的发展环境与结构调整要求，需要加快其产业转型升级，增强四川食品饮料产业品牌的影响力，扩展市场，提升产业核心竞争力。

关键词：　四川　食品饮料产业　发展现状　发展前景

一　四川食品饮料产业发展现状

近年来，四川省坚持把发展食品饮料产业作为现代农业发展的重要支撑，着力提升农产品精深加工水平，使其成为全省工业经济增长的新亮点。四川省食品饮料产业（包含三个方面：农副食品加工业，食品制造业，酒、饮料和精制茶制造业）规模总量已经发展为全国第五，在全省工业经济中的优势地位突出。

---

* 袁境，四川省社会科学院产业经济研究所副研究员，博士，研究方向：产业经济，投资经济；李强，四川大学经济学院，博士研究生，经济师，研究方向：金融经济。

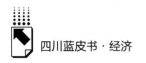

（一）食品饮料产业发展概况

1. 食品饮料产业结构（2014年1～9月）

在2014年9月之前，四川全省食品饮料产业发展平稳，其中三大行业的发展数据如表1至表4所示①。

表1 2014年9月及累计工业总产值指标数据

单位：亿元，%

行业名称	工业总产值（现行价格）				
	本月数	本月止累计	2014年9月比上年同期增长	同月止累计	累计增长
农副食品加工业	228.11	2139.9	6.99	1964.653	8.92
食品制造业	67.42	649.02	5.98	597.4043	8.64
酒、饮料和精制茶制造业	205.92	1842.75	8.93	1713.389	7.55

从表1可知，农副食品加工业在食品饮料制造业工业总产值中所占比重最高，其次是酒、饮料和精制茶制造业；酒、饮料和精制茶制造业在9月的增长率最高，前9个月累计增长率以农副食品加工业为最高，达到8.92%。

表2 2014年9月及累计工业销售产值指标数据

单位：亿元，%

行业名称	工业销售产值（现行价格）				
	本月数	本月止累计	本月比上年同期增长	同月止累计	累计增长
农副食品加工业	225.17	2105.21	6.8	1933.159	8.9
食品制造业	68	642.57	6.8	590.0551	8.9
酒、饮料和精制茶制造业	193.08	1699.35	6.6	1612.287	5.4

---

① 数据来源于四川省统计数据。

从表2可以看出，在工业销售产值方面，农副食品加工业最高，达到2105.21亿元；三个行业在9月份的同期增长率相似，在1~9月期间累计增长率以酒、饮料和精制茶制造业最低，为5.4%，而农副食品加工业与食品制造业的累计增长率都为8.9%。由此，可以推知在1~9月期间酒、饮料和精制茶制造业销售增长缓慢，存在一定的库存压力，并在9月份有所改善。

表3　2014年9月及累计出口交货值指标数据

单位：亿元，%

行业名称	出口交货值			
	本月数	本月止累计	本月比去年同期增长	累计增长
农副食品加工业	1.1	10.14	49.81	30.83
食品制造业	1.99	18.11	3.63	1.47
酒、饮料和精制茶制造业	2.54	18.35	68.82	70.6

从表3可以知道，在出口方面，酒、饮料和精制茶制造业在9月的出口交货值较大，为2.54亿元，农副食品加工业的出口交货值最低，为1.1亿元；2014年1~9月，酒、饮料和精制茶制造业的出口交货值最高，为18.35亿元，食品制造业出口交货值稍微低一些，为18.11亿元，农副食品加工业的出口交货值最低，为10.14亿元；从增长率来看，酒、饮料和精制茶制造业的增长幅度是最大的，9月同期增长率为68.82%，1~9月累计出口交货值的增长率为70.6%，农副食品加工业出口交货值增长率次之，9月为49.81%，1~9月累计出口交货增长率为30.83%，食品制造业出口交货值增长缓慢，9月同期增长3.63%，1~9月累计增长1.47%。从这些数据分析说明，以前主要出口的行业为食品制造业，但2014年1~9月以来，酒、饮料和精制茶制造业与农副食品加工业的出口额增加，出口增长幅度增大。

表4　2014年9月及累计产销率指标数据

单位：%

行业名称	产销率			
	本月数	本月止累计	本月比去年同期增长	累计增长
农副食品加工业	98.71	98.38	97.4	100.08
食品制造业	100.86	99.01	113.93	103.2
酒、饮料和精制茶制造业	93.76	92.22	73.9	71.62

从表4可知，食品饮料产业的产销率情况：从9月份产销率来看，食品制造业为最高，达到100.86%，而酒、饮料和精制茶制造业的产销率最低，为93.76%；从9月同期产销率增长率来看，食品制造业增长最高，达到113.93%，而酒、饮料和精制茶制造业的产销率增长率最低，为73.9%；从累计增长率分析，农副食品加工业增长最高，为100.08%，而酒、饮料和精制茶制造业的产销率累计增长率为71.62%。从这些数据可以分析，酒、饮料和精制茶制造业的产销率最低，增长也最为缓慢，虽然9月份有所增长，但总的形势不容乐观，需要加大酒、饮料和精制茶制造业的营销，降低库存，增大产销率，提高资金周转速率。

2. 食品饮料产业规模以上企业发展情况

2013年，四川全省2055家规模以上食品饮料企业累计实现工业总产值5752.26亿元，同比增长11.13%；企业实现主营业务收入5625.9亿元，同比增长12.23%；实现利税799.44亿元，同比降低1.7%；实现利润500.1亿元，同比降低2.2%。具体对三个行业而言：一是农副食品加工业，全行业实现主营业务收入2522.5亿元，同比增长12.4%；实现利税211.59亿元，同比增长11.28%；其中利润总额145.3亿元，同比增长7.2%。二是食品制造业，全行业实现主营业务收入768.3亿元，同比增长15.7%；实现利税94.15亿元，同比增长18.26%；其中利润总额60.6亿元，同比增长23.2%。三是酒、饮料和精制茶制造业，全行业实现主营业务收入2335.1亿元，同比增长7.7%；实现利税493.7亿元，同比降低7.75%；其中利润总额294.2亿元，同比降低10.9%。①

通过国家统计局四川调查总队对分布于成都、内江等13市的农副食品加工业（20家）、白酒制造业（22家）等工业企业的调研分析，2014年前三季度，四川食品饮料制造业企业生产经营情况主要表现在几个方面：①销售增长缓慢，近半数企业同比下降。农副食品加工业1~8月增长3.5%；受宏观政策环境影响，白酒制造业销售收入同比下降，降幅为7.9%。②受市场影响，食品饮料制造业库存增加，需要消化库存。特别是白酒制造业因销售欠佳，在多数企业加强对库存消化的情况下，产品库存下降5.0%；而农副食品加工业由于市场需求不足，产品库存相应增加3.6%。③企业生产欠饱和，产能利用率不足。白酒制造业产能利用率为75.0%，下降7.1个百分点；农副食品加工业产能利用率有所提

---

① 数据来源于四川统计局资料。

高。④市场需求不旺，产品价格下降明显。白酒价格下跌趋势明显，有 7 成以上的企业主要产品价格下降，降幅在 5% 及以上的企业达 52.5%。①

3. 四川省白酒产业运行特点及分析

得天独厚的资源禀赋以及独特的酿造技艺，使四川成为中国白酒的最佳产地，并成为以"六朵金花"为代表的川酒的聚集地，是中国名酒最集中、白酒文化最丰富的省份，四川白酒整体实力稳居全国第一。白酒产业作为四川省特色优势产业和重要支柱产业，在过去十年实现了高速发展，为四川经济发展做出了重要贡献。

自 2013 年以来，白酒产业受到消费市场变化的影响，进入"深度调整期"，主要表现出以下一些特征：①产量增长乏力，"六朵金花"仍然是白酒产业的主力。全国白酒产量自 21 世纪以来已经连续十年保持高达 15% 以上的增长速度，国内市场容量趋于饱和，四川全省的白酒产量从 2012 年开始出现实际增长下降的局面。2012 年，四川全省规模以上白酒生产企业达到 273 家，比上年净增 16 家，累计实现工业总产值 1522.67 亿元，同比增长 23.78%；分别实现主营业务收入、利税、利润 1671.54 亿元、467.61 亿元、292.63 亿元，同比分别增长 23.72%、36.00%、45.35%，占全省工业比重分别达 5.38%、12.01%、13.67%；相较于 2011 年主营业务收入、利税、出口交货分别下降 17.80%、2.21%、11.14%，只是利润总额增长 7.36 个百分点。其中，"六朵金花"稳步增长，产业贡献突出。2012 年，川酒"六朵金花"发展呈现稳步增长趋势，分别实现主营业务收入、利税、利润 1056 亿元、357.37 亿元、244.77 亿元，分别占全省规模以上白酒企业的比重达 64.64%、79.35%、84.95%。②市场需求萎缩，二线品牌企业发展情况较好。受诸多因素的影响，高档产品市场需求急剧下降。2012 年，全省白酒行业二线品牌企业整体发展速度较为平稳，除"六朵金花"外，主营业务收入超过 2 亿元的 87 户主营业务收入、利税总额、利润总额分别完成 473.74 亿元、85.47 亿元、37.60 亿元，同比分别增长 27.79%、36.57%、44.89%。③产品结构不合理，逐步开始调整。由于前几年高档白酒市场需求大、利润高，一些企业盲目追求高端化，出现"倒金字塔"产品结构形态，没有形成成熟市场的合理形态。经过 2

---

① 数据来源于统计局资料。

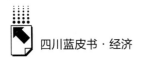

年时间的历练，四川白酒企业正增加中低端市场的产品开发与市场拓展，2014年前三季度，全省300多家规模以上白酒企业产量增长8.5%，主营业务收入增长6%，产品市场价格趋稳，去库存化基本完成，产销趋于平衡。

（二）产业结构调整取得显著成效

四川省食品饮料产业基本实现了由原料型向加工型的转变；产业结构趋于合理；产品结构优化，产品更好地满足了消费者日益增长的多层次需求。①龙头企业的带动作用日益增强，形成优势企业为龙头产业聚集的区域产业市场结构。一批龙头企业通过"公司＋农户＋基地"、订单农业、股份制合作等组织形式，形成了产业经营和利益连接的新模式，带动了农业持续增效和农民稳定增收。②食品工业产品结构趋于优化。四川省在白酒、粮油、肉制品、烟草等领域的主导产品已占据国内较大市场份额；米、油、面、肉等产品精深加工水平进一步提高；液体乳产量占乳制品的产量大幅度提升；软饮料制造业形成了包装饮用水、碳酸饮料、果蔬饮料、茶饮料等多元化发展的态势。③加大白酒产业结构调整力度，着力推动白酒产业健康发展。一是引导白酒企业树立"酿造老百姓喝得起的好酒"的发展理念，创新推出一批中、低价位优质产品上市，让有名的"名酒"真正成为大众百姓的"民酒"，满足社会广大消费者需求。二是引导企业转变发展方式，推动产品创新、调整产品结构，主动适应白酒市场新变化，满足白酒市场消费新需要，巩固和扩大川酒市场份额。三是支持名酒企业加速改革步伐，探索企业混合所有制改革，引进战略投资者、市场经营者，改造原有传统渠道和销售模式，打造电子商务等新型销售平台，全面创建营销新体系。

（三）产业集聚发展态势形成

四川对全省食品饮料行业加大资源整合力度，推动优势产业向优势区域集中，以龙头企业带动区域内优势产业聚集发展，呈现较为明显的集聚发展态势。四川食品饮料产业发展主要集中于成都、宜宾、泸州、德阳、资阳、遂宁、绵阳、南充等8个地市州，并形成部分优势产业聚集区，如在白酒产业领域，泸州酒业集中发展区已初步形成了以白酒生产加工为枢纽、连接上下游产业的白酒加工配套产业集群；邛崃市通过引进"金六福"品牌，加快当地原酒资源整合，进一步壮大了以知名品牌为核心的原酒产销集聚地。

二 四川食品饮料产业发展存在的主要问题

（一）产业规模小，竞争优势不明显

四川省食品饮料在国内市场占有率仅有5%左右，白酒、肉制品等优势产品的市场占有率不到10%，加工能力与其农业大省的称号极不相称；食品饮料工业的盈利水平不高，利润增幅比全国平均水平低5.3个百分点，比全省工业平均水平低11.3个百分点。

（二）产业链不健全，企业品牌建设和自主创新能力不强

四川省大部分食品饮料企业普遍存在综合效率差、贮运体系建设滞后等问题，难以形成高效产业链。大部分食品饮料品牌不响，除"六朵金花"外，知名大品牌不多。企业自主创新投入不足、新产品产值率低、资源综合利用水平不高等状况，并且产学研结合不紧密、科技成果转化率低、产品科技含量和附加值不高、产业发展方式较为粗放。同时，大部分食品饮料企业的技术装备和包装水平落后，经济效益较差，难以应对日益激烈的市场竞争需求。

（三）标准化程度低，原料生产与加工环节关联度低

四川省农产品标准化程度低，原料品种改良、品质的提高与食品饮料市场消费及加工环节的有机结合还很不够。以市场需求为导向的食品饮料加工制造、农产品生产与原料基地建设结合不紧密，不能形成连续的产业链，使原料基地建设不能得到保障，不能为食品饮料产业发展提供优质足够的原材料，不利于四川食品饮料产业的规模化发展。

（四）质量检控体系不健全

四川省食品饮料企业质量控制体系不完善，在生产过程中缺乏必要的约束机制来控制产品质量，农药残留和重金属超标现象时有发生，尤其是一些小型企业设备陈旧，卫生条件差，食品质量无法保证。检测检验体系不完善，不能及时发现产品质量中存在的问题。产品流通领域中制假、贩假现象较严重。多

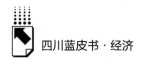
数企业没有进行食品安全管理体系（GB/T 22000）认证。这些问题严重影响了四川食品饮料产业健康有序地发展。

三 四川食品饮料产业发展前景分析

（一）产业发展优势

1. 农产品资源优势

四川省是农业大省，是全国粮食、油料、柑橘、茶叶等多种经济作物的主要产区和五大牧区之一，猪牛羊肉年总产量居全国首位，茶叶、粮油、水果、蔬菜等总产量居全国前列。

2. 产业资源优势

食品饮料产业是四川省国民经济的传统产业，经过多年的发展已初步形成了涵盖主要农产品的粮食、油料、饮料、酒类、肉类、果蔬、茶叶等十几大类食品饮料加工业，各地初步形成了区域性食品饮料加工体系，"川酒"、"川猪"、"川茶"、"川烟"加工业独具特色。

3. 区位优势

四川省与西部7省市接壤，是承东接西的纽带，是"泛珠三角"区域合作经济圈的成员之一和国家规划的成渝经济圈的重要一极，是西部最大的商品市场、生产要素市场和西南地区重要的物资集散地，可承接国外和国内发达地区的重大产业转移。

4. 人力资源和市场优势

四川省是人口大省，拥有8750多万人口，列全国第三位，城乡劳动力资源达到6152万人，是全国劳动力资源大省，符合属劳动密集型产业的食品饮料工业发展的需要。同时消费潜力巨大，为食品饮料产业发展提供了广阔的市场空间。

5. 科技优势

四川省共有200多家食品饮料企业建有省级技术中心，有4个国家农产品加工技术研发专业分中心。省食品发酵工业研究设计院、中科院成都分院等多家科研机构具备设计、研发能力，可集中力量开发食品生产技术。四川大学、西华大学、四川理工学院等9所大专院校设有食品类专业，科技人才众多，科研实力较强。

（二）市场分析

随着工业化、城镇化、现代化趋势的逐步深入，中国城乡居民的消费需求和消费结构正发生着巨大的变化。①居民食品饮料消费水平将进一步提高。农业总产值和食品工业总产值之比是衡量一个国家食品工业发展程度的标志，目前我国食品工业产值与农业产值的比值为 0.55:1，而发达国家为 2.0~3.7:1，四川省仅为 0.53:1。这主要是由于我国居民食品消费的制成品水平偏低。从工业食品占食品消费量的比重来看，发达国家为 90%，发展中国家低于 38%，而中国仅为 20%。并且大都是粮油糖盐、调味品等初加工食品，餐桌食品很少。因此，随着家庭收入的提高、生活节奏的加快，自给型食品的消费比重将逐步下降，经过加工的成品或半成食品的需求将越来越大。②农村食品饮料消费市场将进一步开拓。随着全面建设小康社会的进一步推动，政府扩大内需的一系列措施开始起作用，农民的消费比例会逐渐增加。农村人口城市化进程加快，也必将对食品工业的发展产生巨大的推动作用。③对食品饮料产业的扶持将进一步加大。中央十八届三中全会和省委十届一次全会都提出要大力推进农村体制改革，食品饮料工业作为农业产业化的实现途径，将得到政策的极大扶持。发展食品工业，特别是农产食品工业，对统筹城乡发展、深化农村改革、推动农业和农村发展上台阶都具有极其重要的作用。因此，国家对农业的扶持也将成为食品饮料工业增长的重要因素。食品饮料作为快销型产品，在国民经济发展中的需求弹性系数较大，食品工业增长将会与 GDP 保持同步增长的趋势，是具有广阔发展前景的长青产业。

根据前面的分析，未来 5~10 年内，四川省食品饮料制造业将保持较快增长。粮油制品将继续维持较快增长，特别是软饮料、方便特色食品以及肉制品等市场热点前景看好；乳制品、果蔬和茶叶将是最具潜力、发展速度最快的行业；白酒产业将通过重整资源，开拓新的产品与市场，实现持续稳定发展。

四 促进四川食品饮料产业发展的对策建议

面对世界经济深度调整与宏观经济形势的严峻复杂形式，特别是经济处于新常态下，四川省的食品饮料产业发展，需要坚持以科学发展主题和结构调整

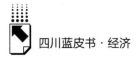

为主线，坚持新型工业化和农业现代化道路，围绕建立完善现代产业体系，突出优势产业链的构建、完善与整合延伸，对接国际国内市场，构建我国西部重要的农产品深加工基地，创建具有影响力的食品饮料品牌，做强特色优势产业。

（一）推进原料基地建设

1. 大力建设农产品基地

要从源头解决食品饮料的质量安全问题，必须要建立专业化、标准化的农产品生产基地。主要可以从以下两方面着手：一要规划建设特色优势农产品种养殖基地，实现农产品基地建设与龙头企业发展互动，形成一批专用、优质、稳定的食品饮料加工原料基地。二要建立一批无公害、绿色、有机农业标准化生产示范基地。也就是对种子、生产种植及经营管理等方面进行统一标准化，并实行专业化生产与产业化经营，大力建设提供无公害农产品、生态农产品、绿色食品及有机食品等优质农产品的生产基地。

2. 调整优化农业产业结构

在稳定粮食生产的同时，优化非粮产业结构，对全省的非粮产业区域布局进行科学规划，通过种养结合提高农业的综合收益。一要充分依托四川省的特色农业基础，重点发展马铃薯、茶叶、蔬菜（含食用菌）、柑橘等特色种植农业与生猪养殖等特色产业，进一步提升非粮作物和养殖业在农业结构中的比重。二要通过合作社以及"公司 + 农户"等组织模式促进特色种养业的规模化、标准化、集约化，优化种养产业结构，发展"一村一品"，形成规模种养产业，为四川食品饮料产业提供充足的原料保证。

（二）推进食品饮料产业进一步集聚发展

1. 建设特色农副产品加工基地和工业园区

按照集约集聚发展、产业协作配套、资源循环利用的原则，构建专业化分工体系，完善和弥补产业链的缺失环节、断裂环节和薄弱环节，围绕优势产业种养殖业基地和龙头企业建设食品饮料加工基地和工业园区。一要依托产业基础优势，建设一批带动力强、集聚力大、特色突出的食品饮料加工基地和工业园区，推动产业集中连片发展。二要依托种养殖基地和县域经济优势，加快对优势产业在原料保障、加工生产、质量标准、科技创新和政策保障等体系的建设，实现原料生产基地化和产加销一体化。三要支持食品饮料加工配套企业与龙头企业形成更加紧密的产业协作配套关系，促进各种生产要素的有效整合。

2. 主动承接产业转移，促进集聚发展

坚持产业承接与产业结构和区域布局优化相结合，通过承接东部地区食品饮料产业转移促进省内优势产业区域集聚。一要依托四川省食品饮料产业发展的资源、市场、人才和产业基础比较优势，顺应东部沿海地区向中西部进行产业转移的趋势，找准承接点，积极承接东部食品饮料产业的转移。二要突出企业的主体作用，编制和储备一批弥补产业链缺失的项目，开展产业招商、企业招商、项目招商和依托中介组织、专业机构开展招商等方式，调动各个方面积极性，形成企业主动、政府推动、各方联动的承接食品饮料产业转移新格局。

（三）培育品牌，开拓食品饮料市场

1. 加快发展食品饮料现代物流业

加快培育食品饮料现代物流业，着力完善检测检验系统、仓储体系、物流运输、信息平台、中介服务平台等基础设施建设。加大"放心肉"、"放心菜"物流配送体系建设和生鲜农产品的"绿色通道"建设力度，重点支持配送中心设施设备的投入，冷链运输工具、冷藏保鲜设施设备的投入；要注重冷链物流技术的研发，包括冷藏物流设备、冷藏运输技术、保鲜储藏新技术等，以及冷链技术的引进、试点、推广和应用；培育区域性食品饮料现代物流中心，形成多元化、多层次的市场流通主体。

2. 改造和提升食品饮料产业的营销体系

引导帮助企业拓展新市场，创新销售模式，在构建营销服务新平台上寻求一个新的突破。①大力发展连锁经营业态，将生产专业化经营与分散化连锁销售相结合、集中仓储与分散配送相结合，逐步发展富有区域特色的食品饮料连锁化经营体系。②创造性地开拓包括县城、乡镇和农村在内的"大农村市场"，有针对性、策略性地开发、设计产品，针对市场需求进行生产，掌握未来区域市场竞争的主动权。③调整营销模式。例如针对白酒产业，调整要细分市场，找准产品定位；充分利用现代信息技术，推动两化融合，创新市场销售新模式，探索建立电子商务网络营销、产品质量追踪溯源体系；依靠网络，把

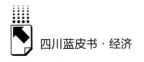
产品（民酒）销售扩大到大众之中；鼓励支持白酒行业优化整合和产品结构调整，多方位合作构建产品销售新渠道，建立企商共赢的长效服务机制。

3. 加快调整经营理念

随着经济低速增长成"新常态"，白酒产业进入了"调整期"，生产能力结构性过剩、市场空间挤压、产品利润下滑等困难和问题，同时也是结构调整的机遇。因此，需要加快调整经营理念，树立"老百姓喝得起的好酒"发展理念，积极调整"以数量高速扩张为主导的传统发展模式、以价格持续提升为主要手段的盈利模式、以刺激高端消费为主的商业模式"。加快"四转变"，即"从注重高端酒营销向中低端酒营销为主的产业结构转变、追求豪华和过度包装的经营模式向养生保健为主的功能定位转变、注重公务商务消费向注重大众消费转变、追求高价位高利润向合理价值价格回归转变"。

（四）加强质量监控体系建设

由于质量监控体系不健全，影响着四川食品饮料产业的健康发展，需要建立完善的食品饮料产业的质量监控体系。一方面要加强食品安全管理体系（GB/T 22000）认证，特别是要推进中小企业建立起完善的食品安全管理体系。另一方面要严格食品质量监控的管理，包括从原料的质量检测，生产流程的工艺监管以及最后的产品质量的检测，完善食品饮料制造全流程质量监督程序。

（五）制定专项配套政策，鼓励食品饮料产业发展

第一，建立自主创新支持基金。通过自主创新基金对企业转型期间的新技术和新产品研发给予帮助，给予一定的资金补贴，促进企业加大技术创新力度，增强企业的自主创新能力。

第二，制定相关政策促进资源整合。加大对农业产业化的技术指导，定期技术培训，引导行业资源向优势企业集中。

第三，针对白酒制造业，制定对白酒出口企业的鼓励扶持政策，帮助有实力的企业通过国外建厂和合资的方式将名牌白酒推向国际市场。

第四，进一步减轻企业税负，降低税率。例如，白酒制造业的从量计税予以取消，下调酒产品消费税税率，调低企业所得税征收率或加大先征收后返回比例。

四川省汽车产业发展现状与对策研究

梁　灏*

摘　要：　笔者认为，四川汽车产业发展正处于快速增长过程中，汽车产业的带动作用已经开始凸显，正处于结构调整和优化的关键时期，未来的发展潜力巨大。但是，目前制约四川汽车产业跨越发展的一些关键问题，如大型特大型汽车生产企业缺乏、龙头企业带动作用仍未达到预期等仍然存在，配套的基础设施建设滞后、对相关产品的研发重视不够、投入不足等问题，也制约了四川汽车产业的快速发展。要实现四川汽车产业的健康快速发展，一是要进一步加大汽车产业结构调整，促进优势企业的提档升级；二是要坚持围绕汽车产业园区来做文章，加速四川的汽车产业发展由点向面铺开；三是要对区域内汽车产品结构进行优化；四是要通过战略重组，打造四川汽车产业的"航空母舰"；五是要加快汽车产业园区的优化布局；六是要迎合当前国际国内对新能源汽车的未来需求，推动新能源汽车产业化。

关键词：　四川省　汽车产业　发展　对策

　　进入"十二五"，我国汽车产业迎来了新的发展机遇。一方面，国内对汽车产品和相关服务的需求呈现井喷的态势，成为拉动汽车产业发展的强大动

---

　　*　梁灏，四川省社会科学院产业经济研究所副研究员，主要从事产业经济研究。

力；另一方面，经过多年的积累和实践，发展汽车产业所需的政策、体制、人才、技术、资金和环境条件等日渐成熟。因此，全国各地都纷纷瞄准了汽车产业，将汽车产业作为拉动当地经济发展的重点产业，将汽车产业的发展当作撬动上百个相关产业发展的杠杆，竭力扩大本省（区）汽车产业的市场份额。作为拥有私家车保有量全国第三的城市——成都市，随着近年来城市化水平的不断提高，交通基础设施的不断完善，城乡居民收入水平不断增加，出行和生活质量的改善有了更高的追求，汽车产品的需求愈加旺盛，加快了四川省的汽车产业发展水平；同时，由于土地要素、人力资源成本的优势，地方对引入汽车企业的政策优惠和支持力度不断加大，刺激和吸引了一大批汽车生产企业布局四川，加快了四川汽车产业的发展，也促进了四川本地的汽车企业的转型升级。

一　四川汽车产业发展现状

四川的汽车产业发展始于 20 世纪 80 年代，从 90 年代末开始进入转型时期。在中国汽车市场持续升温的大背景下，四川作为西部地区经济领头羊，也对本省汽车产业的发展充满着更多的期待。以 1998 年丰田公司在中国成立了第一家整车合资企业——四川丰田汽车有限公司为开端，四川汽车制造工业开始进入了发展的快车道。特别是 2000 年国家级经济技术开发区——成都经济技术开发区落户成都市龙泉驿区之后，国内外多家知名汽车制造企业前来入驻。逐渐形成以成都平原经济区为中心的，辐射南充、资阳，以汽车零部件配套为特色的汽车产业走廊带，汽车产业从分散逐渐向集群发展。2012 年，四川汽车整车产量全国排第 14 位，2013 年则升至第 13 位。尤其是在 2014 年我国的总体经济形势面临一定的下行压力情况下，四川汽车制造产量排名继续攀升，从 2014 年前 9 个月的数据来看，又较 2013 年提升了一位，增速位居全国前列，估计全年排名第 12 位几成定局，具有较大的发展提升空间，后期发展看好。[①]

---

①　中华人民共和国国家统计局，http://www.stats.gov.cn/。

（一）增长势头迅猛，产业规模不断壮大

2014 年 7 月 9 日，中汽协发布了上半年中国汽车产销数据：上半年，中国汽车产销分别为 1178.34 万辆和 1168.35 万辆，同比增长 9.60% 和 8.36%，同比增幅有所减缓①。作为西部车市的中心市场，四川汽车产销数据表现亮眼。四川省统计局数据显示，2014 年前 8 个月四川汽车类商品零售额同比增长 21.3%，增速比上年同期高出 6 个百分点。② 省经信委数据显示，2014 年前 3 季度四川汽车制造产量保持快速增长，整车产量 721412 辆，同比增长 30.1%，工业总产值较上年同期增辐达 16.0%。③ 按照前三个季度的汽车产量变化趋势，以及第四季度汽车产量较前面三个季度的产量有所增长这一汽车制造产业的特点估计，四川 2014 年汽车整车产量很有希望突破 100 万辆（见表 1）。

表 1 2013 年 10 月至 2014 年 9 月四川省汽车产量统计

单位：辆，%

时间	汽车			
	本月产量	当年累计	同比增长	累计增长
2013 年 10 月	76626	630785	77.66	103.13
2013 年 11 月	88388	719173	95.09	102.11
2013 年 12 月	86802	807133	95.98	101.72
2014 年 2 月	62015	143319	59.3	64.6
2014 年 3 月	90723	234052	49.2	58.2
2014 年 4 月	81016	315068	31.7	40.3
2014 年 5 月	85788	400856	37.9	39.4
2014 年 6 月	82897	483753	31	37.9
2014 年 7 月	79707	563460	30.4	36.1
2014 年 8 月	78965	642425	16.2	33.7
2014 年 9 月	78987	721412	6.7	30.1

资料来源：四川省人民政府网站，http://www.sc.gov.cn/。

（二）经济效益状况良好

2013 年，全省汽车产业产值达到 1892 亿元，同比增长 38.4%；生产各类

---

① 中国汽车工业协会网站，http://www.caam.org.cn/。
② 四川省统计局网站，http://www.sc.stats.gov.cn/。
③ 四川省经济和信息化委员会，http://www.scjm.gov.cn/。

整车80.7万辆，同比增长101.7%，其中，乘用车60.1万辆、商用车20.6万辆。在全国汽车行业中，占据3.5%的市场份额，比上年提高0.9%；增速达50%，比全国高出35%。2014年以来，四川汽车产业继续保持了良好态势，仅上半年汽车制造产业增加值与上年同期相比增长19.8%。① 全年增加值有望会有更大的提升空间。

（三）产业结构不断优化，产业集群正在形成

2014年是四川汽车产业发展的关键时期，全球知名汽车制造商争相布局四川，成都平原经济圈所涵盖的汽车制造产业，及相邻区域如资阳、南充等地的汽车制造产业，已经形成了一个较完整的汽车制造产业带，四川的汽车产业开始逐渐向规模、集群方面发展。如宝马集团最具竞争优势的品牌产品N20发动机落户绵阳，德国宝马集团授权绵阳新晨动力机械有限公司生产N20发动机正式在绵阳投产，未来绵阳造N20发动机将供应给华晨及宝马所选的车型；神龙公司也将会选择成都布局自己的制造工厂，产能规模预计为整车制造36万辆，规划于2017年初正式建成投产；2014年4月15日一汽大众西南基地第100万辆整车正式下线；同年6月，四川现代汽车有限公司资阳新工厂竣工并正式投产……此前落户的车企已经提档加速，迎来新一波的发展浪潮。

（四）多个品牌的汽车制造企业逐渐发挥龙头作用，辐射带动了相关产业的发展

以一汽大众成都工厂、重汽王牌、四川现代、成都高原、成都吉利、绵阳华瑞、成都大运、川汽集团等为核心的整车制造企业，逐渐辐射带动了成都、绵阳、德阳、南充、资阳等地的相关产业的全面发展。位于成都市龙泉驿区的一汽大众成都工厂，其厂区半径数公里范围内，通过招商引资、产业集聚效应等，已经吸引了70多家配件生产企业，其中不乏一些世界或国内知名汽车零部件生产加工企业，如德尔福、麦格纳、弗吉亚、一汽四环、一汽富维、凌云工业等。这些零部件生产企业所生产的产品涵盖了汽车的各个关键部位，如发动机、前后桥、汽车电子、排气系统等，零部件的品种高达上百个。

---

① 四川省人民政府网站，http：//www.sc.gov.cn。

（五）外部资本的投入加大，产业发展势头强劲

由于四川独特的区位优势和未来汽车市场潜力巨大，加之地方政府对未来汽车产业发展的政策支持力度不断加大，吸引了外部资本的投入持续加大，展现出强劲的产业发展势头。以 2014 年 8 月 26 日在成都举办的四川汽车产业发展投资洽谈会为例，有 48 个汽车产业项目将会落户四川，总投资额达 500.9亿元。其中，新能源汽车的整车制造、关键零部件项目是本次洽谈会各大汽车厂商和零配件生产企业的投资焦点。[①]

（六）环保型新能源汽车将成为四川未来汽车产业发展的重点

四川省明确将新能源汽车产业列入本省的五大高端成长型产业。2014 年 8月举办的四川汽车产业发展投资洽谈会，成功吸引了数十家新能源汽车聚集于此。多家新能源汽车企业都在四川加速布局，争取抢得先机。我国计划于 2020 年电动汽车产量达到 500 万辆。业内预测，未来几年，我国新能源汽车市场有望保持 50% 以上的高增长。因此，谁能够抢先布局，谁就可能抢占市场先机，从而分到更多的"蛋糕"。四川省成都市和泸州市率先开放公交、公务、出租、环卫、物流等领域，鼓励加快推广应用环保型新能源汽车。由四川省机关事务管理局等 5 个部门联合出台的《四川省政府机关及公共机构购置新能源汽车实施方案》中明确要求，四川省直属机关未来 3 年内所购置的环保型新能源汽车所占当年汽车更新总量的比例，2014 年将达到 10%，2015 年不低于 25%，2016 年不低于 30%，以后还会逐年提高。[②] 同时，对于新增或改造停车场，专门提出应针对新能源汽车充电的相关设施进行完善，也对各级地方政府提出了相关要求，应特别针对购买环保型新能源汽车给予适当政策优惠。这进一步刺激了各大新能源汽车企业投资四川、落户四川的信心和决心。通过各种政策的刺激，四川省正在快速聚集全球配套资源，合力突破新能源汽车发展产业瓶颈。

---

① 冷宏伟：《四川汽车产业发展投资洽谈会签约 500 亿》，四川在线，2014 年 8 月 26 日。
② 钟振宇：《我省敲定公务用车新能源化"时间表"》，《四川日报》2014 年 10 月 9 日。

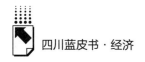

二　目前四川省汽车产业所面临的主要问题

经过多年的努力，制约四川汽车产业跨越发展的一些问题如大型特大型汽车生产企业缺乏、龙头企业带动作用仍未达到预期等仍然存在，同时，配套的基础设施建设滞后、对相关产品的研发重视不够、投入不足等问题，也是制约四川汽车产业的重要因素。

（一）总体规模偏小，大品牌和龙头企业数量较少，对全省经济的带动和支撑作用仍未达到预期

从 2013 年来看，四川省汽车产业产值达到 1892 亿元，同比增长 38.4%；生产各类整车 80.7 万辆，同比增长 101.7%。① 这其中，成都一汽大众的产量就占了全省的 62.3%，增量则占到全省增量的 85.7%。可以说，目前四川的汽车产业大品牌和龙头企业依然数量较少，基本上处于大众一枝独秀的状态，对全省经济的带动和支撑作用还不够。具有相对优势的低速载货车，存在着产品同构、产业组织形态封闭、产品链条短等问题。尽管有市场需求，但由于技术含量不高，单车产值太低，市场辐射范围有限，竞争能力不够，整车对关联企业带动作用十分有限。

（二）交通、物流服务等发展滞后严重制约了四川汽车产业的跨越发展

虽然近年来川内交通基础设施及进出川的通道建设已经有了明显改善，特别是在 2008 年"5·12"汶川特大地震灾后重建之后更是有了质的飞跃，但是，由于底子薄、基础差，四川的铁路、公路覆盖水平及进出川通道建设等仍然远远落后于发达地区，这导致了四川省内的运输能力较为脆弱，物流园区规划建设滞后，无力支持支撑汽车产业即将出现的大规模生产的需要。因此，需要下大力气抓紧建设，全面扩大和提升铁路、公路物流基础设施建设能力，打通物流节点，提高通关能力，引进专业物流商，发展第三方物流，强化支持支撑大工业的物流服务体系。

---

① 四川省人民政府网站，http：//www.sc.gov.cn。

（三）对新产品、新技术的投入和研发能力都存在不足

企业自主研发和技术创新普遍投入不够，有的企业虽具备研发的能力但是投入不够，而有的企业则研发能力较弱，将更多的希望寄托于引进技术，忽视对新技术、新产品的创新研发。全省绝大多数汽车零部件企业由于自己实力不够、资金不足，普遍在研发上投入不够，全省没有成规模的汽车零部件研发中心。虽然四川省内拥有西南交通大学等一批专业性较强的大专院校，但其科研力量还未与本省的汽车产业的发展充分融合，产学研的结合还不够紧密，还有很大的合作空间；四川成飞集成科技股份有限公司虽有较强的汽车模具研发设计配套能力，也承担了不少汽车名品牌的模具外包服务，但是与四川省内的汽车制造企业的合作不多，对四川省内汽车整车产业的促进作用还比较有限。

（四）完整的汽车零部件生产加工配套体系仍未形成

从目前来看，四川的各种汽车零部件生产企业数量不少，但是质量不高，绝大多数企业分工不细，配套不强，协作不够，规模不大。且四川的汽车零部件生产企业主要是与川内及重庆市的微型车、经济型车和中轻型载货车配套，尚未进入全国范围内的汽车主流品牌的零部件供应链。由于全省汽车零部件配套体系不完整，很多零部件甚至需要从外省市引进，零部件产业链中不少环节要么缺失，要么较弱，难以支撑本省汽车整车制造，导致整车配套成本较高，进一步影响到尚未进入四川的整车制造企业进入的决心。

三 四川省汽车产业发展的机遇和挑战分析

汽车市场消费需求的变化趋势对国内汽车产业提出了结构调整和优化的要求，四川省的汽车产业发展迎来了前所未有的机遇。但同时也面临着竞争压力巨大、体制机制有待进一步理顺及环境资源约束等不利因素的制约。只有抓住机遇、充分利用各种有利条件，克服制约因素，才能更加有效地促进四川省汽车产业的健康发展。

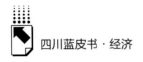

（一）四川省汽车产业发展面临的机遇

1. 国内市场对汽车的需求将会进一步加快

按照国家提出的到2020年我国全面实现小康社会的目标要求，如果全国人均汽车拥有量分别达到世界平均水平、达到美国的1/3，加上10%的年更新率，则每年仅国内需求就将分别达到2000万辆、3000万辆。而从国际汽车产业发展的经验来看，当一个国家的人均GDP超过3000美元时，轿车将"井喷式"地进入家庭消费。因此，未来5～10年也是轿车大规模进入家庭的黄金期，预计则到2020年全国汽车产销量将超6000万辆。按照目前人均GDP预测，2020年我国人均GDP将超过10000美元，在未来10年内支撑起3000万辆汽车消费市场是完全可能的。在对国内汽车产业发展的基本判断基础上，综合国家的产业发展政策逐渐向西部地区倾斜、四川在西部地区独有的区位优势及群众收入水平的不断提高等因素考虑，四川的汽车产业发展将会呈现进一步加快的态势。要抓住难得的历史机遇，抢占先机，提前布局。

2. 抓住未来汽车产业向新能源汽车发展的这一难得历史机遇

2014年是新能源汽车发展最为有利的一年，国家层面出台了新能源汽车减免购置税、新能源公车采购方案与《关于加快新能源汽车推广应用的指导意见》等优惠政策和政策文件，鼓励新能源汽车的发展。新能源汽车的发展，既是新增长点，也是区域新机会。节能与新能源汽车成为产业发展机遇。据估计，到2020年，我国新能源汽车拥有量将达到500万辆，这为我国重构各地汽车产业版图提供了机会。四川已经将新能源汽车产业列入了本省的五大高端成长型产业，为四川能够抢先占领这一新兴产业提供了可能。

3. 汽车产业的产能和市场进一步向大型企业集团集中的趋势将有利于四川汽车产业发展布局

近年来，国内排名靠前的整车企业纷纷加大了在中西部地区建立生产制造基地的力度，加快了产能扩张步伐，以确保未来有利的竞争地位。作为大西南桥头堡，四川在西部地区独特的区位优势也使这些大型整车制造企业入驻四川，使四川在大型车企新一轮产能扩张和战略布局中具有重要的战略价值。

4. 四川未来汽车消费市场的发展潜力巨大

一是四川在西部地区发展中居中心地位，区位优势突出，汽车市场发展空间和潜力巨大；二是近年来四川城镇化水平的加快以及路网基础设施建设的不断完善，进一步刺激了未来的汽车产业的加快发展；三是西部地区城乡居民收入水平的不断提高，以及对生活质量不断提升，对汽车产品的需求不断加大；四是四川每千人汽车拥有量还比较低，从2013年的数据来看，我国每千人汽车拥有量93.6辆，四川低于全国平均10个百分点。[①] 综合以上种种原因，都使四川的汽车产业发展前景看好，未来汽车市场的发展潜力巨大。

（二）四川省汽车产业发展面临的挑战

1. 日趋激烈的竞争环境和压力

国外汽车产业先进国家的发展经验告诉我们，汽车产业的发展必须是高集中度、高集聚性。未来的一段时间里，将是我国汽车产业迅速发展的时代，同时也面临着重新洗牌、优胜劣汰的风险。通过这个过程，我国的汽车产业才可能凤凰涅槃，浴火重生，真正实现从"汽车大国"向"汽车强国"的跨越。因此，我国在不久的将来，汽车产业会迅速改变目前的"多、小、差"的产业格局，出现一处或几处世界级的汽车生产基地，同时崛起几家大的、具备国际竞争能力的大型汽车企业。最近几年，我国很多省份都将汽车产业作为支柱产业重点扶持发展，全国范围内的汽车制造的基本格局已经基本形成。四川的汽车产业发展水平在全国位居中游，要想打破现有的基本格局，必须要做好应对残酷市场竞争的各项准备。能否在激烈残酷的市场竞争中扬长避短，夺得先机，通过汽车产业发展的机制创新、制度创新，从而形成符合四川实际的、具有特色的核心竞争力，已成为四川汽车产业发展的关键。

2. 汽车产业对行业发展政策的依赖性过大所导致的发展不确定性

这是四川汽车产业同时也是全国汽车产业发展面临的问题。汽车产业发育的成熟与否，政策的支持并不是主导性的影响，更多的是要依赖于供给双方的互动，要受市场本身的成长规则限制，特别是要靠汽车制造企业本身的自主创新能力，相关的产业优惠政策只能是一种辅助。当政策优惠过大时，汽车产业对政策的依赖性越大，汽车产业会变得更加脆弱，未来发展中可能出现的问题和风险也会更大。而过多过大的优惠政策，也容易导致很多汽车企业在进行投

---

① 中国汽车工业协会网站，http://www.caam.org.cn/。

资决策时不能做出理性、客观和冷静的判断。

3. 汽车产业将要面对着消费者更多更高的要求

近年来，国内汽车市场上的各种汽车品牌越来越多，由于汽车信息相当发达，消费者了解汽车品牌的渠道和途径更加多元化，消费的需求更加理性。以前消费者对汽车的关注可能只停留在价格便宜、外观漂亮、知名品牌等方面，而现在更多会考虑到是否环保、安全性高不高、售后服务的网点是否足够、服务水平是否有保障等方面。我国汽车消费者已经从以前的冲动型消费者发展成为更加理性的消费者。四川汽车企业要满足未来更多理性的汽车消费者的消费需求，必须进行认真的调查研究，分清各类消费群体对汽车产品的喜好，并找准自己的产品定位，瞄准消费群体开展汽车产品的研发和制造活动。

四 加快四川汽车产业发展的对策

（一）进一步加大汽车产业结构调整，促进优势企业的提档升级

汽车工业是中国国民经济重要的支柱产业、战略产业的地位毋庸置疑。四川在今后一段时间里，若想在全国的汽车产业发展中占据有利的位置，将会面临更大的竞争和压力。因此，谁能够认准自己的优势并将其扩大，形成特色，迎合消费者的需求，谁就能够抓住市场。要立足四川实际，坚持引进、整合、集聚、改造、配套；要坚定以发展轿车产业，巩固和提升中轻型载货、载客汽车产品，特别是要抓住目前国家将新能源汽车作为未来我国汽车产业发展的重要方面这一重大的历史机遇，鼓励本省的汽车制造企业花大力气进行新能源汽车的研发和市场投放；要重视整车生产之外的关键零部件的生产，形成自己的特色，延长汽车产业的产业链条；积极推行一个龙头企业一个配套园区的发展模式，并鼓励不同龙头企业、配套园区之间的相互合作。要努力建设具有较强创新能力、较高技术水平并具有一定规模的西部汽车产业基地。

（二）坚持围绕汽车产业园区来做文章，加速四川汽车产业发展的集聚和扩散

应通过加强各汽车产业园区汽车制造或相关配套企业的联系与合作，实现

目前呈点状分布的汽车产业园区向带状分布，由带状分布向面上发展的趋势，由每个区域内的"一点一极"向全区域的"多点多极"发展。一是加快一汽大众成都公司、华晨汽车南方基地、吉利汽车成都基地等整车生产制造基地建设，进一步引进国内外一流轿车整车企业来川布局建设西部工厂，到2015年争取建成三大整车企业轿车制造基地，在建1~2个轿车企业制造基地项目。二是加快推进川内各地汽车生产基地建设，如青白江的中国重汽集团生产基地、新都一汽青岛生产基地、南充东风汽车集团生产基地、绵阳华晨汽车集团生产基地、资阳四川现代汽车和南骏汽车集团生产基地、龙泉驿成都大运商用车生产基地等等。三是在有条件的地区规划建设客车、专用车生产基地，引入一些国内知名的客车、专用车企业入园成立制造分部。

（三）对区域内汽车产品结构进行优化

一是抓住未来汽车产业发展及产业配套的趋势和要求，对区域内的汽车整车及零部件产品结构进行优化，要大幅提高乘用车产品占全部汽车产品的比重、重微载货车在货车产品中的比重、乘用车零部件在零部件配套产品中的比重。二是围绕龙头企业和整车整机产品，着力提升名优产品生产制造能力、关键零部件集成化能力以及产业本地化配套能力。使四川整车产品能够适应不断变化的汽车消费结构和消费热点，要把低油耗、低污染、高安全性、高回收利用率作为汽车产品结构发展的目标。三是围绕未来汽车产业的发展方向，占领先机，提高新能源汽车在汽车制造产业中的比重。

（四）通过战略重组，打造四川汽车产业的"航空母舰"

要做大做强四川的汽车产业，需要组建四川本地的大型汽车制造集团。这个大型汽车制造集团，可以通过多个汽车制造企业战略重组形成，可以有效避免区域内的汽车企业同质化严重的问题。具体措施是，以整车骨干企业为重点，大力发展本地配套供应链，延伸和拓展汽车产业链条，加快推动现有整车企业扩大品种和产能，促使整车制造企业向大型化、规模化方向发展；应围绕省内的重点汽车制造企业的重点产品，加快与相关零部件配套厂商的合作，特别是应对汽车制造企业提供零部件的企业加大支持力度，推动其进行专业化、规模化的整合，依托龙头汽车制造企业带动地方配套零部件中小企业发展，培育一批产品分工更专业、质量更高的零部件生产企业；鼓励重点零部件企业兼并重组中小配套企业，把零部件生产企业做强做大，争取能够创出知名品牌并挤入国内外优势整车企业的生产配套体系，在未来逐渐发育壮大成为大型零部件企业或集团，最终发展成为国内零部件细分行业的领军企业。

（五）加快汽车产业园区的优化布局

应依托四川省内汽车产业发展水平较高的区域所具有的比较优势和基础条件，不断培育每个区域内的优势产业，避免因每个汽车产业园区"小而全"而出现的过度竞争现象，加快对目前四川的各汽车产业园区的布局进行优化。一是以目前汽车产业园区为载体，依托已入园的汽车制造龙头企业，强化产业链和配套体系建设，促进汽车产业集中、集群、集约发展。加速发展成、德、绵、资汽车工业带，促进区域间的合作与互补；提档升级成都经济技术开发区"成都汽车工业园"；加快青白江、新都、南充、绵阳、资阳、龙泉驿等地的汽车生产基地建设步伐。二是投资导向性要更加明确，相关的政策服务要更到位，以促进一些知名的汽车及零部件生产企业向汽车产业园区聚集，使各汽车产业园区都能够具备区域特色鲜明、产业集群重点突出的特点。在此过程中，特别要注意在较小区域内的汽车产业园区之间的无序竞争和低水平重复。

（六）迎合当前国际国内对新能源汽车的未来需求，推动新能源汽车产业化

四川省政府第58次常务会议审议通过的《新能源汽车产业发展工作推进方案》（以下简称《方案》）明确提出了"四川新能源汽车已经具备量产条件，计划将在2015年建成年产5000辆的纯电动客车生产线，2016年时量产各类型纯电动汽车3万辆。"[1] 根据这一目标，结合《四川省"十二五"清洁汽车产业发展规划》[2]，未来四川的新能源汽车将会有长足的发展空间。要抓住国家

---

[1] 四川省人民政府：《新能源汽车产业发展工作推进方案》，2014年9月9日。
[2] 四川省发展和改革委员会：《四川省"十二五"清洁汽车产业发展规划》，2012年271号文。

提出的《新能源汽车城市群试点方案》实施这个机会，大力开展技术创新平台、标准化体系建设、充换电设施建设、推广应用示范四大工程，以电动客车为重点、电动专用车为补充，争取引进发展纯电动轿车，特别是要推进驱动电机、动力电池、电控、智能充电系统等可能制约未来新能源汽车发展的关键零部件的研发和产业化进程。

B.13

2014～2015年四川省旅游产业发展分析与预测

杨启智　吴春平*

摘　要： 2013年以来，相继出现了世界经济复苏缓慢、4·20芦山地
震、7月的特大洪水自然灾害等不利因素。然而，2014年上
半年，尽管四川经济下行压力增大，四川省旅游业逆势而
上，呈现稳定、健康、较快发展的局面。从总体来看，2014
年上半年四川省旅游经济运行呈现两大特征，表现为旅游产
业稳步发展和三大旅游市场持续增长。四川旅游总收入约为
2457.61亿元，同比增长了29.3个百分点。2015年四川省三
大旅游市场持续增长，四川旅游的国际知名度将会有大幅度
的提升，随着电商的不断发展，线上旅游的增长速度加快，
占比较快增加，智慧旅游建设将取得卓越成效，主题饭店将
蓬勃发展，藏区旅游再创佳绩。

关键词： 四川省　旅游产业　发展　预测

　　2013年以来，中国旅游经济与全球经济呈现不同态势，全球经济呈现下
行态势，而中国旅游经济保持平稳运行，此外中国旅游投资持续增长，产业运
行相对良好，消费需求强劲，发展方式正加速转变。但是，比起大受欢迎的境
外旅游，中国的风景名胜区旅游接待量持续下降，营业收入和利润逐步下降，

---

* 杨启智，四川农业大学旅游学院院长，博士，主要研究方向为旅游经济；吴春平，四川农业
大学经济管理学院，硕士研究生，主要研究方向为产业经济。

造成这一局面的主要原因是政策的影响，经济增长速度的放缓，地震、洪涝和干旱等自然灾害。根据2014年1～6月的数据显示，我国旅游经济运转总体表现良好，在入境旅游市场继续回落的背景下，国民对旅游的基础消费需求却在强势增加。2014年上半年，我国旅游接待人次和旅游总收入分别为19.1亿人次和1.6万亿元，同比增长分别为9.6%和14.8%。

2014年对四川来说是非常重要的一年，面对经济缓慢复苏、芦山地震、特大洪灾等宏观经济环境和重大自然灾害的不利局面，四川旅游业逆流而上，旅游经济平稳增长。据2014年上半年全国已公布的9省（市、区）中关于旅游收入的统计数据显示（见表1），四川省游客接待总量为2.96亿人次，居于9省（市、区）榜首，旅游总收入为2457.61亿元，列9省（区、市）第一位，比2013年同期增长29.3%，尽管该数据相对于震前33.9%的增长率，还有一定差距，但根据目前的数据推测，2014年底四川旅游产业有望恢复震前水平。

表1　2014年上半年已公布的9省（市、区）接待游客总数和收入情况

名次	省（市、区）	旅游总收入（亿元）	同比增长	接待游客总数（亿人次）	同比增长
1	四川	2457.61	0.293	2.96	0.165
2	北京	1907.2	0.082	1.16	0.059
3	湖北	1627.6	0.1855	2.07	0.1638
4	山西	1301.98	0.262	1.4	0.2236
5	湖南	1291.26	0.2055	—	—
6	广西	1269.4	0.24	1.34（国内游客）	0.107
7	江西	1124.6	0.361	1.5	0.253
8	西藏	40.77	0.293	0.04	0.198
9	吉林	—	0.2269	—	—

资料来源：2012年四川省旅游业统计公报、2013年四川省国民经济和社会发展统计公报、四川旅游政务网数据统计。

一　四川旅游产业发展概况及成就

四川省旅游产业与全国旅游产业发展呈现少许不同，全国三大旅游市场呈

现"两升一降"格局，其中入境旅游市场呈现持续下降态势，国内旅游市场和出境旅游市场则出现持续增长，尤其是出境旅游市场呈现高速增长态势。四川三大旅游市场尽管在2013年经历了芦山地震、特大洪灾等重大自然灾害，但三大旅游市场持续增长，呈现"三高"局面（见表2）。2014年上半年，四川旅游经济总收入近2457.6亿元，同比增长29.3%，同全国比较，旅游增速高于全国平均增幅18.3个百分点。随着《中华人民共和国旅游法》的出台及具体实施，纯玩团价格出现大幅度增长，四季度的旅游产品结构做了较大调整，而红色旅游产品、奖励旅游产品和定制化产品成为市场新宠。

表2 2012~2014年四川三大旅游市场及旅游总收入统计情况

年份 指标 项目	2012		2013		2014年1~2季度	
	数值	同比增长(%)	数值	同比增长(%)	数值	同比增长(%)
国内旅游接待	4.35(亿人次)	24.20	4.9(亿人次)	12.10	29581.77(万人次)	16.50
国内旅游收入	3229.83(亿元)	34	3830.0(亿元)	18.60	2436.81(亿元)	29.40
入境旅游者	227.34(万人次)	25.10	209.6(万人次)	-7.80	91.89(万人次)	15.80
旅游外汇收入	7.98(亿美元)	26.50	7.6(亿美元)	-4.30	33591.93(万美元)	16.90
出境游客总人数	76.84(万人次)	35.10	74.2(万人次)	10.40	45.83(万人次)	43.80
旅游总收入	3280.25(亿元)	33.90	3877.4(亿元)	18.20	2457.61(亿元)	29.30

资料来源：2012年四川省旅游业统计公报、2013年四川省国民经济和社会发展统计公报、四川旅游政务网数据统计。

（一）三大旅游市场呈现"三高"态势

1. 国内旅游市场

2014年上半年，四川省国内游客接待总量近29581.8万人次，与2013年同期相比，增长了16.5%。与全国的国内游大市场相比，这一增速也是相对较快的，高于全国平均增幅近6个百分点。国内旅游市场依旧是四川旅游业的基础和支柱。经历了2013年的大自然灾害，2014年国内旅游增长率正稳步提升，年底有望恢复到震前水平。

2. 入境旅游市场

四川入境旅游快速恢复性增长。2014年上半年，四川省入境旅游市场共接待游客约91.9万人次，与2013年同期相比，增长了15.8个百分点。从具体情况来看，入境旅游市场大体情况与往年相似，即香港和台湾地区的游客量稳居四川省入境旅游前两位，不同之处在于，美国一跃成为四川省入境旅游市场第一位的客源国，仅美国游客的接待量就超过了10万人次，相比同期增长了18.4个百分点。入境旅游市场的增长得益于智慧旅游的海外宣传、四川72小时过境免签政策的实施以及成都国际航点的全球撒网等等，此外，《四川省扶持入境旅游试行办法》的实施将会使入境旅游市场更加火爆。

3. 出境旅游市场

随着四川省居民收入的不断提高，选择出境旅游的居民越来越多，出境旅游市场占四川省旅游市场的比重持续上升。2014年上半年，四川省具备经营出境业务资质的42家旅行社先后组织了45.83万人出境旅游，相比2013年上半年增长了43.8个百分点。四川省居民出境首选目的地呈现多样化局面，其中泰港澳韩台均列出境旅游目的地前列。随着更多旅游目的地的开放以及签证政策的实施，这一旅游市场还将保持较高的发展速度，比重将进一步上升。

（二）旅游企业发展概况

1. 住宿接待业情况分析

（1）高端星级酒店业绩普遍下滑，中低端星级酒店及经济型酒店经营状况较为平稳

受政治、经济、社会等各种因素影响，四川的高端消费和会议大幅度减少，高端星级酒店经营举步维艰，在此背景下，较低层次的星级酒店的房价和客房出租率呈现缓慢上升态势，总体经营状况较平稳。数据显示，2014年1～5月四川省星级饭店的接待总量约为532.9万人次，与同期相比，下降了4.75个百分点，其中主营业务收入与同期相比降幅有所放缓，约为10.36个百分点，但是整个酒店行业的利润空间稀薄，经营非常困难。经济型酒店平均房价和出租率总体上较为平稳，经营状况相对于星级酒店略好。

（2）主题饭店成新宠

主题饭店的目标在于通过打造不同主题的文化氛围和提供不同于普通饭店的服务，让游客能够体验到其他饭店所不具备的感受。四川主题饭店在近两年

雨后春笋般地出现，在各级旅游主管部门的扶持和指导下，以及在国家"三公消费"限制政策的背景下，四川的主题饭店一时间成为投资者和消费者的新宠，其种类日新月异，主题饭店数量以较快的速度增长。目前，阿坝州的旅游、文化以及相关部门正共同研究推动四川省的民族特色饭店和主题文化酒店发展举措，通过改造和新建主题酒店的方式，在未来五年内成功建设一个以文化为主题的饭店群，大力推进旅游酒店业的多样化发展。

尽管 2014 年上半年酒店业的各项指标都出现下滑现象，但是西藏饭店却有不一样的表现。2014 年 1~5 月，西藏饭店的西餐厅营业收入比同期收入上升超过 38 个百分点，这离不开主题酒店文化嫁接的创意之举。所谓文化嫁接，是指 2014 年，该饭店将美食和藏文化结合起来，推出了极具民族文化特色的"雪域贵族宴"，受到了食客们的一致好评，享誉国内外，西方政要夫人访问成都时也慕名前去品尝。这说明主题酒店正受到越来越多的青睐，成为新宠。2014 年 6 月 1 日，四川省《主题旅游饭店的划分与评定》标准的颁布及实施表明，四川将进入主题酒店整体建设的轨道。

2. 旅行社业经营情况分析

（1）传统旅行社业务发展缓慢

2014 年上半年，全国旅行社市场发展缓慢，整体呈现疲软态势。原因在于我国第一部旅游法《中华人民共和国旅游法》于 2013 年 10 月 1 日实施，旅行社市场发展疲软，具体表现在旅行社旅游产品价格逐渐明晰，低价竞争优势不在，四季度旅游产品结构发生变化，价格大幅度上涨，四川省 90% 以上的游客选择自由行，跟团游一落千丈，散客化时代全面到来。这对传统旅行社业务来讲是非常大的打击。此外，人民币升值、国家出台的"三公消费"的限制政策等对四川省传统旅行社业务造成了重大影响，导致了整个旅行社市场发展呈现疲软态势。

（2）在线旅游业迅速发展

伴随着散客时代的全面到来以及电子商务的迅速发展，自由行游客大多通过网络在线预订旅游产品。据相关数据显示，2012 美国 OTA 行业规模约 6800 亿人民币，而中国的 OTA 行业规模仅仅达到美国的 1/4，中国的渗透率约 6.6%，仅占美国在线旅游业渗透率的 1/6，因此中国的在线旅游业具有很大的发展潜力，美国在线旅游业将稳定在 5% 左右，而中国将保持在 15% 以上。

预计到 2017 年，中国在线旅游行业渗透率和行业规模将分别达到 10% 和 4500 亿元。四川是中国的旅游大省，对在线旅游的迅速发展起到了不可磨灭的重要作用。

（3）旅游改革不断推进，导游体制改革做出有益尝试

导游体制不合理一直是旅游业的大难题，是造成市场矛盾的主要焦点。随着旅游法的出台，导游薪资有所探寻，旅行社尝试导游佣金制，确保导游的正常收入和基本的社会权益，让导游能够全身心地投入旅游服务工作中去，提高游客的满意度和出行的舒适度，同时提升旅行社和导游自身的形象。

2014 年，四川省正式实施《全省依法治旅规范市场工作方案（2014 ~ 2016）》，《方案》中提出将建立、公布旅游市场黑名单制度，首次将黑名单与贷款买房等消费联系起来，防止导游违法违规拿回扣等现象的产生。这是四川省对于旅游市场规范治理的有效尝试。此外，2014 年四川省相关部门在工商部门的带领下，对旅游购物、餐饮住宿等涉及旅游的吃住行游购娱的方方面面进行了重点整治，严厉打击了旅游活动相关经营单位存在的宰客欺客、诱导消费、贩卖假冒伪劣产品、拿回扣和其他违法行为。

3. 旅游景区情况分析

（1）景区游客接待量持续上升

据四川旅游局发布的数据显示：2014 年上半年，四川省旅游景区游客接待人数和收入都持续增长。目前，四川省共有 292 家 A 级旅游景区，在 2014 年上半年，这 292 家 A 级景区共接待游客超过 1.3 亿人次，比 2013 年同期增长了 19%。从近几年我国旅游发展历程来看，国民休闲旅游和大众旅游已成为一种日常化的需求，需求量日益增加，造就了景区游客接待量的不断增长。九寨沟作为四川景区最具有代表性的名片之一，2014 年上半年九寨沟县旅游已累计接待了中外游客近 100 万人次，同比增长达 36.3%。

（2）AAAA 级景区创建踊跃，配套设施不断完善

火热的旅游市场激发了 AAAA 级景区的创建热情，2014 年上半年四川省新增了 21 家 AAAA 级景区，预计 2014 年下半年将增加 26 家。四川景区配套设施不断完善，自身魅力与日俱增。2014 年，交通基础设施不断完善，2014 年 6 月底，四川成自泸赤高速开通，实现 6 小时从成都到达贵阳的愿望。2014 年上半年，成都的国际航线和地区航线总计达到 73 条，这为四川省的旅游发

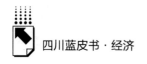

展提供了基本的交通保障。随着成都到旧金山直飞航线的开通，美国到四川的游客将进一步增加。而国内则新开通了武汉到九寨沟的直飞航线，大大缩短了九寨沟与华中地区的时间距离，这些交通设施的完善提升了景区的魅力指数。

（三）旅游产业成就显著

1. 旅游业态呈现多元化态势，旅游产品精品化

四川旅游业地位逐年上升，旅游业早已成为四川省的支柱性产业。随着四川省居民的可支配收入的不断提高，居民对于离开常住地前往旅游目的地的需求不断增加，而旅游市场上已有的旅游形式无法满足游客日趋多样化的出游需求。因此，旅游业态不断推陈出新，以满足居民日益多样化的需求。而人们对以文化、生态乡村、红色等为主题的旅游形式表现出极大的兴趣，因而旅游市场上的旅游产品类型不断丰富，产品开发建设针对游客的细致需求，日趋精品化，以满足不同各种类型的游客需求。

2. 旅游投资稳步推进，旅游文化节给"双千亿"工程奠定了基础

旅游项目在四川旅游业发展中具有举足轻重的作用，它能够帮助四川摆脱旅游大省的现状，实现四川旅游强省的愿望。2014年被定为四川旅游投资促进年，投资成为促进经济发展的重要手段。在2014年的广元文化旅游节上，各项旅游项目的签约额达864.7亿元，创出历史新高，为"双千亿"工程的目标实现奠定了基础。四川旅游投资项目成功签约额的快速增长，显示出四川旅游业对四川社会经济的发展起到了强大的作用。

3. 智慧旅游建设遍地开花，成效显著

2014年，中国将"智慧旅游"定为旅游发展主题，各省在这一主题下陆续开展智慧旅游建设，取得了不俗的成绩，其中四川智慧旅游建设遍地开花，成效显著，在某些方面甚至引导全国智慧旅游业的发展。2013年下半年，四川省开展了智慧旅游建设示范工程——G5国道示范工程，取得了良好的效果。现如今，G5国道经过的地市区内多个景区加入了智慧旅游系统，此外省内所有AAAAA级景区均加入了智慧旅游系统。除此以外，四川省智慧旅游还取得可喜成绩，包括网络营销不断升级、数字卧龙项目通过验收、数据总量达40余万条的数据中心平台开通运行、省内多家景区实现了WIFI全覆盖、安装的千余个高清摄像头对多个景区和具备资质的旅游大巴车进行实时监控，旅行社

行程实现了全部无纸化操作，团队景区门票和酒店业住宿实现了电子行程单，同时还能对旅游的相关部门进行信息共享、数据存储等等。此外，还在建设中的四川旅游视频会议系统、"Tsichuan. com"多语种旅游资讯网、户外救援体系等智慧旅游项目将为游客呈现更全新、更方便、更安心的旅游新体验。

4. 境外旅游营销策略获初步成功

2014年，四川省旅游局对其入境旅游市场进行重点提振，以精品路线为统筹，打出四川最具特色的三张名片——大熊猫、美食、南丝绸之路，进行境外营销，获得初步成功。在具体的营销方式上，四川省旅游局改变以往境外营销的分散营销策略，选取了驻地营销的策略，通过在境外的重点客源市场设立办事处的方式，持续打响"玩在四川、食在四川、住在四川"的品牌。除此之外，四川省通过继续拍摄旅游节目《100个最美观景点》、《2天1夜》等，不断深化与主流网站和各大电子商务运营商以及国际专业公司的合作，为境外的游客介绍了四川。

二　影响四川旅游产业发展的主要因素

（一）区位因素

区位因素对旅游产业发展的影响体现在该地所处区位的地理优势，包括交通的便捷性以及经济发达地区的辐射。四川近几年来客运交通大力发展，天上地下各显神通，大大增加了游客的便利性，其吸引力指数日渐上升。但四川受经济发达地区的辐射较小，因此没有直接面临旅游消费较为旺盛的市场，这是一个无法改变的事实。这就需要四川旅游业发展另辟蹊径，解决这一难题。

（二）国内外环境因素

1. 国际环境

四川省经济实力一直列中国西部首位，被赞誉为"天府之国"，作为大熊猫的故乡，四川省拥有得天独厚的各类旅游资源。随着2014年世界经济温和复苏、各国签证政策的放松，旅游业随之稳定发展，入境旅游和出境旅游市场不断升温。国际环境的稳定促进了四川旅游业的进一步发展。

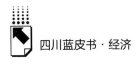

2. 国内环境

2014 年，中国经济运行良好，政府积极引导旅游产业的发展，为旅游业的发展创造了良好的外部环境，建立了一系列与旅游相关的法律法规，引导旅游体制的不断完善，旅游市场秩序不断规范化。2013 年，《旅游法》的出台对完善旅游业体制以及规范旅游市场秩序均起到了非常好的促进作用。据 2014 年上半年饭店业的数据显示，高端星级酒店惨淡经营，这都是国内环境变化所致。

（三）软硬件因素

1. 硬件设施

硬件设施包括旅游目的地基础设施与环境、旅游资源以及旅游产品。旅游资源是开展旅游活动的基础。四川作为一个旅游大省，其各类旅游资源丰富，构成了四川开展旅游活动的基础条件。而旅游产品涉及游客行程中的方方面面，是一项综合性的服务，对旅游产业的发展起着重要的作用。此外，旅游要进行可持续的快速发展，旅游目的地的基础设施的完善以及环境怡人，是旅游目的地提高自身整体形象的必备硬件要求。

2. 软件因素

软件因素分为人力资源和旅游企业的经营管理水平两个方面。旅游企业是旅游产业发展的有力推手，同时也是旅游产业发展的中坚力量，而旅游企业经营管理水平的高低直接决定了旅游产业发展是否高效。旅游企业的经营离不开人力资源，旅游业是典型的服务行业，因此旅游行业从业人员的良好道德修养和专业技能是旅游活动顺利开展的必要保障，同时也是促进旅游业快速发展的重要推动因素。

三　2015年四川省旅游产业发展预测

2014 年是四川旅游业成功抵御庐山地震、特大洪灾等各种挑战，旅游管理部门实施和推广行业发展的行政法规以及国家反贪政策初见成效的一年。"智慧旅游"作为 2014 年我国旅游发展的主题，对旅游业的要求在于将旅游业与移动通信、云计算、人工智能等现今先进的信息技术进行积极的深度结合和创新应用探索，以丰富旅游者体验、提高旅游品质与管理水平，促进产业发展, 2014 年是四川旅游产业具有重要意义的一年。目前, 随着四川省已经取得的成就以及各项政策的陆续实施, 2015 年四川省旅游经济增长速度将进一步加快, "十二五" 规划目标将顺利完成。受国内外环境和各项政策因素的影响, 四川省三大旅游市场将再度快速增长, 而在旅游目的地、旅游方式、旅游产品、国际知名度等方面将有新的变化。

（一）四川文化旅游节，促进四川三大旅游市场继续增长

四川文化旅游节, 被誉为 "四川旅游第一节", 从 2003 年第一次举办以来, 距今已有 12 年了, 在这 12 年里共成功举办 8 届文化旅游节。这 12 年是四川旅游形态发生重大变化的 12 年, 这期间, 四川省逐步从旅游资源大省转变为旅游经济强省, 旅游大项目对四川的这一转变起着非常重要的推动作用, 而文化旅游节是促进大项目投资的重要媒介。同时, 旅游文化节也是四川旅游与境内外旅行商和媒体进行深度合作的最佳平台。在 2003 年, 文化旅游节开办的初期, 四川省入境旅游市场接待人次不足 45 万人次, 而 2014 年上半年四川入境旅游市场接待人次就已近 92 万人次, 入境旅游市场接待数量的成倍增长, 越发凸显四川省文化旅游节的重要作用。相信在 2015 年, 四川文化旅游节将带领四川走向世界, 三大旅游市场都将呈现持续增长态势。

（二）四川世界旅游目的地建设成效显著，旅游国际知名度大幅度提升

2014 年, 四川旅游代表团从德国到荷兰再到法国, 将最美的四川景色展现给欧洲民众, 同时对四川旅游资讯网（Tsichuan）也进行了很好的宣传, 帮助欧洲民众更方便快捷地了解四川美景。Tsichuan 是一个详细介绍四川旅游的官方网站, 由四川旅游局全力打造, 现如今已经推出了中文、英文等主要客源地国家的 8 种语言, 共计 9 个版本。今后将推出更多语言版本, 从而让全球更多的游客了解四川美景。此外, 2013 年四川引进了韩国 KBS 版权打造的中国版的《2 天 1 夜》旅游节目, 自播出后该节目就受到了极大的关注度, 节目拍摄地成为各国游客的梦想旅游地, 四川旅游国际知名大幅度提升。

预计到 2015 年, 四川世界旅游目的地的建设将取得卓越成效, 其国际知名度也将大幅度提升, 四川入境旅游市场将呈现较大幅度上涨趋势。

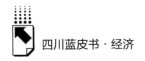

（三）"自由行"助推在线旅游市场规模进一步扩大，在线门票市场竞争更加激烈

随着新旅游法的实施、旅游团价格的大幅上涨，2015年自由行必将大面积取代跟团旅游，散客时代全面到来，助推在线旅游市场规模进一步扩大。

根据艾瑞咨询的资料显示，近年来在线旅游市场规模连年增长，2014年中国在线旅游市场交易规模564.2亿元，同比增长16.9%，环比下降0.8%。景区门票作为休闲游入口，能够和其他旅游产品相对接，自由行散客是门票预订市场的主力军。四川门票经济占比较高，随着四川旅游体制的进一步改革，预计2015年四川景区门票市场将有所改善，门票在线预订市场竞争激烈。

（四）智慧旅游建设成效显著，游客将体验到全新旅游发展方式和理念

2014年是中国智慧旅游年，四川省逐步推进G5国道智慧旅游沿线的城市和景区智慧工程建设，包括将成都市、乐山市和绵阳市打造成为智慧旅游城市，预计在2015年，以上三市的智慧旅游建设成果将成为引领全省智慧旅游城市建设标杆。同时将都江堰—青城山景区和峨眉山景区打造成为智慧旅游景区，不断对四川旅游公共信息服务平台进行完善，这些举措为2015年四川旅游的发展带来新的活力。2014年上半年初步按照旅游信息化建设的方向，建成并运行了旅游运行监管和安全应急管理联动智慧平台以及户外应急救援平台，与四川20多个部门实现了资源共享。安全管理联动智慧管理平台，在2014年"黄金周"游客调度方面起到了很好的作用，尤其是九寨沟，并未发现游客滞留的现象。

到2015年，游客将对四川智慧旅游建设成果进行体验，最直接的方式是实现了一部手机即可畅游四川的愿望。智慧旅游就在身边，游客旅行的吃住行游购娱都能用一部手机搞定，体验快捷舒适的旅途服务，同时相关管理部门也能通过智慧旅游建立的管理平台，进行监督管理，实施及时管理调控，让游客和管理者都能够体验到旅游业的全新发展理念和方式。

（五）主题饭店投资成新宠，呈现雨后春笋态势

主题饭店在我国的兴起时间不久，作为我国正在兴起的酒店新的行业态势，主要落户在我国经济较发达的东部地区。2014 年，随着《主题饭店划分与评定办法》的实施，四川省加大了主题饭店的建设力度，将掀起四川主题饭店建设热潮。四川省主题酒店建设并不乐观，政府政策的实施将有助于四川省主题饭店的进行进一步建设。2015 年，预测四川省主题酒店将成为投资商的新宠，主题酒店将如雨后春笋般生长在四川省各个旅游城市。

（六）藏区旅游必将再创佳绩

藏区一直是四川旅游业的明珠，但藏区旅游基础设施却不甚完备。随着红原机场的开通，极大地丰富了游客到藏区旅游的线路，同时大大缩短了游客进入藏区在途中所花费的时间。此外，旅游局组织旅行社和自驾游公司对藏区十大旅游路线的基础设施和配套设施服务存在的问题进行实地考察，以游客的视角全面了解藏区旅游存在的问题，同时提出改进意见。这些基础条件的完善，为客人创造了更舒适、更方便的旅游行程，必将吸引更多的客人前去游览观光。到 2015 年，藏区旅游一定会取得更好的成绩。

参考文献

中国旅游研究院：《2014 年上半年旅游经济运行分析和下半年趋势预测研究成果》。

《2014 年上半年已公布的 9 省市区接待游客总数和收入情况》，人民网，2014 年 8 月 4 日。

《2014 年 1~6 月四川省旅游经济情况简述》，http：//www. scta. gov. cn/sclyj/lytj/index. htm，2014 年 7 月 30 日。

刘星：《高星级酒店，拿什么来拯救市场》，《四川日报》2014 年 7 月 9 日。

《2014 年上半年四川旅行社行业市场整体疲软》，旅游经济网，2014 年 7 月 28 日。

《九寨沟旅游接待人数今年已接近百万》，阿坝州新闻网，2014 年 6 月 5 日。

白骅：《四川让旅游越来越"智慧"》，《中国旅游报数字报》2014 年 4 月 9 日。

李骏峰：《论四川旅游资源开发》，《旅游纵览》（行业版）2013 年第 6 期。

刘星：《四川旅游"第一节"是这样炼成的》，《四川日报》2014 年 6 月 30 日。

《2014 年一季度中国在线旅游市场交易规模 564.2 亿元》，艾瑞网，2014 年 5 月 4 日。

《四川以"智慧旅游"升级旅游业管理》，《经济参考报》2014 年 10 月 15 日。

B.14

推动文化产业成为四川支柱产业的战略研究

王学人*

摘　要：文化产业作为当今世界公认的朝阳产业，其发展受到广泛关注。近年来，四川文化产业发展迅猛，对全省经济社会发展的贡献增强。当前，推进文化产业成为四川支柱产业，具有促进区域经济转型升级和培育新经济增长点的现实意义。因此，本文对四川文化产业发展情况进行概述，然后运用SWOT分析方法进行深入剖析，在此基础上提出，必须实施文化产业总量扩张战略、文化产业结构升级战略、扩大文化产业消费战略、文化产业"走出去"战略、特色文化传承战略、文化产业人才兴业战略等重要战略，才能推动文化产业成为四川省支柱产业，实现由文化资源大省向文化强省的转变。

关键词：文化产业　支柱产业　四川

一　四川省文化产业发展情况概述

（一）产业整体发展情况

新中国成立以后，四川省文化事业从无到有，由弱变强，发生了翻天覆地

---

* 王学人，四川省社会科学院产业经济研究所副所长，副研究员，经济学博士，主要研究领域为产业经济理论与实践、文化创意产业发展。

的变化。"十一五"时期是四川文化发展史上极为特殊、极不平凡的五年。面对国内外环境的复杂变化和重大挑战,省委省政府坚持以科学发展观统领四川文化改革发展,认真贯彻落实党中央、国务院关于深化文化体制改革、兴起社会主义文化建设新高潮、推动社会主义文化大发展大繁荣的决策部署,冲破传统体制束缚,树立新的文化发展理念,极大地解放和发展了文化生产力,初步形成了体制机制创新、事业产业共荣、城市乡村联动、社会效益经济效益兼顾的文化发展格局。

"十一五"期间,四川省文化产业收入提速。全省文化产业收入从 219 亿元增加到 432.8 亿元,年均增长速度近 20%,实现双翻番。"十一五"期间,四川省文化市场繁荣有序。演出市场持续火爆,5 年间共举办营业性演出 18 万场(其中涉外涉港澳台演出 1.3 万场)。"十一五"期间,四川省文化贸易增速。全省累计开展境外演出近万场,对外文化贸易超过 12.2 亿元,年均增长率 15% 以上。

"十二五"时期是四川省深入实施新一轮西部大开发战略、持续推进"两个加快"、全面建设小康社会的关键时期,也是四川省转变文化发展方式、加快建设文化强省的攻坚时期。党中央、国务院和省委省政府高度重视文化改革发展,把加快发展文化产业作为转变经济发展方式的重大举措,文化建设在"四位一体"总体布局中的战略地位更加突出。党的十六大提出要求,我国要"积极发展文化事业和文化产业",从那时开始,四川文化产业发展就不断提速。截至目前,四川文化产业发展已取得瞩目的成就,不仅体现在产业规模扩张和产业增加值上升,还体现在四川省文化产业领域的企业也得到迅猛发展,在全国的地位也得到巩固和提升,文化产业蓬勃发展,文化产品不断丰富,文化消费空前增长,就业容量不断扩大,文化产业已取得了重大的经济和社会效益,对四川省经济社会发展的支撑作用不断增强。可以说,当前四川省文化产业的支柱地位正在形成,将有力推动四川省由文化资源大省向文化强省跨越。

(二)主要领域发展情况

1. 广播电视领域

近年来,四川省广播电影电视行业发展态势良好。

2010 年底,全省广播电台 227 个、电视台 247 个、广播电视台 2120 个、

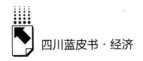
教育电视台44个。全省广播综合人口覆盖率为96.78%；电视综合人口覆盖率为97.62%。全年生产电视剧436部14685集，动画电视221456分钟，故事影片526部，科教、纪录、动画和特种影片95部①。

2011年上半年，四川省广播电视业继续稳步发展。2011年上半年，四川省广播电视业实际创收28.1亿元，比上年同期增加2.07亿元，增幅7.95%。其中广告收入增幅12.24%，网络收入增幅4.43%。

2. 新闻出版领域

2012年，四川省新闻出版行业总体发展良好。

2012年，全省共有新闻出版单位19351家。其中，出版单位占产业单位总数的2.64%，发行单位占49.37%，印刷单位占47.99%。

2012年，全省新闻出版业从业人数约18.3万人，其中出版业从业人数占行业总人数的16.67%，印刷复制业从业人数占57.16%，发行业从业人数占26.17%。

2012年，四川出版集团、四川新华发行集团、四川日报报业集团、成都传媒集团、四川党建期刊集团五大产业集团资产总额达327.82亿元，比上年增长25.84%；总产出106.85亿元，比上年增长5.72%；利润总额16.29亿元，比上年增长20.31%。

从行业总资产看，2012年全省新闻出版、印刷和发行服务业总资产685.98亿元，其中：出版业总资产占41.56%，印刷复制业总资产占36.62%，发行业总资产占21.82%。2012年，四川省新闻出版行业资产总额居全国第8位，占全国比重的4.36%。

从行业营业收入来看，2012年全省新闻出版、印刷和发行服务业营业收入423.18亿元，其中：出版业营业收入占25.93%，印刷复制业营业收入占53.05%，出版发行业营业收入占21.02%。

从行业利润总额来看，2012年全省新闻出版、印刷和发行服务业利润总额44.87亿元，其中：出版业实现利润占36.68%，印刷复制业实现利润占40.33%，出版发行业实现利润占22.99%。

---

① 国家统计局：《2010年国民经济和社会发展统计公报》，http://www.gov.cn/gzdt/2011-02/28/content_1812697.htm。

从行业增加值来看，2012 年全省新闻出版、印刷和发行服务业增加值 150.87 亿元，其中：出版业实现增加值占 30.12%，印刷复制业实现增加值占 52.72%，出版发行业实现增加值占 17.16%。2012 年，四川省新闻出版行业实现增加值居全国第 8 位，占全国比重的 3.71%。

从行业总产出来看，2012 年全省新闻出版、印刷和发行服务业总产出 440.99 亿元，其中：出版业实现总产出占 25.33%，印刷复制业实现总产出占 53.94%，出版发行业实现总产出占 20.73%。2012 年，四川省新闻出版行业实现总产出居全国第 13 位，占全国比重的 2.93%。

从经济总量来看，2012 年全省新闻出版、印刷和发行服务业实现总产出 440.80 亿元，比上年增长 11.69%；增加值比上年增长 21.68%，占同期全省生产的 0.63%；营业收入比上年增长 11.24%；利润总额比上年增长 17.25%；资产总额比上年增长 14.49%；所有者权益（净资产）比上年增长 19.07%；纳税总额比上年降低 4.56%。2012 年，四川省新闻出版、印刷和发行服务业行业经济规模综合评价居全国第 8 位，排名较 2013 年上升 2 位。

从音像电子出版总量来看，全年全省共出版音像电子制品 518 种，出版数量 137.13 万盒（张）。与上年相比，品种数增长 18.54%，出版数量下降 35.40%。2012 年，音像电子出版实现总产出比上年增长 175.46%，营业收入比上年增长 732.60%，全年亏损比上年减亏近 300 万元。

从版权贸易总量来看，全年全省输出图书版权共 73 项，合同约定出版数量 21.90 万册。全省引进图书版权共 186 项，合同约定出版数量 154.70 万册（盒）。

3. 文化旅游领域

2012 年，四川省文化游业对全省国民经济的贡献提升，全年实现旅游总收入 3280.25 亿元，同比增长 33.9%；旅游总收入相当于 GDP 的 13.8%；实现旅游增加值 1621.8 亿元，旅游增加值占 GDP 的比重为 6.8%，旅游增加值占第三产业的比重为 20.4%。

2012 年，四川省文化旅游市场增势强劲。从入境旅游来看，接待入境旅游者和实现旅游外汇收入分别比上年增长 25.1% 和 26.5%。从国内旅游来看，国内旅游者和国内旅游收入分别比上年增长 24.2% 和 34%。从出境旅游来看，出境旅游者同比增长 35.1%。从假日旅游来看，假日旅游继续

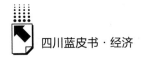

成为国内旅游最重要的增长点，大假期间全省共接待旅游者占全年全省的26.2%。

2012年，四川省文化旅游企业效益提升。全省纳入统计旅游景区累计接待游客同比增长16.3%，共实现门票收入同比增长18.4%；全省汇总的旅行社共接待入境游客同比增长26.5%，接待国内游客同比增长12.4%，共实现营业收入同比增长11%。

2012年，四川省文化旅游产业发展加快。从规划及项目建设和招商引资来看，全省入库重点旅游项目共计50个，计划年度投资同比增长23.5%；旅游联合招商引资工作成效显著，成功引进旅游项目255个，签约金额增长280%；全省"四个一批"旅游项目1118个，投资总额同比增长67.8%。从从业人员来看，2012年末全省直接从事旅游的从业人员比上年增加1.8万人；与之相联系的间接从业人员比上年增加7万人。

2012年，四川省文化旅游营销效果显著，炒热了省内文化旅游市场。全省全年共开展国内大型促销活动9次；全省全年共组织开展了22项旅游节会活动；全年共赴境外宣传促销35批次；全年邀请了6批次63人次的境外旅行商和媒体来川考察采风；全省各市、州（含省旅游局）旅游宣传营销工作共开展各类活动564次。

二 推动文化产业成为四川支柱产业的 SWOT 分析

（一）优势分析

1. 文化资源优势

从文化资源的级别和数量来看，四川不仅拥有不可替代的资源禀赋，而且在全国也居于领先地位。自古以来，四川就孕育着丰富深厚的文化，与其他地域的文化资源相比，四川的资源具有先天而来的突出的差异性。厚重多元的巴蜀文化是四川发展文化产业的不竭资源，文化积累厚重，文化资源丰富，自然资源多样，名人众多，少数民族多，形成了丰厚的民族文化资源、悠久的历史文化资源、丰富的自然生态文化资源、多彩的民俗文化资源，这些资源成为有助于推进四川文化产业大发展的文化旅游资源，为四川省形成较好的旅游文化产业及文博产业奠定了坚实的资源基础。

2. 文化市场优势

众所周知，经济不断发展必然导致人们对文化产业发展的需求日益增大，不仅体现在需求量上的增大，还体现在需求种类的扩大。已有研究发现，人均GDP1000 美元是人们的基本需求类型由生活型向消费型转变的关键点。

四川省早在 2005 年就已经达到人均 GDP1000 美元的关键点。研究表明，人们物质生活水平的提高必将带来人们在精神生活方面的不断扩大的需求。近年来，四川省经济增长较快，综合经济实力明显加强，人民生活水平得到显著改善，因而必将引致人民不断扩大的文化消费需求。此外，长久以来四川人民生活形成了浓厚的休闲文化氛围，已成为一种休闲为特色的、举世无双的消费文化。正是四川消费市场具备的这种独特的"休闲"特征，给四川文化产业发展提供广阔的发展空间。伴随经济迅猛发展，四川文化市场发展日新月异，文化消费需求得到极大释放。

3. 产业政策优势

发展文化产业是社会主义市场经济条件下满足人民群众多层次、多方面、多样化精神文化需求的重要途径，是推动经济结构调整、转变发展方式的重要抓手①。

党的十七届六中全会提出文化强国战略，并明确要求推动文化产业到"十二五"期末成为国民经济支柱产业。国务院《文化产业振兴规划》提出要"推动文化产业又好又快发展，将文化产业培育成国民经济新的增长点"，标志着发展文化产业上升为国家发展战略。

为全面贯彻党的十七届六中全会和省委九届九次全会精神，认真落实《中共四川省委关于深化文化体制改革加快建设文化强省的决定》和《四川省"十二五"文化改革发展规划》，四川省提出要大力推进文化产业成为国民经济支柱性产业，努力建成与西部经济发展高地相适应的文化强省②。《四川省人民政府关于加快推进文化产业发展的意见》，提出将重点发展文化旅游产

---

① 《2015 年四川文化产业增加值超 1200 亿占 GDP 的 4%》，http：//cul. china. com. cn/chuangyi/2012 – 03/01/content_ 4845416. htm。

② 《2015 年四川文化产业增加值超 1200 亿占 GDP 的 4%》，http：//cul. china. com. cn/chuangyi/2012 – 03/01/ content 4845416. htm。

业、出版发行产业、影视产业、演艺娱乐产业和印刷复制产业，重点培育动漫游戏产业、创意设计产业，形成"5+2"的重点文化产业发展格局①；同时，在政策支持方面，还提出包括融资、税收、水电气价格、注册资本条件、土地、奖金等方面的21条扶持政策。

最近，根据《国务院关于推进文化创意和设计服务与相关产业融合发展的若干意见》，结合四川发展实际，四川省制定了《四川省人民政府办公厅印发推进文化创意和设计服务与相关产业融合发展专项行动计划（2014～2020年）》，其中特别指出要强化文化产业的支撑作用，要实施文化产业"倍增计划"。这些文化产业政策必将为四川省文化产业加快发展营造更有利的政策环境，其政策叠加效应必将使四川省文化产业发展增质提速。

4. 民族政策优势

四川省是一个多民族聚居的省份，有55个少数民族。四川居民主体是由古代多民族融合而成的汉族，此外，还有多个少数民族，其中5000人以上的少数民族有彝族、藏族、羌族、苗族、回族、蒙古族、土家族、傈僳族、满族、纳西族、布依族、白族、壮族、傣族。《国务院关于进一步繁荣发展少数民族文化事业的若干意见》提出，要促进少数民族文化建设与全国文化建设、与民族地区经济社会建设、与民族地区教育事业协调发展。党和国家繁荣发展少数民族文化的战略决策，为发展与保护四川少数民族文化指出了方向，明确了任务，坚定了信心。

（二）劣势分析

1. 观念滞后制约发展

在全世界文化产业蓬勃发展的背景下，国家也开始高度重视文化产业的发展。但是，就四川省目前情况来看，还有部分领导干部和中层管理人员在文化产业的认识上存在一些偏差，主要体现在以下三个方面。一是对文化的经济属性和产业化发展仍处于"经济唱戏，文化搭台"的认识阶段，对发展文化产业的重要性、紧迫性以及如何提升四川文化产业竞争力等问题认识有限；二是

---

① 《2015年四川文化产业增加值超1200亿占GDP的4%》，http：//cul.china.com.cn/chuangyi/2012-03/01/content_4845416.htm。

以往在计划经济体制中形成的"政府管理文化"的陈旧观念和思维惯性尚未得到及时的纠正和扭转,依然采用管理宣传的方法及思路来管理文化,从而削弱了文化产业自我管理的权威性;三是负责文化产业的领导者,缺乏对文化产业全面而正确的认识,对文化体制改革的方向和途径缺乏认识,对市场化模式和产业化发展缺乏全面了解,导致对文化产业发展缺乏信心。这些文化产业认识上的不足,对四川省文化产业发展造成了一定程度的制约。

2. 结构失衡削弱竞争

第一,文化产业资产中经营性资产与非经营性资产之间极不平衡。长久以来,我国国有经营类文化产业的发展与公益性文化事业的发展一直就是混同在一起的,当经营类文化企业进入市场以后则表现出竞争力明显低下的特征。尽管近年来这样的局面有所好转,但是仍然普遍存在事业性资产比重过大、产业性资产比重偏小的问题,四川省也是如此。第二,文化产业市场主体的所有制结构极不平衡。国有的文化企事业单位明显居于市场主导地位,而民营的文化企事业单位则居于弱势地位,文化产业在不少领域存在垄断经营的现象,导致民营企业仅在数量上成为文化产业的主力,而在资本额和市场份额上占比很小。第三,产业结构极不平衡,产业结构调整乏力。文化产业内部,各行业之间、行业内的各部门之间都有显著差异,此外,文化产业各个部门之间的权力分割、地域区隔等也很严重,严重阻碍了统一开放、竞争有序的文化产业市场体系的建立。第四,文化企业结构单一。从企业组织结构来看,当前四川省的文化企业普遍存在着结构单一的问题,拥有多元化产品、多渠道营销的文化企业极少,导致四川省文化企业竞争力较弱。第五,产品结构过于单调且缺乏创新。四川省内的文化产品种类较少,文化产品技术含量偏低,拥有知名品牌的文化产品则更少,文化企业缺乏推进创新的动力和能力,大多数文化产品仍然处小手工生产阶段,国际市场竞争力弱。

3. 设施滞后阻碍发展

一般来讲,文化产业发展状况在很大程度上取决于文化产业基础建设的水平。目前,四川省还存在对文化产业设施建设重视不够、缺乏足够投入、文化设施整体素质不高等问题,相当一部分设施设备陈旧落后,基本处于维持状态,而且被挤占、挪用、出租的现象普遍存在。此外,文博管理方面,四川省县一级文管所大多没有正规合格的办公地点,文物安全隐患较大,部分市县体

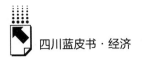

育设施严重老化落后。文化产业载体建设的缓慢,制约着四川省文化产业的发展进程。

4.人才不足素质偏低

文化产业发展的灵魂是"人",文化产业发展需要有一大批既熟悉市场又懂文化的文化经营管理人才。文化人才数量不足和文化从业者专业素质有待提高,已成为四川省文化产业发展的瓶颈之一。目前,四川省文化企业管理队伍良莠不齐,有相当一部分管理人员是从文化企业的行政人员或演职人员转过来的,缺乏必要的文化企业管理能力。四川省文化产业人才队伍建设滞后于文化产业发展的需要,主要表现为文化产业领域的经营管理人才严重不足,文化产业从业人员整体素质偏低,文化企业的高级经营管理人才、高级专业技术人才,以及既懂经营管理又懂专业技术的高级复合型人才尤为缺乏,高级人才外流,人才浪费,人才闲置等。

(三)机遇分析

1.新一轮西部大开发后发优势显现

经过第一个西部大开发的十年,在区域增长速度上,西部领先于东部。新一轮的西部大开发已经开始实施,西部地区后发优势日趋明显,必将迎来西部"加速度"发展的时期。

多年来,四川经济社会发展一直位居西部之首,而且,作为西部大开发的桥头堡,四川理应在新一轮西部大开发中大有作为,创造出更加令人瞩目的成就。当前,四川省明确提出"建设与西部经济发展高地相适应的文化强省"战略目标,将加快推进四川省文化产业的发展,努力推动文化产业发展成为四川省的支柱产业。

2.地区经济持续增长,新兴产业崛起

21世纪以来,四川经济社会取得较快发展。"十一五"期间,即使遭遇2008年特大地震灾害和全球金融风暴的双重打击,四川经济依旧保持良好发展势头,增速仍然高于全国平均水平。2011年,四川省顺利晋级为全国"两万亿俱乐部"的省份,全省人均GDP突破4000美元。研究发现,"人均4000美元"是区域经济发展的分水岭,即是说,如果某区域人均GDP达到4000美元之后,能顺利完成该区域经济的产业转型升级,则该区域就能取得更加迅猛

的发展。当前，全球经济发展仍未走出金融危机的阴霾，国内经济发展遇到传统产能过剩严重、资源环境约束增大等难题，这就迫使我们必须尽快转变经济发展方式，走科学发展的道路。文化产业是新兴产业、朝阳产业，具有资源消耗少、环境危害低、科技含量高及知识密集度高等特性，必将成为当前推进四川经济转型发展的重要产业支撑之一。

（四）挑战分析

1. 经济下行抑制文化消费

尽管四川省文化产业发展具有一定的优势，但也应认识到，金融危机的负面影响依然存在，再加上持续存在的通胀压力预期，必然会导致人们减少消费支出，而其中的文化消费支出也将会在缩减之列。

2. 资金短缺延缓发展速度

资金短缺已成为四川文化企业改制及发展的一大难题，直接影响到四川省文化产业的发展速度。四川省地处西部，与东部沿海省市相比，经济社会发展较为落后且区域经济发展极不平衡，导致文化产业发展的资金融通及招商引资更为困难，延缓了四川省文化产业发展速度。

3. 管理和市场体制双阻碍

从经济发展水平来看，四川省文化产业的发展整体还处于起步期，规模较小，GDP 占比较低，产业集约化程度较低，综合产业竞争力较低，文化产业加快发展仍然受到来自管理体制及市场体制两方面的阻碍。首先，从文化产业管理体制来看，政企不分、政事不分、管办不分的老问题依然存在，经营性文化单位的市场化程度偏低，文化产品生产经营机制缺乏活力，国有文化资产管理体制依然有待完善。其次，从市场体制来看，四川文化市场仍不健全，仍未形成统一开放、竞争有序的市场格局，文化市场中各种文化资源及要素的配置和流动受到来自文化产业各部门、文化产业各行业的分割，文化资本市场发育尤为滞后，知识产权保护等问题较为严重。

三　推动文化产业成为四川支柱产业的重要战略

改革开放以来，我国文化产业发展较快。党的十七大以来，全社会对文化

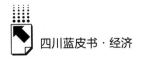

产业的地位、作用和功能的认识逐渐达成了共识。简言之,我国文化产业已显现健康向上、蓬勃发展的良好态势,未来文化产业发展空间巨大。

"十二五"时期,是四川深入实施新一轮西部大开发战略、持续推进"两个加快"、全面建设小康社会的关键时期,也是四川转变文化发展方式、加快建设文化强省的攻坚时期。党中央、国务院和省委省政府高度重视文化改革发展,把加快发展文化产业作为转变经济发展方式的重大举措,文化建设在"四位一体"总体布局中的战略地位更加突出。

从国家到地方,推进文化产业发展成为支柱产业的宏观环境是相当良好的。当前,我们应当抓住机遇,着力推动文化产业发展成为四川省支柱产业。为此,我们提出以下六个方面的重要战略。

(一)实施文化产业总量扩张战略

1. 放宽准入扩张增量

文化产业经营领域要向社会全面开放,鼓励和引导多种所有制市场主体进入文化产业的经营领域,除了国家法律明确禁止的领域外,均允许进行文化产权制度和经营机制改革,鼓励扶持一批民营的骨干文化企业,支持文化企业集群式发展,推动四川省尽快形成国有资本为主、多种所有制共同发展的文化产业发展格局。

2. 完善投融资体制

尽快制定实施四川省的文化产业投资引导资金管理办法,在有法可依的基础上,组建四川省文化产业投资公司,进一步扩大文化产业投资引导资金规模。继续贯彻中国人民银行等九部委《关于金融支持文化产业振兴和发展繁荣的指导意见》等文件精神,建立健全多渠道、多层次的四川省文化产业投融资体系,积极引导各银行机构逐步加大对四川省文化产业的信贷投入。在条件成熟的情况下,研究设立四川省文化产业投资基金,并依法实施有效监管。

(二)实施文化产业结构升级战略

1. 促进文化科技融合

进一步促进四川省文化产业与高科技产业的融合发展,继续推进"三网"

融合，重点支持多媒体融合发展，鼓励移动互联网增值服务的研发与创新，鼓励发展手机报、电子书、网络出版物等数字出版发行新兴业态。

2. 发展文化创意产业

根据实际省情和文化产业发展基础，应当把具有四川地域特色的文化创意产业作为当前四川省文化产业结构升级的重要产业基础和重要增长点，尤其要着力推进内容原创类型的文化创意产业，大力打造一批拥有自主知识产权的动漫品牌和游戏品牌。

（三）实施扩大文化产业消费战略

1. 培育改善市场环境

在"建设法治国家"的背景下，在四川文化产业领域积极推进"法治经济"建设，制定四川省各类文化社团的管理办法、行业标准及执业许可制度，制定四川省文化产品及服务的市场准入制度，进一步加大文化市场监督检查力度，进一步加大文化生产制作及文化市场营销的监管力度，制定实施四川省版权产业发展战略，继续加快推进四川省城镇中心小型文化产业及服务网点建设以促进农村文化市场培育。

2. 加大投入引导消费

结合电影体制改革，加快建设公共文化基础设施，加快实施一批小城市和乡镇数字影剧院改造的重点项目，以改善消费环境及基础设施。有效落实文化惠民政策和配套资金，推进四川省惠民工程实施，尤其要加大具有四川特色的数字资源建设项目实施力度，积极推动公共文化设施免费开放并不断提升公共文化服务水平。建立四川省公共财政支持文化产业发展补贴专项资金，通过发放项目补贴和基本消费补贴的方式，重点支持一批优秀文化产品及服务的创作、生产与传播，刺激和拉动四川省城乡居民的文化消费需求。

（四）实施文化产业"走出去"战略

1. 建立产业"走出去"机制

积极探索建立四川省文化产业发展中以市场化运作为主要方式、以政府为主导力量、以文化企业为市场主体的"走出去"机制，在全面分析掌握四川省文化产业"走出去"面临的机遇与挑战、优势与劣势的基础上，制定适合

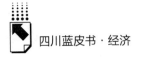

四川省省情的、文化产品及服务的需求与供给相匹配的文化产业"走出去"规划及实施方案,依托一批"走出去"重点项目,大力推进四川省知名品牌文化产品和服务打入国际主流市场并占据一定市场份额。

2. 鼓励骨干企业"走出去"

在传统手工艺品制造及动漫外包加工服务等四川省具有显著优势的文化产业领域内,重点扶持一批骨干龙头企业,进一步加大对这些骨干龙头企业的政策扶持力度,引导这些骨干龙头企业一方面继续巩固扩大具有传统出口优势的产品及服务,另一方面积极开发具有自主知识产权的内容创意产品及服务,全面提升四川文化产业的国际地位和影响力。

(五)实施特色文化传承发展战略

1. 推进文化旅游融合创新

以历史文化名城、特色文化乡镇及文化生态保护区等项目为依托,着力推进四川省文化产业与旅游产业融合创新与发展,一方面积极发展特色文化旅游新型业态,另一方面努力推进四川省非物质文化遗产的保护、传播与传承。

2. 探索资源转化资产机制

大胆探索能够把四川省深厚丰富的历史文化资源有效转化成历史文化资产的转化机制,尤其是大力推进采用影视、动漫、网络等现代传媒技术,把四川省独特的历史文化资源转化为文化产业内容创作特殊源泉的创新机制。

(六)实施文化产业人才兴业战略

1. 实施高级人才培养工程

积极探索政府部门、科研机构、企业与高校"四位一体"的文化人才合作培养创新模式,以一批文化产业培养重点基地为主要依托,着重培养一批文化产业领域内急需的管理经营复合型人才和创意设计高级人才,全面提升这些高级人才的综合素质。

2. 创新高端人才使用机制

在全面把握四川文化产业领域急需人才现实情况的基础上,在坚持市场配置人才资源的基本原则指导下,积极探索适合四川省情的文化产业高端人才引进、人才激励以及人才"柔性"流动等使用机制方面的创新。

参考文献

四川省政府官方网站发布的数据资料、文件通知及相关法律法规。

四川省统计局官方网站发布的数据资料。

四川省新闻出版广电局官方网站发布的数据资料。

四川省旅游局官方网站发布的数据资料。

四川省文化厅官方网站发布的数据资料。

中国人民银行等九部委《关于金融支持文化产业振兴和发展繁荣的指导意见》。

国务院《文化产业振兴规划》。

《论北京文化产业发展——2009 北京文化论坛文集》，2009 年 11 月 29 日。

葛红兵、谢尚发：《文化消费：文化产业振兴的根本问题——兼评 2009 年上海文化消费状况》，《科学发展》2009 年 12 月号。

王志东、汪霏霏：《"三网融合"对山东省文化产业发展的影响及对策》，《理论学习》2010 年 5 月号。

韩永进：《中国文化体制改革 32 年历史叙事与理论反思》，中国艺术研究院博士学位论文，2010。

《人力资源服务需求及其新变化》，《中国人力资源服务业白皮书 2010》，2011 年 2 月 1 日。

胡扬文：《价值链整合与报业集团新媒体发展战略研究》，暨南大学硕士学位论文，2011。

中国传媒大学党报党刊研究中心课题组：《论报业全媒体发展》，《现代传播》（中国传媒大学学报）2012 年 6 月号。

谢寅平：《转变方式调整结构全面推进社会主义文化产业科学发展》，《科技创辉煌——中国创新成果与学术精典》，2011 年 11 月 1 日。

马宁：《当代中国流行文化生态研究》，华东师范大学硕士学位论文，2012 年。

张宝宗：《加强非物质文化遗产生产性保护》，《吉林日报》2011 年 4 月 2 日。

《吉林省人民政府关于落实国务院文化产业振兴规划的意见》，《吉林政报》2010 年 10 月 30 日。

张宝宗：《吉林省文化产业发展研究》，吉林大学博士学位论文，2012。

马中全：《四川文化产业的 SWOT 分析与战略选择》，《经济研究导刊》2013 年 7 月号。

《四川人均 GDP 突破 4000 美元进入经济发展分水岭》，http：//blog. sina. com. cn/s/blog_ 9aa5ca930100yx6x. html。

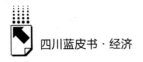

代光举：《区域文化产业竞争力与发展研究》，西南财经大学博士学位论文，2012。

《四川文化产业发展综述》，《四川省情》2006 年 8 月号。

陈湘民：《青海省玉树地区特色文化产业发展研究》，天津师范大学硕士学位论文，2012。

王晓英：《数据见证发展》，《吉林日报》2010 年 6 月 12 日。

施勇、吴奇：《安徽人均 GDP 破 5000 美元大关》，《合肥晚报》2014 年 7 月 7 日。

高卫民：《安徽人均 GDP 首破 5000 美元》，《安徽经济报》2014 年 7 月 9 日。

刘国强：《依托资源优势发展文化产业》，《人民日报》2012 年 10 月 23 日。

曹健华、金晓燕：《湖南文化产业发展的 SWOT 分析及战略选择》，《湖南财经高等专科学校学报》2007 年 12 月号。

肖向东、罗淑梅：《湖南文化产业发展的境遇及其国际化发展的方向》，《经济视角（下）》2008 年 12 月号。

李世举：《辽宁文化产业的比较优势与发展对策》，《新闻界》2012 年 1 月号。

沈晖、王国富、胡小罕、琚朝晖：《浙江省文化产业发展对策研究》，《浙江社会科学》2001 年 2 月号。

《2015 年四川文化产业增加值超 1200 亿占 GDP 的 4%》，http：//cul.china.com.cn/chuangyi/2012-03/01/content_4845416.htm

《四川省人民政府关于加快推进文化产业发展的意见》，http：//wenku.baidu.com/view/240b2bfcfab069dc5022016e.html。

李金雷：《济南市文化产业发展状况与对策浅析》，山东大学硕士学位论文，2007。

张杰：《四川文化产业发展的三重困境与突围》，《四川省情》2006 年 8 月号。

陈鹏、刘贤伟：《关于提升怀化市文化产业竞争力的思考》，《经营管理者》2009 年 6 月号。

《努力在新一轮西部大开发中走在前列》，《四川日报》2010 年 9 月 13 日。

国家统计局：《2010 国民经济和社会发展统计公报》，经济观察网，http：//www.eeo.com.cn/eobserve/Politics/shuju/2011/02/28/194574_5.shtml，2011 年 2 月 28 日。

专 题 篇

Special Reports

B.15

四川省国有经济发展形势分析

达 捷 王 义 郑 淼*

摘　要： 四川省贯彻落实党的十八届三中全会精神，通过深化国企
改革，推动国企发展走上新台阶，不断增强其活力、控制
力、影响力。本文从四川省国有企业生产经营状况、法人
治理结构、国有资产管理体制、承担非经济性任务和办社
会负担以及历史遗留问题、混合所有制改革五个方面分析
四川省国有企业的发展状况，剖析存在的问题，并提出相
应的政策建议。

关键词： 国有企业　生产经营　治理结构　国资管理体系　混合所
有制

---

* 达捷，四川省社会科学院产业经济研究所所长，经济学博士，研究员，主要研究领域为产业
经济、金融投资与资本市场；王义，四川省社会科学院产业经济学硕士研究生；郑淼，四川
省社会科学院产业经济学硕士研究生。

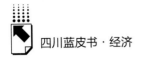

一 四川省国有企业生产经营有关情况

（一）基本情况

2013年，全省地方国有企业经营保持平稳，资产规模和所有者权益继续扩张，收入增幅略低于全国水平，且利润下滑明显。截至2013年底，全省全年实现营业收入4772.72亿元，较2012年增长11.53%，而全国地方国有企业营业收入较2012年增长12.3%；全省全年利润总额402.01亿元，较2012年下降8.14%，全国地方国有企业累计实现利润同比增长2.7%，较全国而言，盈利水平有待提高；全省全年上缴税费415.19亿元，较2012年增长10.04%；2013年国有资本增值保值率101.94%，较2012年下降0.77个百分点。

2014年1~8月，全省地方国有企业经营仍然保持了平稳运行，资产和所有者权益稳步扩张，收入规模增速有所放缓，利润总额扭转下降态势同比呈现增长，但仍低于全国水平。截至8月底，全省地方国有企业实现营业收入3065.03亿元，同比增长9.70%，而全国地方国有企业营业收入同比增长7%；全省累计实现利润总额219.52亿元，同比增长1.80%，取得微小的增长，而全国地方国有企业利润总额同比增长6.3%；全省上缴税费233.37亿元。

市场销售方面，2014年1~8月，纳入省国资委财务快报的全省地方国有工业产销率为87.79%，同比下降8.16个百分点，带来存货同比增加265亿元，存货仓储成本上升，存货周转率下降，影响经营的质量，挤占企业的流动资金，形成现金流的风险。作为以前年度增长较快的建筑施工行业，增长也放缓。在资金筹集方面，融资渠道过窄，过度依赖银行信贷，融资体制失序，行政干预色彩太强，融资监督缺位，缺乏后续融资评价。截至2014年8月底，纳入财务快报的地方国有企业银行贷款7073.56亿元，占负债总额的36.9%，同比增加783.80亿元。在技术研发方面，企业研发投入过低，2013年度全省地方国有企业研发支出50.22亿元，较2012年大幅增长49.46%，研发投入比为1.05%，世界500强企业平均每个企业的技术开发费用占其销售额的10%~

20‰。① 高层次科研人才不足，部分国有企业将利润的很大部分用于投资房地产等虚拟经济领域。

（二）存在的突出问题和困难

1. 营业收入增长基本持平于全国水平，但是利润水平较低

截至 2013 年底，省属国有企业全年实现营业收入较 2012 年增长 11.53%，而全国地方国有企业营业收入较 2012 年增长 12.3%；省国有企业利润总额较 2012 年下降 8.14%，全国地方国有企业累计实现利润同比增长 2.7%（见图 1）。营业收入增长率基本持平于全国水平，但是利润总额却呈现负增长，企业的上缴税费增长率较高。2014 年 1～8 月，省属国有企业实现营业收入同比增长 9.7%，全国地方国有企业营业收入同比增长 7%；省属国有企业利润总额同比增长 1.8%，扭转负增长局面，取得微小的增长，而全国地方国有企业利润总额同比增长 6.3%。

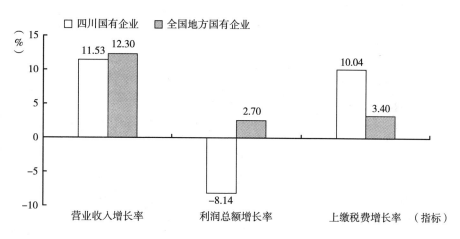

图1　2013 年四川省国有企业相关指标与全国水平的比较

省国有企业总资产占全国地方国企的总资产比重是 6.65%，营业收入占比是 2.65%，利润总额占比是 5.43%（见图 2）。营业收入占比较资产总额占

---

① 陈金术、王大明：《国际大型制药企业 R&D 投入分析及对我国制药业的启示》，《高科技与产业化》2005 年第 6 期。

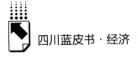

资产总额占比

6.65%

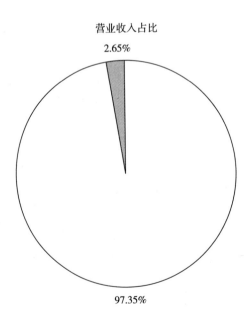

93.35%

营业收入占比

2.65%

97.35%

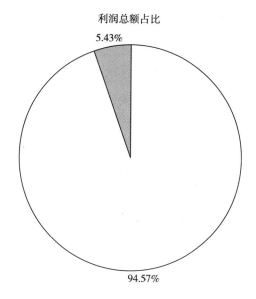

利润总额占比

5.43%

94.57%

图 2 2013 年省国有企业相关指标占比情况

比低了 4%，收入水平偏低，但是利润总额占比仅少了 1.22%，说明省国有企业的毛利率是比较高的，总资产的回报率低于全国水平。

2. 市场需求不足，产品库存过高

鉴于全国下行的宏观经济形势，人们消费意愿降低，影响投资，地方国企的很多产品都出现需求不足的现象，企业不仅生产能力得不到充分的发挥，而且形成产品过剩的现象。存货增多，占用企业的流动资金，存在资金链断裂的风险。如 2014 年 1 ~ 8 月，五粮液、泸州老窖、川煤集团、化工控股、长虹电子营业收入分别同比下降 3.6%、34.4%、6%、7.1% 及 2.2%，收入下降的同时带来了利润下降。四川白酒的产销率自 2013 年开始便首度低于 100%，白酒市场供大于求。

3. 企业存货和应收账款在资产中占比增速快

存货和应收账款占用比例加大，资金周转压力加大，对国企的账务风险控制提出了新的要求。截至 2014 年 8 月底，全省纳入财务快报的地方国有企业"两金"占用规模为 4031.54 亿元，占流动资产的 32%，同比增长 11.20%，高于营业收入增速 1.5 个百分点，其中，应收账款同比增长 16.9%，存货同比增长 9.5%。

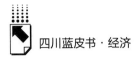

4. 财务费用和折旧费用过高且增长较快，直接影响企业的盈利水平

四川国企的负债水平较高，而融资渠道主要是银行贷款，这就构成企业固定的高财务费用。四川国企很多是重资产性的企业，每年资产折旧直接影响企业的利润。2014年9月24日，李克强总理主持召开国务院常务会议，对固定资产加速折旧政策进行部署完善，以加快企业技术改造升级、支持企业创新活动。这不仅推动企业更新设备和创新技术，掀起研创新浪潮，而且将通过鼓励企业加大固定资产投资达到稳定国民经济发展的目的。当期看来，这将延迟企业所得税的缴纳，可以增强公司未来竞争和融资能力。

5. 资产减值损失加重

国有企业的很多固定资产由于技术水平的提高，计提的资产减值损失较高。投资性房地产也由于市场的经济下行，投资者信心不足，资产减值损失加重，影响企业的利润水平。2013年全省地方国有企业资产减值损失48.11亿元，较上年增加17.28亿元，增速为56.05%，2014年前8个月纳入财务快报的地方国有企业资产减值损失19.47亿元，同比增长78.60%，这些损失不仅挤压利润空间也造成了资源浪费。

6. 企业亏损面增大，亏损金额增多

2014年1~8月，全省纳入财务快报的2877户（单户企业）地方国有企业中，亏损企业1215户，同比增加66户，亏损面为42%，亏损额118.10亿元，单户亏损过亿元的有30户，同比增加6户，主要集中在高速公路、化工和公共交通行业，其中情况最严重的企业亏损额超过5亿元。

（三）改革建议

1. 提高存货管理水平，加强应收账款的风险管理

从财务管理和管理会计的角度，结合市场的实际情况，研究采购策略、产成品数量等问题。可采用ABC控制法，降低存货库存量，加速资金周转。加强存货采购管理，合理运作采购资金，控制采购成本。制定并实施适当的信用政策，加强应收账款的日常管理，据实提取坏账准备，体现实质重于形式原则，实施应收账款的追踪分析。

2. 树立全面财务观念，做好融资、筹资、投资等财务决策，更多地应用资本市场进行融资

四川省国有企业要对存在的各种融资方式的成本和风险进行细致分析，健全完善国有企业财务会计制度，适时引入管理会计的概念，并严格按准则处理账务，从而规范企业财务处理流程方法，使财务管理变得透明化，财务数据真实可靠。国有企业要树立全面财务观念，建立并严格执行预算体系，从收益和风险的权衡中选择适合本企业的融资方法，合理分配好债权、股权的比例，维持企业最佳的资本结构，减低企业总体的加权资本成本。

3. 积极推进国有经济结构转型升级，增强企业盈利能力，扭转利润下滑趋势

继续淘汰国有企业落后产能，调整国有资本产业分布格局，分类国企，竞争类的国企应充分融入市场经济。利用当前的信息技术，促使传统产业现代化升级，使传统制造业迈向价值链高端，提高产品的附加值；以高端服务业和生产性服务业作为突破口，进行产业结构调整；大力支持战略性新兴产业发展，提供财政税务等方面的优惠，研发并掌握具有核心竞争力的产业技术，加速推进技术产业化的进程。

二　四川省国有企业法人治理结构有关情况

（一）基本情况

董事会建设方面，省属企业已全部完成公司制改造，建立了董事会，构建了法人治理结构，但大部分公司的决策层和经营层高度重合，不能发挥监督作用，董事会、监事会职权没有完全落实到位，形同虚设，未形成协调运转、相互制衡、高效执行、监督的体系。因此，四川以规范董事会建设为重点，推进法人治理规范化。一是扎实推进6户企业规范董事会建设试点，有2户已配备外部董事，4户已完成公司章程修订。二是优化董事会结构。在进行国企分类管理的前提下，明确规定竞争性国企执行"外大于内"的董事会结构，逐步提升功能性国企外部董事的比例。

高层管理人员选用方面，选任过程中，主要是按照《干部任用条例》规

定和组织部门要求，参照党政系统做法对企业领导人员进行推荐考察，基本形式是"先个别谈话推荐、后会议民主推荐"。四川省把坚持党管干部原则和企业董事会依法聘任经营管理层及经营管理层依法行使用人权相结合，明确了几条：一是上级党组织和履行出资人职责的机构重点管理董事会及成员、党委班子及成员；二是落实企业董事会选人用人职权；三是推行选人用人市场化。目前，首批24户省属企业39名中高级管理人员市场化选聘工作基本完成。党的十八届三中全会召开以后，按照省委省政府对国资国企改革的部署，重点在依法落实企业自主用人权和推进经营班子市场化选聘方面做了积极探索。一是按照《关于深化国资国企改革促进发展的意见》（川委发〔2014〕11号）要求，明确规定竞争性企业新选任的经理层人员（包括总经理）原则上都实行市场化选聘，功能性企业逐步提高经理层人员的市场化选聘比例，这为今后企业高管人员的市场化选聘确定了原则、明确了努力方向。2014年上半年，省委组织部、省国资委启动实施了省国有重要骨干企业中高级专业管理人才集中市场化选聘工作，拿出了24个企业39个中高层职位面向社会选聘。其中，经过报名资格初审、复审，共有8个高层职位、16个中层职位进行了专业笔试和面试，目前有关企业对高层职位应聘者的考察意见已经上报选聘工作领导小组审核，对中层职位应聘者的考察正在进行中。二是出台《推进落实董事会选人用人职权专项改革方案（试行）》（川委厅〔2014〕22号），明确提出经上级党组织、代表出资人的机构批准，由合规运作的董事会聘任经营管理层成员（包括总经理），并决定经营经理层成员的解聘、业绩考核及薪酬制度等事项。以此方案为依据，2014年推动长虹集团等3户企业开展改革试点，具体内容包括有效推进董事会规范建设、调整经营管理层职责权限、分类推进企业市场化选聘经营管理层、以契约形式管理经理层、渐进式转变现有经理层管理方式等。

内部管理三项制度建设方面，四川省国有企业三项制度改革起步较早，但改革不彻底。行政化色彩浓厚，人员能进不能出、职务能上不能下、收入能高不能低的问题尚未根本解决，企业人浮于事和分配上的平均主义现象仍然存在。从2012年至今，19户省属企业与9387名职工协议解除了劳动合同，省财政共补助资金5.4亿元。2014年5月，省政府印发了《全面深化省属企业内部劳动人事分配三项制度改革专项方案》，明确了改革思路、改革目标、改革内容和工作措施。6月，省国资委印发了《关于省属企业贯彻落实〈全面深化省属企业内部劳动人事分配三项制度改革方案的通知〉的通知》，提出 15 条 42 项量化指标，明确了改革的主要任务、工作步骤、工作标准等。近期，省国资委对省属企业三项制度改革推进情况进行了督导。从掌握的情况看，大多数省属企业积极主动，结合自身行业特点、发展阶段、管理现状等，制定改革方案，积极稳妥推进，取得了阶段性成效。2014 年全省 7 户企业将基本完成改革，其余企业在年内制定改革方案报国资委备案后实施，2017 年前全面完成。

（二）存在的主要问题

1. 政企分离不彻底，治理结构不合理

根据《公司法》的有关规定，四川省大多数国有企业已经对原有的组织结构进行了改进，设立董事会、监事会和管理层，形式上已经做到"三权分立"，但是在企业实际生产运营、重要事件决策中，由于国有企业并没有摆脱股本结构单一状况，公司的治理运作仍然受到地方政府部门的干预，政企分离不彻底，企业缺乏独立性、自主性。

2. 职业经理人市场不成熟，外部治理机制不健全

选聘专业、称职的职业经理人对国有企业的法人治理结构的完善，以及企业生产运营具有重要的意义，这也是国有企业改革的重要方面。然而，目前我国的职业经理人市场良莠不齐，尚不成熟，特别是国有企业经理人的选聘并没有实现市场化，大多数国有企业经理人的选择还是通过直接的行政任命。国有企业的政府角色、信息披露制度、中介监督等外部治理机制发育都不全，外部机制未能与内部机制形成良好的互动。

3. 考核体系和评价体系缺失

战略决策是国有企业董事会的核心功能，战略是企业未来发展的依据和思路，战略决策的可行性和有效性关系到企业未来的竞争力、可持续发展和适应市场的能力。但是怎么去判断董事会的决策是否具有可行性和有效性，并衡量这种有效性，就需要通过建立合理科学的考核和评价体系，经过规范的考核评价对董事会的能力做出判断，进而赏罚有序，激励董事会。

4. 市场和经营环境不规范，国企高管难守廉洁自律

我国建立社会主义市场经济体制刚二十几年，完善市场体制的进程相当地迅速，国有企业经过改制后形式上成了"现代"企业，但其实质上还有计划

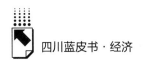

经济体制的色彩。国有企业置身于社会大环境中，受到各方面利益引诱。在不规范的市场环境中，有的国有企业高级管理人员不能完全做到廉洁自律，甚至在一定程度上存在腐败现象，致使国有资产的流失。

（三）改革建议

1. 研究制定在现代企业制度中落实党管干部原则的指导意见

把坚持党管干部与董事会依法聘任经营管理层以及经营管理层依法行使用人权相结合的要求进一步细化和明确，特别是企业党委在选人用人中发挥作用的方式、程序、要求进一步明确，使之在大方向明确的情况下更加具有操作性，理顺相关管理关系，既体现党管干部又切实依法办事。

2. 优化股权结构，实现股权多元化

建立多元化的股权结构是完善国有企业法人治理结构的重要前提。因此，国有企业应该推行产权制度改革，改变长期以来国有股过度集中的局面，通过股权转让的方式吸引外国资本或民间资本等多种成分投资主体的参与，稀释国有股权。2014年，四川省印发了《关于深化国资国企改革促进发展的意见》，其主要目标之一就是产权多元化取得新突破。积极发展混合所有制经济，在国有企业改制重组中依法引入非公有制经济，混合经营，实现投资主体多元化。

3. 企业解除劳动合同的补偿措施和员工的社会保障体系建设

依照劳动合同法，企业与员工解除劳动合同，需要向员工支付补偿金。最近三年，全省已对19户省属企业的32个协议解除劳动合同项目（涉及职工9387名）给予资金支持5.37亿元，帮助企业减少人工成本支出4.69亿元/年。三项制度改革牵涉的职工范围广，需要支付的补偿金额度很大，需要进一步加大财政支持力度。在更大范围、更深层次、更高水平上统筹解决医疗、养老、失业等社会保障问题。

4. 重新定位国资委的角色，实现政企彻底分离

国资委目前半官半商的状态是国有企业难以真正实现政企分开的重要原因。国资委作为市场的监管主体不应成为国有资本的出资人，干预国企的自主经营，建议政府授权成立专门的国有企业集团或国有独资公司作为国有资本出资人，允许国有资产经营公司以公司法人的身份进行国有资本经营，并且通过市场化的方法选聘专业经理人参与企业的经营决策。

5. 董事会考核评价重点是董事会运作的规范性和有效性

目前，国有企业董事会缺乏考核评价体系，建立合理科学的评价体系对企业的战略运营相当重要，建议主要包括：公司发展战略制订和执行情况、董事会规范运行情况、决策科学性和效果、高级经营管理人员选聘、考核和监督管理、公司经营目标完成情况等。同时，董事会考核评价应包括届中和换届考评两种形式。

三　四川省国有资产管理体制有关情况

（一）国有资产管理体制现状

各层级国资管理方面，严格依照《企业国有资产法》，分级管理国有资产。一是建立起比较健全的国资监管工作组织体系。省委省政府历来十分重视国资监管工作，2004 年 8 月，四川省国资委正式挂牌成立，省政府的三定方案中明确其为省政府正厅级直属特设机构，根据省政府授权，履行省属国有企业的出资人职责。自 2004 年成立到 2011 年底，省国资委历任党委书记都由省委副书记或省委常委兼任，省政府分管副省长兼任省国资委党委副书记。2012 年以后，省国资委党委书记开始由国资委主任兼任。同时，省国资委紧紧围绕全省工作大局，抓住有利时机，着力推动指导市（州）、县（区）建立健全国有资产监管组织体系，完善国有资本管理工作制度和机制，提升各地国资委依法履行出资人职责的能力水平，国有资产监管体制不断完善，国有经济和国有企业的影响力、带动力和活力进一步增强。全省 21 个市（州）中，有 20 个市（州）单独组建了国资委，1 个市国资委与经信委合署办公；全省 183 个县（市、区）中，有 79 个设立了国资监管机构。90% 以上的省属企业资产由省国资委统一或部分履行出资人职责（包括委托监管）。二是国资监管政策和法规制度比较完善。以《四川省企业国有资产监督管理暂行办法》为基础，制定出台了包括投资管理、产权管理等方面的规范性文件 80 多件，使国企资产管理细化明确。目前，正在积极推动《四川省企业国有资产监督管理暂行条例》立法工作，力争 2017 年出台。三是基本形成了对经营性国有资产的集中统一监管。省国资委按照"管好现有资产、争取脱钩资产、关注新增资产、探索相关资产"的工作逻辑,通过多种途径对经营性国有资产进行集中统一的监管。目前,四川省基本实现了省级部门经营性国有资产的统一监管,纳入省国资委统一或部分履行出资人职责的资产占全部省属国有企业资产的96%左右(包括委托监管),各地国资委也在不断探索扩大监管覆盖范围。

国有经济的布局调整方面,国有资本向重点行业集中,产业分布过于分散,高新技术产业占比也增大,能源电力、装备制造、交通运输、电子信息、饮料食品等领域相对集中。国有资本向大型企业集团集中的趋势更加明显,相关企业集团在国内具有很强的竞争力。在空间分布上,国有资本主要集中在成都—德阳—绵阳、自贡—宜宾—泸州—乐山、攀西等主要经济发展区。

国有资本权益保障方面,四川省能够管理经营好国有企业和国有资本,加速国有企业改革步伐,盘活国有资产存量,设法利用闲置资产。根据《公司法》和《国有企业监事会暂行条例》规定,省国资委和市国资委代表政府对国有企业的国有资产保值增值情况承担监督职责。建立国有资本经营预算管理体系,严格执行,确保国有资本保值增值,并监管国有资产,完善国有资本收益分配制度,对省属国有企业的利润分配情况,以及特殊行业企业的减免政策做出明确规定。国有资本收益比例:从2013年起,调整省本级国有资本收益收取比例,国有独资企业按照规定需上交国家的利润,统一按企业年度税后利润15%的比例收取,并结合全省省本级国有企业实际情况,对以下部分特殊行业企业实行区别对待,分别实行减交、免交、缓交:省属文化企业、监狱、劳教企业减按企业税后利润的5%上交国有资本收益;企业化管理的事业单位减按企业税后利润的10%上交国有资本收益;省属粮食储备企业暂时免交国有资本收益;省属高校企业暂缓三年上交国有资本收益。

(二)存在的主要问题

1. 国有资产负责人不确定,产权界定不清晰

由于一些历史遗留问题,省国有资产所有者主体众多,每一个主体都想管理国有资产运营,但却没有一个主体愿意对国有资产的保值增值、经营效率等方面承担明确的责任,这样就会形成实际上国有资产没有主体负责的窘迫局面,也最终导致在履行国有资产出资人职能的时候缺乏一个明确的代表。为实行政企分开而设立的一些管理部门使原本不清晰产权变得更加复杂,不少企业

仍受困于产权关系不清。

2. 国有资产布局不合理，产业分布过于分散

省国有资本涉足了过多的行业，不仅有农业、工业等基础性产业和战略性产业，还有如服装加工、餐饮服务等适合中小型企业发展的竞争性行业。下一步国企改革应根据不同国企的功能定位进行分类管理。截至 2012 年底，省属国有企业资产分布在基础性行业、一般生产加工行业的资产比例约为 82.4%、10.9%，仅 19% 左右的省属国有资本集中在高新技术产业、战略新兴产业领域。

3. 国有资本能进能出的流转机制还有待完善

国有经济布局和结构调整的过程中，仍然面临着"进"易"退"难的局面。由于相关政策指导的系统性尚待健全，再加上资产评估方法的"多样性"及中介市场、产权市场、资本市场不完善等因素的影响，国有资本退出时，国有资产流失、国有资产贱卖的责任和风险无法有效评估，客观上形成了"退出门槛"。这在一定程度上阻碍了国有资本按照市场原则有序规范的流转，影响了国有资本布局与结构调整目标的实现。

（三）改革建议

1. 建议建立国有资本经营预算转移支付制度

针对地方国有资本收益总量小、带动力不强、深化国资国企改革任务繁重的情况，建议国务院国资委、财政部协商建立适用于国有资本经营预算特点的转移支付制度，指导地方进行预算管理，构建能够衔接中央和地方国有资本经营预算的管理机制，从而形成中央、省级、地市级国有资本经营预算资金通道。

2. 大力推进国有资产证券化

推进国有资产管理的规范化运作，国有资产所有者充分履行监督的职责，减少出资者缺位带来的损失，政府需要加大政策扶持的力度，为国有企业营造利用资本市场的良好环境，积极探索创新企业的融资模式，改变当前国有企业融资过于单一的局面，化解现金流动性风险。通过国有资产证券化，能够盘活存量资产，提高资产周转率，改善自身的财务状况。各省的国有企业改革方案都提出要提高资产证券化率，四川省国资委表示到 2015 年力争省属国有企业资产证券化率达到 15%。

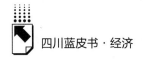

3. 加快发展混合所有制经济

我国的国家性质决定了必须坚持公有制在所有制结构中占主体地位，这也就决定了我国社会主义经济制度的性质。在这一大前提下，健全完善归属清晰、权责明确、保护严格、流转顺畅的现代产权制度，以此为基础形成有效的公司治理结构，依法保护非公有制经济财产权，并促进支持非公经济的成长与发展。在国有企业改制上市，以及上市公司的增发、重组中，鼓励民间资本的积极参与，促进国企改革，使上市公司成为加快发展混合所有制经济的重要对象。2013年十八届三中全会决定，对社会主义市场经济理论中的关于混合所有制经济部分作了明确的表述，把混合所有制经济作为我国基本经济制度的重要实现方式。建立和发展混合所有制经济的途径大致可以分为以下四种：鼓励现有国有企业进行混合所有制改制；鼓励支持非公有资本控股或参股的混合所有制企业的发展；加强员工持股的规范化；界定不同行业国有企业的功能，针对不同行业特点提出改革措施。①

4. 加强国有企业的外部监督

省政府可以通过引入中介对国有企业经营状况、资产状况进行专项审查和审计，这要求确保第三方的独立性，定期定时获得国有企业的资产保值增值情况。该制度的突出优点在于：相比政府直接任命国有企业管理者，在政府引入独立客观的第三方中介的情况下，其评价更加专业和公正。当然，还可以通过外派监事会制度、媒体监督等多种方法进行外部监督。

四 四川省国有企业承担非经济性任务、办社会负担和历史遗留问题的情况

（一）基本情况

承担非经济任务方面，省国有企业承担了一系列的非经济任务，这是国有企业的重要特点。公益性国企主要以承担政府公共服务目标为主，其全部价值不能仅仅用利润来衡量。四川省是自然灾害多发省份，国企在抢险救灾，灾后

---

① 厉以宁：《中国道路与混合所有制经济》，《中国市场》2014年第23期。

重建等方面都需要承担任务。国有企业按照省委省政府要求，承担了一大批政府指令性项目，为构建西部综合交通枢纽、推进新一轮西部大开发和新型城镇化做出了贡献。截至2014年6月底，建成国家和地方铁路10条共1287公里，在建12条共2505公里；建成营运高速公路44条共4206公里，在建21条共1194公里；建成投运双流机场T2航站楼、二跑道和亭子口水电站、紫坪铺水利枢纽工程等一批重大项目，极大地增强了发展后劲。

办社会负担和历史遗留问题方面，地方国企存在"大企业、小社会"的格局，国企办社会的现象依然存在。这种形式在历史上确实曾发挥了积极的作用，但是随着现代企业高效规范发展要求的提升，如今企业承袭的很多社会功能都成了健康发展的负担。在深化国有企业改革的过程中，解决国有企业人员冗杂、负担沉重的历史遗留问题，必然成为改革的方向之一。截至2014年4月，全省国有企业共办有社会职能机构254个（所），具体为：三供一业机构59个、医疗机构35个、离退休人员管理机构108个、学校幼儿园25所、其他公共管理机构27个。从业人员约2.4万人，2013年国有企业办社会职能负担9.13亿元。省属企业的有105个（所），其中："三供一业"机构25个、医疗机构14个、学校幼儿园13所、离退休人员管理机构38个、其他公共管理机构15个。从业人员约1.59万人，2013年国有企业办社会职能负担约5.8亿元。据统计，全省现有省属及以下厂办大集体企业263户（市州及以下属企业厂办大集体234户，省属企业厂办大集体29户），其中，正常经营企业25户、半停产企业50户、停产企业188户。厂办大集体企业共涉及职工4.67万人（市州及以下属企业厂办大集体共涉及职工3.44万人，省属企业厂办大集体共涉及职工1.23万人），其中，在岗职工1.71万人、离岗职工1.53万人、退休职工1.43万人。厂办大集体企业资产合计11.37亿元，负债总额16.87亿元，所有者权益－5.5亿元。在厂办大集体企业的4.67万职工中，参加社会保险的2.13万人，未参保的2.54万人。欠缴各类社会保险7.99亿元（不含滞纳金），其中，欠缴职工基本养老保险5.07亿元，欠缴基本医疗保险2.43亿元。

（二）存在的主要问题

1. 主办企业存在的办社会负担较重，政府进行企业政策性保护和补贴

据统计，254个机构2013年亏损额共计1.42亿元，其中省属企业所办机

构亏损 1. 13 亿元, 而涉及上述机构的省属企业 2013 年利润总额仅为 1. 72 亿元。主办企业补贴支出巨大, 由于主办企业的生产、生活区多远离当地主城区, 客观上需要配套相应的生产、生活服务机构, 2013 年主办企业对办社会机构的负担总额达到 9. 13 亿元, 其中现金补贴 3. 35 亿元, 特别是对 16. 42 万离退休人员 4. 16 亿元的统筹外补贴及其他费用支出, 使主办企业不堪重负。不同诉求与各种矛盾交织, 仍由企业管理的原普通中小学校的退休教师要求移交地方管理的呼声十分强烈, 部分医疗机构的工作人员也要求参照国家事业单位绩效工资改革相关办法落实待遇, 而目前国家还没有明确政策规定满足这些诉求。国有企业的办社会负担将影响企业经营效率, 盈利能力变得低下。

2. 办社会负担在管理和衡量上比较困难

国有企业存在的办社会负担造成其管理、运营难度加大, 机构设置庞杂臃肿, 企业管理者的精力被办社会负担分散, 不能专注于经营活动。企业在制定决策时会受相关因素的干扰, 一定程度上无法按照市场的规律进行活动。企业的办社会负担难以衡量, 这就直接导致了对企业的经营效益衡量的困难。

3. 办社会负担阻碍着国有企业向现代企业制度的转变

国有企业的办社会负担会削弱其市场竞争力, 成为某些企业经营绩效差的借口。企业办社会负担重, 其产品价格、差异化等优势就小, 甚至无优势可言, 相对于没有负担的企业, 其竞争能力就弱, 在市场竞争中将始终处于被动地位。企业还可能将资源通过办社会向外输出, 使企业不能形成真正意义上的现代企业制度。

4. 全省厂办大集体问题积累多年, 情况十分复杂

不少企业长期处于无序管理、停产歇业的状态, 推进改革难度很大。改革成本筹措难, 职工身份确认难, 社保关系处理难, 社会稳定维护难。

5. 承担政府指令性任务多, 经济效益差

全省这些平台公司认真落实省委省政府重大决策部署, 千方百计地筹资融资, 引领社会资金投入交通、能源等重大项目建设, 支持灾区恢复重建, 为促进全省经济社会发展发挥重要作用。但是, 由于很多政府指令性项目, 前期投资大, 回收周期长, 经济效益差, 企业依靠大量贷款进行项目建设, 财务负担非常沉重, 影响了企业健康持续发展。

（三）改革建议

1. 采取有效措施，分离企业办社会的职能

费用是分离企业办社会职能的困难所在。企业承担开办的各种社会服务机构，多数是一些只支不收或支大于收的机构，企业需要拨付这些部门所需要的运营经费或收支差额以维持其正常运转。采取有效的措施将企业承担的这些社会服务功能从经营业务中剥离，交给地方政府处理，地方政府全额给付所需费用，从而彻底将企业从办社会负担中释放出来，参与市场化竞争。由于企业已经向政府缴纳了各种税费，政府履行社会职能的费用就不应该再由企业负担。

2. 建立对承担政府指令性公共建设项目的国有企业的补偿机制

对国有企业承担政府指令性建设项目，由政府协调解决项目资本金，项目资金贷款由省级财政提供一定的财政贴息。对承担的公共交通、污水处理、垃圾集运、废物处置等城镇公共服务项目，由政府视情况对项目给予适当补助。对国有企业根据政府指令承担的扶贫济困、援藏援疆、抗震救灾等专项任务方面的投入，经审核可视同企业当年考核利润，并在计算应纳税所得额时予以更大比例的抵扣。

五 四川省混合所有制改革的情况

（一）混合所有制改革现状

党的十八届三中全会通过了《中共中央关于全面深化改革若干重大问题的决定》，提出了全面深化改革，强调发挥经济体制改革的牵引作用。而在布局经济体制改革时，首先是坚持和完善基本经济制度，《决定》特别提出，混合所有制经济是基本经济制度的重要形式，"积极发展混合所有制经济。国有资本、集体资本、非公有资本等交叉持股、相互融合的混合所有制经济，是基本经济制度的重要实现形式，有利于国有资本放大功能及各种所有制资本共同发展。允许更多国有经济和其他所有制经济发展成为混合所有制经济。允许混合所有制经济实行企业员工持股，形成资本所有者和劳动者利益共同体。"2014 年 5 月，四川省出台《中共四川省委四川省人民政府关于深化国资国企

改革促进发展的意见》（川委发〔2014〕11号），按照其要求，到2020年产权多元化需取得新突破，深化包括集团层面在内的各级国有企业的股份制改革，优化国有企业股权结构，具备条件的企业实现整体改制上市或主营业务上市，积极发展混合所有制经济，引入非公有制经济依法参与国有企业改制重组，实现投资主体多元化。

全省目前有省属企业905户，其中省属国有独资、全资企业共552户，混合所有制企业353户，省属企业混合所有制企业占比为39.01%（见表1）。而中央企业的混合所有制企业占比为52%，上海、山东的混合所有制企业占比分别为60%和79.2%，这反映出四川省各地国有企业混合所有制经济发展不平衡，总体上与央企和沿海发达省市相比还有较大差距。从集团层面来看，全省目前有省属集团企业25家，已进行产权多元化的企业有17家（包括其下属的二、三级子公司），有思路设想但暂无计划方案的有2家，集团层面暂不打算实施产权多元化的企业有5家，暂无计划进行产权多元化的企业有1家。

表1　四川省属企业混合所有制经济占比情况

单位：户，%

企业级次	国有独资、全资企业户数	混合所有制企业户数	总户数	混合面
1级	10	0	10	0.00
2级	122	34	156	21.79
3级	232	168	400	42.00
4级	128	108	236	45.76
5级	49	35	84	41.67
6级	11	8	19	42.11
合计	552	353	905	39.01

目前，四川省商业集团有限责任公司、四川省旅游发展集团有限责任公司、四川省航空集团有限责任公司、四川富润企业重组投资有限责任公司作为试点企业产权多元化已启动。川商集团下属子公司国康农庄、川商食品公司、金正公司、和盛科技公司、省中药材公司、川商冷链公司已实施产权多元化。对于非试点企业，计划在试点企业基本完成并总结经验的基础上全面推广。

全省各市（州）属国有企业实行员工持股计划的有 94 家（除广元外），其中员工持股比例占 50%（包含 50%）以上的企业有 18 家，员工持股比例占 10% 以上（包含 10%）且 50% 以下的企业有 37 家，员工持股比例占 10% 以下的企业有 39 家。阿坝州由于国有企业户数少、总量小，且国有企业改制比较彻底，电力企业全部由中央、省重组控股，一般性竞争性企业已改制为民营企业，州级森工企业因主业消失、转产等原因，经营性国有资产已大幅萎缩，无法开展混合所有制改制。内江、达州、自贡、眉山的市属国有企业尚无员工持股。

（二）存在的主要问题

1. 经营自主权限制条件较多，混合所有制形式大于实质

对于打算实施混合所有制改革的国企，民营企业希望参与改革的意愿较强，但是由于国有行业对其设置门槛较高，特别是国有垄断行业，民营资本对于很多市场机会只有抱着观望的态度，不敢全身投入。对于很多实施混合所有制改革的国企，为了保证其绝对控股权，其非公资本占股比例低，民营资本仅是点缀，只是为了混合所有制形式，使民营资本难以真正参与经营管理，难以与政府共享话语权。

2. 改制过程中面临较大阻力

在实施混合所有制改革的过程中，长期的计划经济导致一些国有企业的管理层和员工习惯于在政府的庇护下完成一些指令性工作，平均主义思想严重，竞争意识不强，企业缺乏市场竞争力，而如果非公资本参与企业经营管理，势必会影响到国企职工的收入与福利，这会导致职工的改制意愿不强，进而在一定程度上阻碍了国有企业混合所有制改革。很多国有企业打着担心国有资产流失的旗号，在实施国企产权多元化的进程中蓄意阻挠，对拟划转产权私有化设置了重重关卡，使国有企业产权划转程序烦琐、审批时间长，改革进程缓慢。国有企业的阻挠使社会资本在对待混合所有制改革上"心有余悸"，不敢轻易参与。在员工持股方面，实际情况与《公司法》存在矛盾。由于历史原因，四川一些企业的股东人数超过公司法规定，甚至还产生了匿名股东、委托股东等现象，这类人员的利益难以得到法律保护，所以为适应员工持股法律方面的改革也存在较大的挑战。

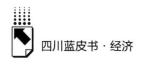

3. 在职员工持股比例较低，持股过于平均和分散，未能有效发挥激励作用

全省各市（州）属国有企业实行员工持股计划的企业中（除广元外），员工持股比例占10%以下的企业占41.49%。大部分员工持股计划实施的对象只是针对当时的在职员工，由于员工股权转让和继承方式不完善，随着老员工的退休、过世，大部分股权逐渐向社会流散，收集较为困难，导致新进员工不能得到员工股权，在职员工持股比例不断下降，收入增幅有限，对员工的激励不足，一定程度上限制了其工作积极性，对公司效益产生了一定影响。员工持股过于平均和分散，在经营决策中难免出现意见不统一的情况。员工即是股东，员工素质较低且年龄老化，不利于人才引进和公司经营管理的深入开展，不利于公司改革和长远发展。同时，一些企业改制后员工还没有转变其固有的观念，甚至个别企业员工认为是在缴企业集资款，股东意识不强，员工持股计划的激励作用就不明显。

4. 员工持股退出机制不完善

根据调研报告，大多数企业并无员工持股退出机制，极个别企业要求只能在岗员工持股或者要求员工只能通过相互转让的方式退出。一些企业由于历史原因形成的员工对企业的实质控股，同时退出机制又不完善，导致其他国有股东难以实质性地介入公司运营管理过程，不能对企业经营工作实施有效把控。另外，一些企业后期入股的国有股东准备收购员工持有的股份，但因为员工要价过高难以实现。如德阳市慧丰公司在岗人员持股18.59%，退休和离职人员中持股人数达到9人，其持股比例占总股本的22.17%，且有进一步增加的趋势，可能会对公司的正常经营发展造成一定的不利影响。

（三）改革建议

1. 为非国有资本提供更大空间

对于关系到国家安全的产业、一些基础产业、承担社会功能行业等特殊行业，国有资本应加大对其投入，而其他行业的国有独资或控股企业，必须破除其行政垄断的局面，按照十八届三中全会《中共中央关于全面深化改革若干重大问题的决定》，实行以政企分开、政资分开、特许经营、政府监管为主要内容的改革，从不同行业特点着手，实行网运分开、放开竞争类国企业务，加速公共资源配置市场化进程，进一步破除由历史因素造成的行政垄断，让国企真正成为市场中的企业。引入民间资本、外资资本，既可以扩大国有资本的支配范围，将一些国有资本投入更具活力的行业中，增强国有资本的保值增值力和竞争力，同时还可以提高非国有资本的话语权，使民营资本真正参与经营管理。建议加大对竞争型行业员工持股的支持力度，并针对未上市公司的职工股权交易，搭建职工持股股份交易的平台。

2. 加强改制政策执行力度

虽然十八届三中全会强调了要发展混合所有制经济，但是《中共中央关于全面深化改革若干重大问题的决定》只是方向性政策文件，并没有具体的实施细则。对于地方完善混合所有制改革，还需要地方政府自上而下的政策指导，对于一些不愿或拖延而又需要混合所有制改革的企业从政策上对其强制实施。十八届三中全会以来，上海、广东、天津、河北、重庆等20多个省市陆续推出混合所有制改革的路线图、任务书、时间表。例如，广东计划2017年混合所有制的企业户数比重超过60%；重庆计划用5年时间让八成以上竞争类国企实现混合所有制等。各省制定明确的指标体系，体现混合所有制改革的决心和改制政策执行的力度。四川省也应通过具体的指标体系确保改革的执行力度，这同时也将提供业绩考核的标准。

3. 建立完善的员工持股管理机制，尽快出台指导性文件，并选择部分企业进行管理层持股改革试点

根据公司实际情况，制定详细的章程。要对员工持股计划的原则、政策、管理机构、分配方式、持股责任、股份处置等各方面有详细准确的规定。尽快出台关于员工持股的规范性文件，指导混合所有制企业规范实行员工持股，解决当前混合所有制员工持股存在的问题，如持股方式、退出机制等，使企业真正成为资本所有者和劳动者利益共同体。管理层作为企业战略实施的主体，其持股问题是员工持股中比较重要的方面，建议选择部分企业进行管理层持股的改革试点，或者允许在一定比例内实施管理层持股，总结局部的经验，进而在四川省内其他混合所有制企业中推广。

4. 完善员工持股退出机制

完善职工股退出机制，探索企业员工持股和期权激励合理进退、动态调整的运行机制。实际中，以前实行员工持股时获得股份的高管目前当上政府部门

的工作人员，或是已经退休，但仍持有相当比例的公司股份，所以要理顺员工持股的退出机制，使股份为在岗的员工所持有。同时，股权正在逐渐向社会流散，今后将面临管理难度增加的困境。绝大多数企业未建立退出机制，少数企业已经建立或正在建立。目前，员工持股退出主要的方式是转股和公司回购，有效的退出机制是员工持股的重要一环，保障员工最后的合理权益。转股要有范围的限制，不然就失去员工持股制的意义。要做到员工持股退出公允，回购的比较关键因素是价值评估。合理的价值评估，既可以让离职退休员工转让股份，同时也可防止资产的流失。

参考文献

陈金术、王大明：《国际大型制药企业 R&D 投入分析及对我国制药业的启示》，《高科技与产业化》2005 年第 6 期。

厉以宁：《中国道路与混合所有制经济》，《中国市场》2014 年第 23 期。

四川省县域经济发展评价报告（2014）

张克俊　龙京局*

摘　要： 县域经济是具有地域特色和功能完备的区域经济，它以县级行政区划为地理空间，以县级政权为调控主体，以市场为导向，优化资源配置，是国民经济的重要基础和重要组成部分。从全国范围来看，四川既是农业大省，也是人口大省，县域的人口数量和各产业发展都处于全国前列，研究和评价四川省上一年的县域经济发展状况，及时总结县域经济发展过程中出现的各种问题，有针对性地提出相关的政策建议，对于四川县域经济的进一步发展具有特殊重要的意义。

关键词： 四川省　县域经济　扩权强县

县的设置在我国历史悠久。郡县制萌芽于周，发轫于春秋，发展于战国，定制于秦。县域经济与县的产生紧密相连，可以说，中国自秦朝置县以来就有了县域经济，"郡县治、天下安"这一古训至今仍然适用。如果说城市特别是大中城市经济是国家经济的支柱，那么县域经济则是国民经济的基石。四川省委十届三次全会提出要"夯实底部基础……加快建设一批工业经济强县、现代农业强县、生态旅游强县"。县域经济的总体运行好坏，对全省经济社会的发展具有至关重要的影响。

---

* 张克俊，四川省社会科学院农村发展研究所所长，研究员，主要研究方向为统筹城乡发展；龙京局，四川省社会科学院农村发展研究所农业经济管理专业研究生。

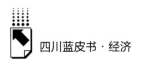

一 2013年县域经济总体运行状况

截至2013年底，四川省共有183个县（市、区）①，是县级行政区划最多的省份，也是一个县域差别大、县域经济欠发达的省份。四川省委十届三次全会提出了"两个跨越"目标，做出了"三大发展战略"重大部署，对县域经济发展提出了新的更高要求。构建多点多极发展支撑，县域是基础；推进"两化"互动、城乡统筹发展，县域是重点；实现由经济大省向经济强省跨越，县域是支撑；实现由总体小康向全面小康跨越，县域是关键。

2013年，四川省183个县（市、区）地区生产总值（GDP）超过100亿元的有96个，比上年增加11个；超过200亿元的有43个，比上年增加6个，超过300亿元的19个，比上年增加2个。

就县域而言，四川省现有135个县（县级市、自治县）②，占全省的73.8%；辖区面积44.9万平方公里，占四川省的92.4%；2013年GDP为13963.0亿元，占四川省经济总量的53.2%。其中，有56个县（市）GDP超过100亿元，比2012年增加6个；21个县（市）GDP超过200亿元，比2012年增加4个；超过300亿元的有4个县（市），分别是双流县（746.1亿元）、西昌市（373.5亿元）、郫县（360.2亿元）和简阳市（344.8亿元）。

具体来看，由于四川地处我国相对落后的西部地区，其县域经济的发展呈现以下几个方面的特征。

（一）县域经济的增长潜力逐步得到释放

2013年，全省县域经济总体运行状况较好，其增长潜力巨大，发展速度达到或超过全省平均水平。135个县（市）中有87个县（市）GDP和工业增加值增幅超过四川省平均水平。从衡量经济发展水平指标中来看，县域经济主要指标已经占有了较大比重，县域经济的增长潜力逐步得到了释放，增长速度进一步加快。

---

① 2013年，全省县区行政区划调整，新设立巴中市恩阳区、广安市前锋区，广元市元坝区更名为广元市昭化区，撤销达县，设立达州市达川区。
② 本文所说的县域是指，除48个市辖区外的135个县（县级市、自治县）。

（二）县域之间的发展差距日益突出

四川本身的地域差异较大，可以说就是全国地域特征的一个缩影。就县域范围而言，四川有平原县 15 个、丘陵县 43 个、盆周山区县 26 个、民族地区县 51 个①，在总体发展水平不高的背景下，四川不同区域之间经济差异也悬殊，县域经济发展中区域失衡问题十分突出。有些县发展的态势很好，发展速度越来越快，而少部分县发展较慢，其传统优势也不断衰落，发展得好的县与发展较慢的县差距越来越大（见表 1 和表 2）。

表1　2013 年四川省县域经济综合评价排位（一）

县（市）名称	位次	县（市）名称	位次	县（市）名称	位次
双 流 县	1	安 岳 县	24	长 宁 县	47
郫 县	2	蒲 江 县	25	岳 池 县	48
新 津 县	3	会 理 县	26	罗 江 县	49
广 汉 市	4	中 江 县	27	犍 为 县	50
简 阳 市	5	隆 昌 县	28	汶 川 县	51
西 昌 市	6	夹 江 县	29	康 定 县	52
什 邡 市	7	南 部 县	30	洪 雅 县	53
都江堰市	8	泸 县	31	江 安 县	54
威 远 县	9	宣 汉 县	32	大 英 县	55
绵 竹 市	10	富 顺 县	33	珙 县	56
江 油 市	11	华 蓥 市	34	荥 经 县	57
射 洪 县	12	荣 县	35	合 江 县	58
仁 寿 县	13	资 中 市	36	古 蔺 县	59
峨眉山市	14	渠 县	37	会 东 县	60
崇 州 市	15	武 胜 县	38	青 神 县	61
大 邑 县	16	阆 中 市	39	盐 亭 县	62
金 堂 县	17	石 棉 县	40	丹 棱 县	63
大 竹 县	18	宜 宾 县	41	井 研 县	64
彭 山 县	19	盐 边 县	42	高 县	65
米 易 县	20	安 县	43	蓬 溪 县	66
乐 至 县	21	邻 水 县	44	蓬 安 县	67
邛 崃 市	22	三 台 县	45	宝 兴 县	68
彭 州 市	23	梓 潼 县	46	旺 苍 县	69

① 此处所说的县仅指县域范围内的 135 个县（市）。

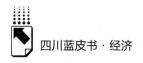

表2　2013年四川省县域经济综合评价排位（二）

县(市)名称	位次	县(市)名称	位次	县(市)名称	位次
万源市	70	剑阁县	92	金川县	114
开江县	71	九寨沟县	93	甘孜县	115
营山县	72	平武县	94	小金县	116
仪陇县	73	通江县	95	得荣县	117
平昌县	74	叙永县	96	新龙县	118
理　县	75	松潘县	97	若尔盖县	119
九龙县	76	盐源县	98	越西县	120
泸定县	77	沐川县	99	布拖县	121
筠连县	78	木里县	100	理塘县	122
冕宁县	79	峨边县	101	阿坝县	123
南江县	80	青川县	102	普格县	124
德昌县	81	丹巴县	103	壤塘县	125
宁南县	82	乡城县	104	炉霍县	126
马尔康县	83	芦山县	105	色达县	127
茂　县	84	屏山县	106	金阳县	128
北川县	85	稻城县	107	喜德县	129
苍溪县	86	白玉县	108	道孚县	130
汉源县	87	雷波县	109	石渠县	131
西充县	88	雅江县	110	昭觉县	132
黑水县	89	红原县	111	甘洛县	133
兴文县	90	巴塘县	112	美姑县	134
天全县	91	马边县	113	德格县	135

资料来源：根据四川省统计局对全省175个县级单位经济发展情况综合评价资料整理。

（三）县域经济的发展特色逐步开始显现

如民族地区的县域经济更加注重旅游业和生态农业的发展，不是不顾自身特色一味地走工业强县的道路；山区、丘陵地区更加注重特色资源的开发，如安岳的柠檬产业、资中的血橙产业；平原地区的县域经济发展注重与中心城市对接，提档升级，走集群化道路，如双流县发展新能源产业，广汉市发展石油装备产业。

（四）县域经济发展的内生机制正在形成

通过内部各经济主体之间相互竞争而产生的协同性，是区域经济发展的动力源泉。因此，县域经济又好又快发展的根本在于，在开放、自主和竞争的经济运行环境中形成内生的经济增长机制。发展县域经济，应依托当地资源优势发展特色产业，通过差异化生产进入市场，形成竞争优势。在特色产业不断发展过程中，其市场竞争力不断增强，进而该区域在社会产业分工体系中的参与程度不断加深、参与能力不断增强。四川以前县域经济发展的劳动力、资金净流出现象十分突出，虽然户籍人口比重大，但常住人口小于户籍人口的问题很突出，相当一部分劳动力都流动到东南沿海地区。但近年来，随着产业转移的持续发展，县域经济发展的要素回流趋势逐步显现。县域经济由此获得内生增长的起点。

二　2013年县域经济分类型运行状况

四川省县域分布广泛，地理区位、地形气候、经济基础、历史沿革等差异很大，其发展水平和发展潜力差异也较大。2007年四川省委省政府正式实施"扩权强县"，并将部分管理权限下放试点县（市）。

（一）"十强县"[①]的经济发展状况

作为全省县级经济[②]发展的"火车头"，"十强县"具有"经济规模大、经济结构优、产业支撑强、人均水平高、质量效益好"的突出特点。截至2013年末，"十强县"常住人口718.1万人，仅占全省县域的9.6%；2013年实现GDP 4688.7亿元，占全省县域经济比重达21.0%，比上年提高0.5个百分点。十强县县均GDP为468.9亿元，是全省县域平均水平（127.5亿元）的3.7倍，超过雅安、巴中、阿坝、甘孜四个市（州）2013年GDP水平（见表3）。

从整体情况看，2013年"十强县"的GDP占全省县域经济总量的21%，初步测算，2013年"十强县"对全省经济增长的贡献率为22.9%，而同期四川仍有36个国家级贫困县。在2013年四川经济发展"十强县"中，成都依然

---

① "十强县"是从经济规模、发展水平、经济结构、发展速度、经济效益等五个方面，对全省农业人口超过30%的175个县（市、区）（不包括成都市青羊区、武侯区、金牛区、成华区、锦江区，攀枝花市的东区、西区和自贡市自流井区等8个区）经济发展进行综合评价后评出的综合实力最强的10个县（市、区）。2013年评出的四川省"十强县"依次是龙泉驿区、双流县、涪城区、新都区、温江区、旌阳区、翠屏区、郫县、青白江区和新津县。

② 县级经济指包括农业人口超过30%的市辖区在内的175个县（市、区）的经济。

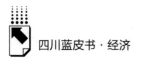

独占七个席位，成德绵地区依旧占据九席。就县域而言，从2013年的数据来看，在135个县（市）中，双流县以746.1亿元排名首位，和GDP总量最小的炉霍县相差160多倍。

表3　"十强县"与全省175个县GDP平均规模对比

单位：亿元

县　域	GDP平均规模	
	2013年	2012年
"十强县"	468.9	414.3
175个县	127.5	116.6

注：2012年县级经济评价共173个县；2013年县级经济评价共175个县。

（二）按地形特点划分的四大区块

2013年，平原地区、丘陵地区、盆周山区和民族地区县域经济总体保持平稳增长态势，各类区县域经济综合评价排位如下（见表4～表7）。

表4　2013年平原地区县域经济综合评价排位

县（市）名称	位次	县（市）名称	位次	县（市）名称	位次
双流县	1	都江堰市	6	彭山县	11
郫　县	2	绵竹市	7	邛崃市	12
新津县	3	江油市	8	彭州市	13
广汉市	4	崇州市	9	夹江县	14
什邡市	5	大邑县	10	安　县	15

表5　2013年丘陵地区县域经济综合评价排位

县（市）名称	位次	县（市）名称	位次	县（市）名称	位次
简阳市	1	华蓥市	16	大英县	31
威远县	2	荣　县	17	青神县	32
射洪县	3	资中市	18	盐亭县	33
仁寿县	4	渠　县	19	丹棱县	34
金堂县	5	武胜县	20	井研县	35
大竹县	6	阆中市	21	高　县	36
乐至县	7	宜宾县	22	蓬溪县	37

续表

县(市)名称	位次	县(市)名称	位次	县(市)名称	位次
安 岳 县	8	邻 水 县	23	蓬 安 县	38
蒲 江 县	9	三 台 县	24	开 江 县	39
中 江 县	10	梓 潼 县	25	营 山 县	40
隆 昌 县	11	长 宁 县	26	仪 陇 县	41
南 部 县	12	岳 池 县	27	平 昌 县	42
泸 县	13	罗 江 县	28	西 充 县	43
宣 汉 县	14	犍 为 县	29		
富 顺 县	15	江 安 县	30		

表6　2013年盆周山区县域经济综合评价排位

县(市)名称	位次	县(市)名称	位次	县(市)名称	位次
峨眉山市	1	宝 兴 县	10	剑 阁 县	19
米 易 县	2	旺 苍 县	11	平 武 县	20
石 棉 县	3	万 源 市	12	通 江 县	21
盐 边 县	4	筠 连 县	13	叙 永 县	22
洪 雅 县	5	南 江 县	14	沐 川 县	23
珙 县	6	苍 溪 县	15	青 川 县	24
荥 经 县	7	汉 源 县	16	芦 山 县	25
合 江 县	8	兴 文 县	17	屏 山 县	26
古 蔺 县	9	天 全 县	18		

表7　2013年民族地区县域经济综合评价排位

县(市)名称	位次	县(市)名称	位次	县(市)名称	位次
西 昌 市	1	盐 源 县	18	若尔盖县	35
会 理 县	2	木 里 县	19	越 西 县	36
汶 川 县	3	峨 边 县	20	布 拖 县	37
康 定 县	4	丹 巴 县	21	理 塘 县	38
会 东 县	5	乡 城 县	22	阿 坝 县	39
理 县	6	稻 城 县	23	普 格 县	40
九 龙 县	7	白 玉 县	24	壤 塘 县	41
泸 定 县	8	雷 波 县	25	炉 霍 县	42
冕 宁 县	9	雅 江 县	26	色 达 县	43
德 昌 县	10	红 原 县	27	金 阳 县	44

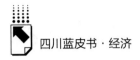

续表

县(市)名称	位次	县(市)名称	位次	县(市)名称	位次
宁南县	11	巴塘县	28	喜德县	45
马尔康县	12	马边县	29	道孚县	46
茂　县	13	金川县	30	石渠县	47
北川县	14	甘孜县	31	昭觉县	48
黑水县	15	小金县	32	甘洛县	49
九寨沟县	16	得荣县	33	美姑县	50
松潘县	17	新龙县	34	德格县	51

资料来源：根据四川省统计局对全省 175 个县级单位经济发展情况综合评价资料整理。

截至 2013 年底，四川省平原地区共 15 个县（市），集中分布在成德绵经济发达地区，2013 年经济总量占全省县域经济的 24.5%，地方公共财政收入占全省县域财政收入的 33.4%。丘陵县（市）共有 43 个，经济总量占全省县域经济总量的 49%，集中了全省 38% 的人口。盆周山区共 26 个县（市），经济总量占全省县域经济的 14.3%，地方公共财政收入占全省县域财政收入的 16.2%。民族地区共有 51 个县（市），国土面积占全省县域的 66.5%，而经济总量仅占县域的 12.2%。

以民族自治地区①为例，2013 年 GDP 1742.6 亿元，比上年增长 10.3%。第一、二、三产业增加值分别为 336.0 亿元、889.3 亿元、517.3 亿元，各增长 4.6%、14.6%、6.5%。三次产业结构由 2012 年的 19.6:50.4:30.0 调整为 19.3:51.0:29.7。全年实现全部工业增加值 674.9 亿元，比上年增长 13.2%；社会固定资产投资 1866.4 亿元，增长 11.1%。2013 年，农民人均纯收入 6844 元，增长 15.3%；城镇居民人均可支配收入 21803 元，增长 10.0%。②

（三）扩权强县试点县的基本情况

2007 年 7 月，四川省委省政府出台了《关于开展扩权强县试点工作的实施意见》（川府发〔2007〕58 号文件），对首批 27 个县开展扩权强县改革试

---

① 民族自治地区，包括阿坝藏族羌族自治州、甘孜藏族自治州、凉山彝族自治州和北川羌族自治县、峨边彝族自治县、马边彝族自治县。

② 数据来源：《2013 年四川省国民经济和社会发展统计公报》。

点。2009 年 3 月，新增 32 个县纳入扩权强县改革试点。2014 年 7 月，又新增 19 个扩权强县试点县。至此，全省扩权强县试点县达到了 78 个，除三州（甘孜、阿坝、凉山）、成都市所辖县（市）外，其余县（市）已全部纳入试点改革范围。

新增扩权强县试点县，在保持现有行政区划不变的前提下，比照原扩权强县试点改革的内容，赋予其部分市级经济管理权限，[1] 但与此同时，扩权试点县在取得相应的管理权限后，也必须承担与管理权限相应的责任。

1. 扩权强县改革取得的成效

2013 年 59 个[2]扩权试点县（市）累计实现地区生产总值 8874.5 亿元，比上年增长 10.3%，增速比全省平均水平高 0.3 个百分点；三次产业结构由上年的 21.9∶53.5∶24.6 调整为 21.0∶53.6∶25.4；实现全部工业增加值 4120.0 亿元，比上年增长 11.6%；城镇居民人均可支配收入 20668 元，增长 10.5%；农民人均纯收入 8357 元，增长 13.4%。

总体上讲，扩权强县改革为各试点县带来了更宽松优越的政策环境，为县域经济发展提供了新契机。扩权强县所带来的成效显著，主要体现在：一是政府的运行效率明显提高；二是财政的运行质量明显改善；三是县域经济的发展速度明显加快。

2. 扩权强县工作存在的问题

一是扩权不充分，各级职能部门出台的试点改革方案进度各不相同。扩权和放权的落实情况不到位，各垂直管理部门的扩权政策定位模糊。例如，扩权县在项目审批中拥有了更大的自主权后，项目数量和对资金的需求随之增大，但金融部门却并未将相应权限下放到试点县，从而导致县级金融机构自主支持县域经济发展的配套作用无法发挥。

二是增大了试点县的发展压力。在试点改革初期，试点县的行政运行成本和协调工作大量增加。各试点县的经济发展情况将被考核，所以为了

---

[1] 参考《四川省人民政府关于进一步深化和扩大扩权强县试点改革的通知》。其管理权限包括计划直接上报、财政审计直接管理、税收管理权部分调整、项目直接申报、用地直接报批、资质直接认证、部分价格管理权限下放、统计直接监测发布 8 个方面共 56 项权限。

[2] 截至 2013 年底，全省扩权强县试点县共 59 个，2014 年 7 月，又新增 19 个扩权强县试点县。

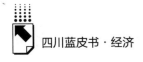

追求更好的发展，各试点县只能无形中加大自己的工作量，自然而然地就加大了各自的工作压力。但对于资源相对匮乏的试点县（市）来说，面对艰巨的目标考核任务，工作压力也相对增大。另一方面，由于政府没有对欠发达地区的试点县（市）加以区别对待，使其地区发展也面临着严重的资金压力。

三是后续综合配套政策措施尚不完善。试点县与所在地级市的管理体制需要进一步理顺，后续的配套政策措施也需要进一步的完善。首先，各扩权县县级政府的工作能力需要相应加以提高，以免影响扩权强县后部分职权的有效运行。其次，省级工作部门的工作量和难度均有所加大。

四是各级政府对试点县下达的年度目标任务存在交叉重复的现象，考核办法亟须进一步完善。面对各级政府和相关部门下达的不同目标任务和要求，扩权强县试点县面临着两难的境地，从而使具体工作难以开展。另外，对于处于不同区域、不同经济发展水平的试点县（市），其具体的考核办法也不够完善，考核评价机制尚未形成。

三 四川省县域经济发展存在的主要问题

（一）县域经济总量偏小

2013年，135个县（市）的面积占四川省的92.4%；户籍人口占四川省的70.9%，这个量比较大，超过全省的2/3，但县域的GDP仅占四川省的53.2%，刚刚过半。其中第三产业增加值仅占四川省的42.7%；地方公共财政收入仅占27.0%。从中可以看出，四川县域经济的整体效益和效率还不是很高，县域经济的总量偏小。

（二）县域的人均水平不高

2013年，135个县（市）人均GDP为25936元，相当于四川省平均水平的79.9%，其中有110个县的人均GDP低于全省平均水平，例如，甘孜州德格县，人均只有6500元，仅相当于全省平均水平的22%；人均全社会固定资产投资额21182元，仅相当于四川省的81.4%；人均社会消费品零售总额

8681 元，仅相当于四川省的 67.8%；人均地方公共财政收入 1398 元，仅相当于四川省的 40.6%（见表 8）。

表 8　2013 年 135 个县（市）主要人均指标

单位：元，%

	四川	135 个县(市)	相当于四川省平均水平的比例
人均地区生产总值	32454	25936	79.9
人均全社会固定资产投资额	26014	21182	81.4
人均社会消费品零售总额	12798	8681	67.8
人均地方公共财政收入	3441	1398	40.6
城镇居民人均可支配收入	22368	21536	96.3
农民人均纯收入	7895	8388	106.2

资料来源：四川省统计局。

（三）县域的产业结构协调性差

近年来，虽然四川县域经济产业结构加快了调整步伐，并取得较为显著的成效，但整体来看特色不够突出、规模仍然较小、名牌产品较少，支柱产业和龙头产品仍然缺乏，市场占有率不高，同时还存在较为严重的结构趋同现象，很大程度上造成了产业协调性差、生产能力过剩、过度竞争、经济效益低下等问题。

一是产业结构层次依然较低。2013 年，县域与全省的三次产业结构如图 1 所示，其中，县域的第一产业比重明显高于四川省的平均水平，而第三产业又相对地低于全省的平均水平，县域经济的产业结构层次明显偏低，产业结构仍需进行较大的调整优化。

二是产能过剩问题突出。大部分县（市）在进行产业结构调整时，往往忽视科学规划和科学论证，看到什么项目盈利空间较大就蜂拥而上，匆匆出台支持政策，导致诸如多晶硅、太阳能电池、水泥等行业随着国内外市场需求和国家调控政策的变化而出现了较为严重的产能过剩问题。

三是产业结构协调性较差。多数县（市）在调整产业结构时，往往只看重单一行业或单个企业的规模做大，忽视了一、二、三产业的协调发展和产业链条的整体打造，导致产业之间互动不足、带动能力不强和经济效益低下等问

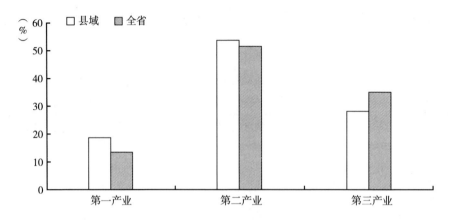

图1　县域与全省三次产业结构对比

题。县域产业结构转换进程明显滞后和产业结构不协调，不仅直接制约了县域经济自身的发展，而且也不可避免地带来了低水平过度竞争和经济波动同步震荡的负面影响。

（四）县域的新型城镇化发展滞后

城镇是二、三产业的集聚地，是吸收就业、转移农村人口的主战场，城镇化水平在很大程度上反映了县域的经济发展水平。2013年末，四川常住人口8107万人，其中，城镇人口达3640万人，城镇化率为44.90%。而就县域而言，有119个县（市）城镇化率低于四川省平均水平。

四川县域不仅存在总体城镇化水平偏低的问题，而且当前阶段的城镇化主要是实现了农村转移人口地域转移和职业转换，却没有实现身份与地位的转变，仍然停留在"半城镇化"阶段，"人的城镇化"明显滞后于"土地的城镇化"，导致城镇化质量不高的问题也越来越突出，主要表现在：大量农业转移人口难以融入城镇社会，市民化进程滞后；土地城镇化快于人口城镇化，城镇用地粗放低效；城镇空间分布与资源环境承载能力不匹配，城镇规模结构不合理；城市服务管理水平不高，"城市病"问题日益突出；等等。①

县域的新型城镇化发展滞后，致使工业化与城镇化不协调，四川有78个

---

① 参考《国家新型城镇化规划（2014～2020年）》。

县（市）工业化率低于四川省平均水平。产业集聚和人口集中困难，大量剩余劳动力滞留在农村，延缓了城乡二元结构的改造，阻碍了生产力的变革和农业劳动生产力的提高，也严重制约了县域经济的发展。

（五）县域之间发展不平衡，与全国县域平均水平有较大差距

四川省地形复杂，县域广多，各县（市）受其地理区位、发展基础、政策倾向等因素影响，其县域之间发展差异较大，区域发展极不平衡。在总体发展水平不高的背景下，四川不同区域之间经济差异悬殊，县域经济发展中区域失衡问题十分突出。

据中郡所发布的《2013 县域经济发展报告》和同期公布的 2013 年县域经济与县域基本竞争力百强名单，四川省仅双流县和郫县入围，其中双流排第15 位，郫县排第 72 位。同年进入百强县行列的，江苏有 26 个，山东有 20 个，浙江有 17 个。[①] 与全国比较，四川县域经济发展仍然有着较大的差距。

四　加快县域经济发展的总体要求

目前，四川省县域经济发展中仍然存在着一些误区、一些弊端和一些困难，如果不妥善处理，将严重制约着县域经济的健康发展。我们应该在充分认识和把握县域经济发展规律和特点的基础上，积极探索适合四川县域经济发展的路径。

一是要明确加快县域经济发展的工作重点。加快县域经济发展，是一个系统工程，涉及方方面面，工作中要突出重点，抓住关键，统筹兼顾，使工作有新的突破，发展有新的跨越。各县（市）要充分发挥自身的优势，弥补在各自发展过程中相对不足的地方，围绕其县域经济发展重点，培育优势产业产品，加快形成自身县域经济发展的特色优势。

二是要形成县域经济的差异化发展模式。四川省县级行政单位数量多、空间跨度大，县域经济差异性非常大。从人口数量上，既有百万人口大县，又有仅几万人口的小县；从发展程度上，先进的县部分指标已达到工业化高级阶

---

① 中郡所：《2013 县域经济发展报告》。

段，落后的县甚至还处在前工业化阶段；从产业形态看，有以农（牧）业为主导的，有以工业为主导的，有以物流商贸为主导的，有以旅游业为主导的；从地形特征看，有平原、丘陵、高原、山区，有交通相对便利的，有交通不便的；从人均水平看，差异悬殊；等等。发展县域经济绝不能搞一刀切，要坚持因地制宜，分类指导，充分尊重地方的主动权，释放基层的发展活力，按平原地区、丘陵地区、盆周山区和民族地区4类区县制定分类发展的指导意见。分类确定县域经济发展示范县，提升平原地区现代化水平，推动丘陵地区县实现突破发展，壮大山区县特色经济，扶持特殊贫困县跨越发展。要确定一批经济发展示范县，加快建设一批特色鲜明的工业强县、现代农业强县、生态旅游强县。鼓励和支持各县（市）根据自身特点，探索适合自身发展的县域经济发展模式。

三是要坚持走新型城镇化道路。城镇化并非修房子、修路，把农民搬进城那么简单。相对于"以物为本、不全面、不协调、不可持续"的"传统型城镇化"而言，四川各县（市）在发展新型城镇化过程中，要紧紧围绕"人的城镇化"，促进城镇化和新农村建设协调推进，有序推动农业转移人口市民化；鼓励各种方式的人口聚集和新型社区建设，逐步实现基本公共服务"全覆盖"，推动城乡发展一体化。

四是要妥善处理好经济发展与改善民生的关系。虽然由于资源和财政的有限性，发展经济和改善民生似乎有着天然冲突，"蛋糕"就那么大，若分给民生的部分多了，经济发展的速度也就不得不有所减缓。但是，实际上改善民生不仅是经济发展的目的，还是经济发展的动力源泉，经济和民生之间并非对抗性的"零和博弈"，而是存在共赢可能性的"正和游戏"。在县域经济发展中，各县要树立发展是第一要务、民生是第一追求的工作理念。适当调整财政支付结构，不断加大对公益性民生项目的投入，实现经济和民生的协调发展。

五 加快县域经济发展的重点及对策

由于县域经济在区位优势、资源聚集、城镇化水平等方面不及市辖区，并且在四川省135个县（市）中还有92个属于限制开发区，因此，形成了县域经济与市辖区经济发展的较大差距。针对2013年四川省县域经济运行中的特点和存在的问题：县域经济的总量偏小、县域的人均水平不高、县域的产业结构协调性差、县域的新型城镇化发展滞后、县域之间发展不平衡等，特提出如下建议。

（一）发展壮大特色产业经济，构建县域特色经济体系

产业是拉动县域经济增长的强大引擎，县域经济发展首先是产业的发展。在县域经济特色主导产业的选择上，各地要根据平原地区、丘陵地区、盆周山区、民族地区发展县域经济的条件，坚持综合考虑本区域内各方面的因素，坚持从实际出发，因地制宜，加快构建县域特色经济体系。以雅安市天全县为例，经历"4·20"地震后，在推进灾后恢复重建中，按照整合资源、集中布局、优化提升的原则，因地制宜、突出重点，不断优化产业布局，不断调整产业结构，积极承接产业转移，大力培育优势产业，发展壮大县域经济，形成良性互动、优势互补、协调发展的生态产业体系。

（二）统筹城乡协调发展，加快县域新型城镇化建设

县域经济是夯实"底部基础"、构筑多点多极支撑的牢固基石。省委书记王东明在全省县域经济工作会议上指出，"要抓好全域统筹、城乡一体的县域规划，对县城、重点镇和新农村实行'一盘棋'布局。"县域经济是区域经济，因此要在区域中整合资源，进行合理的分工，在统筹城乡协调发展的同时，推动县域经济可持续发展。各县（市）要根据自身发展特点，科学谋划，在夯实底部基础中主动作为，发展壮大县域经济，将新型城镇化与新农村建设统筹起来，构建城乡一体化发展新格局，走出一条有四川特色的"两化"互动、统筹城乡的县域经济发展之路。

（三）加强基础设施建设，提高县域经济发展承载力

县域经济要实现跨越发展，基础设施是重要支撑。四川省县域基础设施总体滞后，要进一步加快四川省县域经济的发展，就必须以交通、水利、生态建设为重点，着力改善基础条件。推进县域基础设施建设，要结合各县域经济、资源分布状况，完善道路交通体系；加强水利基础设施建设，以大中型骨干水利工程和渠系配套为重点，改善老旱区和农业主产区的灌溉条件。同时，加强

能源基础设施建设、信息网络体系建设、城乡基础设施建设、保护生产生活环境。但无论是交通建设，还是农田水利、生产生活环境等建设，都是发展壮大县域经济的基础性工程。全省要形成一盘棋，在强化基础设施建设的基础上，提高全省县域经济发展的承载力。

（四）进一步深化改革、扩大开放，激发县域经济发展活力

作为我国西部大省的四川，当前改革发展已进入攻坚阶段。要在国家进一步深化改革、扩大开放的进程中走在前列，必须努力解决改革和发展过程中出现的各种问题和矛盾，加快转变经济发展方式，实现"两个跨越"奋斗目标。因此，在发展壮大县域经济的过程中，更应该要坚持走改革开放的新路子，充分发挥重大项目在县域经济中的支撑作用，为县域经济发展提供平等的机会，进一步巩固县域经济在国民经济中的实际地位。在县域经济体制改革等诸多方面进行大胆的探索，加快形成企业自主经营、公平竞争，消费者自由选择、自主消费，商品和要素自由流动、平等交换的现代市场体系，激发县域经济发展活力，加快创新驱动、转型升级步伐。这样，才能使县域经济发展更有活力、更有效益、更有质量。

（五）妥善处理好县域经济发展与维护社会稳定的关系

经济发展是第一要务，社会稳定是第一责任，如何正确处理二者关系，不仅影响到县域经济的持续健康发展，而且影响到全省全国稳定大局。县级以下区域是社会风险的高发区，因此必须在县域范围处理好两者的关系。县级政权是独立的完整的底层的国家政权机构，随时面对形象的代表性、矛盾的前沿性、问题的尖锐性、事件的突发性等系列难题，因此对县级干部尤其是一把手的执政能力和水平是重大考验。要科学发展、和谐发展、安全发展、创新社会建设，提高政府管理水平，确保人民群众的幸福指数与县域经济发展水平同步提高。

郡县治则天下安，县域强则全省强。正确认识并及时解决县域经济发展过程中出现的种种问题，对于全省乃至全国经济社会的发展都具有至关重要的作用。

B·17
BLUE BOOK

四川省非公有制经济发展研究报告

魏良益 杨 钢*

摘 要： 改革开放以来，四川省非公有制经济发展取得了巨大成就，个体私营经济在全省非公有制经济总量中占绝对主导地位，外商投资与港澳台投资经济呈逐年上升趋势，但总量偏小。本文对四川省非公有制经济发展的特点、存在的主要问题进行了梳理，提出了四川省进一步发展非公有制经济的对策和建议。

关键词： 四川省 非公有制经济 创业创新

进 21 世纪后，中国经济发展的速度和成就令全球瞩目，非公有制经济在其中的贡献日益凸显。四川省非公有制经济初步实现从分散型、粗放型向规模化、集约化发展，整体规模实力明显增强，覆盖了所有竞争性行业，有的还进入国防军工领域，非公有制经济已成为四川省社会经济发展的重要支柱和生力军。

一 四川省非公有制经济发展的现状和特点

（一）四川省非公有制经济发展的基本情况

非公有制经济（以下简称"非公经济"）是我国社会主义市场经济的重要

---

* 魏良益，四川省社会科学院产业经济研究所副研究员，管理学博士，主要研究领域：产业经济、企业管理、企业与创新管理；杨钢，四川省社会科学院副院长，研究员，国务院特殊津贴专家，主要研究领域：宏观经济、产业经济。

组成部分，在促进经济增长、扩大就业和活跃市场等方面具有重要作用。按照国家统计局发布的《关于统计上划分经济成分的规定》，将我国经济所有制成分划分为公有经济和非公有经济两个部分。其中，公有经济包括国有经济、集体经济；非公有经济包括私有经济、港澳台经济和外商经济。按照我国组织机构代码的分类标准，将我国各类组织按经济类型分为国有经济、集体经济、私营经济、个体经济、联营经济、股份制经济、外商投资经济、港澳台投资经济和其他经济共九种类型。本文将国有经济、集体经济界定为公有经济，将私营经济、个体经济、外商投资经济、港澳台投资经济、股份制经济中非公有控股企业界定为非公有制经济。

1. 非公有制经济发展总体情况

1978 年后，四川省大力发展非公有制经济。近年来，为进一步推动非公有制经济发展，先后出台来了《关于进一步加快民营经济发展的决定》（川委发〔2003〕14 号）、《关于四川省民营企业经济综合评价办法的通知》（川民统〔2004〕12 号）、《关于进一步促进民营企业发展的若干意见》（川委发〔2007〕7 号）、《四川省人民政府关于支持民营经济灾后恢复重建的加快发展的意见》（川府发〔2009〕3 号）、《四川省人民政府办公厅关于 2010 年促进民营经济发展的意见》（川办函〔2010〕45 号）等促进四川省非公有制经济发展的重要文件（文件所称民营经济包括个体、私营、港澳台、外资企业和股份制企业中非公有控股企业，与本报告所说的非公有制经济范围一致）。从 1978 年开始到现在，四川省非公有制经济得到长足的发展；到 2007 年，全省非公有制经济占全省地区生产总值的 50.2%；自此以后，非公有制经济总量均超过公有制经济总量，并呈逐年增加的趋势。到 2013 年，四川省非公经济对全省经济的贡献：GDP 比重占 59.75%，税收贡献接近 50%，对 GDP 增长的贡献接近 70%，技术创新、新产品开发接近 80%，提供新增就业岗位接近 90%（见表 1）。

2. 个体私营经济、外商投资经济、港澳台投资经济发展情况

1978 年以来，四川省非公有制经济从发展个体私营经济开始，注重加大招商引资力度，出台包括土地使用、税收优惠等政策，吸引外国企业、港澳台企业到四川投资落户。四川省非公有制经济主要以本土个体私营经济发展为主，历年均超过非公有制经济总量的 90%；以外商投资经济、港澳台投资经

表1 1978～2013年四川省非公经济总量占全省地区生产总值的比例

单位：亿元，%

年	地区生产总值	公有制经济		非公经济	
		数值	占比	数值	占比
1978	184.61	178.25	96.6	6.36	3.4
1980	229.31	207.09	90.3	22.22	9.7
1985	421.15	361.82	85.9	59.33	14.1
1990	890.95	729.94	81.9	161.01	18.1
1991	1016.31	820.22	80.7	196.09	19.3
1992	1177.27	937.63	79.6	239.64	20.4
1993	1486.08	1160.91	78.1	325.17	21.9
1994	2001.41	1587.4	79.3	414.01	20.7
1995	2443.21	1901.1	77.8	542.11	22.2
1996	2871.65	2178.78	75.9	692.87	24.1
1997	3241.47	2415.07	74.5	826.4	25.5
1998	3474.09	2550.93	73.4	923.16	26.6
1999	3649.12	2618.76	71.8	1030.36	28.2
2000	3928.2	2760.35	70.3	1167.85	29.7
2001	4293.5	2894.07	67.4	1399.43	32.6
2002	4725.01	3079.89	65.2	1645.12	34.8
2003	5333.1	3329.88	62.4	2003.22	37.6
2004	6379.63	3784.22	59.3	2595.41	40.7
2005	7385.1	4177.61	56.6	3207.49	43.4
2006	8690.24	4618.44	53.1	4071.8	46.9
2007	10562.39	5256.67	49.8	5305.72	50.2
2008	12601.23	6037.95	47.9	6563.28	52.1
2009	14151.28	6488.12	45.8	7663.16	54.2
2010	17185.48	7570	44	9615.48	56
2011	21026.68	8883.12	42.2	12143.56	57.8
2012	23872.8	9798.03	41	14074.77	59
2013	26260.77	10569.74	40.25	15691.03	59.75

资料来源：《四川省民营经济统计年鉴》（2013年、2014年）。

济为辅，2001年外商投资与港澳台投资经济总量超过5%，2008年外商投资经济超过5%，2013年外商投资与港澳台投资经济达8.56%，但没有超过10%。2013年，四川省非公有企业工商登记总户数达340.04万户，从业人数达536.5万人，注册资金达29719.22亿元，国税收入1746.48亿元，地税收入1999.38亿元，其中，个体工商户274.87万户、私营企业50.42万户、外商1961户、港澳台企业1650户。全球500强企业中的250余户已落户四川，为四川社会经济发展做出了巨大贡献（见表2）。

表2 1978～2013年四川省个体私营经济、外商经济、港澳台经济投资情况

单位：亿元，%

年度	非公经济	个体私营经济		外商经济		港澳台经济	
	数值	数值	占比	数值	占比	数值	占比
1978	6.36	6.36	100	—	—	—	—
1980	22.22	22.22	100	—	—	—	—
1985	59.33	59.12	99.65	0.1	0.17	0.11	0.18
1990	161.01	159.03	98.77	1.24	0.77	0.74	0.46
1991	196.09	190.51	97.15	3.61	1.84	1.97	1.00
1992	239.64	232.66	97.09	4.56	1.90	2.42	1.01
1993	325.17	315.22	96.94	6.62	2.04	3.33	1.02
1994	414.01	400.71	96.79	8.95	2.16	4.35	1.05
1995	542.11	522.74	96.43	13.23	2.44	6.14	1.13
1996	692.87	666.97	96.26	16.79	2.42	9.11	1.31
1997	826.4	792.97	95.95	22.04	2.67	11.39	1.38
1998	923.16	883.86	95.74	26.3	2.85	13.00	1.41
1999	1030.36	987.27	95.82	27.97	2.71	15.12	1.47
2000	1167.85	1113.55	95.35	34.07	2.92	20.23	1.73
2001	1399.43	1328.79	94.95	46.59	3.33	24.05	1.72
2002	1645.12	1551.54	94.31	64.51	3.92	29.07	1.77
2003	2003.22	1885.49	94.12	81.95	4.09	35.78	1.79
2004	2595.41	2451.93	94.47	101.29	3.90	42.19	1.63
2005	3207.49	3025.38	94.32	129.04	4.02	53.07	1.65
2006	4071.80	3827.6	94.00	169.29	4.16	74.91	1.84
2007	5305.72	4942.62	93.16	257.76	4.86	105.34	1.98
2008	6563.28	6097.16	92.90	332.33	5.06	133.79	2.04
2009	7663.16	7108.81	92.77	393.36	5.13	160.99	2.10
2010	9615.48	8867.83	92.22	533.75	5.55	213.90	2.22
2011	12143.56	11127.72	91.63	703.55	5.79	312.29	2.57
2012	14074.77	12845.71	91.27	821.79	5.84	407.27	2.89
2013	15691.03	14347.90	91.44	891.20	5.68	451.93	2.88

3. 三次产业中非公有制经济发展情况

1978～2013 年，全省非公有制经济总量的比重在三次产业中呈现逐年上升态势。第一产业，非公有制经济比重从 1978 年的 3.28% 上升到 2013 年的 40.41%；第二产业，非公有制经济比重从 1978 年的 0.91% 上升到 2013 年的 71.26%；第三产业，非公有制经济比重从 1978 年的 8.42% 上升到 2013 年的 50.21%。2006 年，全省第二产业非公有制经济总量达 1992.66 亿元，首次第二产业中超过公有制经济总量。2013 年，全省第三产业经济总量达 4729.94 亿元，首次超过第三产业中的公有制经济总量（见表 3）。

表 3　1978～2013 年四川省三次产业非公经济总量

单位：亿元

年份	第一产业			第二产业			第三产业		
	地区生产总值	公有制经济	非公经济	地区生产总值	公有制经济	非公经济	地区生产总值	公有制经济	非公经济
1978	82.7	80.16	2.71	65.55	64.95	0.6	36.19	33.14	3.05
1980	101.68	84.59	17.09	81.05	80.04	1.01	46.58	42.46	4.12
1985	172.9	135.4	37.76	148.11	143.29	4.82	100.14	83.39	16.75
1990	321.41	242.69	78.72	312.64	286.99	25.65	256.90	200.26	56.64
1995	662.46	518.31	144.15	980.91	796.30	184.61	799.84	586.49	213.35
2000	945.58	671.80	273.78	1433.11	1034.06	399.05	1549.51	1054.49	495.02
2001	981.68	674.64	307.04	1572.00	1062.58	509.42	1739.82	1156.85	582.97
2002	1047.94	721.98	325.96	1733.38	1082.82	650.56	1943.69	1275.09	668.60
2003	1128.62	755.50	373.12	2014.79	1172.65	842.14	2189.69	1401.73	787.96
2004	1379.93	904.27	475.66	2489.40	1321.16	1168.24	2510.30	1558.79	951.51
2005	1481.14	928.98	552.16	3067.23	1538.68	1528.55	2836.73	1709.95	1126.78
2006	1595.48	954.31	641.17	3775.14	1782.48	1992.66	3319.62	1881.65	1437.97
2007	2032	1202.70	829.30	4648.79	1933.34	2715.45	3881.60	2120.63	1760.97
2008	2216.15	1248.27	967.88	5823.39	2314.79	3508.60	4561.69	2474.89	2086.80
2009	2240.61	1216.51	1024.10	6711.87	2553.56	4158.31	5198.80	2718.05	2480.75
2010	2482.89	1437.96	1044.93	8672.18	3003.99	5668.19	6030.41	3128.05	2902.36
2011	2983.51	1779.44	1204.07	11029.13	3544.24	7484.89	7014.04	3559.44	3454.60
2012	3297.21	1976.93	1320.28	12333.28	3611.62	8721.66	8242.31	4209.48	4032.83
2013	3368.66	2007.36	1361.30	13472.05	3872.26	9599.79	9420.06	4690.12	4729.94

资料来源：四川省民营经济统计年鉴（2013 年、2014 年）

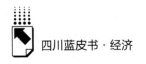

（二）四川省非公有制经济发展的特点

改革开放后，四川省非公有制经济开始崭露头角，逐步发展壮大，成为国民经济中的新生力量。党的十六大提出要毫不动摇地鼓励和支持民营经济的发展，此后，国家先后出台了一系列支持非公有制经济发展的政策，四川省非公有制经济得到了空前的大发展。

1. 经济总量持续增加，整体实力稳步提升

自 2011 年全省非公有制经济增加值突破 1 万亿元大关后，2012 年全省非公有制经济增加值超过 1.4 万亿元，2013 年全省非公有制经济增加值达到 1.57 万亿元。当前，四川正处于新一轮科学发展、加快发展的重要战略机遇期，在国家大力打造长江经济带、新丝绸之路经济带的背景下，全省加快实施"多点多极、两化互动、创新驱动"的发展战略，加快推进成都平原经济区、川南经济区、川东北经济区、攀西经济区、川西北生态经济区、天府新区的经济建设，进一步促进非公有制经济的发展、非公有制经济总量再创新高。

2. 非公有制经济增加值占全省 GDP 比重稳步提高

四川非公有制经济在国民经济中的地位得到进一步提高。2013 年，四川非公经济增加值占 GDP 比重达 59.75%，比 2012 年提高 0.8 个百分点。从三次产业看，第一产业非公经济增加值占第一产业增加值比重为 40.41 个百分点，较上年增加 0.41 个百分点；第二产业非公经济增加值占第二产业增加值比重为 71.26%，较上年增加 0.54 个百分点；第三产业非公经济增加值占第三产业增加值比重为 50.21%，较上年增加 1.28 个百分点。从所有制类型看，个体私营经济增加值占全省 GDP 比重为 54.64%，比上年提高 0.83 个百分点；外商经济增加值占 GDP 比重为 3.39%，比上年下降 0.05 个百分点；港澳台经济增加值占 GDP 比重为 1.72%，比上年提高 0.01 个百分点。

3. 非公有制经济对全省经济贡献率稳步提高

2013 年，四川实现非公经济比上年增长 11.48%，对全省经济增长的贡献率达 67.68%，拉动全省 GDP 增长 6.77 个百分点。从经济类型看，个体私营经济对四川经济增长的贡献率达 62.91%，拉动全省 GDP 增长 6.29 个百分点；外商、港澳台投资经济贡献率分别为 2.91%、1.87%，分别拉动 GDP 增长 0.29 个百分

点、0.19 个百分点。从三次产业看,第一产业非公经济对四川经济增长的贡献率达 1.72%,拉动全省 GDP 增长 0.17 个百分点;第二产业非公经济对四川经济增长贡献率达 36.77%,拉动全省 GDP 增长 3.68 个百分点;第三产业非公经济对四川经济增长贡献率达 29.19%,拉动全省 GDP 增长 2.92 个百分点。

4. 非公经济吸纳就业平稳增加,税收大幅增长

民营企业数量增多和实力的增强,为社会创造了更多的就业岗位,向国家缴纳了更多的税收。2013 年,全省个体工商户户均就业人数为 1.95 人、私营企业户均就业人数为 8.3 人;全省个体工商户户均纳税 1.06 万元、私营企业户均纳税 4.03 万元;外商投资企业户均纳税 1270.78 万元,港澳台投资企业户均纳税 657.7 万元。

5. 企业数量明显增加,领先全省经济发展

2001 年以来,四川抓住西部大开发深入推进和多区域合作发展的重大机遇,大力发展非公经济,个体、私营经济迅猛发展,同时结合重大产业发展有针对性地招大引强,迎来了世界知名企业和现代产业投资四川的高峰期。2013 年,个体工商户、私营企业、外商企业、港澳台企业在四川注册登记总户数分别达 274.87 万户、50.42 万户、1961 户、1650 户,与 2001 年比较,分别增长 122.12%、667.43%、97.28%、-38.52%;注册资本金分别达 1100.56 亿元、12228.25 亿元、1294.28 亿元,1221.74 亿元;与 2001 年相比分别增长 1055.56%、2228.26%、391.92%、394.68%。全省非公经济企业注册资金规模接近 3 万亿元,其中个体工商户户均注册资本 4 万元,私营企业户均注册资本达 242.53 万元,外商企业户均注册资本达到 6230.19 万元,港澳台企业户均注册资本达到 10584.73 万元。

6. 工业园区成为非公有制企业的聚集地

引导众多个体私营企业进入特色工业园区,对提高产业和区域经济的竞争力,具有重要意义。四川省工业园区产业特色明显,基础设施齐全,配套服务好,对非公有制企业很有吸引力。到 2013 年,四川省拥有各类工业园区(工业集中发展区、经济技术开发区、高新技术开发区)213 个①,按照"一园一主业、园区有特色"的原则,基本实现了产业集中积聚。

---

① 四川产业园区门户网。

二　四川省各地市（州）非公有制经济发展情况

（一）市（州）非公有制企业发展概况

近年来，全省21个市（州）继续采取有效措施，从政策环境上大力扶持发展非公有制经济，以应对国内外不稳定的经济环境。在政府的引导下，非公有制企业不断加大科技投入，强化自主创新，引进国外先进技术，促进非公有经济健康发展（见图1和图2）。

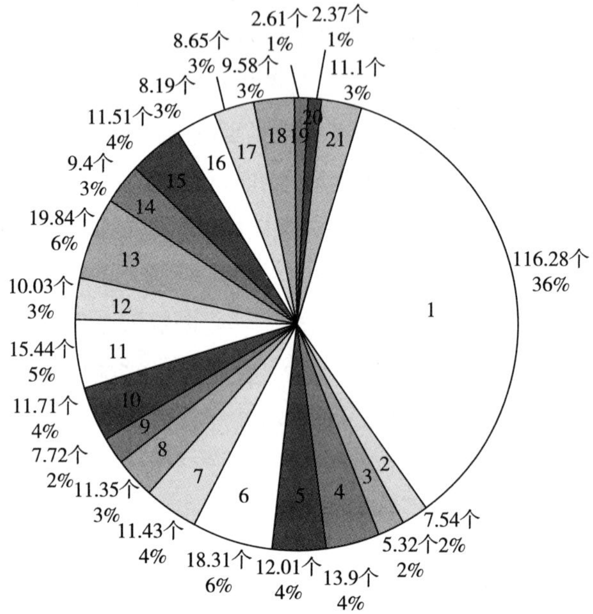

图1　2013年四川省各地个体私营企业注册登记情况

注：1~21分别代表成都市、自贡市、攀枝花市、泸州市、德阳市、绵阳市、广元市、遂宁市、内江市、乐山市、南充市、眉山市、宜宾市、广安市、达州市、雅安市、巴中市、资阳市、阿坝州、甘孜州、凉山州。图9同。

（二）2013年市州非公有制经济增加值完成情况

2013年，各市州继续采取有效措施，不断提升区位优势、改善服务环境，非公有制经济发展迅猛，成为推动区域经济增长的重要力量。非公有制经济发展较好的市州继续保持发展趋势，相对落后的市州也迎头赶上，全省非公有制经济呈现共同发展、共同繁荣的良好局面。

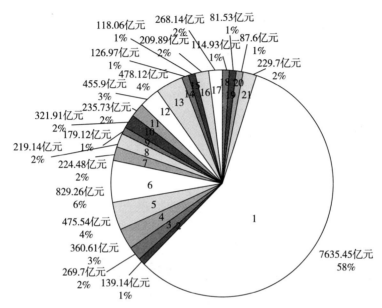

图2 2013年四川省各地个体私营企业注册资本情况

表4 2013年四川省地市州非公有制经济增减值完成情况

单位：%

市(州)	非公有制经济增加值占GDP比重	增速	对经济增长的贡献率
成 都 市	59.2	12.0	68.6
自 贡 市	56.0	13.5	66.1
攀枝花市	46.1	13.0	51.3
泸 州 市	59.2	14.3	74.9
德 阳 市	58.4	12.4	70.1
绵 阳 市	57.2	12.5	70.7
广 元 市	56.2	12.5	65.4
遂 宁 市	59.7	13.6	73.0
内 江 市	60.1	12.6	73.1

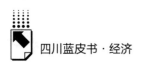

续表

市（州）	非公有制经济增加值占GDP比重	增速	对经济增长的贡献率
乐 山 市	56.6	12.7	68.3
南 充 市	60.2	13.0	70.6
眉 山 市	63.5	13.2	74.5
宜 宾 市	56.8	10.6	72.8
广 安 市	57.2	13.6	71.7
达 州 市	59.1	13.1	70.2
雅 安 市	58.6	7.3	108.1
巴 中 市	56.0	12.8	68.9
资 阳 市	58.6	12.8	68.9
阿 坝 州	45.3	13.1	56.3
甘 孜 州	43.3	14.1	48.1
凉 山 州	56.4	12.5	68.8

三 四川省非公有制经济发展中存在的问题

改革开放以来，四川非公有制经济经历了从无到有，不断发展壮大，取得了巨大的成就，但也存在一些问题。

（一）市场准入存在"隐形壁垒"

近年来，尽管国务院先后出台了促进非公有制经济发展的"36条"和促进民间投资健康发展的"新36条"，各部门也制定了相应的实施细则，但存在"细则不细"的情况，某些领域对民间资本开放，但行业主管部门并未制定出吸引民间资本进入的具有可操作性的办法，有的行业对民企、民资仍存在歧视性政策，民间资金进入这些领域仍然停留在纸上、口头上。一些行政主管部门对民间资本仍然存在歧视性的认识，个体、私营企业不能公平地进入这些行业开展业务。部分职能部门设置"行政许可"，将小微企业、中小民营企业拒之门外。

（二）企业规模较小，产业层次较低

全省个体私营企业总体表现为小企业多、大企业少，经营不稳定，成长

慢，核心竞争力不强，发展能力弱，面临解体危机。大部分非公有制企业从事商业贸易、食品加工、运输修理、初级加工等科技含量不高的传统行业，优势高科技产业项目较少，全省非公有制经济面临抵御风险能力差、产品寿命短、市场份额预期风险较高等状况。

（三）外商投资、港澳台投资企业数量逐年减少

从近十年看，外商投资企业数量最多的是 2006 年，达到 4491 户，此后一直减少，到 2012 年减少到 1727 户，2013 年有所回升，达到 1961 户；港澳台投资企业数量最多的是 2003 年，达到 2682 户，此后一直减少，到 2013 年降低到 1650 户。这一现象值得关注。

（四）服务体系不健全

配套服务是非公有制企业能够生存、发展的基础条件和重要因素，尤其是资金、技术、人才等方面的支持和服务，更是非公有制企业可持续发展的源泉。目前，融资困难、技术匮乏、中介服务特别是生产性服务体系不健全仍然是困扰全省非公有制企业进一步发展的重要障碍，其主要原因是非公有制经济发展的配套服务政策体系不够完善。同时，有关部门在审批企业上报的各类项目中存在审批环节过多、程序烦琐、周期过长的问题，在执法过程中，依法行政意识不强、行政管理不规范的现象仍然存在。

（五）产业结构有待优化

统计表明，影响非公有制经济增长速度快慢的主要因素是三次产业结构及其增长速度，比重大、增长快的产业对非公有制经济增长的贡献大，能进一步拉动非公经济的增长。四川省第一产业比重较大，增速远低于二、三产业，对非公有制产业快速发展带来一定影响。四川省个体私营经济主要集中在传统的制造业、建筑业以及为居民生活提供服务的批发零售业，居民服务业，住宿餐饮业，交通运输、仓储和邮政业等一般性竞争领域，而体现非公有制经济特点、富于发展潜力的高新技术产业、新型服务业尽管成长较快，但权重有限，尚未形成明显的竞争优势，其创新活力在转型升级中的潜力和作用未充分发挥。

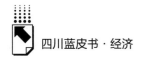

（六）企业自主创新能力不足

目前，四川省大多数非公有制企业特别是个体私营企业和中小型企业仍然依靠原有模仿技术或低水平技术创新维持生存与发展，基本上还处于技术创新的低层次阶段，自主创新动力和能力不足，具体表现在：一是关键技术及核心技术缺失；二是自主研发成本高，研发资金短缺；三是研发人员匮乏；四是获取先进技术信息平台和渠道不畅；五是缺乏激励自主创新机制与氛围。

四　进一步加快发展四川省非公有制经济的对策建议

（一）拓宽非公有制经济发展空间

一是放宽准入领域。市场准入条件对所有投资主体公开透明，鼓励民间资本"非禁即入"。鼓励各种类型的非公有制企业积极参与国有企业、事业单位改制重组，加快国有资本与非公有资本的融合发展。二是进一步改善市场环境，构建诚实守信、公平有序、充满活力的投资环境，进一步治理、规范市场秩序，加大市场监管力度，建立健全市场经济条件下的社会信用体系，改善非公有制经济的发展环境，维护好非公有制企业的合法权益，不断促进非公有制经济健康、平稳发展。

（二）重点培育扶持成长型中小企业

继续实施"工业强省"战略，筛选出一批掌握核心技术、具有行业领先地位、自主创新能力强、产品市场前景好的大中型民营企业作为全省"优势成长型企业"和"成长型中小企业"，重点支持、培育、支撑全省工业发展。在招大引强的同时，下大力气培育、支持本土企业做大做强。

（三）加大招商引资力度

四川省的招商引资工作已经取得了显著的成绩，但在全省经济总量中，外商投资、港澳台投资企业所占比重太小，缴纳的税收、解决的就业人数总量和比重偏小，企业数量呈下降趋势。建议省委省政府组织相关部门对此进行深入研究，找出解决方案，用好、用活国外的资金和市场，带动本土经济的发展。

（四）加大对非公有制经济财税、金融、用地支持力度

一是加大财政资金扶持力度。设立非公有制经济发展专项资金，从省财政每年安排一定的资金用于支持非公有制经济的人才培养、新技术研发等。二是用好税收优惠政策。国家、省出台的涉及非公有制经济、中小微企业的税收优惠政策，一律按最优惠标准执行。三是加大金融支持力度。金融机构要积极争取放宽对中小微非公有制企业的贷款条件，缩短贷款审批时间，下放贷款审批权限，扩大贷款规模。四是多渠道解决非公有制企业用地。各级政府在制定和实施土地利用总体规划和年度土地利用计划时，要统筹安排非公有制企业投资项目用地。各类产业园区要为非公有制企业发展预留用地。

（五）构建非公有制经济公共服务体系

坚持政府资金引导与社会资本广泛参与相结合，坚持非营利服务与市场化有偿服务相结合，坚持促进产业转型升级与全方位服务非公有制经济发挥相结合，坚持社会服务资源开放共享与统筹规划、重点推动相结合。按照"政府引导、市场化运作、面向产业、服务企业，资源共享、注重实效"的原则，不断完善政策措施，突出服务特色，强化服务质量，建立运作规范、支撑力强、业绩突出、信誉良好、公信度高的全省非公有制经济公共服务体系。

（六）引导非公有制企业集群发展

一方面要引导非公有制企业集群发展，推动国有企业与非公有制企业开展产品、服务、技术和劳务合作，引导非公有制企业特别是小型微型企业采取抱团方式共同开拓市场，培育商贸企业集聚区，发展专业市场和特色商圈；另一方面要提升非公有制企业发展层次，延伸产业链，壮大产业集群，做强做大非公有制龙头企业；努力培育发展一批主业突出、拥有自主知识产权和自主品牌、核心竞争力强的大型非公有制企业，发挥其重要的支撑和带动作用。

（七）鼓励创业创新

一是优化创业环境。构建政府引导、社会参与、跨界合作的创业服务体系，充分发挥现有中小企业公共服务体系、公共就业服务体系等社会资源作

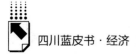

用，建立完善的省市县创业综合性服务窗口，提供一站式创业服务，提高全省自主创业成功率。二是鼓励社会资本创办小型微型企业。放宽准入条件，鼓励创办小型微型企业，除国家明令禁止外，所有领域对创业者开放，不设定限制性附加条件。拓宽创业出资方式，支持以不需要办理权属登记的自有技术作为公司股东的首次出资。建立激励机制，鼓励支持个体工商户转型升级为微型企业，享受相关鼓励、支持政策；对于持续一定时间（如一年以上）的创业企业，且依法纳税并符合相关规定的，给予一定的创业奖励；对创办一定时间（如三年内）租用生产经营场地的小型微型企业，符合条件的，给予一定比例的租金补贴。符合产业政策进入省市小企业创业基地（创业园）或创业孵化器的小型微型企业，可采取边生产、边完善手续的方式进行创业发展。三是加快小型企业创业平台与载体的发展。结合产业规划布局，以完善产业链为原则，在现有的工业园区内或较为便利的未开发土地上，规划安排 30～50 亩土地建立小型微型企业创业发展园，建设廉租厂房，引导小微企业入住，鼓励各类人员入园创业，小企业创业载体建设可由政府投资建设，也可引入民间资金和市场，做活工业地产。同时，要注意建立健全技术支持、电子商务、物流、信息等为小微企业服务的配套平台，形成引得来、留得住、能发展的良好局面。对发展较好，积极参与省级小企业创业示范基地创建工作，以获得国家、省相关政策资金支持。

B.18
四川省高新技术产业与园区
经济发展研究报告

王 磊*

摘　要：　四川省高新技术产业与园区经济的整体实力和规模不断扩张，已成为全省实施"三大发展战略"的重要支撑力量。但与东部沿海省市相比，还有较大差距，高新技术产业实力和园区的空间布局、功能定位和发展方式也亟待优化。因此，应抢抓战略机遇期，提升高新技术产业实力，尽快增加省级以上园区数量，加快优势产业聚集，提升整体发展水平，为实现"两个跨越"做出更大贡献。

关键词：　四川省　高新技术产业　园区

多年来，四川省高度重视高新技术产业和园区经济发展，全力支持它们发展。2013年，全省高新技术产业产值首次突破万亿，达10341亿元，2014年预计将达到12000亿元，已成为引导全省产业结构优化升级和创新驱动发展的主力。园区经济实力不断增强，已初步建立起了以国家级为引领，以省级为支撑，以众多市县级为补充的较完整的园区发展体系，在承接产业转移、加快优势产业聚集、构建区域经济增长极、促进科技创新、加快新型工业化和城镇化建设等方面发挥了重要作用，已成为全省实施"三大发展战略"的重要支撑力量。但总体看，四川省高新技术产业和园区经济发展与东部地区还有较大差距。新时期，国家加大了对高新技术和产业园区建设的支持力度，整体形势非

* 王磊，四川省社会科学院产业经济研究所副研究员，硕士，主要研究方向：产业经济学。

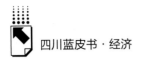

常有利于它们发展。因此，四川省应抢抓战略机遇期，不断增强全省高新技术产业实力，尽快增加省级以上园区数量，完善基础设施和配套服务体系，加快优势产业聚集，增强引导带动和辐射能力，为全省奋力推进"两个跨越"做出更大贡献。

一 四川省高新技术产业与园区经济发展现状

（一）高新技术产业发展现状分析

1. 产业规模和实力不断增强

近几年，四川省高新技术产业发展较快。2013年，产业总产值首次突破1万亿元，达到10341.7亿元，居西部地区首位。其中规模以上工业高新技术企业实现总产值9238亿元，同比增长15%，占全省规模以上工业的25.8%，实现出口交货值2373.4亿元，占全省规模以上工业的88.3%。全省21个市州高新技术产业工业总产值全面增长，有15个市州的总产值超过100亿元。2014年以来，全省高新技术产业保持良好发展态势，前三季度总产值已经超过9000亿元，预计全年将达到12000亿元。2014年1~8月，全省高新技术产品进出口均保持两位数增长，进出口总值达233.9亿美元，其中，进口100亿美元，出口133.9亿美元，分别占全省外贸的42.8%和57.2%。

2. 优势产业及企业实力不断增强

全省高新技术产业主要分布在电子信息业、先进制造业、航空航天业、新材料业、生物医药及生物农业、核技术及新能源等六大领域，六大产业规模以上产值占全省高新技术产业产值的65%左右。另有55家非工业领域高新技术企业，2013年实现主营业务收入1103.7亿元。2013年，全省有高新技术企业1804家，其中国家创新型（试点）企业26家。认定省级创新型企业1154家，另有国家级工程技术研究中心16个、省级工程技术研究中心120个。大中型企业总产值占全部高新技术企业的80%以上。预计2014年，全省高新技术企业数量将达到2200家。

3. 高新区发展成效显著

全省建立了9个国家级及省级高新技术产业园区，全力支持高新技术产业发展。2013 年成都、绵阳、自贡、乐山等 4 个国家级高新区和成都金牛、德阳、德阳广汉、泸州、攀枝花等 5 个省级高新区实现主营业务收入 6894 亿元，财政收入 577 亿元；实现高新技术产业产值 4406 亿元，占全省高新技术产业产值的 42.6%，完成高新技术产业增加值 994 亿元，出口创汇 194 亿美元。园区高新技术企业总数 715 家，占全省高新技术企业总数的 38.7%。园区上市高新技术企业 29 家，产值 10 亿元以上的高新技术企业 27 家。到 2013 年底，全省高新区拥有各类研究开发机构 488 家，研究开发经费 178.9 亿元；拥有各类专利 44875 件，其中发明专利 6726 件，① 已成为全省高新技术产业发展的重要载体和平台。2014 年以来，9 个高新技术产业园区保持了良好的发展态势，产业支撑能力将进一步增强。

（二）园区已成为四川实施三大发展战略的重要支撑力量

近年来，四川园区经济发展较快，整体实力不断增强，已成为各市州承接产业转移、加快优势产业聚集、提升科技创新和促进产城一体化建设的重要载体，有效促进了全省"三大发展战略"的实施。

1. 整体实力提升，已成为全省多点多极建设的重要载体

截至 2014 年 10 月，四川已建立各类产业园区 211 个，其中省级及以上园区 61 个（其中国家级开发区 14 个、省级园区 47 个），区县级园区 150 个。省级以上园区基本上按照各地的区域优势、资源禀赋和经济产业基础分布在全省五大经济区域内，布局基本符合全省多点多极发展战略要求。其中，成都经济区共有 44 个，占全省总数的 72.1%；川东北经济区有 7 个；攀西经济区有 3 个；川西北生态经济区有 1 个。② 这一布局与各区域经济发展实力是相吻合的，基本是为多极多点发展战略布局的，将为这些地区的优势产业发展提供更好的平台。

2013 年，四川开始实施"51025"重点产业园区发展计划，力争通过 5 年的努力，培育 5 个营业收入超过 2000 亿元的产业园区、10 个营业收入超过

---

① 张岚：《全省高新区去年实现园区生产总值 2017 亿元》，《四川日报》2014 年 5 月 30 日，第 9 版。
② 数据由四川省发展与改革委员会相关部门提供。

1000 亿元的产业园区、25 个营业收入超过 500 亿元的产业园区。2014 年上半年，全省"51025"产业园区入园企业 11178 户，其中规模以上工业企业 4580户；实现工业总产值 10957.5 亿元，同比增长 17.6%；入园企业投资额1819.3 亿元，同比增长 6.4%。已有超 2000 亿元的产业园区 1 个、超 1000 亿元的产业园区 1 个、超 500 亿元的产业园区 10 个，产业向园区的集中度达到65%。[①] 它们在聚集优势产业，特别是促进全省装备制造、电子信息、汽车、食品饮料和化工等优势产业发展方面发挥了重要作用，已成为所在区域优势产业聚集发展的增长极，极大促进了区域经济发展。

2. 已成为增强创新驱动和内生增长能力的重要平台

产业园区坚持把科技创新作为加快发展的重要动力，努力构建科技创新体系，全力提升自主创新能力，推进科技成果转化，创新驱动和内生增长能力明显提升。成都及绵阳高新区成立后，以发展高科技、实现产业化为己任，不断完善创新孵化体系，搭建公共技术、信息及金融等服务平台，健全以市场为导向、企业为主体、产学研互动结合的创新体系，吸引了众多高新技术企业、人才、资金和技术聚集发展，有效促进了所在区域自主创新能力的提升。2013年，全省园区已聚集直接从事研发的人员近 10 万人，研发经费支出超过 350亿元，建立省级以上企业技术中心 300 多个，拥有高新技术企业近 1500 家，成为区域创新体系建设的重要平台。

3. 已成为区域产城一体及新型城镇化建设的载体

全省园区在建设初期大多数地处城镇周边和城乡接合部，在选址时尽可能利用荒地、荒滩、荒坡，不占或少占耕地。其中，利用"三荒"和丘陵地带的面积占 50% 以上。园区把分散在不同区域的工业企业集中起来，腾出原有建设用地，为城市发展创造了条件。成都、绵阳、自贡、乐山等市通过迁出工业企业进入园区，腾出大量土地用于第三产业发展，成功实现了"腾笼换鸟"，有效促进了城市发展。由于大多数园区都建在城镇周边和城乡接合部，它们的建设发展，扩大了城镇面积，加快了人口聚集，有效促进了房地产、餐饮住宿、休闲娱乐、金融商贸、仓储物流、网络通信、信息及市场等服务业的发展，这些地区逐渐成为城镇新区，实现了工业化与城镇化互动及产城一体发

---

① 数据由四川省统计局相关部门提供。

展。成都、绵阳、德阳、乐山及遂宁等地的园区建设，不但扩大了城市面积，而且提高了城市的规划建设水平，使城市的形象和市容市貌明显改观，人气剧增，经济发展日益繁荣。

4. 已成为促进体制机制创新和构建开放合作经济的先行区

多数园区按照"精简、高效、统一"的原则，成立了管委会，并不断进行管理体制和运行机制方面的改革创新，已成为全省机构最精简、运行最高效的区域。省级以上园区基础设施和配套服务体系不断完善，多数实现了"八通一平"，并规划建设了商务及生活服务区。同时，还不断提高服务管理水平，构建各类公共技术、信息、金融及其他服务平台，完善法律、财务、评估、审计等中介服务，使园区的承载能力和投资环境不断改善，已逐步成为当地投资、创业、经商、工作甚至居住生活最好的区域。吸引大批优秀企业、人才、技术、资金等高端要素聚集，在承接产业转移和构建开放型经济方面发挥了重要作用。2014 年上半年，全省园区实际利用省外资金超过 1500 亿元。英特尔、富士康、戴尔、联想、一汽大众、一汽丰田等重大引进产业项目均落户园区。

二 四川省高新技术产业与园区经济发展存在的问题和面临的机遇

四川省高新技术产业与产业园区已成为区域经济发展的重要支撑力量。但与东部省市相比，高新技术产业规模还较小，园区数量、规模和整体实力还有较大差距，并存在发展不均衡、产业结构趋同、聚集效应和创新能力不强等问题，限制了它们在全省经济发展中的作用。但国家和省上的支持、国内外产业转移的趋势以及四川省三大发展战略的实施也为高新区和园区建设创造了极为有利的条件。

（一）高新技术产业存在的问题与不足

1. 整体规模和实力与东部发展省市还有较大差距

2013 年，广东省有高新技术企业 8000 家，江苏省有 6769 家，浙江有 5309 家，四川仅 1804 家，不足它们的 1/3；广东省高新技术产业产值达 4.5

万亿元,江苏省4.2万亿元,浙江省也有3.5万亿,是四川1.03万亿元的3~4倍。高新技术企业创新能力与发达省份也相差较大,广东有国家级创新型企业74家,江苏省也有74家,浙江有70家,四川仅26家,省级企业技术中心、国家级以及省级工程技术中心数量也都少很多,因此,科技创新和内生增长能力与它们也有较大差距。①

2. 高新技术产业园区及数量和实力还不强

截至2014年10月,我国已有114家国家级高新区。其中广东9家、江苏10家、山东9家、辽宁7家、河北6家,四川仅4家,并且只有成都高新区的实力较强,2013年产值超过了2000亿元,绵阳、乐山及自贡高新区的规模和实力都较小。省级高新技术产业开发区的数量和规模也较发达省市相差甚远,园区基础设施和配套服务能力也不完善,很大程度上限制了全省高新技术产业的集群集聚发展。

(二)园区发展存在的问题和不足

1. 园区数量不足、整体实力还不强

四川省经济总量居全国第8位,但仅有61个省级以上开发区,数量仅为山东和广东的1/3、江苏的2/5,差距较为明显。截至2014年8月,全国共有国家级经济技术开发区215家,其中江苏省25家、浙江20家、山东15家,四川仅8家。国家级高新区数量也少得多。园区整体规模和实力与发达地区也有较大差距。

从区域分布来看,省级以上园区主要集中在成都、绵阳、德阳等地区,川南、川东北、攀西和川西北地区数量太少,凉山州没有一家省级以上开发区,阿坝州只有一家。并且从经济产业发展实力来看,成都高新区、成都经济技术开发区、德阳经济技术开发区和绵阳高新区,远远强于川南、川东北、攀西地区的开发区,这与多点多极发展战略的要求不相符。

2. 产业结构和布局亟待改进

由于缺乏全省园区经济发展的整体规划和统筹协调机制,不同区域内园区

---

① 由广东、江苏、浙江以及四川等省的2013年国名经济和社会发展统计公报相关数据整理所得。

在产业及功能定位上，往往只从地区利益出发，相互攀比竞争，不可避免地造成重复建设、产业结构趋同和同质化竞争。全省61个省级以上园区的主导产业主要集中在机械、医药、食品、电子四个方面。其中有39个园区将机械制造确定为主导产业，有21个园区选择了医药行业，选择食品和电子产业的分别有21个和23个，其他选择农产品加工、化工和冶金行业的也较多。导致各园区在招商引资过程中竞争激烈。部分园区为了争项目，甚至不计成本，降低了资源利用效率和开发区滚动开发的能力，不利于产业集群的形成和整体竞争力的提升。

3. 园区发展的政策优势弱化及环境资源约束加强

四川省园区在建设发展初期，通常是通过实施土地、税收、财政等优惠政策创造了局部优化的比较政策优势，在吸引和聚集生产要素、促进招商引资、加快园区发展等方面发挥了重要作用。但优惠政策很容易被其他园区复制，难以长久维系，各地园区优惠政策会逐步趋于一致。并且，随着我国经济发展环境和目标的变化，相关政策措施也开始逐步调整，如国家相继取消了改革开放初期赋予开发区的财政返还等特殊政策，使园区招商引资的政策优势趋于弱化，优惠空间不断缩小。随着四川省经济发展，土地、能源、劳动力及原材料价格持续上涨，园区内企业生产成本增加，用水、用电和能源、资源消耗也大幅增加，废水、废物、废气排放总量增长较快，对环境造成较大压力，如果这种情况不彻底改变，园区将很难获得更大发展。

（三）高新技术产业和园区经济发展的机遇和有利条件

随着四川省三大发展战略的深入实施和国家的全力支持，高新技术产业和园区经济迎来了重要战略机遇期，无论是国内外环境，还是四川的经济产业基础和丰富的要素资源，都为全省高新技术产业和园区发展创造了极为有利的条件。

1. 国家的支持和省内各级政府的高度重视

国家及各级政府都非常重视高新技术产业和园区经济的重要战略地位，不断加大投入，制定各种扶持政策促进它们发展。四川已初步建立起了支持高新技术产业发展的较完整的科技、金融、财税、人才及其他政策服务体系，并且扶持力度在不断加大，将为高新技术产业发展提供良好的环境。而自2009年起，国家重新启动了国家级高新区和经济技术开发区的审批制，各省也放开了省级园区的审批工作。科技部、商务部以及各省的主管部门不断出台扶持政策支持园区发展。目前，四川省政府已建立多个专项资金，用于支持园区的基础设施、科技创新、产业发展、融资平台及配套服务体系建设，并且制定了"51025"重点产业园区发展计划，这些都将有效促进园区经济发展。

2. 四川良好的环境资源条件和经济基础有利于高新技术产业和园区经济发展

四川被誉为"天府之国"，环境资源条件优越，经济产业基础及科技实力雄厚，为高新技术产业及园区经济的持续快速发展提供了良好条件。四川省水能资源可开发量1.2亿千瓦，居全国首位；钒、钛、天然气等8种矿产储量居全国之冠，28种矿产居全国前3位。经济总量位居全国第八，占西部地区的近1/4，拥有门类齐全的现代工业体系，食品饮料、电子信息、重大装备、汽车、能源电力、航空航天、生物医药等优势产业具有较强的竞争力。四川科研院校众多，军工以及科研技术实力较强，有全国唯一的科技城——绵阳。拥有长虹、五粮液、东方电气、富士康、英特尔、联想、一汽大众、一汽丰田等大型骨干企业，为全省高新技术及园区经济发展打下了坚实的基础。四川省委提出的实施"三大发展战略"，奋力推进"两个跨越"，以及西部大开发战略的深入实施，长江经济带、丝绸之路产业带以及成渝经济区和天府新区建设的加快，都为全省高新技术产业及园区经济发展带来了重大机遇。

3. 国内外经济形势有利于四川高新技术产业和园区经济发展

随着世界新技术革命的深化，以及我国经济转型的加快，发展高新技术产业引领结构优化升级和转变发展方式，已成为四川经济发展重要的战略选择。充分发挥后发优势，利用最先进的科技成果经营企业，将有效加快四川的高新技术产业发展。随着国内外产业结构和布局调整力度的加大，全国范围内"外资西进、内资西移"仍在继续。四川作为西部的资源、人口大省，能源、资源富集，土地、劳动力等要素成本较低，拥有良好的经济产业基础和配套服务体系。国家又将川渝经济区列入优先开发的区域，着力培育西部增长极。这些不但为四川承接国内外产业转移创造了有利的条件，并使四川具有比西部其他地区更强的比较优势，吸引更多的企业落户发展。近期，富士康、戴尔、联想、一汽大众、一汽丰田等世界知名企业纷纷进驻，显示了四川省园区在承接产业转移方面的优势。抓住有利时机，全面优化投资创业环境，完善配套服务体系，充分发挥四川省在人才、技术和政策环境等方面的优势，加大招商引资力度，主动承接国内外产业转移，必将进一步增强四川省园区发展实力。

三 提升四川高新技术产业及园区经济发展水平的对策建议

继续完善支持高新技术产业发展的服务体系，通过自主创业和加大招商引资力度，尽快做大规模，提升全省高新技术产业的整体实力。积极申请并增加省级以上园区数量，尽快完善园区管理体系，明确发展战略，优化发展规划，按照发挥优势、错位竞争、差异化发展的原则，努力建立布局合理、特色鲜明、功能突出、聚集效应明显的园区体系；全面优化园区投资创业环境，完善基础设施和配套服务体系，提高综合承载能力；加大招商引资力度，吸引更多的高端要素进入园区发展；强化科技创新，增强创新驱动和内生增长能力；努力将园区建成各经济区调整和优化经济结构、加快新型工业化和城镇化建设、增强创新能力、发展开放型经济的载体，成为支撑全省"三大发展战略"的重要力量。

（一）完善高新技术产业发展的支持体系

继续完善全省支持高新技术产业发展的区域创新、金融、财税、产业及其他政策服务体系。依托全省雄厚的科研技术实力，构建完善的高新技术产业创新体系，强化产学研结合及军民融合，增强产业创新及成果产业化能力。搭建高新技术企业孵化及中小企业扶持体系，帮助中小高新技术企业投资产业和扶持它们发展壮大；构建支持高新技术企业发展的公共技术、信息、网络通信及金融等公共服务平台，完善法律、评估、会计等公共服务体系建设；建立完善的金融服务体系，加快天使基金、创业风险投资、产业发展基金、私募及公募基金、中小企业担保公司、科技保险以及银行等金融机构发展，为高新技术产业发展提供优越的金融发展环境，并支持有实力的企业通过上市融资，获得发展资金。

鼓励高新技术企业建立研发机构，加大研发投入，努力提升自主创新能力。支持大型高新技术企业提高综合竞争力，提升在全省及全国的地位，鼓励

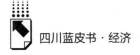

有实力的企业走出去，逐步发展成为具有国际竞争力的大企业。扶持中小企业健康成长，逐步发展壮大，努力激活中小及小微高新企业的发展活力，增强产业整体发展活力。

增加全省高新技术产业园区数量，改善园区基础设施及配套服务体系，进一步优化园区发展环境，增强产业承载能力，吸引更多高端的生产要素到园区创业，为高新技术产业发展提供更为优越的平台和载体。

积极吸引社会资本进入高新技术产业领域投资创业，鼓励科技人员、大学毕业生、海外留学归国人员创业发展。在鼓励自主创业的同时，加大招商引资力度，吸引更多有实力的海内外高新技术企业到四川发展，推动全省高新技术产业尽快提升整体发展实力，为全省经济发展做出更大贡献。

（二）加快国家级园区的申请及省级园区的审批

借助国家重新启动国家级园区审批，并进一步放宽准入条件的有利时机，鼓励和帮助省内有条件的园区申请成为国家级开发区。在国家已对四川省39个重灾区县园区扩区升级发展做出明确指示的情况下，积极做好全省各类园区扩区升级的前期准备工作。制定全省园区发展绩效的动态评价指标体系，并根据评价结果选择符合条件的各级园区分别做好升级和扩区准备。重点扶持川南、川东北、攀西和川西地区，增加这些地区省级以上园区数量，并帮助它们尽快发展壮大，以符合多极多点支撑发展战略的要求。各地应抓住"十三五"发展规划即将启动和新一轮土地利用总体规划修编的机会，抓紧研究编制园区升级扩区发展规划，探索建立适合扩容需要的园区管理体制模式和运行机制。

（三）完善管理，明确定位，科学规划，优化布局

继续按照"精简、统一、效能"的原则，尽快完善园区内部管理体制。一方面要进一步明晰园区管委会的法律地位和职能职责，要把管委会管理职能的重点放在制定发展战略规划、完善政策服务体系、引导产业发展、组织招商引资、提供指导和服务、协调各方关系、组织实施监督等经济宏观管理上，运用政策导向和宏观调控手段引导企业健康发展。另一方面要积极创造有利条件，加快园区内金融商贸、财会审计、评估、翻译、法律、咨询以及劳动力市场等服务和中介机构的建设和完善，创造更为完备的市场经济运行环境，并充

分发挥各类中介组织和行业协会的桥梁与纽带作用，把政府管不了、管不好的事情交给社会中介组织去完成，在园区内营造一个良好的区域市场经济环境。

进一步优化全省园区整体发展规划，并将其纳入全省国民经济和社会发展规划、土地利用总体规划、城市总体规划和环境保护规划。园区发展布局，原则上按照一个市（县）不超过一个为宜，防止精力分散、资源浪费和恶性竞争。各地园区要按照发挥优势、错位竞争、差异化发展的原则，明确功能和产业定位，努力形成特色。

（四）完善基础设施和配套服务体系，全面优化投资创业环境

努力完善园区基础设施和配套服务体系建设，转换运行机制，健全管理体制，全面优化投资创业环境，吸引更多企业入园发展。继续完善"八通一平"等公用设施建设，并将其与加强环境保护、资源综合利用和生态建设相结合，加快污水、工业固废集中处理等环保设施建设，提升园区综合承载力。除基础设施配套外，完善生产配套、创业环境和生活条件配套对吸引投资创业、促进园区发展同样很重要。进一步转变政府职能，提高行政效率，降低商务成本。进一步完善服务方式，建立绿色服务通道，提高行政服务效率。同时，加强完善生产性、生活性服务，加强金融、科技、人才、劳动用工、信息等方面的服务体系建设，培育社会中介服务机构，构建社会化服务体系，逐步建立服务管理的长效机制，不断增强创业投资环境新优势。

（五）优化产业结构，提高集聚效应，增强辐射带动能力

突出特色，发挥优势，进一步调整和优化产业结构，提高园区的集聚效应。一是要强化产业规划。园区主导产业的数量一般控制在3个左右，重点园区主导产业的产值占开发区总产值的比重要达到70%以上，其他园区要达到50%以上。尽快淘汰落后企业和产能，以腾出有限的空间促进优势产业发展。二是要优化园区发展的产业布局。国家级园区要以资金密集型和技术密集型产业为主，重点发展高新技术产业，努力将其建设成为国内重要的先进制造和高新技术产业基地。市（州）园区要依托区域中心城市的发展，以资金密集型、技术密集型企业为主，兼顾发展传统制造业和劳动密集型产业，努力打造区域经济发展的增长极。三是加大产业扶持力度。集中力量扶持一批技术先进、市

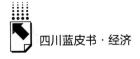

场竞争力强、引导带动作用强的特色产业，在具有比较优势的领域，形成一批产业集中、关联紧密、特色鲜明、市场竞争力强的主导产业群。

（六）加大招商引资力度，提高创新驱动和内生增长能力

围绕主导产业，明确发展目标，按照弥补和延伸产业链、促进集群发展的原则，继续招大引强，带动配套企业发展，吸引更多企业进入园区，加快优势产业聚集。同时，要积极鼓励投资创业，建立完善的中小企业创业孵化体系，调动社会存量资本进入开发区创办企业；按照企业成长路线图，制定本土企业创业发展的培育扶持体系。建立完善中小企业创业孵化体系，促进投资创业；建立成长型企业助推扶持体系，帮助成长性较好的企业尽快发展壮大，做大做强；支持有实力的本土企业面向全国，走向世界，尽快培育一批具有国际竞争力和影响力的大型跨国企业，使园区成为促进本土企业发展壮大的重要基地，帮助企业提高自主创新能力，增强创新驱动和内生增长能力。

参考文献

四川省人民政府办公厅：《四川省"十二五"开发区发展规划》，川办发〔2011〕64号。

四川省人民政府办公厅：《四川省"51025"重点产业园区发展计划》，川办发〔2011〕44号。

B.19 四川省大中型工业企业自主创新研究

王巧苗　李忠鹏*

摘　要：　本文首先从有 R&D 活动的企业、R&D 人员投入、R&D 经费支出、R&D 项目、研发机构、新产品产出、专利申请和授权、技术创新等方面描述四川省大中型工业企业自主创新的现状，然后运用因子分析法对四川省大中型工业企业自主创新进行实证分析，最后从企业与政策制度环境两个层面提出促进四川省大中型工业企业自主创新的对策。

关键词：　自主创新　大中型工业企业　因子分析法

一　四川省大中型工业企业自主创新的现状

（一）有 R&D 活动的企业

四川省大中型工业企业 R&D 活动的主要衡量指标是有 R&D 活动的企业数、有 R&D 活动的企业数占全部企业的比重。2005 ~ 2010 年，四川省大中型工业企业有 R&D 活动的企业数占全部企业的比重基本处于 20% ~ 28%，2005 ~ 2007 年呈上升趋势，2007 ~ 2010 年呈下降趋势。说明四川省大多数大中型工业企业没有开展研究开发活动，大部分企业不关注创新的作用，自主创新活动不是四川省大中型工业企业实现利润增长的主要因素（见表 1）。

---

* 王巧苗，四川省社会科学院产业经济学专业研究生；李忠鹏，四川省社会科学院产业经济研究所研究员，主要研究方向为产业经济学。

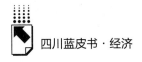

表1　2005～2010年四川省大中型工业企业有R&D活动的企业数

单位：家，%

年份	2005	2006	2007	2008	2009	2010
有R&D活动的企业数	273	295	317	297	324	280
有R&D活动的企业数占全部企业的比重	27.7	28.1	25.8	20.8	20.2	21.1

四川省与全国各省区市在大中型工业企业自主创新活动方面主要用有R&D活动的企业数比例进行比较。就2012年来说，四川省大中型工业企业有R&D活动的企业数比例为5%，不仅低于全国平均水平的13%，还低于西部平均水平的7%。大中型工业企业有R&D活动的企业数比例多于四川省的省区市有北京、天津、河北、山西、黑龙江、上海、江苏、浙江、安徽、福建、江西、山东、河南、湖北、湖南、广东、广西、海南、重庆、贵州、云南、西藏、陕西、甘肃、青海、宁夏、新疆。四川省大中型工业企业有R&D活动的企业数比例严重偏低，说明四川省大中型工业企业自主创新活动严重缺乏（见图1）。

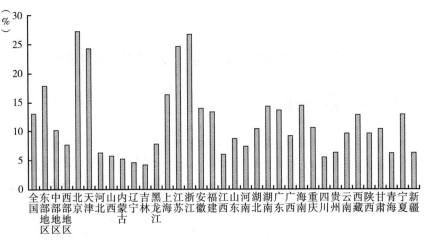

图1　2012年四川省与全国各省区市在有R&D活动的企业数比例方面的比较

（二）R&D人员投入

四川省大中型工业企业自主创新的投入主要分为人力的投入和资金的投入。

其中，人力的投入主要衡量指标包括 R&D 全时当量、科学家工程师人数、R&D
全时当量占从业人员比重以及科学家和工程师占 R&D 全时当量比重。从绝对量
上来看，R&D 全时当量从 2005 年的 24913 人年增长到 2008 年的 38298 人年，增
长幅度为 6%。而 2008～2010 年则一直减少到 35456 人年，减少幅度为 9%。科
学家和工程师人数从 2005 年的 18763 人增长到 2007 年的 25886 人，而 2007～
2010 年处于减少趋势，2010 年比 2005 年还减少 3306 人。从相对量上来看，可以
用 R&D 全时当量占从业人员比重来反映企业自主创新投入强度。2005～2009 年，
R&D 全时当量占从业人员比重大体在 2% 上下浮动，2010 年出现明显下滑至
1.67%。用科学家和工程师占 R&D 全时当量比重来反映研发队伍的层次。
2005～2007 年，科学家和工程师占 R&D 全时当量比重基本处于 75%～78%。
2007～2010 年处于下降趋势，从 2008 年的 62.27% 下降到 43.59%（见表 2）。

表2　2005～2010 年四川省大中型工业企业 R&D 人员投入情况

年份	2005	2006	2007	2008	2009	2010
R&D 全时当量（人年）	24913	25972	33527	38298	37507	35456
R&D 全时当量占从业人员比重（%）	1.94	1.92	2.28	2.39	2.12	1.67
科学家和工程师人数（人）	18763	19838	25886	23849	18738	15457
科学家和工程师占 R&D 全时当量比重（%）	75.31	76.38	77.2	62.27	49.95	43.59

四川省与全国各省区市在大中型工业企业自主创新的人力投入主要用
R&D 人员占从业人员的比重、研究人员占 R&D 人员全时当量的比重两个指标
来进行比较。其中，R&D 人员占从业人员的比重反映了大中型工业企业自主
创新的人力投入的强度。就 2012 年来说，四川省大中型工业企业 R&D 人员占
从业人员的比重为 2.5%，低于全国平均水平的 3.2%，和中部、西部平均水
平相当。其中，大中型工业企业 R&D 人员占从业人员的比重高于全国平均水
平的有北京、天津、黑龙江、上海、江苏、浙江、安徽、山东、湖北、广东、
陕西。大中型工业企业 R&D 人员占从业人员的比重低于全国平均水平和高于
中部、西部平均水平的省市有福建、湖南、海南、重庆、甘肃。说明四川省大
中型工业企业自主创新的人力投入强度非常不够。研究人员占 R&D 人员全时
当量的比重反映了大中型工业企业自主创新的人力投入的层次。就 2012 年来
看，四川省大中型工业企业研究人员占 R&D 人员全时当量的比重为 39%，高

于全国平均水平的32%，但是低于西部平均水平的42%。大中型工业企业研究人员占R&D人员全时当量的比重高于四川省的省区有河北、山西、内蒙古、辽宁、吉林、黑龙江、西藏、陕西、青海、甘肃、新疆（见图2、图3）。

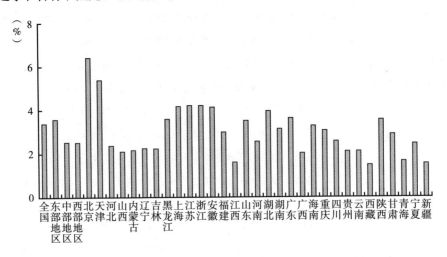

图2　2012年四川省与全国各省区市在R&D人员占从业人员的比重方面的比较

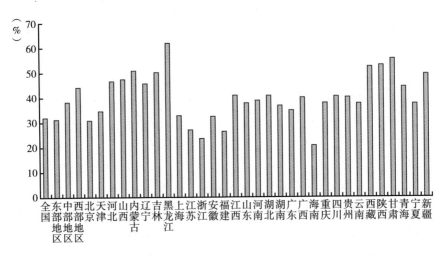

图3　2012年四川省与全国各省区市在研究人员占R&D人员全时当量的比重方面的比较

（三）R&D经费支出

四川省大中型工业企业自主创新的资金投入主要衡量指标是R&D经费支

出、新产品开发经费支出、R&D 经费投入占主营业务收入比重、新产品开发
经费支出占主营业务收入比重。从绝对量上来看，R&D 经费支出在 2005～
2010 年都处于上升趋势，从 2005 年的约 35 亿元增长到 2010 年的约 88 亿元，
增长了 1.5 倍。其中 2007 年和 2009 年 R&D 经费投入增长率达到 32% 左右，
而 2008 年和 2010 年 R&D 经费投入增长率只为 8% 左右。新产品开发经费支出
在 2005～2010 年处于增长趋势，从 2005 年的 26 亿元增长到 2010 年的 104 亿
元，增长了 3 倍。其中 2007 年和 2009 年增长率均为 62%，2010 年增长仅为
4.5%。从相对量来看，R&D 经费投入占主营业务收入比重可以反映 R&D 经
费投入强度。总体来说，R&D 经费投入占主营业务收入比重 2005～2009 年在
1% 上下浮动，2010 年降到最低点 0.78%。新产品开发经费支出占主营业务收
入的比重可以反映新产品开发的经费投入强度。总体来说，新产品开发经费支
出占主营业务收入的比重在 0.75%～1.23% 浮动（见表 3）。

表 3　2005～2010 年四川省大中型工业企业 R&D 经费、新产品开发经费支出情况

单位：亿元，%

年份	2005	2006	2007	2008	2009	2010
R&D 经费支出	34.78	43.20	56.70	61.30	81.29	87.98
R&D 经费投入占主营业务收入比重	1.11	1.09	1.10	0.91	1.00	0.78
新产品开发经费支出	26.35	29.71	48.25	61.37	99.83	104.41
新产品开发经费支出占主营业务收入比重	0.84	0.75	0.93	0.91	1.23	0.93

　　四川省与全国省市在大中型工业企业自主创新的资金投入主要用 R&D 经费支
出占主营业务收入的比重、新产品经费支出占主营业务收入的比重两个指标来进行
比较。就 2012 年来说，四川省大中型工业企业 R&D 经费支出占主营业务收入的比
重为 0.41%，不仅低于全国平均水平的 0.78%，还低于西部平均水平的 0.51%。大
中型工业企业 R&D 经费支出占主营业务收入的比重高于四川省的省区市有北京、
天津、山西、内蒙古、辽宁、黑龙江、上海、江苏、浙江、安徽、福建、山东、河
南、湖北、湖南、广东、广西、海南、重庆、贵州、西藏、陕西、宁夏。说明四川
省大中型工业企业 R&D 经费的投入远远不够。就 2012 年来说，四川省大中型工业

企业新产品经费支出占主营业务收入的比重为0.6%，低于全国平均水平的0.8%，和西部地区平均水平相当。大中型工业企业新产品经费支出占主营业务收入的比重高于四川省的省市有北京、天津、辽宁、黑龙江、上海、江苏、浙江、安徽、福建、山东、湖北、湖南、广东、海南、重庆、贵州、陕西（见图4、图5）。

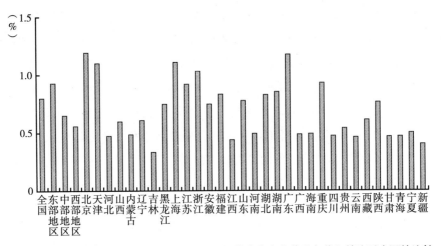

图4　2012年四川省与全国各省区市在 R&D 经费支出占主营业务收入的比重方面的比较

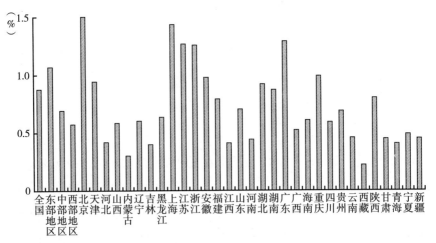

图5　2012年四川省与全国各省区市在新产品经费支出占主营业务收入的比重方面的比较

（四）R&D 项目

四川省大中型工业企业自主创新活动中的 R&D 项目主要衡量指标有企业

R&D 项目数、R&D 项目人员、企业 R&D 项目经费支出、平均每个 R&D 项目的人数、平均每个 R&D 项目的经费。从绝对量上来看，企业 R&D 项目数呈逐年上升趋势，从 2005 年的 1031 个增长到 2010 年的 2339 个，平均增长幅度为9%。R&D 项目人员在 2005~2008 年处于增长状态，2008~2010 年处于下降状态。企业 R&D 项目经费支出从 2005 年的约 19 亿元一直增长到 2010 年的约60 亿元，其中 2008 年下滑至约 47 亿元。从平均数来看，平均每个 R&D 项目的人数在 30 人左右。平均每个 R&D 项目的经费呈逐年上升趋势，从 2005 年的约 187 万元增长到 2010 年的约 256 万元（见表 4）。

表 4　2005~2010 年四川省大中型工业企业 R&D 项目情况

年份	2005	2006	2007	2008	2009	2010
企业 R&D 项目数(个)	1031	1361	1626	1672	1974	2339
R&D 项目人员(人)	31916	35583	48007	49768	45179	43426
企业 R&D 项目经费支出(亿元)	19.32	24.49	47.71	47	55.70	60
平均每个 R&D 项目的人数(人)	30.96	26.14	29.52	29.77	26.48	29.89
平均每个 R&D 项目的经费(万元)	187.39	179.94	293.42	278.53	282.17	256.22

四川省大中型工业企业在 R&D 上与全国其他省区市的比较主要指标有平均每个项目的人员数、平均每个项目的经费支出。就 2012 年来说，四川省大中型工业企业平均每个项目的人员数为 4.8 人，低于全国平均水平的 7 人和西部地区平均水平的 5.2 人。大中型工业企业平均每个项目的人员数多于四川省的省区市有北京、河北、山西、内蒙古、辽宁、吉林、黑龙江、上海、江苏、浙江、安徽、福建、江西、山东、河南、湖北、湖南、广东、广西、海南、重庆、贵州、云南、陕西、甘肃、青海、新疆。四川省大中型工业企业平均每个项目的经费支出为 150 万元，少于全国平均水平的 200 万元和西部地区平均水平的 180 万元。大中型工业企业平均每个项目的经费支出少于四川省的只有宁夏（见图 6、图 7）。

（五）研发机构

四川省大中型工业企业自主创新活动中的研发机构情况的主要衡量指标有研发机构数、机构人员、机构经费支出、平均每家企业拥有的研发机构数、平均每个科技机构的人数、平均每个科技机构的经费支出、博士和硕士占机构人

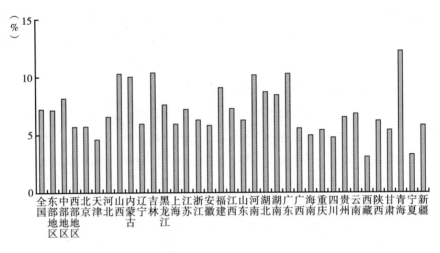

图6　2012年四川省与全国各省区市在平均每个项目的人员数方面的比较

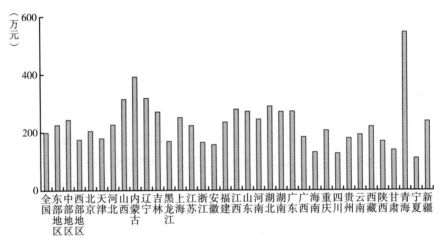

图7　2012年四川省与全国各省区市在平均每个项目的经费支出方面的比较

员的比例。从绝对量来看，研发机构数从2005年的321个增长到2009年的481个，2010年下滑到467个。机构人员呈逐年增长趋势，从2005年的30963人增长到2010年的61410人。机构人员中博士和硕士的人数也呈逐年上升趋势，从2005年的1270人增长到2010年的4849人。机构经费支出从2005年的约39亿元增长到2010年的115亿元。从相对量上来看，平均每家企业拥有的研发机构数基本在0.3左右，只有2010年略低（0.23）。平均每个科技机构的

人数则处于波动状态，2010 年人数最多为 131.5 人，2006 年人数最少为 94.91
人。平均每个科技机构的经费支出在 2010 年最多为 2465.95 万元，2005 年最少，
为 1211.53 万元。博士和硕士占机构人员的比例在 2005 年为 4.1%、2009 年为
8.28%、2010 年为 7.9%（见表 5）。

表5　2005~2010 年四川省大中型工业企业研发机构情况

年份	2005	2006	2007	2008	2009	2010
研发机构数(个)	321	354	411	423	481	467
机构人员(人)	30963	33599	42041	41482	54451	61410
博士和硕士(人)	1270	1786	1889	2731	4509	4849
机构经费支出(亿元)	38.89	41.66	61.76	73.47	99.38	115.16
平均每家企业拥有的研发机构数(个)	0.33	0.34	0.33	0.30	0.30	0.23
平均每个科技机构的人数(人)	96.46	94.91	102.29	98.07	113.20	131.50
平均每个科技机构的经费支出(万元)	1211.53	1176.84	1502.68	1736.88	2066.11	2465.95
博士和硕士占机构人员的比例(%)	4.10	5.32	4.49	6.58	8.28	7.90

　　四川省大中型工业企业在研发机构上与全国其他省区市比较的主要指标有
平均每个机构的人员数、平均每个机构的经费支出、博士和硕士占机构人员的比
例。就 2012 年来说，四川省大中型工业企业平均每个机构的人员数为 80 人，高
于全国平均水平的 45 人和西部地区平均水平的 63 人。大中型工业企业平均每个
机构的人员数多于四川省的省市有山西、吉林、黑龙江、上海、广东、青海。四
川省大中型工业企业平均每个机构的经费支出为 2000 万元，高于全国平均水平
的 1000 万元和西部平均水平的 900 万元。大中型工业企业平均每个机构的经费
支出高于四川省的省市有吉林、上海、广东、青海。四川省大中型工业企业博士
和硕士占机构人员的比例为 11%，比全国平均水平的 13% 略低，和西部平均水
平大体一致。大中型工业企业博士和硕士占机构人员的比例高于四川省的省市区
有北京、天津、山西、内蒙古、辽宁、吉林、黑龙江、上海、安徽、山东、湖
北、湖南、广东、西藏、陕西、甘肃、新疆（见图 8、图 9 和图 10）。

（六）新产品产出

　　四川省大中型工业自主创新产出主要分为新产品和专利两个方面。其中，

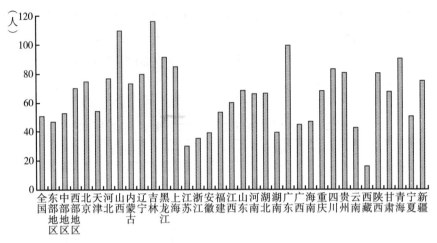

图8　2012年四川省与全国各省区市在平均每个机构的人员数方面的比较

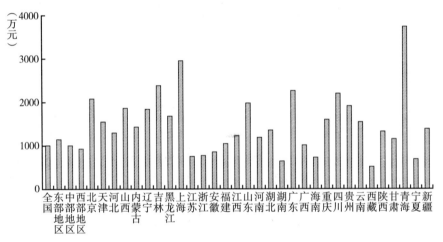

图9　2012年四川省与全国各省区市在平均每个机构的经费支出方面的比较

新产品的产出主要衡量指标有新产品销售收入、新产品出口收入、新产品销售收入占主营业务收入比重、新产品出口收入占新产品销售收入比重。从绝对量上来看，新产品销售收入在2005～2009年一直处于增长状态，从555.82亿元增长到1778.5亿元。2010年出现下滑，下滑至1435.78亿元。新产品出口收入在2005～2007年处于增长趋势，在2007年达到最高点138.73亿元。2008年和2010年，在134亿元左右，2009年为113.31亿元。从相对量上来看，新产品销售收入占主营业务收入比重2005～2009年在17%～22%。新产品出口

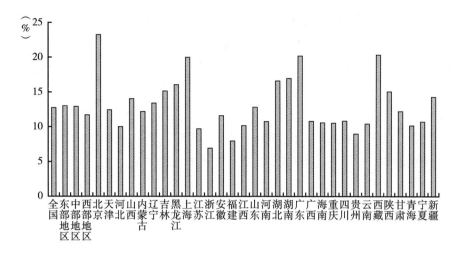

图 10　2012 年四川省与全国各省区市在博士和硕士占机构人员的比例方面的比较

收入占新产品销售收入比重从某种程度上反映了企业对外开放的水平。新产品出口收入占新产品销售收入比重从 2005 年的约 11% 增长到 2007 年的约 13% 之后开始下滑，2008 年和 2010 年在 9% 左右，2009 年只为 6%（见表 6）。

表 6　2005～2010 年四川省大中型工业企业新产品产出情况

单位：亿元，%

年份	2005	2006	2007	2008	2009	2010
新产品销售收入	555.82	821.25	1101.55	1468.07	1778.50	1435.78
新产品销售收入占主营业务收入比重	17.71	20.73	21.30	21.71	21.97	12.77
新产品出口收入	60.13	96.32	138.73	134.33	113.31	134.56
新产品出口收入占新产品销售收入比重	10.82	11.73	12.59	9.15	6.37	9.37

　　四川省与全国省区市在大中型工业企业自主创新的新产品产出方面主要用新产品销售收入占主营业务收入的比重、新产品出口收入占新产品销售收入比重进行比较。就 2012 年来看，四川省大中型工业企业新产品销售收入占主营业务收入的比重约为 6%，和西部平均水平相当，远远低于全国平均水平的 12%。大中型工业企业新产品销售收入占主营业务收入的比重高于四川省的省区市有北

京、天津、吉林、上海、江苏、浙江、安徽、福建、山东、湖北、湖南、广东、广西、海南、重庆、甘肃。就2012年来看，四川省大中型工业企业新产品出口收入占新产品销售收入的比重为6%，和西部平均水平相当，远远低于全国平均水平的19%。大中型工业企业新产品出口收入占新产品销售收入比重高于四川省的省区市有北京、天津、河北、山西、黑龙江、上海、江苏、浙江、安徽、福建、江西、山东、河南、广东、海南、重庆、贵州、宁夏。说明四川省主要受地理位置的影响，对外开放度还有待提高（见图11、图12）。

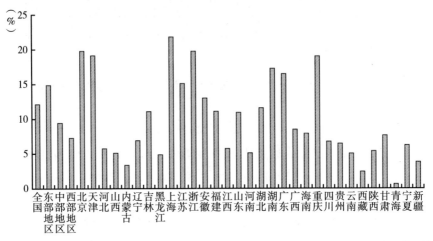

图11　2012年四川省与全国各省区市在新产品销售收入占主营业务收入的比重方面的比较

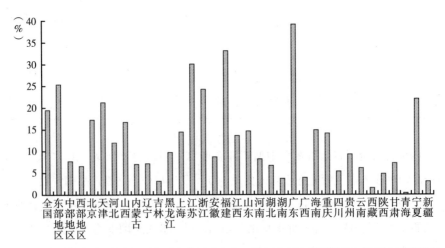

图12　2012年四川省与全国各省区市在新产品出口收入占新产品销售收入比重方面的比较

（七）专利申请和授权

四川省大中型工业自主创新产出的另一个方面则是专利。专利的产出主要衡量指标有专利申请数、发明专利数、有效发明专利数、发明专利数量占专利申请数的比例。专利的申请和授权量反映了自主知识产权情况。四川省大中型工业专利的申请数在2005～2010年一直处于增长状态，增长幅度波动很大，其中增长幅度最高的一年为2007年的40%，最低的一年为2008年的11%。有效发明专利数量在2005～2010年一直处于增长状态，其中2009年增长幅度最大，为37%，2005年增长幅度最小，为19%。专利三种类型中发明专利科技含量高，反映了自主创新科技层次。发明专利数在2005～2010年处于增长趋势，2006年增长幅度最大为127%，2007年增长幅度为10%。发明专利数量与专利申请数的比例处于增长趋势2005年为23.56%，2010年为38.83%（见表7）。

表7　2005～2010年四川省大中型工业企业专利申请和授权情况

单位：个，%

年份	2005	2006	2007	2008	2009	2010
专利申请数	1078	1503	2118	2365	3357	4576
发明专利数	254	577	636	776	1147	1777
发明专利数量与专利申请数的比例	23.56	38.39	30.03	32.81	34.17	38.83
有效发明专利数	853	1029	1066	1272	1747	2236

四川省大中型工业企业在专利方面的产出上与全国其他省区市的比较主要指标有平均每家企业的专利申请量、平均每家发明专利数量、平均每家有效发明专利数。就2012年来看，四川省平均每家大中型工业企业的专利申请量约为1件，和中部西部平均水平相当，低于全国平均水平的1.5件。平均每家大中型工业企业的专利申请量高于四川省的省市有北京、天津、上海、江苏、浙江、安徽、湖南、广东、海南、重庆、贵州、陕西。四川省平均每家大中型工业企业的发明专利申请量为0.4件，和中部西部平均水平相当，低于全国平均水平的0.5件。平均每家大中型工业企业的发明专利申请量高于四川省的省市区有北京、天

津、上海、江苏、安徽、湖北、湖南、广东、海南、重庆、贵州、陕西、宁夏。
四川省平均每家大中型工业企业的专利拥有量为 0.5 件，和中部西部平均水平相
当，低于全国平均水平的 0.8 件。平均每家大中型工业企业的专利拥有量多于四
川省的省区市有北京、天津、山西、上海、江苏、浙江、安徽、湖北、湖南、广
东、海南、重庆、西藏、陕西（见图 13、图 14 和图 15）。

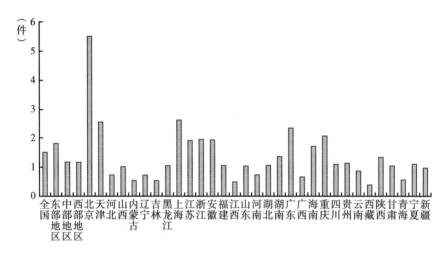

图 13　2012 年四川省与全国各省区市在平均每家企业的专利申请量方面的比较

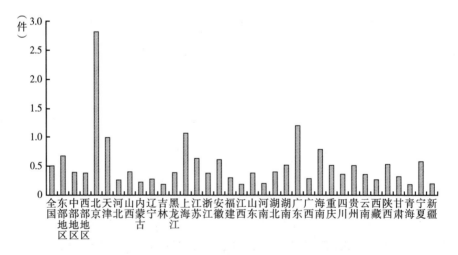

图 14　2012 年四川省与全国各省区市在平均每家企业发明专利数量方面的比较

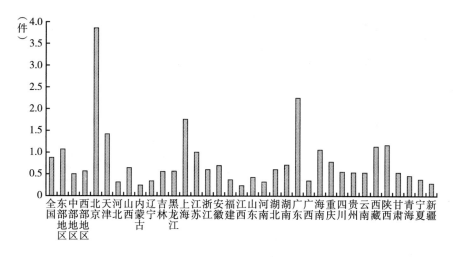

图15 2012 年四川省与全国各省区市在平均每家企业有效发明专利数方面的比较

（八）技术创新

四川省大中型工业企业自主创新在技术上的投入主要衡量指标有技术引进经费支出、购买国内技术经费支出、消化吸收经费支出、消化吸收与技术引进的比例、技术改造经费支出。其中，技术引进和对国内技术的购买反映企业对外技术的依存度。技术引进经费支出在 2005～2010 年总体处于下降趋势，其中 2005年技术引进经费支出为 10 亿元，2006 年为 4 亿元，2007～2010 年除 2008 年外均在 7 亿元左右。对国内技术的购买经费支出 2005 年为 8.92 亿元，2007 年和 2010年分别达到 10.93 亿元和 11.54 亿元，其他年份均在 9 亿元以下。消化吸收经费支出从 2005 年的 2.65 亿元增长到 2010 年的 4.03 亿元，说明企业在技术创新方面有了明显的重视。消化吸收与技术引进的比例则是反映企业每引进一块钱的技术消化吸收需要的花费。消化吸收与技术引进的比例在 2005～2010 年变化起伏较大。技术改造经费支出在 2005～2010 年处于增长趋势，从 2005 年的约 129 亿元增长到 2010 年的约 246 亿元，增长了近 1 倍（见表8）。

四川省大中型工业企业在技术创新上与全国其他省区市的比较主要指标有技术引进经费支出、消化吸收经费支出、购买国内技术的经费支出、技术改造经费支出。其中，技术引进经费支出和购买国内技术的经费支出反映了企业在技

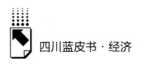

表8　2005～2010年四川省大中型工业企业技术创新情况

单位：亿元，%

年份	2005	2006	2007	2008	2009	2010
技术引进经费支出	10.04	4.39	7.69	5.77	7.48	7.54
消化吸收经费支出	2.65	2.27	3.04	4.79	3.98	4.03
消化吸收与技术引进的比例	0.26	0.51	0.39	0.83	0.53	0.53
购买国内技术经费支出	8.92	4.18	10.93	4.26	3.38	11.54
技术改造经费支出	128.71	144.31	165.95	205.42	213.23	246.21

术方面对外依存度。就2012年来说，四川省大中型工业企业技术引进经费支出在20亿元左右，北京、上海、江苏、福建、山东和广东在技术引进经费支出高出四川。四川省大中型工业企业购买国内技术经费支出约为4亿元，高于四川的省市有北京、天津、辽宁、上海、江苏、浙江、福建、安徽、山东、河南、湖南、广东、重庆。四川省大中型工业企业消化吸收经费支出为2亿元，北京、天津、辽宁、上海、江苏、浙江、安徽、江西、山东、河南、湖北、湖南、广东、重庆、甘肃要高于四川。以上说明四川省大中型工业企业在技术创新上更多地注重引进，不注重消化吸收，技术对外依存度很高。另外，2012年四川省大中型工业企业技术改造费用支出为180亿元左右，高于四川的省份主要有江苏、浙江、山东、湖南（见图16至图19）。

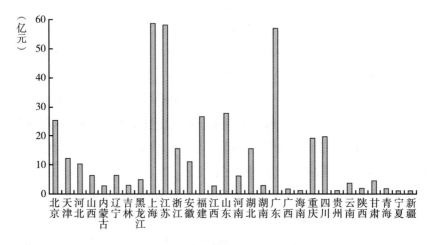

图16　2012年四川省与全国各省区市在技术引进经费支出方面的比较

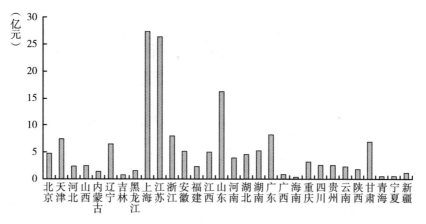

图 17 2012 年四川省与全国各省区市在消化吸收经费支出方面的比较

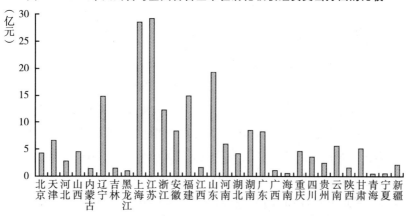

图 18 2012 年四川省与全国各省区市在购买国内技术的经费支出方面的比较

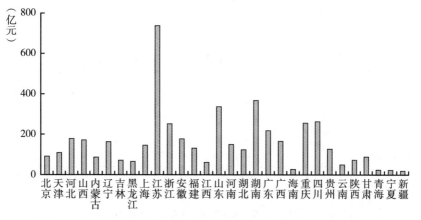

图 19 2012 年四川省与全国各省区市在技术改造经费支出方面的比较

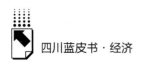

二 基于因子分析法的四川省大中型工业
企业自主创新实证分析

（一）建立大中型工业企业自主创新评价指标体系

对大中型工业企业自主创新评价指标体系的构建是一个系统复杂的工程，涉及大中型工业企业自主创新的全过程。本文在综合了国内外研究机构和专家学者所建立的企业自主创新评价指标体系的基础上，结合四川省大中型工业企业自主创新的实际情况，并在遵循目的性原则、系统性原则、科学性原则、实用性原则、可比性原则的前提下，建立了四川省大中型工业企业自主创新评价指标体系。

四川省大中型工业企业自主创新评价指标体系分为三个级别。其中一级指标是大中型工业企业自主创新能力指标，二级指标是企业自主创新资源评价指标、企业自主创新活动评价指标、企业自主创新绩效评价指标。企业自主创新资源评价指标包括企业人均工业总产值、企业人均产品销售收入、企业人均资产和企业人均利润。企业自主创新活动评价指标包括 R&D 人员投入强度、R&D 经费投入强度、新产品开发项目经费投入强度、有 R&D 活动的企业数比例、平均每家企业开发的 R&D 项目数、平均每家企业办的研发机构数、平均每家企业开发的新产品项目数。企业自主创新绩效评价指标包括新产品产值、新产品销售收入、企业专利申请数量、企业发明专利申请数量、企业获得有效发明专利数量（见表9）。

表9　四川省大中型工业企业自主创新评价指标体系

一级指标	二级指标	三级指标	变量
大中型工业企业自主创新能力指标	企业自主创新资源评价指标	企业人均工业总产值(万元)	X1
		企业人均产品销售收入(万元)	X2
		企业人均资产(万元)	X3
		企业人均利润(万元)	X4
	企业自主创新活动评价指标	R&D 人员投入强度(%)	X5
		R&D 经费投入强度(%)	X6
		新产品开发项目经费投入强度(%)	X7

续表

一级指标	二级指标	三级指标	变量
大中型工业企业自主创新能力指标	企业自主创新活动评价指标	有 R&D 活动的企业数比例(%)	X8
		平均每家企业开发的 R&D 项目数(个)	X9
		平均每家企业办的研发机构数(个)	X10
		平均每家企业开发的新产品项目数(个)	X11
	企业自主创新绩效评价指标	新产品产值(万元)	X12
		新产品销售收入(万元)	X13
		企业专利申请数量(个)	X14
		企业发明专利申请数量(个)	X15
		企业获得有效发明专利数量(个)	X16

（二）对四川省大中型工业企业自主创新的实证分析

第一，数据的选取和处理。本章的数据主要来源于《中国科技统计年鉴2012》以及《四川省科技统计年鉴2012》。由于西藏的数据不够齐全，所以剔除西藏。根据已建立的指标体系，选取和计算相应的数据，并通过四川省和其他 30 个省区市的大中型工业企业的比较，给四川省大中型工业企业自主创新的发展情况准确定位和评价。由于各个指标的量纲不同，所以需要对数据进行标准化处理。本文在通过 SPSS 软件进行因子分析时，软件可以自动进行原始数据的标准化。

第二，用 KMO 和球形 Bartlett 检验数据。KMO 检验用于检查变量间的偏相关性，取值在 0 ~ 1 之间。KMO 统计量越接近于 1，变量间的偏相关性越强，因子分析的效果越好。实际分析中，KMO 统计量在 0.7 以上时，效果比较好；而当 KMO 统计量在 0.5 以下时，则不适合应用因子分析法。Bartlett 检验的统计量是根据相关系数矩阵的行列式得到的。如果该值较大，且其对应的相伴概率值小于指定的显著水平时，拒绝零假设，原有变量之间存在相关性，适合进行因子分析；如果该值较小，且其对应的相伴概率值大于指定的显著水平时，零假设成立，原有变量之间不存在相关性，数据不适合进行因子分析。

由表 10 可知，KMO 统计量为 0.735，大于 0.7，表明各变量间相关度比较高。由 Bartlett 检验结果近似卡方 786.688，Sig. = 0.000 可以看出，变量间具有较强的相关性。综上所述，数据适合做因子分析。

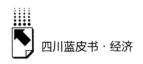

表 10 KMO 和 Bartlett 的检验

KMO 和 Bartlett 的检验		
取样足够度的 Kaiser – Meyer – Olkin 度量		0. 735
Bartlett 的球形度检验	近似卡方	786. 688
	df	120
	Sig.	0. 000

第三，公因子方差反映了变量的共同度，也就是各个变量中所含原始信息被提取的公因子表示的程度。从表 11 可以看出，大部分的变量共同度都在80% 以上，除了 X3 和 X10 两个变量之外，公因子对变量进行了较好的诠释。

表 11 公因子方差

公因子方差					
变量	初始	提取	变量	初始	提取
X1	1. 000	0. 916	X9	1. 000	0. 890
X2	1. 000	0. 873	X10	1. 000	0. 572
X3	1. 000	0. 566	X11	1. 000	0. 932
X4	1. 000	0. 720	X12	1. 000	0. 967
X5	1. 000	0. 894	X13	1. 000	0. 958
X6	1. 000	0. 828	X14	1. 000	0. 963
X7	1. 000	0. 870	X15	1. 000	0. 912
X8	1. 000	0. 863	X16	1. 000	0. 858

第四，通过 SPSS 软件得到特征值、方差贡献率、累计方差贡献率。由表 12 可知，第一个因子的方差贡献率在 49% 左右，第二个因子的方差贡献率在 26% 左右，第三个因子的方差贡献率在 10% 左右。三个因子的累计方差贡献率约为 85% ，因此前三个因子足以表达自主创新的整体水平。

图 20 用于显示各因子的重要程度，其横轴为因子序号，纵轴表示特征根大小。他将因子按特征根从大到小依次排列。从中可以非常直观地了解到哪些是最主要的因子。前面陡峭的对应较大的特征根，作用明显；后面的平台对应较小的特征根，其影响不明显。本例中可见前三个因子的散点位于陡坡

上，而后三个因子散点形成了平台，特征根均小于1，因此至多考虑前三个公因子即可。

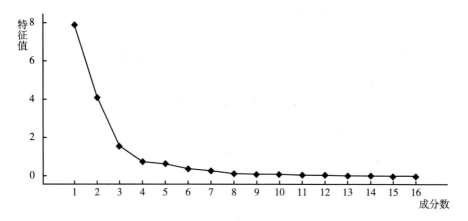

图20 碎石图

表12 解释的总方差

单位：%

	解释的总方差								
成份	初始特征值			提取平方和载入			旋转平方和载入		
	合计	方差的比例	累积比例	合计	方差的比例	累积比例	合计	方差的比例	累积比例
1	7.888	49.298	49.298	7.888	49.298	49.298	5.336	33.349	33.349
2	4.129	25.807	75.106	4.129	25.807	75.106	5.197	32.484	65.833
3	1.567	9.794	84.900	1.567	9.794	84.900	3.051	19.067	84.900
4	0.740	4.623	89.522	—	—	—	—	—	—
5	0.625	3.906	93.428	—	—	—	—	—	—
6	0.376	2.351	95.780	—	—	—	—	—	—
7	0.268	1.674	97.454	—	—	—	—	—	—
8	0.117	0.731	98.185	—	—	—	—	—	—
9	0.097	0.608	98.793	—	—	—	—	—	—
10	0.086	0.538	99.331	—	—	—	—	—	—
11	0.046	0.287	99.618	—	—	—	—	—	—
12	0.038	0.236	99.854	—	—	—	—	—	—
13	0.013	0.083	99.937	—	—	—	—	—	—
14	0.006	0.039	99.976	—	—	—	—	—	—
15	0.003	0.016	99.992	—	—	—	—	—	—
16	0.001	0.008	100.000	—	—	—	—	—	—

第五，根据旋转后的因子载荷矩阵，可以看出，变量 X12、X13、X14、X15、X16 在第一个因子具有较大载荷。也就是第一个因子主要和新产品产值、新产品销售收入、企业专利申请数量、企业发明专利申请数量、企业获得有效发明专利数量相关，可以将其命名为"企业自主创新绩效因子"。变量 X5、X6、X7、X8、X9、X10、X11 在第二个因子具有较大载荷。也就是说第二个因子主要和 R&D 人员投入强度、R&D 经费投入强度、平均每家企业开发的新产品项目数、有 R&D 活动的企业数比例、平均每家企业开发的 R&D 项目数、平均每家企业办的研发机构数、新产品开发项目经费投入强度相关，因此将其命名为"企业自主创新活动因子"。变量 X1、X2、X3、X4 在第三个因子具有较大载荷。也就是说第三个因子主要和企业人均工业总产值、企业人均利润、企业人均资产、企业人均产品销售收入相关，因此可以将其命名为"企业自主创新资源因子"（见表 13）。

表 13　因子载荷矩阵

	成分矩阵 a				旋转成分矩阵 a		
变量	成分			变量	成分		
	1	2	3		1	2	3
X7	0.906	0.131	−0.178	X13	0.948	0.230	−0.074
X14	0.886	−0.348	0.239	X12	0.943	0.254	−0.112
X6	0.882	0.131	−0.182	X14	0.917	0.289	−0.195
X12	0.873	−0.315	0.326	X15	0.910	0.247	−0.154
X13	0.856	−0.302	0.366	X16	0.886	0.209	−0.173
X15	0.848	−0.338	0.283	X11	0.025	0.933	0.246
X8	0.819	0.369	−0.239	X9	−0.040	0.913	0.236
X16	0.806	−0.363	0.276	X5	0.294	0.883	0.167
X5	0.792	0.488	−0.167	X8	0.320	0.872	0.028
X10	0.729	0.173	−0.102	X7	0.512	0.771	−0.117
X2	−0.093	0.780	0.507	X6	0.491	0.757	−0.117
X1	−0.070	0.775	0.557	X10	0.408	0.637	−0.017
X3	−0.222	0.719	0.015	X1	−0.045	0.094	0.951
X4	−0.217	0.690	0.445	X2	−0.091	0.107	0.924
X9	0.561	0.687	−0.323	X4	−0.181	0.005	0.829
X11	0.621	0.679	−0.290	X3	−0.436	0.233	0.567

第六，根据成分得分系数矩阵，得到各个因子的得分函数如下（见表14）：

F1 = 0.118X1 + 0.098X2 − 0.083X3 + 0.073X4 − 0.033X5 + 0.004X6 + 0.008X7 − 0.045X8 − 0.128X9 + 0.015X10 − 0.110X11 + 0.227X12 + 0.238X13 + 0.200X14 + 0.211X15 + 0.208X16 F2 = 0.082X1 − 0.067X2 + 0.071X3 − 0.070X4 + 0.185X5 + 0.151X6 + 0.151X7 + 0.195 X8 + 0.241X9 + 0.118X10 + 0.235X11 − 0.071X12 − 0.083X13 − 0.046X14 − 0.062X15 − 0.067X16

F3 = 0.375X1 + 0.355X2 + 0.139X3 + 0.315X4 + 0.007X5 − 0.065X6 − 0.064X7 − 0.046X8 − 0.020X9 − 0.022X10 − 0.009X11 + 0.069X12 + 0.089X13 + 0.026X14 + 0.047X15 + 0.040X16

表 14　成分得分系数矩阵

变量	成分		
	1	2	3
X1	0.118	− 0.082	0.375
X2	0.098	− 0.067	0.355
X3	− 0.083	0.071	0.139
X4	0.073	− 0.070	0.315
X5	− 0.033	0.185	0.007
X6	0.004	0.151	− 0.065
X7	0.008	0.151	− 0.064
X8	− 0.045	0.195	− 0.046
X9	− 0.128	0.241	− 0.020
X10	0.015	0.118	− 0.022
X11	− 0.110	0.235	− 0.009
X12	0.227	− 0.071	0.069
X13	0.238	− 0.083	0.089
X14	0.200	− 0.046	0.026
X15	0.211	− 0.062	0.047
X16	0.208	− 0.067	0.040

成分得分系数矩阵

第七，以各个因子旋转后的方差贡献率为权重，得出自主创新综合评价表达式：F = （33.349 F1 + 32.484 F2 + 19.067 F3）/84.9（见表15）。

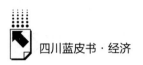

表15　各省区市大中型工业企业自主创新综合评价

省区市	F1	F2	F3	F	排名
北　京	0.58499766	1.03160156	0.72074	0.78636	5
天　津	1.12706505	1.11801264	−1.21483	0.597658	7
河　北	−0.77248132	0.09063126	0.102393	−0.24576	17
山　西	−0.18080979	−0.49359534	−0.07894	−0.27761	19
内蒙古	−0.57499877	0.61749557	−1.37286	−0.29792	20
辽　宁	−0.66591756	0.40105736	1.464964	0.220878	8
吉　林	0.2039722	−0.95883832	0.425593	−0.19117	14
黑龙江	−0.06143395	−0.83557744	0.334946	−0.26861	18
上　海	1.6184501	−0.72271495	1.12317	0.611454	6
江　苏	2.77531873	0.65403006	0.227397	1.391467	1
浙　江	3.20488099	−0.05277787	−1.2101	0.966931	4
安　徽	−0.30896262	−1.10768863	1.275272	−0.25878	16
福　建	0.0074876	0.04836086	−0.14332	−0.01074	11
江　西	−0.10508948	−0.76349429	−0.62733	−0.47429	24
山　东	−0.24391482	1.99710517	1.708718	1.052058	3
河　南	−0.74065034	0.2220059	−0.48153	−0.31413	21
湖　北	0.1098044	0.47817821	−0.32212	0.153748	9
湖　南	0.08592984	−1.31307313	0.985767	−0.24726	15
广　东	−0.58498294	3.20281788	1.134167	1.250376	2
广　西	−0.64660125	−0.88418591	0.239914	−0.53841	25
海　南	−1.21957537	0.70667995	−0.89484	−0.40963	22
重　庆	−0.66070803	0.5673762	0.143469	−0.01022	12
四　川	0.07907757	−1.34206982	2.315139	0.037501	10
贵　州	−0.66045393	−0.50863071	−0.52406	−0.57173	28
云　南	−0.5887495	−0.45669313	−0.58949	−0.53839	26
陕　西	0.11529975	−0.02397685	−0.77611	−0.13818	13
甘　肃	−0.29616353	0.10519482	−1.64786	−0.44616	23
青　海	−0.7762198	−0.2768389	−1.20747	−0.682	30
宁　夏	−0.29776192	−1.04071802	−0.37093	−0.59846	29
新　疆	−0.52682511	−0.45966116	−0.73988	−0.54898	27

　　第八，从综合得分来看，四川大中型工业企业自主创新在全国排名第十。按照前后顺序排名，前十名是江苏、广东、山东、浙江、北京、上海、天津、辽宁、湖北、四川。四川大中型企业自主创新在西部地区排名首位。从以上结

果可以看出，四川省大中型企业自主创新取得了一定的成效。但是与东部沿海发达省市比较，还存在差距。主要原因在于首先四川地处中国内陆西部地区，对外开放程度不及东部沿海省市，四川大中型工业企业在自主创新方面的意识有待提升，进而加大自主创新的投入力度。其次是四川大中型工业企业目前主要依靠劳动力优势，工业产品的技术含量还有待提升，所以需要依靠技术创新进行产业结构的调整和产业升级，向高技术高精尖的产业发展。最后，四川大中型工业企业在经营管理方面以及政府对四川大中型工业企业进行自主创新的政策支持力度方面，与东部沿海省市也有差距，需要向东部沿海省市学习。

三　促进四川省大中型工业企业自主创新的对策

（一）基于企业层面

1. 重视自主创新，加大对自主创新的投入

创新是一个企业发展的不竭动力。企业只有认识到自主创新的重要性，才会投入大量的财力、人力进行自主创新，进而建立创新的管理体系、技术研发体系、市场开拓体系等，获得利润增长的良性循环。企业家是一个企业的领导者，也是创新的主导者。一个企业是否重视创新，在很大程度上取决于企业的领导者对创新的重要性的认识程度。一个企业要走上以创新为支点的发展之路，需要企业的领导者具有非凡的胆识和魄力，破旧立新，改革创新。通过比较四川省大中型工业企业与全国其他省区市在自主创新上的资金投入、人才投入和有研发活动的企业数的比例，我们发现四川不仅远远落后于东部沿海城市，甚至落后于全国平均水平。说明四川省大中型工业企业对自主创新的重视程度非常不够，没有意识到自主创新对企业的可持续发展，以及增强企业的核心竞争力的重大作用。同时也间接说明目前四川省大中型工业企业的利润增长还不是主要依靠自主创新，这对企业和地区经济增长不利。

2. 实施人才战略

企业的人才多少决定了企业的核心竞争力，现代企业最关键的 20% 的人才创造了 80% 的经济效益。一个企业的人才机制是否合理、能否吸引人才并合理开发管理人才，关系到企业能否可持续发展。因此，企业要进行自主创新

则需要把对人才的重视提升到战略高度。人才战略措施，首先是对人才进行开发挖掘，其次是建立公平的人才选拔制度，最后是对企业拥有的人力资源进行有效的管理①。在引进人才方面，四川省大中型工业企业一方面可以通过与高校科研院所建立人才定性委培机制，以保证人才的长期供给；另一方面可以通过股权期权和优厚的薪酬福利吸引人才。在人才培养、使用和开发方面，具体措施包括以更灵活的工作方式，营造宽松的工作环境；在企业内部建立公平公正的竞争机制，只要是优秀人才，就可以脱颖而出；加强与员工的沟通和交流，激发员工工作的积极性；结合员工特点和自身发展需要，为其进行良好的培训，制定职业发展规划；通过创造平等、信任和开放的工作氛围，培养员工对企业的认同感和归属感。

3. 企业建立和完善技术创新体系

当前，四川省大中型工业企业整体来讲，生产的工业产品技术含量低，产品附加值不高，单位能耗高，资源浪费严重，技术对经济的贡献率不高。因此，建立企业技术创新体系，并使之完善，具有高效性，对企业有效地进行技术创新，形成核心技术能力，具有显著意义。四川省大中型工业企业中有的建立了企业技术创新体系，但是技术创新能力并不强，说明企业的技术创新体系的运作效率不高；有的企业暂时具有较强的技术创新能力，但是缺乏持续创新机制，说明企业技术创新体系还有待完善。四川省大中型工业企业建立和完善企业技术创新体系，具体包括建设省级或者国家级企业技术中心，使企业具有技术支撑；创办研发机构，争取每个企业都有自己的研发机构；企业主动对外合作，形成企业主导的产学研合作方式；企业自主研发，拥有自己的专利、名牌产品、驰名商标等，并将科技成果转化，实现产业化。

4. 企业经营管理创新

四川省大中型工业企业和东部沿海省市发展存在差距的一个重要原因是对外开放水平不够，很多企业还停留在生产经营型的层面。面对国际国内发展新形势，四川省大中型工业企业应该主动研究国际国内市场，根据自身条件，给企业合适的定位。在经营思想上，应该突破狭隘的封闭思想，强化国际化的市

---

① 吴时国：《企业提升核心竞争力应重视培养潜人才》，《哈尔滨商业大学学报》（自然科学版）2011年第3期。

场意识和竞争观念。在经营目的上，不仅使产品在国内市场上适销对路获取经济利益，还要扩大到国际市场上，谋求最大的利润。在经营机制上，不仅能适应国内初级阶段的市场经济，还能适应国际竞争，符合国际惯例。在经营组织上，应该从分散型内向型的联合经营向集约化规模化的外向经营转变。比如，外向型企业集团是企业外向型发展的重要组织形式。原因在于它在开发、生产、经营、服务一体化方面和规模效益方面，比单个企业更具有整体优势。在经营战略上，由生产劳动密集型产品向技术资金密集型产品转变，增加产品科技含量和附加值。在经营管理方法上，在企业内部建立灵活高效的组织形式和内部管理制度，提升企业的整体管理水平。

5. 加强企业创新文化建设

自主创新不仅需要企业物质的投入，还需要创新精神文化的支持。企业文化是企业在中长期发展过程中形成的具有共同理想、价值观和相同行为规范的总称，也是企业具有独特性的精神财富的总和。目前，四川省大中型工业企业中还有一些企业倾向于追求短期利润回报，不重视自主创新，更不重视企业创新文化建设。作为企业无形资产的企业文化，对企业员工的行为具有规范作用，同时能够将员工凝聚起来。基于企业文化的独特性和不可复制性，四川省大中型工业企业在企业文化建设中，应该根据企业自身发展历史，突出企业自身特点，并将先进文化理念融合到企业文化建设中，使企业文化成为企业独具特色的竞争优势。同时，四川省大中型工业企业在进行企业文化建设中，要体现人文性，即以人为本，尊重知识、尊重人才、尊重劳动，构建和谐友善的人际关系。另外，四川省大中型工业企业在文化建设中要把创新精神作为核心内容，发挥企业文化的导向作用，使创新精神深入到每位员工的思想意识中，不断提高创新意识，在企业中形成创新的氛围。

（二）基于政策制度环境层面

1. 完善吸引人才的政策

科技竞争归根结底是人才的竞争。目前，东部沿海省市都把对优秀科技人才的培养、促进科技人才流动以及广泛吸引国外人才，作为加快科学技术发展和促进企业自主创新的一项重要战略措施。人才政策在企业自主创新过程中发挥着根本性作用，并长期影响着企业自主创新活动。在培养人才方面，政府应该加大对教育的投入，根据企业的需要，调整教学的内容和教学方式，使学校培养出的学生更适合企业的发展需要。在生活环境和工作环境上给予支持，鼓励企业建立博士后工作站，从而吸引博士和高层次人才到企业从事科研工作。另外，在吸引人才上，简化各种手续，取消各种限制人才流动的规定，建立人才引进一站式服务平台。优化创业园区环境和配套设施，对于高层次人才创业创新，给予税收优惠支持。对于海外归国回来的高层次科技人才，解决好其配偶就业和子女上学等问题，也鼓励企业用期权股权吸引科学家和工程师去企业就业，发挥科研人员的潜力。

2. 完善激励企业自主创新的财税政策

企业自主创新能力的提高，不仅与企业自身重视程度有关，还受到政府支持度的影响。在考虑到企业自主创新的高风险性、高成本和技术外溢性的情况下，政府有义务为企业自主创新提供政策支持。其中财税政策，一方面是政府按照公共财政支配的要求，合理分配财政资源，加大对企业自主创新的资金支持；另一方面，通过对自主创新企业的税收优惠，引导和鼓励企业自主创新。四川省对大中型工业企业自主创新的财税政策的完善措施，包括通过规定政府在科技投入方面占财政收入的比重达到目标值，从而确保科技投入数量。另外，政府需要按照国家的产业政策，合理安排科技投入的领域和在不同领域的科技投入比例。并按照相关规定，采取直接拨款或者财政补贴等形式，鼓励和引导风险投资等民间资本进入科技投入领域，形成多元化的科技投入体系。同时对于财政科技投入需要建立绩效考核评价体系，对财政科技投入作全面客观有效的评价。针对企业自主创新的环节和对象，灵活调整税收优惠政策。

3. 完善支持企业自主创新的金融政策和政府采购政策

四川省各级政府在进入政策上给企业的支持包括引导商业银行对拥有国家和省级高科技项目和自主知识产权的新型产业的成熟企业给予重点信贷支持；对承担国家重点专项和前言技术的企业给予信贷支持；对诸如电子信息、新材料、先进制造和新能源之类的科技含量高、附加值高，具有良好成长性行业的企业给予重点信贷支持。引导政策性银行加大信贷规模，支持科技成果转化和产业化。通过贴息、担保和基金等方式，鼓励各类商业机构对有效益和信誉度好的企业自主创新的产品出口需要的流动资金，给予信贷支持。政府采购是指政府为了履行相关职能和开展政务活动，合法合规地从市场上购买所需的产品和服务。政府采购，可以对企业的早期市场需求进行拉动，提高企业收益，加速产品的市场扩散。四川省各级政府在政府采购中应该制定优先自主创新产品的制度，并编制自主创新产品名录，对政府采购的办法进行相关改进。

4. 加强自主知识产权保护机制

企业进行自主创新，投入了大量的财力、物力、人力，而最终目的是通过这种高投入获得高收益。试想企业进行巨大的投入研发出新产品或者专利成果，但是刚投入生产，市场上就出现了大量廉价的仿冒产品或者盗版，企业的利润将会大打折扣，同时还会挫伤企业自主创新的积极性。针对这种情况，政府有义务通过制定法律法规保护自主创新成果，为企业营造一个良好的市场环境。知识经济时代的到来使知识积累成为主要经济增长因素，智力成果的保护显得更为重要。各个发达国家都非常重视知识产权的保护，并为保护知识产权制定了严格的标准和惩罚措施。相比发达国家，我国的知识产权保护显得尤为不足，从市场上充斥的各种山寨产品就可以看出。不过政府对知识产权的保护意识已经显著增强，需要做的是完善保护机制。完善知识产权的制度，及时修订相关的法律法规，提高知识产权保护的执法水平。以政府为后盾，鼓励支持企业对侵犯知识产权的行为提起诉讼，增强企业的维权意识。

5. 加强产学研合作平台的构建

产学研合作就是将企业根据经济社会发展中的市场需求的生产与拥有丰富教学资源和人才储备的学校和强大科研实力的研究机构的资源整合起来，对各方资源的进行科学合理的协调安排，使各方都能充分发挥各自优势。受计划经济体制的影响，高校和科研院所具有较强的科研实力，企业创新能力不足，于是出现经济和科技两张皮的现象。由政府主导的科研力量主要集中在高等院校和科研院所，经过长时间的积累，已经拥有了较强的技术实力和科研资源。同时，这些高等院校和科研院所还存在为了完成项目拿到经费，不顾市场需求和成果转化，导致科研经费的浪费。反观企业，一方面在市场导向下，竭力想通过自主创新获得竞争优势，另一方面却是缺乏技术和资金支持，无法创新或者将创新成果产业化。四川省亦是这种情况。针对这种情况，一方面需要四川省大中型企业主动出击，对外合作研发。另一方面，政府也需要积极发展技术服务的中介组织，建立完善的技术服务渠道，为企业、学校和科研院所搭建产学研合作平台。这就要求政府在这方面建立相应的服务体系，并使之不断完善。

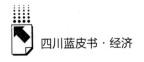

参考文献

杨晔:《我国各省市企业自主创新能力的综合评价——基于投入产出绩效视角的实证研究》,《财经研究》2008 年第 6 期。

吴贵生:《自主创新战略和国际竞争力研究》,经济科学出版社,2011。

黄艳艳:《基于数据包络分析法的科技创新能力评价研究》,硕士学位论文,南京工业大学,2012。

吴金明等:《21 世纪中国企业的战略选择》,中国经济出版社,2011。

陈劲:《自主创新与国家强盛:建设中国特色的创新型国家中的若干问题与对策研究》,科学出版社,2008。

曹洪军、赵翔、黄少坚:《企业自主创新能力评价体系研究》,中国工业经济,2009。

毛建军:《自主创新从概念走向实践》,《科技促进发展》2006 年第 6 期。

罗登跃:《基于因子分析的企业自主创新能力评价研究》,《科技管理研究》2010 年第 8 期。

黄速建、王钦:《中国企业创新政策研究》,经济管理出版社,2013。

罗崇敏:《论企业创新》,经济日报出版社,2002。

张文强:《中国产业技术创新与产学研结合的理论与实践》,中国社会科学出版社,2013。

方重:《企业自主创新与税收政策相关性研究》,博士学位论文,合肥工业大学,2010。

周朝明:《自主创新与中国产业的优化升级》,东北财经大学,2007。

赵翠霞、王智敏:《试论提高自主创新能力的必要性和紧迫性》,《商场现代化》2008 年第 11 期。

郭瑞东:《提升河北省企业自主创新能力的路径选择》,《科技管理研究》2012 年第 17 期。

陈大龙、王莉静:《我国制造业企业自主创新动力因素分析及作用机理研究》,《现代管理科学》2011 年第 6 期。

李攀艺、周晨辉、陶传彪:《科技型企业自主创新能力的内部影响因素研究——基于重庆市科技型企业的实证分析》,《现代经济信息》2013 年第 19 期。

B.20

四川城镇住房保障体系发展研究[*]

田 焱　刘文杰　洪 运[**]

摘　要： 经过多年的曲折发展历程，在国家和四川层面分别建立起了相对完整的以廉租住房、经济适用住房、公共租赁住房为供应和以公积金、廉租住房租金补贴为消费支持的城镇住房保障体系。这一体系在逐渐扩大保障覆盖范围、切实解决保障对象基本居住困难的同时，也呈现了管理成本较高、资源配置效率欠佳等种种问题与弊端。因此，这一体系目前又开始了新的转换与变革，其将逐步精简转化为"一租一售"，并将外来务工人员纳入当地保障之内的新体系。四川有待进一步明确该体系发展转变的近期和中远期目标任务，并赋予相应的政策含义及策略，促进全省城镇住房保障体系进一步发展和完善。

关键词： 四川城镇　住房保障　体系发展

一　四川城镇住房保障体系发展状况

（一）国家层面的体系发展历程与现状

伴随着我国城镇住房制度改革步伐，尤其是自 1998 年实行住房货币化分

---

[*] 本文系四川省住房和城乡建设厅的"四川新型城镇住房保障体系建设研究"基金项目（SCWZDL - 201311 - SJCT）阶段成果之一。

[**] 田焱，四川省社会科学院产业经济研究所，副研究员，主要研究方向：房地产经济、住房保障、企业经营管理；刘文杰，成都市住房储备中心，主任助理；洪运，四川省社会科学院管理学研究所，助理研究员。

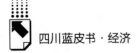

配以来，我国城镇住房保障体系也开始经历了一个由体系建设提出，到建设缺位，再到建设回归和力度加大的曲折发展历程。

经过以上各个阶段的体系建设与发展，在国家层面基本建立起了以廉租住房、经济适用住房、公共租赁住房为供应和以公积金、廉租住房租赁补贴为消费支持的二位一体的城镇住房保障体系，保障覆盖也逐步由城镇最低和低收入住房困难家庭扩大到了中低等住房困难群体。与此同时，也逐步在保障性住房资金补助支持、用地、规划、税收、金融，以及后期运营管理等方面，建立起了日臻完备的政策体系。

（二）四川层面的体系发展历程与现状

总体来看，四川城镇住房保障体系发展历程与全国基本一致。但各地及城镇却明显存在一定的差异。这种差异主要表现在：虽全省城镇全部都实行了廉租住房保障政策，但只有在一些经济发展速度和商品房价格增长较快、地方财力较雄厚和住房保障需求较旺盛的特大城市和大城市，才实际推行了公共租赁住房和经济适用住房保障政策，特大及首位城市的成都和极个别大城市还推行了限价商品住房保障政策。

从相应的政策及保障对象界定看，廉租住房、经济适用住房和公共租赁住房与国家层面的基本相同，而其限价商品住房则界定为，用于解决城市不属经济适用住房保障对象，且无力购买普通商品住房的家庭住房困难，保障对象通过购买政府或社会资本组织建设的限价商品住房，完全解决自身的住房困难问题。

从各保障方式的准入收入线来统筹分析，这几种保障方式基本按照廉租住房—经济适用住房—限价商品住房—公共租赁住房的排列方式，构成了从低到高的梯级保障体系，能针对不同收入阶层的保障需要，解决不同收入阶层住房困难家庭的住房问题。

按照中央和国家的总体要求与部署，在以上政策和各地"十一五"、"十二五"城镇住房保障规划及年度计划指引下，自"十一五"中后期以来，全川逐步加大了城镇保障性住房的建设力度。其中，"十二五"的前三年，保障性住房建设成就更加显著。例如，2011年全省保障性安居工建设目标任务为352477套，完成开工数为391842套，开工率为111.17%；2012年目标任务281758套，完成开工数为303253套，开工率为107.63%，计划竣工160700

套，实际竣工 188899 套，竣工率为 117.55%；2013 年在前两年的基础上，各地更是全面和超额完成了当年的建设任务（见表 1）。①

表 1　2013 年四川保障性住房完成情况

单位：套/户，%

地区	新开工			竣工		
	计划数	完成数	完成比例	计划数	完成数	完成比例
成　都	28000	30034	107.26	26560	38296	144.19
自　贡	9240	9345	101.14	8510	8788	103.27
攀枝花	5890	5914	100.41	3330	4695	140.99
泸　州	8870	10254	115.60	8340	9723	116.58
德　阳	5860	6210	105.97	7280	9262	127.23
绵　阳	13730	14136	102.96	12090	13289	109.92
广　元	6340	8015	126.42	8350	10891	130.43
遂　宁	10590	10590	100.00	5020	8848	176.25
内　江	11950	13497	112.95	8880	9865	111.09
乐　山	7230	8274	114.44	8430	12626	149.77
南　充	31185	31959	102.48	14990	21454	143.12
宜　宾	8270	9072	109.70	10690	12804	119.78
广　安	2510	2599	103.55	1520	3683	242.30
达　州	4720	4812	101.95	7390	8802	119.11
巴　中	26410	26427	100.06	8330	8473	101.72
雅　安	7720	8068	104.51	2600	2600	100.00
眉　山	5472	5788	105.77	3020	4957	164.14
资　阳	7280	7339	100.81	6620	6985	105.51
阿　坝	2060	2060	100.00	1210	3503	289.50
甘　孜	1089	1089	100.00	2350	3763	160.13
凉　山	8500	8507	100.08	4770	4804	100.71
合　计	212916	223989	106.16	160280	208111	130.07

（三）体系发展中存在的问题

透过以上国家和四川城镇住房保障体系的发展历程，我们不难看出，各种保障政策及方式的出现，基本与工业化、城镇化和房地产市场发展紧密关联。

---

①　以上数据由四川省住房和城乡建设厅住房保障处提供。

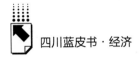

因此，该体系也就不可避免地留下了各个时期的烙印，体现了不同的政策指向。例如，限价商品住房就是在 2006～2007 年，由于房地产市场快速发展，成都等各地房价涨幅较大，为解决既不符合城市经济适用住房保障对象，且无力购买普通商品住房的家庭住房困难而出现的。再如，公共租赁住房的出现与发展，更主要是因为在房地产市场快速发展，有不少群体（包括外来务工人员和大学毕业生等）的收入不符合政府当时所规定的住房保障的条件，但又存在阶段性等住房困难。

显然，各种保障方式是不同时期及其政策指向的产物，其明显缺乏统一保障构架与思路，这就使各地在设计各种保障管理制度时，除更多在准入收入线方面做出有机衔接外，很难将各种保障方式纳入统一体系下进行梳理整合，因而也就注定了现行保障体系的基本管理体制机制，即实行分类实施的管理体制机制——各类保障方式根据保障对象和保障房源不同，分类组织实施。在这一体制机制之下，保障对象分类申请、分类审批，房源分类计划和建设、分类供应和分配以及后期管理。这样的管理体制机制，在实践中不可避免地存在保障管理成本较高、保障性住房整体配置效率欠佳、退出管理困难并难以建立良性循环机制、社会介入机制缺失，以及保障对识别与申请困难等诸多问题与弊端。此外，一些地方还因保障房配租不佳、空置较多等种种缘故，而饱受社会的诟病。

二 四川城镇住房保障体系发展的新趋势与目标任务

（一）体系发展的新趋势

近几年来，北京、上海、广东及深圳等地，为了切实解决以上问题，简化住房保障体系，先后暂停了经济适用住房保障政策实施，推行了诸如深圳的"安居型商品房"、重庆的公共租赁住房"租转售"等新的保障政策及方式。同时，在部分城镇还试行市场化程度较高的共有产权保障房政策，另一些城镇也开始逐步将廉租住房并入公共租赁住房保障政策及方式之内，进一步精简了保障体系。

在各地城镇住房保障体系简化探索的同时，国家也加大了城镇住房保障顶层制度研究与设计的力度。尤其是 2014 年初，住房和城乡建设部更进一步地明确了近期着力推进的两项具体工作：一是在地方实践的基础上，对廉租住房和公共租赁住房实行并轨运行；二是指导地方有序开展共有产权保障房的探索。由此，基本露出了城镇住房保障体系中"一租一售"（"一租"为租住公共租赁住房；"一售"为购买共有产权保障房），并将外来务工人员（尤其包括农民工）纳入当地保障体系的发展端倪。

目前，尽管四川各地工业化、城镇化、经济发展、财政实力、商品房价格等水平与住房保障需求总量及结构差异很大，但是城镇住房保障体系——"一租一售"，进一步扩大保障覆盖，将外来务工人员（包括农民工）纳入当地城镇保障体系之内的发展趋势也是明显的。因此，各地于 2014 年上半年开始陆续实施了廉租住房和公共租赁住房的并轨运行，并轨运行后统称为公共租赁住房。同时，在成都被选为全国共有产权保障房试点城市的基础上，省内又选择了德阳、遂宁、宜宾、乐山四座城市作为省级试点城市。基于以上判断，四川城镇住房保障体系将可能主要由公共租赁住房和共有产权保障房以及外来务工人员住房保障等具体体系构成。

（二）体系发展的目标任务

总体上，四川城镇住房保障体系发展的目标任务与国家层面的体系发展目标任务是一致的，即都是保障那些没有能力通过市场方式解决住房问题的群体（主要包括城镇中低收入家庭或个人和外来务工人员等）实现"住有所居"——主要确保其基本居住。而在具体体系发展上，则应有不同的阶段性目标任务。

1. 公共租赁住房保障体系发展的目标任务

该体系发展的目标任务具体分为"近期"和"中远期"目标任务，[①]前者主要的目标任务是，解决住房供需（"供不应求"）矛盾，大力增加公共租赁住房保障供应；后者的主要目标任务则是，把控好增量，主要运管和维护好存量公共租赁住房，并尽可能地调整好部分存量公共租赁住房用途的转变。进一

---

① "近期"主要指"十二五"规划后期的发展时期；"中远期"主要指"十三五"规划及党的十九大以后时期。

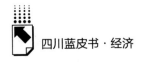

步看，由于"近期"正处于建设向运营转化的特殊时期，故其更应明确如下各项具体目标任务：

①进一步地规范与优化公共租赁住房建设，使之完全步入常规常态化的发展轨道，增加与保障公共租赁住房（实物）供给及配置总量；

②广泛深入地探索与完善公共租赁住房运营管理，提高其利用率，在满足保障总量需求的同时，调整与满足结构性需求；

③强化公共租赁住房建设与运营管理的联系，形成更好的"适销对路"产品，尽可能促进与保持公共租赁住房的供求均衡，增加有效供给，满足有效需求；

④平稳与顺利完成廉租住房与公共租赁住房并轨运行的过渡，建好覆盖不同收入层次、不同类别群体，成系统、同质，符合差别化保障标准的新型公共租赁住房政策及实施体系。

"中远期"的主要目标应是：与国际接轨，在保障形式方面，将逐步由增加实物供应转向人头补贴，建立起完善的、以市场为主导、政府和社会共同合作的公共租赁住房保障体系，在做好公共租赁住房存量配置及调整管理的同时，掌控好其增量的配置及节奏，并构建好正常而良好的政府、企业、个人（包括保障对象在内）责任、义务、利益关系体系。

2. 共有权保障房体系发展的目标任务

该体系发展的近期目标任务主要是，逐步实现共有产权保障房政策与原有城镇住房保障政策对接，并结合国家拟出台的《城镇住房保障条例》，实现新旧保障体系的平滑过渡，初步建立起新的体系；而该体系建设的中远期目标任务则重点立足于"存量调整"，减少增量供应，加强结构调整，突出公共租赁住房"租转售"，并逐步确立好平稳态势。

值得特别关注的是，在确立近期目标中，尤其应处理好新旧政策的对接与遗留问题，其中，最关键的应处理好已购或已申请购买原经济适用住房和限价商品房等保障性住房的转化问题。对此，可用以下思路及方法。

从产权的角度讲，租赁式保障性住房对保障对象而言是零产权，对政府而言是全产权，但保障对象却享有对房屋的占有、使用权，随着保障对象收入水平的不断提高，保障对象可以选择通过购买方式提高产权拥有比例。关于比例的设置，考虑到保障对象家庭之间存在差异，可分梯次设置30%、50%、

70%三个档次，直至拥有全部产权。保障对象在取得全部产权前，对政府共有的部分仍应向政府支付租金。对产权式保障性住房而言，保障对象可根据自己的经济状况先取得部分产权，剩余产权由政府按份共有并向政府支付剩余部分租金，而非像购买商品房一样到银行去办理剩余部分的按揭贷款。随着家庭经济状况的改善，保障对象可选择退出保障性住房或继续购买一定比例产权，直至取得全部产权（见表2）。

表2　城镇保障性住房体系构架

原有分类	廉租房	公共租赁住房	经济适用房	限价商品房
现有分类	城镇保障性住房——共有产权保障房			
户型面积	50平方米	50~60平方米	60~70平方米	70~90平方米
适用对象	最低收入家庭	低收入家庭	中低收入家庭	中等收入家庭
申请条件	①家庭年收入2.2万以下；②无房或人均居住面积低于16平方米	①家庭年收入4万以下；②无房或未承租公房	①家庭年收入5万以下；②无房或人均居住面积低于16平方米	①家庭年收入7万以下；②无房或人均居住面积低于16平方米
产权比例	政府：100%、70%、50%、30%、0%　住户：拥有剩余比例	政府：100%、70%、50%、30%、0%　住户：拥有剩余比例	住户：30%、50%、70%、100%　政府：拥有剩余比例	住户：30%、50%、70%、100%　政府：拥有剩余比例
持有方式与顺序	租赁→购买并举→购买	租赁→租购并举→购买	租购并举→购买→租赁	租购并举→购买→租赁

注：表中相关标准及数据，取自成都市的现有标准及数据。

在以上产权转换过程中，尤其应完善保障房退出机制，为保障对象提供多项产权更替选择，提高保障房利用率。

3. 外来务工人员住房保障体系发展的目标任务

有关外来务工人员住房保障体系发展目标任务，从内容上讲，这一目标应是，将外来务工人员有序、有区别、有机地纳入（当地）城镇住房保障体系，并实现部分人员在城镇稳定定居。而在形式上，则由点到面，先解决其在城镇务工期间的基本居住问题，并同样应设近期和中远期目标任务及其实施步骤。其中，近期重在保障资源的增量增长，着重对在城镇有稳定职业的外来务工人员实施住房保障，通过以公共租赁住房保障为主体方式、以低端市场租赁附加

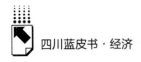
政府适度补贴为辅助方式，来逐步扩大保障规模；中远期重在保障资源的存量调整，让外来务工人员在原有住房保障的基础上，逐步扩大包括共有产权保障房在内的保障方式及规模，近而基本实现保障均等化。

三　四川城镇住房保障体系发展的政策含义及策略

（一）总体相关政策含义及策略

透过前述分析研究，我们可以将四川城镇住房保障体系发展中的总体政策含义及策略重点归结为如下几点。

1. 遵循发展的基本原则

保障体系发展的基本原则应当强调：一是制度及政策安排坚持政府主导、社会参与、广覆盖、分层次、多渠道和可持续；二是保障水平确定坚持保基本与经济社会发展水平相适应和逐步提高；三是保障方式选择坚持"补人头"和"补砖头"相结合，逐步实现以"补人头"为主；四是保障管理工作坚持重公平、促稳定和因地制宜。

2. 合理确定保障对象范围

按照"应保尽保"的原则，合理确定保障范围。适当将保障对象在以往基础上扩大至：一是城镇户籍常住人口及其棚户区改造中住房困难（包括无房住）且收入、财产等符合（当地政府）规定条件的家庭、个人；二是城镇非户籍常住人口中有稳定就业的住房困难家庭、个人。在扩大保障对象范围的同时，要严防保障范围的过度化扩大，实现公共资源的合理利用。

3. 其他相应配套政策及措施

保障体系发展的配套政策及措施应当包括：首先，保障对象的确定，按收入结构和住房困难程度，将住房保障的人口覆盖面划分为现实和理想覆盖面。前者既包含了全省城镇户籍人口，又包含了全省各城镇常住的非户籍人口中符合当地政府规定（住房困难和住房消费能力不足）条件的家庭和个人。后者除了包含全省城镇（包括户籍和非户籍）常住人口外，还涵盖了城镇中的所有务工流动人口。其次，在确定住房保障准入资格时，需要同时考核申请家庭成员的收入和财产水平、人均居住面积、户口以及其他相关情况，根据这些指标划分不同人群,实施分类保障。其中,收入水平是最为主要而又难以确定的因素,而收入线的确定应进行综合测算与考量,即充分并动态考虑(通常每隔一两年,甚至更短周期)当地经济社会发展、房价、政府财力和居民收入水平等因素,并以科学合理的测算公式来确定准入收入线的高低。最后,在保障面积的确定上,应当按照中央和地方的相关政策规定,并结合当地人均居住面积平均水平的一定比例,来明确当地的保障标准。此外,在城镇住房保障体系建设资金来源的选择上,"近期"可以地方政府财政支出列支为主要来源,并探讨与试点诸如将保障性住房资产证券化或采取 PPP 等模式形成的资本市场盈余,用于公共租赁住房、共有产权保障房建设等方式,还应将房地产业收益(包括住房公积金增值收益扣除计提贷款风险准备金和管理费用后的全部余额,一定比例〈不低于10%〉土地出让金净收益,租赁保障性住房和对闲置土地征收的费用等)纳入建设资金归集范围。而在"中远期",应逐步实现以房地产业收益和相关资本市场盈余为主要建设资金来源,政府财政支出为辅助来源。显然,这一过程必然有待公共租赁住房和共有产权保障房运管机制(包括准入、分配和租售管理以及监督管理等在内的机制)、金融和财税等创新。

(二)相关具体政策含义及策略

1. 公共租赁住房保障体系发展的政策含义及策略

相关的政策含义及策略,在以往种种实践经验基础上,重点应在于:廉租住房和公共租赁住房并轨运行中的相关政策衔接,以及相应政策含义及策略的明确与充实。

①"并轨"后,总体上必须强调"四大统一",即政策规定形式、固化房源建设和筹集、申请受理渠道、配租管理和后期租赁及房屋使用管理的统一。

②"并轨"后,公共租赁住房建筑面积(主要指成套住房)标准应统一和简化为不超过60平方米。在此标准范围内,给予地方具体的面积标准选择与决定权。

③"并轨"后,公共租赁住房建设资金来源及其使用上,应在建保〔2013〕178号文规定基础上,尽量扩大来源,在本级财政部门设立住房保障专项资金,实行专项管理,分账核算,专款专用。

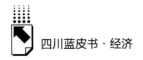

④"并轨后"，公共租赁住房保障申请受理审核上，尤其应明确诸如此类的政策规定：一是对各级住房保障机构尤其是各实施机构经费、人员配备及管理，提出具体要求及规制；二是明确相关管理部门的分工与协作，其中，尤其应对民政部门和住房保障部门的收入认定分工提出具体要求，建议低收入及以下收入的认定由前者负责，其他由后者负责；三是须制定与实施统一、科学、合理的轮候配租制度。

⑤"并轨后"，公共租赁住房租金管理上，应在租金收缴方式选择上留有政策空间，即可选择"差别化租金标准"（若干梯度性租金标准或租金补贴标准），也可选择或试行"租补分离"的完全市场租金标准（其后政府予以相应适当梯度性租金补贴）。与此同时，在租金定价机制上，可以选择政府定价或政府指导价，还可选择市场定价。

⑥"并轨后"，公共租赁住房保障资格复审上，宜采取与租赁合同相吻合的复审周期及方式，并在租赁合同中予以明示。

2. 共有产权保障房体系发展的政策含义及策略

考虑到共有产权保障房体系尚处于探索起步阶段等种种实际情况及因素，相关的政策含义及策略，应主要包括如下一些内容。

①在四川共有产权保障房体系建设中，尤其在其制度设计中，必须慎重与缓行，首先应给原有经济适用住房或限价商品住房（等配售式保障制度）留有一定的转换时间和空间。通过深入的理论探索和广泛的试点试行活动，在原有配售式保障性住房制度的基础上，结合共有产权保障房制度的本质和形式特征，加以科学合理设计和深入广泛试运行，以实现政策设计的前后平滑过渡，直至实现新政策相对科学合理与完善。

②在共有人的认定上，四川共有产权保障房的价格确定和共有人产权份额的划分至关重要。鉴于共有产权保障房价格形成机制和确定方法多样，和共有人产权份额划分方法的多样或标的物的不同，故在省级顶层制度设计中，应当着重强调共有人认定的发展方向和基本原则，其中尤其应遵循市场化和因地制宜原则，在充分发挥市场机制决定作用的同时，适度予以政府干预。或者是，在四川共有产权保障房制度运行之初，更多地强调政府干预，其后随着该制度的不断完善与推进，则应更多地强调市场机制作用。在省级顶层制度之下，各地所建立的相应制度实施细则或具体方案、（暂行）办法等，则应明确与细化

价格确定和产权份额划分等具体方法及规定，从而为共有人相关权利的行使和利益的获得，打下坚实的基础。

③在共有权的行使上，四川共有产权保障房中各共有人的相关权利的行使和利益的获得，理想的方式应是，各共有人按照既有的《物权法》和《民法通则》等法律法规，并通过市场机制作用。但是，如若按照理想的方式来推动共有产权保障房的行权获益，必然存在众多现实麻烦，更存在共有人间的利益博弈，由此还可能带来交易成本的加大和更多意想不到的道德和经济风险。因此，在共有产权保障房制度运行的初期，共有权的行使宜采取更为现实的方式，即主要通过《四川共有产权保障房预（出）售合同》邀约的方式，以便具体明确理顺与落实各种相关及衍生权能的行使。

④在共有物的分割上，四川共有产权保障房制度设计中，应着重强调与明细共有产权保障房权属管理和相关收益分配管理，其具体表现在以下两个方面。

一方面，针对权属管理应规定，共有产权保障房自合同备案之日起，一定年限内不得进行买卖、交换、赠予。因特殊原因确需转让的，应由政府原价回购。同时，共有产权保障房自合同备案之日起不满规定年限，购房人通过购买、获赠等方式（继承除外）取得住房的，必须退出共有产权住房保障，由政府原价回购。另外，共有产权保障房办理继承或离婚析产的，继受人持有的产权份额应当不变，共有产权保障房性质不变。

另一方面，针对相关收益分配应规定，共有产权保障房满规定的年限后购房人申请购买完全产权时，按照届时房屋市场价值，向政府支付其所持有产权份额部分的价款后，方可办理完全产权的变更登记。届时房屋市场价值低于合同原价的，购房人按照合同原价支付政府所持有的产权份额部分的价款。

3. 外来务工人员住房保障体系发展的政策含义及策略

考虑到外来务工人员住房保障需求的复杂性、过程的间断性、任务的艰巨性和时间的长期性等种种因素，我们主要将相关政策含义及策略归结为如下几点。

①在近期政策设计上，应当根据当地经济社会发展、地方财力、房价和外来务工人员收入水平等因素，合理确定其住房保障范围、保障标准、准入条件等，将有稳定就业的人员首先纳入当地公共租赁住房保障体系之内。同时，应

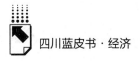

当引导与规范管理涉及外来务工人员租住的普通、非正规房屋租赁市场，确保其住用安全和合法权益。另外，还应当继续发挥园区公共租赁住房的特定作用，通过相应政策规定，鼓励和规范用工单位提供安全、价廉、适用的基本居住条件。

②在中远期政策设计上，应当进一步改善外来务工人员城镇住房政策，使之既兼顾全川或当地产业发展趋势和城镇化发展路径，确保政策的连续和可持续性，又结合外来务工人员实际收入和需求状况，在逐步将全体其纳入当地公共租赁住保障体系之内的同时，还应当逐步将各地当地外来务工人员通过身份转换，纳入城乡统筹规划管理系统，实行公共租赁住房租转售或共有产权保障房制度。同时，在具备条件的地区或经济区，重点针对外来农民工，可考虑实施外出农民工住房保障在输入地间的区域"联网"对接。

③设计与实施强针对性的外来务工人员住房保障政策，即根据其收入和意愿的不同，针对职业和年龄等的不同，予以相应"适销对路"的保障措施。

④从长远、灵活和利于本省外来务工人员住房保障的角度看，在建立健全其住房公积金异地转移机制和实名制度等同时，还应当建立省级外来务工人员住房租金补贴机制，以利于经济不发达地区及城镇享受一定比例或额度的外来务工人员租金补贴政策倾斜，并利于这些地区及城镇的产业转移承接，提升经济发展水平，更利于本省外来务工人员在全省范围内自由合理流动。在此基础上，各地（市、州）县也可在其行政区域内，制定和实施相应的租金补贴机制，从而进一步地降低租金水平，并促进外来务工人员住房保障与市场的有机融合，形成保障和市场协调、可持续良性发展格局。

2015年四川银行业金融总量与
地区经济增长分析[*]

罗志华**

摘　要：　本文以历史数据分析法和相关性分析方法，对2003~2013年四川银行业金融机构主要经济数据进行了分析，并以稳定性较好的信贷增速、存贷比等为假设，对2014年、2015年四川银行业主要经济指标进行了预测和检验。基于信贷增长与地区经济增长之间存在的相关性和转化率，本文以转化率为假设，对2014年、2015年四川省地区生产总值（GDP）进行了预测和检验。

关键词：　四川银行业　金融　地区经济　增长

一　2003~2013年四川省信贷投放与
地区经济增长相关性分析

基于我国2003~2013年各项贷款（2011~2013年为境内本外币贷款）的数据样本分析表明，信贷投放与地区经济增长具有相关性。从全国口径2003~2013年各项贷款年均余额（年初与年末平均值）和每年GDP变化来看，GDP跟随贷款总量增长而增长，在2008年之前两条曲线基本呈重叠状态。2009年，随着国

---

*　本文系四川省住房和城乡建设厅的"四川新型城镇住房保障体系建设研究"基金项目（SCWZDL－201311－SJCT）阶段成果之一。

**　罗志华，四川省社会科学院金融与财贸经济研究所高级经济师，经济学博士，兼任西南财经大学信托与理财研究所副所长，主要研究方向：银行业改革与创新、民间金融。

际金融危机导致的经济下行和4万亿元信贷投放的实施，各项贷款平均余额曲线
与GDP曲线开始分离，趋势线离散程度有所放大（见图1和表1），但GDP趋势
线依然紧随各项贷款趋势线下方，处于信贷曲线的0.9~0.8区间内。

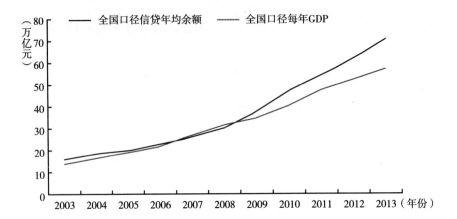

图1　2003~2013年全国口径各项贷款平均余额曲线与GDP曲线变化趋势

资料来源：中国人民银行、国家统计局。

表1　2003~2013年全国口径各年份信贷平均余额与GDP

单位：亿元

年份	全国口径信贷投放年均余额*	全国口径每年GDP	每年GDP与信贷余额之比
2003	154.787	135.823	0.88
2004	179.168	159.878	0.89
2005	197.702	184.937	0.94
2006	222.559	216.314	0.97
2007	258.013	265.810	1.03
2008	298.898	314.045	1.05
2009	372.823	340.903	0.91
2010	467.411	401.513	0.86
2011	540.044	473.104	0.88
2012	615.036	519.470	0.84
2013	704.822	568.845	0.81

*全年信贷平均余额=（上年末信贷余额+本年末信贷余额）/2，下同。

资料来源：中国人民银行、国家统计局，笔者分析整理。

从图 1 来看，信贷投放与 GDP 具有显著相关性。尽管 2009 年为应对国际金融危机实施 4 万亿元信贷投放对这一相关性及比值产生了扰动，以及 2013 年开始实施的经济结构调整可能导致"十二五"后期 GDP 增速与信贷增速进一步产生偏离。笔者认为，通过中国人民银行基础货币投放增速和银行业金融机构净资产增速能够基本准确绘制信贷投放曲线，通过信贷投放曲线能够基本准确地绘制 GDP 增速曲线，三者具有相关性[1]。

表 2 数据显示，2003～2008 年平均每元信贷投放创造大致 0.96 元 GDP，2009～2013 年平均每元信贷投放创造大致 0.86 元 GDP。

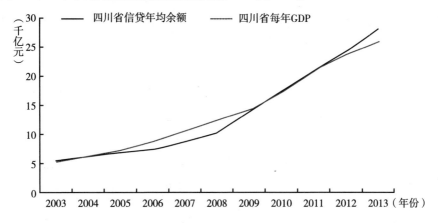

图 2　2003～2013 年四川地区各项贷款平均余额曲线与 GDP 曲线变化趋势

资料来源：《四川省金融运行报告》（2004～2013 年）[1]、《四川统计年鉴》（2002～2003 年）[2]，笔者分析整理。

①中国人民银行成都分行货币政策分析小组：《四川省金融运行报告》。《四川省金融运行报告》由中国人民银行成都分行自 2004 年开始逐年编制发布。本文采用了该报告中 2004～2013 年四川银行业存款、贷款、资产总额、营业网点、从业人员等数据。

②四川省统计局：《四川统计年鉴》，中国统计出版社。《四川统计年鉴》由四川省统计局逐年编制出版，2007 年后由四川省统计局、国家统计局四川调查总队共同编制出版。《四川统计年鉴》2010 年及之前收录的四川银行业存款、贷款、资产总额数据，与四川银监局和中国人民银行成都分行数据均存在一定差异，本文采用了该年鉴中 2002～2003 年存款、贷款数据。

---

① 中国银监会于 2012 年 6 月发布《商业银行资本管理办法（试行）》。根据这一《办法》对商业银行按照权重法计算风险加权资产的要求，商业银行净资产与风险加权资产之比大致为 1:8，即要求商业银行资本充足率保持在 12.5% 左右。由于小微贷款、个人经营性贷款按照 75% 的权重计算风险加权资产，个人住房按揭贷款按照 50% 计算风险加权资产，因此信贷资产总额要略大于风险加权资产总额，但在一定期限内与风险加权资产具有较稳定的相关性。

从四川省区域数据分析来看，信贷投放与地区经济增长的相关性同样十分明显，且与全国口径趋势线表现一致。笔者对四川地区 2003～2013 年信贷投放数据与地区 GDP 增长数据进行了整理分析。

从图 2 来看，四川省 2003～2013 年各年份全年信贷平均余额与全省年度地区 GDP 相关性和吻合度较高，特别是 2009～2012 年，两条曲线几乎重叠。2013 年受到产业结构调整的影响，有一定的离散趋势。

表 2 数据显示，2003～2008 年四川省平均每元信贷投放创造大致 1.11 元 GDP，2009～2013 年平均每元（RMB）信贷投放创造大致 0.98 元 GDP。2013 年、2014 年经济结构调整和经济下行压力，使信贷投放年均余额曲线与 GDP 曲线偏离度有所扩大，形成下压趋势。

表 2　2003～2013 年四川省各年份信贷平均余额与四川省地区 GDP

单位：亿元

年份	四川省各年份全年信贷平均余额	四川省各年份地区 GDP	四川省地区 GDP 与信贷余额之比
2003	5535	5333	0.96
2004	6280	6380	1.02
2005	6774	7385	1.09
2006	7451	8690	1.17
2007	8710	10562	1.21
2008	10290	12601	1.22
2009	13571	14151	1.04
2010	17733	17185	0.97
2011	21000	21027	1.00
2012	24339	23873	0.98
2013	28231	26261	0.93

资料来源：《四川省金融运行报告》（2004～2013 年）、《四川统计年鉴》（2002～2003 年），笔者分析整理。

以全国口径统计的 GDP/金融机构各项贷款余额之比和四川省地区口径统计的 GDP/金融机构各项贷款余额之比进行比较，会发现一个有趣的结果：四川省口径的 GDP/各项贷款曲线始终处于全国口径的 GDP/各项贷款曲线的上方，并且存在一个相对稳定的差值（见图 3）。

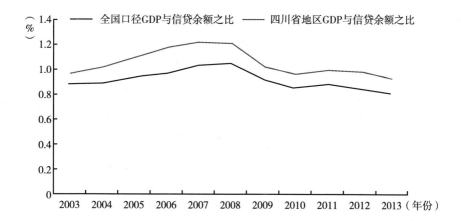

图3 GDP 对信贷资源的消耗率——四川省地区与全国口径的比较

资料来源：中国人民银行、国家统计局：《四川省金融运行报告》（2004～2013 年）、《四川统计年鉴》（2002～2003 年），笔者分析整理。

图 3 的分析反映出两个现象，一是在 GDP 对信贷资源的消耗率上，四川省地区与全国口径具有趋同性和一致性，变化方向及变化幅度的稳定性较强；二是四川省地区单位 GDP 与信贷投放年均余额的比值，要比全国口径高出 0.12～0.15 元，该比值曲线始终处于全国口径的上方且呈平行移动趋势，不过这一缺口正在逐渐收窄。

笔者认为，与全国口径数据分析结果相比，四川省地区信贷投放创造 GDP 的效率可能要高于全国口径。这或许表现出四川省地区产业结构的优化，或者是信贷投放余额的相对不足。

有分析认为，导致图 3 现象的原因可能与中资全国性大型银行和股份制银行等总行直接向四川省各类企业提供的信贷供给未进入四川省信贷统计口径有关，也可能是央企等非川内企业从大中型银行总行获得信贷后在四川创造 GDP 所致。

按照 2013 年全国口径 GDP 与信贷余额比值计算，四川省 2013 年至少有 4307 亿元信贷缺口，这一缺口是否通过以上渠道获得弥补，值得探讨。从 2013 年末四川银监局对在川银行业金融机构存贷比统计数据来看，农业银行仅为 56.08%，建设银行仅为 48.56%，邮储银行仅为 19.57%，部分在川银行"抽水机"功能比较明显，信贷供给不足的情况在四川省内客观存在。

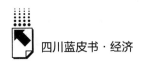

二 2003~2013年四川省银行业主要指标增长趋势分析

2003~2013年，四川省银行业金融机构各项主要指标增速基本平稳。基于历史数据与资料局限，本节选择本外币存款总额、本外币贷款总额、银行业金融机构资产总额，以及人民币存款总额、人民币贷款总额、机构网点总数、从业人员总数等主要指标作为分析四川银行业金融机构发展趋势的主要指标。

由于历史数据与资料局限，本节难以获得充分的数据和资料对四川银行业金融机构净资产、税后利润、存贷比、不良率等关键指标进行趋势分析，仅能对部分指标基于定性研究进行一般分析。

1. 四川银行业金融机构存贷款增长分析

从2003~2013年四川银行业金融机构本外币存款增量来看，以多项式①设定顺序为3期数据（过往3年数据），分别前推1个周期（年）和2个周期（年），进行本外币存贷款趋势预测和回归分析，得出图4中2014年、图5中2015年本外币存贷款趋势线。

按照该趋势线预测分析，2014年四川银行业金融机构本外币存款总额将达到5.4万亿元左右，本外币贷款总额将达到3.4万亿元左右（见图4）；2015年四川银行业金融机构本外币存款总额将达到6.1万亿元左右，本外币贷款总额将达到3.8万亿元左右（见图5）。当然，以上预测分析结果存在一定误差。

从四川银行业金融机构2003~2013年本外币存贷款与存贷比变化趋势来看，存贷比指标具有一定的稳定性。自2005年开始，四川银行业金融机构存贷比降至70%以下（见表3）。2004年9月12日，中国银监会办公厅、财政部办公厅、中国人民银行办公厅发布《关于加强商业银行存款偏离度管理有关事项的通知》，严格管控商业银行存款偏离度和稳定性，并对虚假存款进行

---

① 多项式是由若干个单项式的和组成的代数式。在数学中，多项式（polynomial）是指由变量、系数以及它们之间的加、减、乘、指数（正整数次）运算得到的表达式。

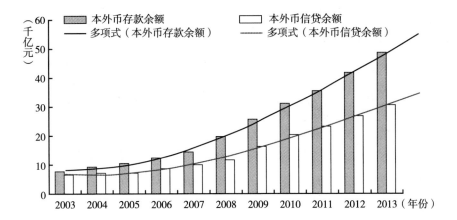

图 4　四川银行业金融机构 2003～2013 年本外币存贷款增长态势及 2014 年增长趋势

资料来源：《四川省金融运行报告》（2004～2013 年）、《四川统计年鉴》（2002～2012 年），笔者分析整理。

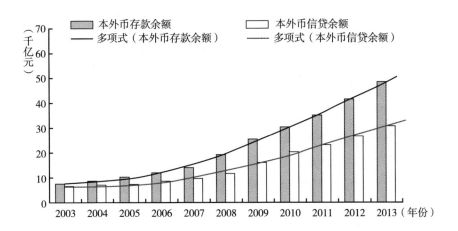

图 5　四川银行业金融机构 2003～2013 年本外币存贷款增长态势及 2015 年增长趋势

资料来源：《四川省金融运行报告》（2004～2013 年）、《四川统计年鉴》（2002～2003 年），笔者分析整理。

清理。预计对虚假存款的监管清理和存款脱媒将适度影响四川银行业金融机构存贷比稳定性，2014 年、2015 年四川银行业金融机构存贷比或呈小幅上升，可能升至 63%～65%。

表3 四川银行业金融机构2003~2013年本外币存贷款及存贷比变化比较

单位：亿元，%

年份	本外币存款余额	本外币信贷余额	本外币存贷比
2003	7236	5911	81. 69
2004	8621	6650	77. 13
2005	10050	6899	68. 64
2006	11944	8003	67. 01
2007	14089	9416	66. 83
2008	18788	11395	60. 65
2009	25128	15979	63. 59
2010	30504	19486	63. 88
2011	34971	22514	64. 38
2012	41568	26163	62. 94
2013	48122	30299	62. 96

资料来源：《四川省金融运行报告》（2004~2013年）、《四川统计年鉴》（2002~2003年），笔者分析整理。

从四川银行业金融机构2003~2013年本外币存贷款增速变化来看，二者具有一定的相关性，信贷增长具有一定的滞后性。本外币存款在2008年、2009年均达到了33%以上的增幅，支持了2009年银行业金融机构40.23%的信贷增速。随着2010年、2011年存款增速的回落，信贷增速随之回落，并在2011~2013年稳定在16%左右（见图6、表4）。

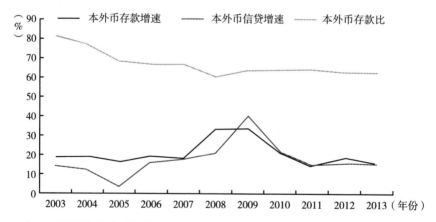

图6 四川银行业金融机构2003~2013年本外币存贷款增速及存贷比变化趋势

资料来源：《四川省金融运行报告》（2004~2013年）、《四川统计年鉴》（2002~2003年），笔者分析整理。

表4 四川银行业金融机构2003～2013年本外币存贷款增速及存贷比变化数据

年份	本外币存款增速	本外币信贷增速	本外币存贷比
2003	19.11	14.57	81.69
2004	19.15	12.50	77.13
2005	16.57	3.74	68.64
2006	18.84	16.01	67.01
2007	17.96	17.66	66.83
2008	33.35	21.02	60.65
2009	33.75	40.23	63.59
2010	21.40	21.94	63.88
2011	14.64	15.54	64.38
2012	18.86	16.21	62.94
2013	15.77	15.81	62.96

资料来源:《四川省金融运行报告》(2004～2013年)、《四川统计年鉴》(2002～2003年),笔者分析整理。

图6中2011～2013年的信贷增速和2009～2013年的存贷比变化趋势表现出较好的稳定性,为2014年、2015年四川银行业金融机构本外币存贷款数据预测提供了条件和依据。

当前面临经济结构调整和产业转型下银行信贷政策和存款增长环境的变化,存款理财化、资产证券化、大额可转让存单以及影子银行、货币市场基金等金融脱媒正在改变商业银行传统的存款与贷款增长态势,会对四川银行业金融机构存贷款业务增长产生一定的影响。尽管如此,笔者认为,在本届政府相对稳定的经济与金融政策下,四川银行业金融机构存贷业务增速在1～2年的短时期内不会出现大的变化。

本节对四川银行业金融机构2004～2013年存贷款增速、存贷比等,均使用了本外币指标。外币业务在本外币业务中的占比较小(见图7、表5),因此本外币指标既能够代表四川银行业金融机构传统存贷业务金融总量,也能够基本代表人民币业务金融总量。

表5显示,2004～2013年外币存款余额在本外币存款余额中的占比不超过2%,2007～2013年基本稳定在0.6%～1.05%;2004～2013年外币贷款余额在本外币贷款余额中的占比不超过3%,在2005～2013年基本稳定在2%～2.5%。本文不再对外币业务进行单独分析。

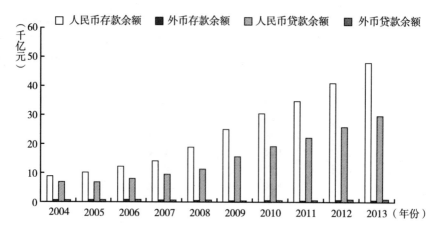

图7 四川银行业金融机构2004～2013年人民币与外币存贷业务变化态势

资料来源：《四川省金融运行报告》（2004～2013年），笔者分析整理。

**表5 四川省银行业金融机构2004～2013年人民币与
外币存贷业务变化与外币占比态势**

单位：亿元,%

年份	人民币存款余额	外币存款余额	外币存款占比	人民币贷款余额	外币贷款余额	外币贷款占比
2004	8462.11	159.29	1.85	6475.92	173.70	2.61
2005	9905.30	144.70	1.44	6743.00	155.60	2.26
2006	11802.10	141.50	1.18	7833.30	169.83	2.12
2007	13950.40	138.59	0.98	9200.90	215.26	2.29
2008	18661.00	126.70	0.67	11163.40	232.00	2.04
2009	24976.50	151.30	0.60	15680.30	299.10	1.87
2010	30299.70	204.40	0.67	19129.80	355.90	1.83
2011	34734.70	236.51	0.68	22033.20	481.03	2.14
2012	41130.80	437.00	1.05	25560.40	602.85	2.30
2013	47667.28	454.77	0.95	29542.74	756.11	2.50

资料来源：《四川省金融运行报告》（2004～2013年），笔者分析整理。

2.四川银行业金融机构资产总额增长分析

本节分析的四川银行业金融机构资产总额，仅指置放于表内的货币资产、贷款、投资等金融资产，以及固定资产、递延资产等经营性资产，不包括银行管理的代客理财、信贷资产证券化等各类表外资产，以及保函、承诺、远期回购等各类或有资产。

2004～2013年，四川银行业金融机构资产总量增速稳定性较好，在2007年、2008年、2009年增速相对较高，分别达到28.85%、30.27%、33.67%，其他时期均保持在20%左右（除2006年）。2010～2013年，这一增速基本稳定在18%～23%，平均增速为20.78%（见表6）。

从2004～2013年四川银行业金融机构资产总额增速来看，以多项式设定顺序为3期数据（过往3年数据），分别前推1个周期（年）和2个周期（年），进行趋势预测和回归分析，得出图8中2014年、图9中2015年四川银行业金融机构资产总额预测数据趋势线。按照该趋势预测，2014年四川银行业金融机构资产总额将达到7.2万亿元左右（见图8），2015年四川银行业金融机构资产总额将达到8.3万亿元左右（见图9）。同样，以上预测分析结果存在一定误差。

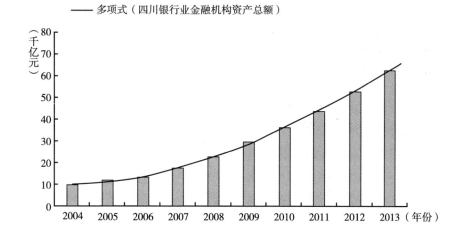

图8 四川银行业金融机构2004～2013年资产总额增长态势及2014年增长趋势

资料来源：《四川省金融运行报告》（2004～2013年），笔者分析整理。

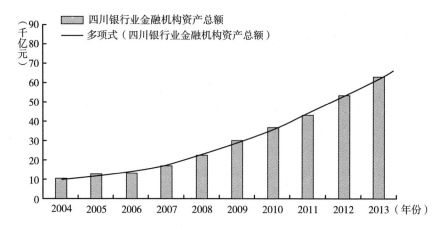

图9 四川银行业金融机构2004~2013年资产总额增长态势及2015年增长趋势

资料来源:《四川省金融运行报告》(2004~2013年),笔者分析整理。

表6 四川银行业金融机构2004~2013年资产总额增长数据

单位:亿元,%

年份	四川银行业金融机构资产总额	四川银行业金融机构资产增速
2004	9761.91	—
2005	11732.30	20.18
2006	13042.00	11.16
2007	16804.00	28.85
2008	21891.00	30.27
2009	29261.00	33.67
2010	35929.80	22.79
2011	42939.00	19.51
2012	52603.49	22.51
2013	62228.00	18.30

注:表中"—"表示数据缺失。《四川统计年鉴》与《四川省金融运行报告》分别收录的四川银行业金融机构资产总额数据存在较大误差。尽管《四川统计年鉴》中收录数据可以弥补《四川省金融运行报告》中该数据的缺失,但本文鉴于上述原因未采用该数据。下同。

资料来源:《四川省金融运行报告》(2004~2013年),笔者分析整理。

如果将四川银行业金融机构本外币资产增速、本外币存款增速和本外币贷款增速三组数据放在一起(见图10),会看到三组数据变化具有趋同性和相关性,特别是在2009年之后,三组数据的趋同性较强,并保持在15%~20%(见表7)。

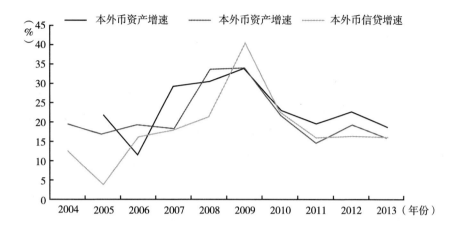

图10　四川银行业金融机构2004～2013年本外币
资产、存款、贷款增速变化态势

资料来源:《四川省金融运行报告》（2004～2013年）、《四川统计年鉴》（2002～2003年），笔者分析整理。

图10显示，四川银行业金融机构存款增速与资产增速相关性较强，2009～2013年基本呈现正相关态势。这表明存款增速对银行业金融机构资产增速影响明显，存款增速与银行业金融机构资产增速可以相互预测。

表7　四川银行业金融机构2004～2013年本外币资产、存款、贷款增速数据

单位：%

年份	本外币资产增速	本外币存款增速	本外币信贷增速
2004	—	19.15	12.50
2005	20.18	16.57	3.74
2006	11.16	18.84	16.01
2007	28.85	17.96	17.66
2008	30.27	33.35	21.02
2009	33.67	33.75	40.23
2010	22.79	21.40	21.94
2011	19.51	14.64	15.54
2012	22.51	18.86	16.21
2013	18.30	15.77	15.81

资料来源:《四川省金融运行报告》（2004～2013年）、《四川统计年鉴》（2002～2003年），笔者分析整理。

由于监管部门限制非标资产业务、清理虚假存款等去杠杆措施，以及表外业务的快速增长，四川银监局一些数据已显示出银行业表内资产增速出现回落的迹象。鉴于此，四川银行业金融机构2014年、2015年表内资产增长幅度可能降至15%左右的水平。

3. 四川银行业金融机构网点数量与从业人员数量增长分析

图11、图12显示，2004～2013年四川银行业金融机构营业网点总数和从业人员总数增量和增速稳定性不明显，但2010年之后具有一定稳定性。

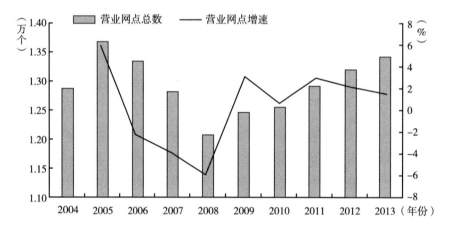

图11 四川银行业金融机构2004～2013年营业网点总数及变化趋势

资料来源：《四川省金融运行报告》（2004～2013年），笔者分析整理。

从2011～2013年营业网点数量增长来看，每年增量在200～400个，具有一定稳定性；从增速来看，每年在1.5%～3%，有逐步下降趋势。2014年、2015年，得益于中国银监会对小微专营支行、社区专营支行等特色支行的支持，四川银行业营业网点增量和增速会有明显提高。

从2011～2013年从业人员数量增长来看，每年增量在1万人左右，具有一定稳定性；从增速来看，每年在5%左右，具有较好的稳定性。一方面，银行从业人员数量与营业网点数量具有相关性，另一方面在零售金融和互联网金融转型下，银行业从业人员面临结构性调整，因此2014年、2015年四川银行业金融机构从业人员数量将获得5%左右的稳定增长。

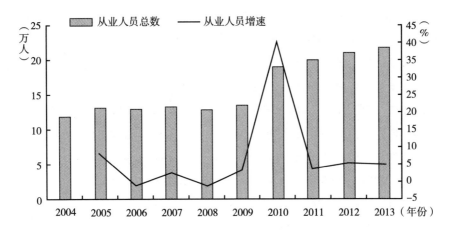

图12 四川银行业金融机构2004～2013年营业网点总数及变化趋势

注：《四川省金融运行报告》（2004～2013年）收录的银行从业人员数据，2010年比2009年增加了5.4万人，增幅达到40.09%。笔者认为导致这一悬崖状变化的原因，可能是统计口径上出现了变化，比如包含了四川银行业数万名派遣制员工，而2009年及之前并没有将这部分员工统计在内。

资料来源：《四川省金融运行报告》（2004～2013年），笔者分析整理。

三 2014年、2015年四川银行业发展形势分析

1.四川银行业金融机构面临的发展环境与经济形势

总体来看，外部经济环境和监管政策变化正在对四川银行业金融机构2014年、2015年主要经济指标产生影响，传统银行业务正在发生变化，使2014年、2015年四川银行业金融机构部分经济指标具有不确定性。这为2014年、2015年四川银行业金融机构主要经济指标的预测增加了难度。尽管如此，本文依然采用"基于过去预测未来"的历史数据分析方法，对四川银行业金融机构2014年、2015年主要经济指标进行分析预测。

2014年，四川部分贷款企业、担保企业风险事件导致银行业不良率上升，一些银行出现收贷、慎贷、惜贷等现象，可能影响四川省地区信贷增速。基于以上因素和2011～2013年信贷增速分析，2014年、2015年信贷增速可能维持在15%左右。

存款理财化、货币市场基金等金融脱媒对商业银行存款增速形成影响，加之2004年9月中国银监会办公厅、财政部办公厅、中国人民银行办公厅发布

的《关于加强商业银行存款偏离度管理有关事项的通知》对商业银行存款稳定性要求，2014 年四川银行业存款增速将趋于稳定，存贷比可能稳定在 63% 左右，存款增速可能稳定在 15% 左右。2015 年，随着大额可转让存单的试点发行，该增速可能继续稳定在 15% 左右。

2012 年、2013 年，非标业务快速发展为商业银行表内金融资产增长提供了条件，但这一现象正在发生变化。随着 2014 年 4 月中国银监会叫停非标业务和去杠杆化，以及信贷资产证券化、表外代客理财、影子银行等表外业务的快速发展，2014 年商业银行表内资产增速可能降至 16% 左右，2015 年这一增速可能会进一步降至 15% 左右。

随着 2013 年、2014 年经济结构调整和经济增速放缓，一些贷款企业违约导致商业银行不良资产增加和不良率上升，四川银行业金融机构逐年下降的不良率水平可能出现逆转。利率市场化导致付息率上升和净息差收窄，以及中国银监会实施限制非标资产等去杠杆、去影子银行等监管措施，或对商业银行表内资产规模增速和利润增速产生影响。

2. 四川银行业金融机构2014年、2015年主要经济数据分析

基于信贷增速基本稳定，存款、资产去杠杆化，信贷资产质量面临下迁压力，本文对 2014 年、2015 年四川银行业金融机构主要经济指标增长速度假定如表 8 所示。

表8　四川银行业金融机构 2014 年、2015 年主要经济指标增速及比率假定

单位：%

序号	经济指标	2014 年	2015 年
1	本外币信贷余额增速	15.00	15.00
2	本外币存款余额增速	14.03	14.10
3	存贷比（本外币）	63.50	64.00
4	贷款不良率	1.80	2.00
5	本外币资产总额增速	15.00	14.00
6	资产利润率（税后）	1.30	1.25
7	外币贷款/本外币贷款	2.80	3.00
8	外币存款/本外币存款	1.00	1.00
9	营业网点数量增长	3.00	3.00
10	从业人员数量增长	5.00	5.00

基于表8的假定条件,以及2003~2013年历史数据分析,本文对四川银行业金融机构2014年、2015年主要经济指标预测如表9所示。

表9 四川银行业金融机构2014年、2015年主要经济指标预测

序号	经济指标	2014年	2015年
1	本外币存款余额(亿元)	54872	62610
2	其中:人民币存款(亿元)	54323	61984
3	本外币贷款余额(亿元)	34844	40070
4	其中:人民币贷款(亿元)	33868	38868
5	本外币资产总额(亿元)	71562	81581
6	营业网点总数(个)	13834	14249
7	从业人员总数(人)	228704	240139
8	不良资产总额(亿元)	627	801
9	税后利润总额(亿元)	930	1020

3. 数据检验

对表9的主要经济指标预测结果,本文采用趋势预测与回归分析、现实数据等两种方式进行偏离度检验。

检验一 趋势预测与回归分析结果检验

根据本文图4、图5趋势预测与回归分析结果,对2014年、2015年存款余额、贷款余额预测结果进行检验。检验结果,偏离度最大5.45%,最小1.61%。根据本文图8、图9对2014年、2015年资产总额预测结果进行检验。检验结果,偏离度分别为-0.61%和-1.71%。以上检验结果,除2015年贷款余额偏离度略超5%以外,总体偏离度不大(见表10)。

表10 四川银行业金融机构2014年、2015年主要经济指标预测检验(一)

序号	经济指标(万亿元)	2014年	偏离度(%)	2015年	偏离度(%)
1	本外币存款余额	5.4	1.61	6.1	2.64
2	本外币贷款余额	3.4	2.48	3.8	5.45
3	本外币资产总额	7.2	-0.61	8.3	-1.71

检验二 四川银监会2014年行业数据检验

四川银监局统计的四川银行业金融机构监管数据显示,2014年1~8月四川银行业机构本外币贷款增速为 11.02%，模拟全年增速为 16.54%；本外币存款增速为 8.66%，模拟全年增速为 12.99%；截至 8 月末的存贷比为 66.05%；本外币资产总额增速 6.94%，模拟全年增速 10.42%；资产利润率为 1.08%，模拟全年资产利润率为 1.61%；截至 8 月末的不良率为 1.52%。

从表 11 的检验结果看，表 9 对信贷余额、税后利润额的预测值略低，税后利润额偏离幅度为 -6.06%；存款余额、资产总额预测值略高，资产总额偏离幅度为 5.63%；不良贷款预测值偏离较多，偏离幅度为 16.07%。

笔者认为，鉴于 2014 年 2、3 季度川内部分企业陆续出现违约风险，不良率定会上升，但有一定时滞。因此，本文将 2014 年、2015 年不良率分别预设为 1.8%、2.0%，分别比 2013 年上升 0.27% 和 0.47%，是比较合理的。

表 11   四川银行业金融机构 2014 年、2015 年主要经济指标预测检验 (二)

序号	经济指标(亿元)	2014 年 1~8 月	模拟全年	偏离度(%)
1	本外币信贷余额	33.803	35.482	-1.80
2	本外币存款余额	51.180	53.219	3.11
3	本外币资产总额	65.620	67.751	5.63
4	税后利润	706	990	-6.06
5	不良贷款	515	540	16.07

4. 数据来源和统计差异

本文在数据采集和整理中，面临数据不完整、各部门数据存在差异等问题（见表 12、表 13、表 14）。

本文对本外币存款余额、本外币贷款余额、本外币资产总额、营业网点数量、从业人员数量的分析，均采用《四川省金融运行报告》（2004~2013 年）中的数据，其中 2002~2003 年本外币存款余额、本外币贷款余额两组数据采用《四川统计年鉴》数据。

基于数据差异的存在，本文对以上指标的分析结果与预测数据存在局限性。如作为《四川统计年鉴》、四川银监局等数据的比对和参考依据，则应以适当方法进行相应调整。

表12　四川银行业金融机构2002～2013年本外币存款余额及数据来源

单位：亿元

年份	本外币存款余额及数据来源		
	《四川省金融运行报告》 （2004～2013年）	《四川统计年鉴》 （2002～2012年）	四川银监局数据 （2008～2013年）
2002	—	6075.03	—
2003	—	7235.77	7005.83
2004	8621.40	8462.11	8118.56
2005	10050.00	9905.33	9927.88
2006	11943.60	11802.14	11610.25
2007	14088.99	13980.36	13567.67
2008	18787.70	18661.04	17874.01
2009	25127.80	24976.45	24027.31
2010	30504.10	30299.67	29330.14
2011	34971.21	34971.21	33849.85
2012	41567.80	41576.80	40705.31
2013	48122.05	—	47101.74

注：银监会非现场监管信息系统数据从2006年末开始提取数据。在2006年之前使用人行系统加工数据，由于人行系统对机构类别间相互存放的资产进行了扣除，因此2006年之前与2006年及之后的数据统计方法有所调整，数据口径存在一定差异。银监局上述数据包括资产管理公司、邮储银行等全金融机构数据。

表13　四川银行业金融机构2002～2013年本外币贷款余额数据

单位：亿元

年份	本外币贷款余额及数据来源		
	《四川省金融运行报告》 （2004～2013年）	《四川统计年鉴》 （2002～2012年）	四川银监局数据 （2008～2013年）
2002	—	5158.76	—
2003	—	5910.59	6076.86
2004	6649.62	6475.92	6649.13
2005	6898.60	6743.00	6883.29
2006	8003.13	7833.32	7957.03
2007	9416.16	9200.93	9359.79
2008	11395.40	11163.39	11326.28
2009	15979.40	15680.33	15816.03
2010	19485.70	19129.79	19413.05
2011	22514.23	22514.23	22598.60
2012	26163.25	26163.25	26332.58
2013	30298.85	—	30446.99

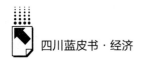

表14　四川银行业金融机构2002～2013年本外币资产总额及数据来源

单位：亿元

年份	本外币资产总额及数据来源		
	《四川省金融运行报告》 （2004～2013年）	《四川统计年鉴》 （2002～2012年）	四川银监局数据 （2008～2013年）
2002	—	5538.17	
2003	—	6524.23	7654.41
2004	9632.23	7052.59	8819.75
2005	11732.30	10519.20	10195.54
2006	13042.00	11615.97	14087.91
2007	16804.00	12620.89	16812.30
2008	21891.00	16880.44	21896.76
2009	29261.00	22892.53	29273.71
2010	35929.80	28919.46	35950.22
2011	42939.00	34566.63	42896.82
2012	52603.49	39895.00	52603.49
2013	62228.00	—	61359.22

四　2014年、2015年四川省地区GDP预测

1. 2014年、2015年四川省经济环境分析与GDP预测

基于本文对信贷投放与地区经济增长的相关性分析，从图2、表2中2009～2013年数据变化趋势看，2014年、2015年四川省地区GDP/信贷年均余额可能下探至0.9附近。

图3、图3、表2均显示，2011～2013年这一比值呈现向下趋势。2013年、2014年四川省地区经济结构调整导致经济增长存在下行压力，特别是在2014年，企业信贷违约时有发生，对信贷供给和经济增长形成影响。笔者认为，2014年、2015年这一比值可能维持在0.85～0.9。

假定四川省地区GDP/信贷年均余额在2014年、2015年分别维持在0.87、0.85水平，相比2013年分别下行0.6和0.8；表9对四川银行业金融机构2014年、2015年主要经济指标预测基本准确。

本文对四川省2014年、2015年地区GDP预测如表15所示。

表15　四川省2014年、2015年地区GDP预测

单位：亿元

序号	四川省地区GDP预测	2014年	2015年
1	信贷年均余额	34.844	40.070
2	GDP/信贷年均余额	0.87	0.85
3	四川省地区GDP	28.337	31.838

2. 数据检验

四川省2014年一季度、二季度、三季度地区GDP数据已经公布，一季度为5878.54亿元，二季度为6818.85亿元，三季度为7984.15亿元。

2014年四季度数据尚未出来，但在四川省地区GDP/信贷年均余额为0.87的前提下，可预测2014年四川省地区GDP约为28337亿元。以已经公布的2014年一季度、二季度、三季度四川省地区GDP数据，与本文预测的2014年四川省地区GDP数据测算，可获得一季度完成率20.75%、二季度完成率24.06%、三季度完成率28.18%、四季度完成率27.02%，以及1~2季度完成率44.81%、3~4季度完成率55.19%等6组数据。

该6组数据与历年数据基本吻合，与前三年均值偏离度分别为0.9%、0.64%、-2.36%、1.28%、0.76%、-0.61%，预测数据偏离度不大，可信度较好（见表16）。

表16　2011~2014年四川省地区GDP各季度完成率比较*

单位：%

年份	四川省地区生产总值（GDP）2011~2013年完成率及2014年预测					
	一季度	二季度	三季度	四季度	1~2季度	3~4季度
2011	20.25	24.32	29.00	26.43	44.57	55.43
2012	20.73	23.73	29.07	26.47	44.46	55.54
2013	20.70	23.68	28.50	27.12	44.38	55.62
2014	20.75	24.06	28.18	27.02	44.81	55.19
偏离度①	0.90	0.64	-2.36	1.28	0.76	-0.61

* 2014年公布了一季度、二季度、三季度数据，四季度数据尚未公布。因此，第一季度、第二季度、第三季度、第四季度完成率是基于全年GDP预测数据的测算结果。

①预测完成率与前三年各季度完成率相比较的偏离幅度。

资料来源：四川省统计局，笔者分析整理。

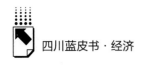

从偏离度来看，由于第三季度完成率低于前三年均值 2.36 个百分点，导致第四季度四川省地区生产总值（GDP）完成率压力偏大。

五　对策与建议

1. 支持四川银行业金融机构稳定存贷款增长，增加信贷投放能力

信贷是经济的血液，信贷供给的稳定能够促进地区经济增长的稳定。四川省委省政府要大力支持四川银行业金融机构稳定存贷款增长，适度提升存贷比，增加信贷投放能力。建议如下：一是要与中资全国性大型银行总行建立和强化战略合作关系，确定并落实战略合作的相关责任和义务，要求部分存贷比过低的银行适度提升存贷比和增加在川信贷规模，争取大型银行金融资源向四川倾斜；二是支持全国股份制银行、省内外城商银行到四川省各地市州设立分支机构，特别是要支持和鼓励上述银行到川南经济区、川东北经济区和三州少数民族地区设立分支机构，增加对各地市州地方经济的信贷供给；三是推进省内城商银行增资扩股，放宽对股东资格的限制，允许国有企业按照中国银监会银监办发〔2010〕115 号文件的要求增资入股地方商业银行，增强地方商业银行资本实力和信贷供给能力；四是支持四川省内商业银行开展大额可转让存单、信贷资产证券化等金融创新，增强四川银行业金融机构存款吸纳能力和信贷供给能力。

2. 支持各级地方政府建立风险缓释机制和不良资产处置机制，降低银行业金融机构贷款不良率

2013 年、2014 年以来，四川省内多家规模较大的企业集团因各种原因出现信贷违约，经营陷入困境，导致川内信贷风险上升，部分商业银行贷款不良率上升较快。受不良率上升的影响，一些四川银行业法人机构在监管评级、机构与业务准入等方面可能会受到较大影响。不良贷款的清收、处置是一项长期性工作，将在长时间内影响商业银行不良率指标，拖累监管评级，影响业务准入、网点新设、主体评级和债券评级。

建议省政府和各地市州政府，按照四川省委十届四次全会关于"探索组建地方资产管理公司"的改革要求，推动各级地方政府出资组建地方资产管理公司，采用"资产互换"和"远期回购"交易等方式，帮助四川银行业法

人机构剥离、置换不良信贷资产，将不良率控制在行业合理和监管合规的水平，改善监管指标。由不良贷款银行按照"账消案存"原则和表外管理方式，处置已剥离不良贷款，以计提拨备弥补和核销损失，确保资产清收的最终损失由不良贷款责任银行自行承担和消化。

3. 尝试建立地方征信体系，以信用建设降低融资风险，促进地方经济发展

从 2013 年、2014 年四川省曝出的信贷违约事件来看，绝大部分贷款企业都存在民间过度融资问题。现有征信系统不完善、征信信息碎片化，为企业过度负债提供了信息不对称的外部环境，影响到四川银行业金融安全。中国人民银行已有的征信系统不允许包括融资担保公司、小额贷款公司、投资理财公司等民间金融服务机构接入，导致贷款企业获得的民间融资被排除在征信系统之外，增加了四川银行业金融风险。

建议四川省委省政府在推进西部金融中心建设中，尝试建设四川省地方征信平台，作为中国人民银行征信系统的重要补充，服务于四川省地方金融与经济活动。四川省地方征信平台主要用于收集四川省内民间金融活动产生的信用信息，主要发挥两个方面的功能：一方面让四川省内合规经营的民间金融服务机构接入征信系统，降低信贷主体违约率，发展普惠金融，建立诚信社会；另一方面增加四川省内企业获得民间融资的透明度，防止融资主体过度负债，降低四川银行业金融风险。

B.22
四川省人口与劳动就业分析与预测

蒋华 唐青*

摘　要：　"人口多、底子薄"是四川重要省情特点之一。未来的5~10
年，人口老龄化、区域人口非均衡化、劳动力供需不平衡等
问题将成为全省人口与劳动就业面临的新常态，对四川"三
大战略"的实施形成了诸多挑战。新的发展阶段，四川应以
改革和创新的思路，坚持以人为本的发展理念，树立新人口
发展观，建设适应新常态下的人口与劳动就业服务和管理新
制度，以促进人与社会经济的和谐发展。

关键词：　四川人口　劳动就业　发展战略

四川是全国人口大省和劳务输出大省，"人口多、底子薄"的基本省情特征
依然明显。进入21世纪以来，"人口红利"逐步减弱，人口素质与产业结构转
型、老龄化与社会保障能力等方面的问题逐步凸显。在新的形势下，人口与劳动
就业将出现新的特征，将对全省经济社会发展带来新的机遇和挑战。

一　人口变化与发展态势预测

（一）2000年以来人口规模与结构的发展特点

1. 人口规模基本稳定，空间聚集非均衡化变化

（1）人口规模的变化。从总量来看，四川人口总规模居高不下，是全国

---

* 蒋华，四川省社会科学院经济研究所，博士，副研究员，主要研究方向为人口经济学、人口
与可持续发展经济学；唐青，四川省人力资源和社会保障厅劳动科学研究所，博士，主要研
究方向为劳动经济学。

人口大省之一。从常住人口总量来看，2012 年四川全省常住人口为 8076 万人，仅次于广东、山东和河南，居全国第四位，但从人均 GDP 来看，2012 年四川为 2.96 万元/人，在全国各省市中排名第 24 位，"人口多、底子薄"的特点依然明显。从人口增长情况来看，2000 年以来，四川人口的出生率、死亡率和自然增长率已全面进入"低出生、低死亡、低增长"时期，2012 年较 2000 年减少 158 万人，年平均减少 13 万人。

表 1　四川分市（州）常住人口总量和增速

单位：万人、%

地区	2010 年	较 2000 年变化	2000~2010 年年均增速
成都市	1404.76	293.91	2.38
攀枝花	121.41	12.25	1.07
泸州市	421.84	11.63	0.28
甘孜州	109.19	19.46	1.98
阿坝州	89.87	5.12	0.59
凉山州	453.28	45.11	1.05
德阳市	361.58	-17.23	-0.46
绵阳市	461.39	-55.63	-1.13
广元市	248.41	-57.92	-2.07
遂宁市	325.26	-22.44	-0.67
内江市	370.28	-45.75	-1.16
乐山市	323.58	-8.84	-0.27
南充市	627.86	-40.48	-0.62
眉山市	295.05	-25.46	-0.82
宜宾市	447.19	-41.53	-0.88
广安市	320.55	-91.86	-2.49
达州市	546.81	-32.50	-0.58
雅安市	150.73	-1.56	-0.10
巴中市	328.31	-0.61	-0.02
资阳市	366.51	-103.26	-2.45
自贡市	267.89	-35.49	-1.24

资料来源：《四川省 2000 年人口普查资料》、《四川省 2010 年人口普查资料》。

（2）人口区域空间分布的变化。分市（州）看，2010 年，常住人口最多的是成都市，有 1404.76 万人，占全省常住人口的 17.4%；最少的是阿坝州，仅有 89.87 万人，占全省常住人口的 1.12%。除成都市、攀枝花市、泸州市、甘孜州和阿坝州外，其他地区常住人口数量均较 2000 年有所减少。其中，常住人口数量增加最多的成都市较 2000 年增加了 293.91 万人，年均增长 2.38%；常住人口数量减少最多的资阳市较 2000 年减少了 103.26 万人，年均减少 2.45%（见表 1）。人口向全省核心迁移的特点较为明显，人口分布的不均衡特点在不断强化。

2. 人口年龄结构重心上移，老龄化问题日渐突出

表 2　2010 年全国分地区 65 岁及以上人口比重及排位情况

单位：%

地区	老年人口比重	排位	地区	老年人口比重	排位
北京	1.44	25	湖北	4.37	9
天津	0.93	27	湖南	5.40	6
河北	4.98	8	广东	5.96	5
山西	2.27	20	广西	3.58	12
内蒙古	1.57	24	海南	0.59	28
辽宁	3.79	11	重庆	2.84	15
吉林	1.94	22	四川	7.40	2
黑龙江	2.67	17	贵州	2.54	18
上海	1.96	21	云南	2.95	13
江苏	7.20	3	西藏	0.13	31
浙江	4.27	10	陕西	2.68	16
安徽	5.12	7	甘肃	1.77	23
福建	2.45	19	青海	0.30	30
江西	2.85	14	宁夏	0.34	29
山东	7.93	1	新疆	1.19	26
河南	6.61	4			

资料来源：《全国 2010 年人口普查资料》。

（1）未富先老特征明显。四川是全国独生子女政策执行最为严格的区域之一，且属于经济欠发达区域，是全国重要的劳务输出省份。改革开放以来，人口一直处于净流出的状态，故人口老龄化发展速度相对较快。2010 年普查数据表明，2010 年，四川总抚养比为 38.7%，高于全国平均水平（34.3%），

较 2000 年下降 4.4 个百分点。其中，老年抚养比为 15.2%，高于全国平均水平（12.0%），较 2000 年提高 4.4 个百分点。同时，老年人口规模庞大，2010 年时，全省 65 岁及以上老年人口的数量仅次于山东，居全国第二位（见表 2）。

表 3　四川分市（州）65 岁及以上人口数量和增速比较

单位：万人、%

地区	2010 年	较 2000 年变化	2000~2010 年年均增速
四川省	880.55	257.61	3.52
成都市	136.43	46.38	4.24
自贡市	33.93	8.63	2.98
攀枝花	11.09	5.35	6.81
泸州市	46.93	10.70	2.62
德阳市	42.15	10.71	2.97
绵阳市	53.77	14.99	3.32
广元市	27.69	9.10	4.07
遂宁市	37.05	9.25	2.91
内江市	43.86	10.41	2.75
乐山市	39.61	11.53	3.50
南充市	75.33	23.67	3.84
眉山市	39.29	11.54	3.54
宜宾市	47.21	11.03	2.70
广安市	40.27	11.50	3.42
达州市	59.65	20.31	4.25
雅安市	16.40	4.54	3.30
巴中市	34.39	13.73	5.23
资阳市	49.69	8.77	1.96
阿坝州	6.54	2.00	3.72
甘孜州	7.10	2.18	3.74
凉山州	32.18	11.29	4.41

资料来源：《四川省 2000 年人口普查资料》《四川省 2010 年人口普查资料》。

（2）区域老龄化发展水平参差不齐。分市（州）看，2010 年，65 岁及以上人口最多的是成都市，有 136.43 万人，占全省 65 岁及以上人口的 15.49%；

最少的是阿坝州，仅有 6.54 万人，占全省 65 岁及以上人口的 0.74%。与 2000 年相比较而言，21 个市（州）65 岁及以上人口数量均有所增加。其中，增加最多的是成都市，较 2000 年增加 46.38 万人；增加最少的是阿坝州，较 2000 年增加 2.00 万人（见表 3）。增速最快的是攀枝花市，年均增长 6.81%；最慢的是资阳市，年均增长 1.96%。然而从老龄化水平来看，除甘孜、阿坝、凉山等三州地区外，老龄化水平与经济发展水平呈负相关的关系，如成都，人口净迁入总规模较大，且多属于青壮劳动力，故从常住人口总体规模来看，老龄化程度在丘陵、平原市州中的水平相对较低，主要受益于青壮年劳动力的持续迁入。

3. 人口城镇化快速提高，但总体水平仍相对较低

人口城镇化与经济发展水平、城乡二元制度具有密切的关系。四川作为西部人口大省，相对沿海地区而言，经济发展水平、市场体制改革进程都相对较慢，人口城镇化发展水平也相对较低。2012 年四川城镇人口为 3516 万人，占总人口的 43.53%。全省人口城镇化水平在全国各省区市中排第 25 位，低于重庆和陕西，也比全国 52.57% 的平均水平要低 9.07 个百分点。与 2000 年相比较，全省城镇人口增加了 1293 万人，城镇化率较 2000 年提高了 16.84 个百分点。从各市（州）情况来看，地区间城乡分布差异悬殊。除成都市（65.51%）、攀枝花市（60.10%）外，其他市（州）城镇化率均低于全省平均水平。甘孜州城镇化率最低，仅为 20.53%（见表 4）。

表 4　2010 年四川分市（州）城镇率

单位：%

地区	城镇化率	地区	城镇化率	地区	城镇化率
成都市	65.51	遂宁市	38.38	达州市	32.71
自贡市	41.02	内江市	39.36	雅安市	34.62
攀枝花	60.10	乐山市	39.48	巴中市	29.31
泸州市	38.80	南充市	35.91	资阳市	32.73
德阳市	41.32	眉山市	34.11	阿坝州	30.10
绵阳市	39.85	宜宾市	38.00	甘孜州	20.53
广元市	32.98	广安市	29.07	凉山州	27.52

资料来源：《四川统计年鉴 2011》。

（二）2014～2025年人口发展态势预测

1. 基于PADIS软件的人口测算方法

（1）死亡模型

根据当前人口状况建立生命表，建立生命表的目的在于通过生命表方法，对当前年龄别人口的存活概率予以估计。构造存活转移矩阵：

$$_nP_{t2}(x+n) = {_nP_{t1}(x)}\frac{_nL(x+n)}{_nL(x)}$$

式中 x 的取值范围是 $0\sim100$ 岁；$_nP_{t1}(x)$ 是在 $t1$ 时刻年龄在 x 岁至 $x+n$ 岁的人口数；$_nP_{t2}(x+n)$ 是在 $t2$ 时刻年龄在 $x+n$ 岁至 $x+2n$ 岁的人口数；$_nL(x)$ 是确切年龄在 x 至 $x+n$ 队列存活人年数；$_nL(x+n)$ 是确切年龄在 $x+n$ 至 $x+2n$ 队列存活人年数。通过对死亡水平和死亡模式的研究，根据已有模型生命表给定年龄别人口的存活概率，从而达到进行人口动态模拟分析的目的。

（2）生育模型

从当前育龄妇女的生育频率分布曲线模式 $g(x)$（生育模式）出发，在设定总和生育率和生育模式以后，根据 $F(x)=\frac{g(x)}{TRF}$，得到预测中所需要的 $F(x)$，即年龄别生育率。

$$P_{t2}(0) = \frac{L(0)}{2}\sum_{x=15}^{49}\left[{_nP_{t1}^f(x)}\cdot{_nF(x)} + {_nP_{t1}^f(x)}\cdot F(x+n)\cdot\frac{_nL(x+n)}{_nL(x)}\right]$$

式中 $P_{t2}(0)$ 是在 $t2$ 时刻年龄为 0 岁人口数；$_nP_{t1}^f$ 是在 $t1$ 时刻年龄在 x 至 $x+n$ 岁的妇女人口数；x 取值范围是 $15\sim49$；$_nF(x)$ 为年龄在 $(x, x+n)$ 之间的育龄妇女生育率；$_nF(x+n)$ 为年龄在 $(x+n, x+2n)$ 之间的育龄妇女生育率。

（3）总人口

$$Tpop_{t2} = \sum{_nP_{t2}(x)}$$

式中 $Tpop_{t2}$ 为 $t2$ 时刻的总人口数；$_nP_{t2}(x)$ 是在 $t2$ 时刻年龄在 x 岁至 $x+n$ 岁的人口数。

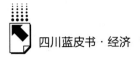

2. 人口规模与年龄结构的变化

（1）人口总规模的发展变化。预测结果表明，"十三五"阶段，四川常住总人口规模还将继续缓慢增长，将在"十四五"初期，即2021年达到8245万人的峰值，随后总规模将逐步持续降低，而且总规模下降速度将快于"十三五"人口增长的速度（见图1）。目前，国家虽然已经实现了"单独二孩"的政策，但从实际实施情况来看，由于城镇化水平不断提高、孩子养育成本高、生活方式变化、生育观念转变等多方面的原因，很多家庭不愿意生育二胎，该政策的实施对人口规模变化趋势影响力度非常有限。

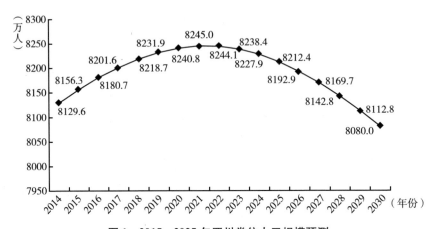

图1　2015～2025年四川常住人口规模预测

表5　2015～2025年常住人口年龄结构变化预测

单位：%

项　目 ＼ 年　份	2015	2020	2025
0～14岁	14.22	13.78	12.70
15～59岁	67.53	66.23	63.77
60＋岁	18.25	19.99	23.53

（2）人口年龄结构的发展变化。根据预测，"十三五"及以后，全省人口年龄结构重心将进一步上移（见表5）。2015～2025年，0～14岁组人口的比重趋于下降，到2025年将降至12.7%。同时，从劳动力所占比重来看，全省15～59岁劳动人口规模比重逐步降低，到2025年，将降至63.77%，而且从劳动力内部结构来看，其年龄重心在不断上移，标志着劳动力老化的情况在不

断加重。需引起高度重视的是，老年人口比重将快速增长，根据预测，2015～2025 年，全省 60 岁及以上老年人口比重将从 18.25% 上升至 23.53%，而且高龄化的发展速度还将快于老龄化的发展速度，人口老龄化将会是四川长期面临的重要人口问题之一。

二　劳动力供需规模变化及发展趋势

（一）劳动力供给变化及发展态势

1. 劳动力总供给趋势的预测

表6　2015～2025 年四川 16～59 岁劳动力年龄人口预测

单位：万人

年份	总人口	16～59 岁人口	16～59 岁新增劳动力	年份	总人口	16～59 岁人口	16～59 岁新增劳动力
2015	8115.30	5157.86	-32.72	2021	8151.05	5162	31.67
2016	8127.20	5134.10	-23.76	2022	8146.26	5153.96	-7.87
2017	8137.02	5110.09	-24.01	2023	8137.84	5075.96	-78.00
2018	8144.71	5090.90	-19.19	2024	8125.87	5012.64	-63.32
2019	8149.57	5105.92	15.02	2025	8109.99	4947.13	-65.51
2020	8152.22	5130.15	24.23				

根据预测，全省新增劳动力规模将逐步减少。从表6可以看出，全省16～59 岁劳动年龄人口将在 2021 年达到 5162.83 万人的峰值水平，随后将逐步呈下降趋势，到 2025 年，将降至 4947.13 万人。从相对数来看，2013～2018 年劳动年龄人口比重将降至 62.51%，到 2021 年，将上升到 63.33%，随后逐年下降，且下降幅度加快。

2. 分城乡劳动力供给规模的预测

根据预测，分城乡来看劳动力的增长情况，全省劳动力供给主要呈现三个方面的特点（见表7）。①在未来的相当长一段时间，全省劳动力供给来源还主要在农村；②城乡劳动力供给总量将在 2021 年达到峰值后，随后将缓慢下降；③乡村劳动力供给总量将持续下降，到 2025 年将下降为 2225.6 万人。

321

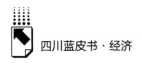
表7　2015～2025年四川适龄劳动力有效供给预测

单位：万人

年份	供给		
	合计	城镇	农村
2015	4050.8	1543.5	2507.3
2016	4039.2	1557.3	2481.9
2017	4029.4	1571.7	2457.7
2018	4022.5	1587.2	2435.3
2019	4039.8	1612.2	2427.6
2020	4057.1	1637.4	2419.7
2021	4084.9	1667.0	2417.8
2022	4070.6	1679.6	2391.0
2023	3998.6	1667.9	2330.7
2024	3938.4	1660.6	2277.9
2025	3878.3	1652.7	2225.6

注：①本表计算以常住人口为依据；②适龄劳动力的年龄段为21～55岁；③按照往年实际劳动力供给与劳动力人口数的比重。

（二）劳动力需求变化及发展态势

1. 非农部门劳动力需求分析

经济产出增长的过程就是资本、技术和劳动力等要素投入不断增加的过程，因此经济增长一般会带动就业的增长。但是，经济增长与就业增长之间并不是简单的线性关系，就业增长还取决于经济增长的就业弹性系数，即GDP增长率与就业增长率的比值。因此，要预测未来劳动力需求，必须首先确定经济增长率和就业弹性系数。

（1）经济增长率。假设2015年经济增长率为12%，2016～2020年四川省经济增长率为10.5%（"十三五"期间相比"十二五"期间速度放慢），2021～2025年四川省经济增长率为9%（"十四五"增长速度进一步放缓）。假定第二、第三产业的增长率在经济增长率的基础上减1%。

（2）就业弹性系数。根据人力资源和社会保障部国际劳工研究所对OECD数据库和各国GDP就业量的计算，一般发展中国家就业弹性平均在0.3～0.4，OECD国家是0.48。从图2可以看出，城镇就业弹性系数只有个别年份低于0，大部分年份都在 0.13 上下波动；农村非农产业就业弹性系数尽管波动较大，但并没有表现出递减趋势，平均值也在 0.4 左右，21 世纪以来，则在 0.2 上下波动。考虑到还需要进一步消化非农部门中隐藏的过剩劳动力，假定 2015 ~ 2025 年城镇就业弹性系数保持在 0.1 的水平。而从农村非农部门就业需求来看，四川农村二、三产业发展基础差、水平低，制约因素较多，尤其是乡镇企业发展速度放慢，吸纳劳动力就业能力减弱制约因素较多，因此假定 2015 年农村非农部门就业弹性系数保持在 0.15 的水平，2016 ~ 2025 年保持在 0.1 的水平。

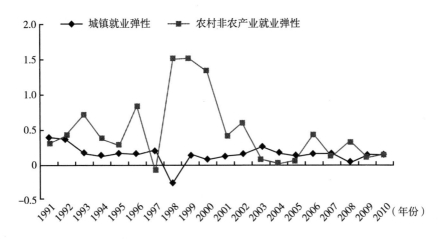

图 2   1991 ~ 2010 年四川省劳动力就业弹性系数

注：就业弹性系数采用就业人数增长率与 GDP 增长率的比值来确定。
资料来源：《四川统计年鉴 2011》。

说明非农部门经济增长仍然有一定的就业拉动力。问题是随着经济的发展，未来就业弹性能够保持在怎样一个水平？从理论上说，一方面产业升级过程中资本、技术密集度的提高会对劳动力资源产生挤出效应；另一方面产业升级也会带动相关产业发展，产生扩散效应，从而扩大就业。

2. 农业部门劳动力需求分析

关于农业实际劳动力需求的估算，由于方法不尽相同，结果差别很大。农业部课题组参照日本 1985 年时的农业技术水平，以每个劳动力耕种 12.7 亩地为标准，估算出 1998 年中国大约需要 1.96 亿农业劳动力。国家统计局课题组采用计算农作物播种面积的公顷数、农业从业人员数、确定每公顷农作物播种面积容纳的农业从业人员数，并定义农业部门生产性劳动系数和农业部门剩余劳动系数的方法，得出的结论与农业部课题组的结果大致相同。我们对这一研究结论较为认可，考虑到全省耕地多为坡耕地，机械化生产程度比全国平均水平低，因此将劳动力耕种标准设定为 0.67 公顷/人（人均 10 亩土地），假定2015～2025 年农业劳动力需求保持在这一水平。根据以上的分析，可以预测出未来四川劳动力需求情况。2015～2025 年四川城镇劳动力需求将从 1459.6万人增长到 1592.5 万人，净增 132.9 万人；农村非农部门劳动力需求从1418.9 万人增长到 1548.1 万人，净增 129.2 万人。到 2025 年农村劳动力需求为 2149.7 万人（见表 8）。

表8　2015～2025 年四川城乡劳动力需求

单位：万人

年份	合计	城镇劳动力需求	农村劳动力需求		
			合计	非农部门	农业部门
2015	3480.1	1459.6	2020.5	1418.9	601.6
2016	3507.5	1473.5	2034.0	1432.4	601.6
2017	3535.1	1487.5	2047.6	1446.0	601.6
2018	3563.0	1501.6	2061.4	1459.7	601.6
2019	3591.1	1515.9	2075.2	1473.6	601.6
2020	3619.5	1530.3	2089.2	1487.6	601.6
2021	3643.6	1542.5	2101.1	1499.5	601.6
2022	3668.0	1554.9	2113.1	1511.5	601.6
2023	3692.5	1567.3	2125.2	1523.6	601.6
2024	3717.2	1579.8	2137.4	1535.8	601.6
2025	3742.2	1592.5	2149.7	1548.1	601.6

三　人口与劳动就业面临的问题与挑战

（一）人口结构变化的非均衡发展

1. 人口老龄化进程与劳动力供给、人口红利衰减同步

伴随老龄化进程的推进，四川人口红利衰减、劳动力供给不足问题将不可

避免地产生。依据经济增长与就业人数、各年龄组劳动参与率等变量，我们利用相关模型，[1] 首先获取劳动力需求预测，再获取劳动力供给预测值，最终获取劳动力供需的预测值（见表9），可以得到的初步判断是：依照现有老龄化的趋势，大约在 2020 年后，无论是从劳动力自身数量变动情况看，还是从经济增长对劳动力需求增长的关联性上看，四川劳动力供给届时都不能很好地满足自身需要，四川完全有可能从原来的劳动力输出大省逐渐演变为一个劳动力输入大省，并面对劳动力数量和质量的双重压力。

表9 四川 2015～2025 年劳动供给预测结果与劳动力需求对比

单位：万人

年份	低方案	中方案	高方案	劳动力需求量
2015	5135.1	5139.8	5083.4	4951.0
2016	5125.9	5139.5	5096.9	4981.9
2017	5103.6	5120.1	5090.8	5013.0
2018	5075.5	5100.3	5083.7	5044.2
2019	5048.0	5075.1	5070.7	5075.7
2020	5017.1	5052.0	5059.7	5107.4
2021	5008.4	5034.7	5054.5	5139.3
2022	4976.4	5022.0	5054.3	5171.3
2023	4946.3	5016.3	5061.5	5203.6
2024	4940.5	5030.8	5089.0	5236.1
2025	4932.9	5048.6	5120.1	5268.8

2025 年以后四川劳动力老化、年轻劳动力供给不足的情形将更加突出，人口红利将大大衰减甚至终结，会对四川经济增长造成抑制性甚至破坏性影响，即这种压力是多方面的，可能出现的人口变化是劳动人口老化、劳动力短缺、劳动力优势逐渐失去、农村劳动力向区域外转移面临困难。以廉价劳动力推动经济发展，这是我们经济发展的一个突出特点，未来劳动力优势不再，这

---

[1] 以经济增长与就业人数的自然对数模型进行劳动力需求预测；用预测所得到的劳动人口乘以劳动参与率得出劳动力供给值，即劳动力供给量 =（15～64 岁劳动适龄人口数量×该年龄段劳动参与率）+（65 以上人口数量×该年龄段劳动参与率）。其中，劳动参与率数据采用设立 2030 年的下降估计值，假定 2030 年 15～64 岁人口的劳动参与率下降到 74%，65 岁及以上人口劳动参与率下降至 22%，然后进行线性插值求得。最终预测得到低、中、高三种方案下的劳动力供给量。

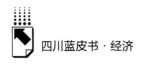

将会增加经济发展的成本，但客观上也会推动产业转型升级，向高端制造业和第三产业发展。从长远看，需要将产业升级与增加人力资本投资、提高人口素质、强化劳动者技能、促进劳动力在产业的合理分布等结合起来加以考虑。

2. 人口空间分布带来的非均衡发展

（1）四川流动人口持续增加，是全国人口净流出最多的省份之一。由于四川是一个经济欠发达的人口大省，人口流出规模和比重一直居高不下，2010年第六次全国人口普查资料显示，四川共登记外出半年以上人口 2091.37 万人，其中，流出省外 1050.55 万人，流入四川的外省籍人口仅为 112.86 万人，净流出省外的人口 937.69 万人，占户籍人口的 10.42%。大规模人口净流出，导致四川常住人口减少，加之流出人口素质较高，也使四川在收获劳务收入的同时减少了人口红利收割的可能性。四川大量省外人口流动，已使四川新型工业化面临着劳动力供给短缺的风险，人口外出集中的丘陵地区和盆周山区，已开始出现人口空心化导致的农村的衰败现象，这些问题均值得高度关注。

（2）大城市吸纳和聚集人口的作用十分突出，人口流向与经济发展水平正相关关系明显。比较 2000 年和 2010 年四川 21 个市（州）常住人口总量，多数市（州）都略有下降，尤其是南充、达州、资阳、广元、宜宾等劳务外出人口较多的地区，人口减少的幅度较大。全省只有成都常住人口从 2000 年的 1110 万人增加到 1404 万人，净增加 300 万人左右，占全省人口的比重也从 2000 年的 13.47% 提高到 17.47%，增加 4 个百分点。区域人口的加速流动，为城市化的加快发展提供了重要的人口基础。2000 年普查时，四川的城镇化率只有 26.69%，10 年后上升到 40.18%，提高 13.49 个百分点，年均增长 1.35 个百分点。而前一个 10 年，也就是 1990~2000 年，四川的城镇化率从 21.29%，提高到 26.69%，10 年仅上升了 5.4 个百分点，年均增长 0.54%。

（二）劳动力供需结构上的不平衡

1. 劳动力"老龄化"与企业用工"年轻化"的供需矛盾突出

据研究，2000 年全国劳动力平均年龄为 37.39 岁，2010 年为 40.90 岁，预计到 2020 年增长为 46.34 岁[①]。"六普"显示，四川老年人口比重比全国平

---

① 石霞：《劳动力老龄化现象应当关注》，《学习时报》2011 年 10 月 10 日。

均水平高 2.08 个百分点，劳动年龄人口中 45～64 岁人数由 2000 年的 1790.5 万人增加到 2010.7 万人，所占比重由 2000 年的 31.1% 上升到 34.7%，① 四川劳动力老龄化的水平不会低于全国平均水平。根据"六普"资料推算，2010～2020 年 16～34 岁年龄组人口基本保持稳定，从 2063.57 万人增加为 2193.69 万人；35～44 岁年龄组人口下降幅度较大，从 1589.69 万人减少为 925.68 万人；而 45～59 岁年龄组人口大幅度增加，从 1580.22 万人增加为 2110.78 万人。

另外，用人单位对劳动力需求有年轻化的偏好。《2010 年度全国部分城市公共就业服务机构市场供求状况分析》数据显示，88% 的用人单位对劳动者的年龄都有所要求。从分年龄组来看，16～34 岁的劳动者构成单位用人需求的主体，约占总需求的 66.3%，其中，对 16～24 岁劳动者的需求约占 31.7%，对 25～34 岁劳动者的需求约占 34.6%。从各年度求职倍率来看，25～34 岁、35～44 岁年龄组岗位空缺与求职人数的比率大于 1，需求大于供给；45 岁以上年龄组岗位空缺与求职人数的比率小于 1，且大幅度下降，供给大于需求②。"18～35 岁"，这几乎成为企业招聘普工的通用准则，超过 40 岁干脆不算劳动力。因此，农民工如果没有过硬的技能和一定的财富积累，40 岁后多数人开始选择回乡。即使劳动力总量仍供大于求，企业弃用大量的大龄劳动力，必然出现劳动者年龄段结构性矛盾。

2. 劳动者素质偏低与产业转型发展的矛盾日趋严重

进入"刘易斯转折区"后，高素质劳动力、青壮年劳动力需求不断增加与文化程度低、技能缺乏的就业困难群体相对过剩的矛盾日益突出。原因主要有三点：一是农村剩余劳动力的存量在年龄、文化程度上，都明显不如已转移的劳动力占优势。农村劳动力经过多年的转移输出，目前仍留在农业生产的劳动力中，以小学文化程度和文盲者居多，且年龄在 45 岁以上的占了 70% 以上，20 岁以下的主要是初高中辍学学生。二是产业转移并未带来产业劳动者的转移。随着四川省经济发展加快，承接产业转移的力度加大，一大批原来在

---

① 四川省统计局：《认清形势积极应对四川老龄化挑战》，四川省人民政府网。
② 中国人力资源市场信息监测中心：《2010 年度全国部分城市公共就业服务机构市场供求状况分析》，《职业技术教育》2011 年第 6 期。

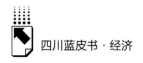

东部的产业项目相继落户四川，但原产业工人并未随产业到四川就业，现有劳动者缺乏工作技能和经验，而新的产业工人培训需要一个过程。三是随着经济发展方式的转变和经济结构的调整，四川省着力发展高端产业和产业高端，新型产业的不断涌现，而技能人才无法满足产业用工需要。根据2010年第四季度全省劳动力市场供求状况分析，技术岗位需求数大于求职数，其中，初级工岗位空缺与求职人数比率为1.5∶1，中、高级工为2∶1。

四　新常态下人口与劳动就业发展的战略思路

（一）加快人口服务与管理政策改革，统筹推进人口全面发展

在全面、协调、可持续的发展视野中，将庞大的人口打造成"可持续发展的能力主体"，这是上至中央、下至地方，大到国家、小到家庭，都必须严肃对待的新课题。新发展观呼唤着新人口观，在以人为本科学发展观的指引下，以人的全面发展统筹解决人口问题，变人口压力为人力资源优势，为四川经济社会发展提供持久动力，是实现四川经济社会持续健康发展和人口发展的根本出路。21世纪前20年，对四川而言，是一个必须紧紧抓住并且大有作为的重要战略机遇期。人口发展进入稳定低生育水平、统筹解决人口问题、实现人的全面发展的新阶段，这一时期的人口发展呈现前所未有的复杂局面，其触角已从孤立的人口问题伸向人口、经济、社会、资源、环境的广阔空间，人口老龄化、高龄化的趋势不断加强，农村家庭养老问题初现端倪，人口安全问题凸显，人口流动的潜能不断释放，人口城市化严重挑战现存的价值观念和制度建设，而人类全面发展的要求对政府行政管理提出了前所未有的挑战，如何将人口资源优势转变为人力资源优势，推动全省"三大战略"的顺利实施，早日建成全面小康社会则成了新的时代命题。

（二）以"两化互动"发展为导向，全面提高人口发展支撑能力

1. 从人才高端入手，不断提高人口创新能力

围绕四川建设西部经济发展高地的战略目标，着眼于人才高端推动产业高端发展，加大引进和培养人才的力度，不断提高人口的创新能力。围绕省委

"三中心"（西部物流中心、商贸中心、金融中心）、"四基地"（重要战略资源开发基地、现代加工制造基地、科技创新产业化基地、农产品深加工基地）和"7+3"产业发展总体规划，规划建设人才创新创业基地，全面实施"留心工程"和"筑巢工程"，加大带技术、带项目、带团队的"塔尖"人才的引进力度，加快集聚现代制造、高新技术、金融、物流、文化等领域的高层次人才。聚集培养一批优秀的企业家，形成一支高素质的职业经理人队伍。重点引进高层次创新型科技人才，大力培养具有创新能力和发展潜力的创业人才和创新创业团队。

2. 以新型工业化发展为导向，大力培养现代产业工人

按照现代产业发展要求，做好技能培训工作，实施校企合作、职教大联盟及外来务工人员素质提升工程，为外来务工人员开展岗位技能知识培训，提供劳动技能培训和职业技能鉴定，为企业培养初中高级工和技师，加强与全省重点产业、重点项目的对接，为企业劳动用工提供服务。健全完善以用工单位为主体、全市各类职业院校为基础，职校培训与企业培养、政府推动与社会参与相结合的技能人才培养培训体系。加强职业教育国际合作，构建"国外国内学分+国际国内资格认证"、"国内中职+国外大学"的职业教育国际化模式。引入世界知名教育机构，为吸引世界顶级企业落户分区提供完善配套服务，提升职业教育国际化程度。主动参与成都经济区、泛珠三角等跨区域合作，促进区域人力资源有序流动和合理配置，加大优质劳动力跨区域流动服务力度。

3. 以新型城镇化发展为导向，积极培养新型农民

要充分注意农村、农业发展人、财、物等方面的投入，尽快扭转下降态势，推动新农村的建设。一是整合四川省农村教育资源，从人、财、物等方面来提高农村职业教育和成人教育的比重，坚持"学用结合，按需施教"的原则，培养"有文化、有专长"的新型农民，全面提升农民的劳动技能素质。二是加大对涉农部门科技下乡力度，大力培养落后地区乡土人才，本着因地制宜、因时因人制宜的原则，围绕"市场需要、农民紧缺、对农民生产生活有重大影响的内容"展开培训，通过远程教育、绿证培训、阳光工程、普法宣传等多种方式，以行政村为单位开展地毯式科技培训。三是要推行农民技术资格认证制度，对获得技术资格的农民，可优先承包适度规模经营的集体产业，从而提高农产品的产量和科技含量，增加农民的收入，提高农产品的商品率。

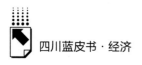

四是继续抓好农业科技人员下乡工作，举办科技讲座和农技培训班，强化"一技一训"、"一业一训"、农闲系统培训、农忙急用培训，不断提高农业从业人员现代农业生产技能水平。

（三）注重产业发展与劳动就业的协调发展，大力提升人口充分就业水平

1. 辩证处理劳动密集型产业与加快转变经济发展方式的关系

一方面，应继续鼓励劳动密集型产业发展，积极承接产业转移，进一步转移农村剩余劳动力。在刘易斯转折过程的初期，农村仍有剩余劳动力存在，应继续鼓励劳动密集型产业发展，保证非技术劳动力得到最大限度的利用，只有当剩余劳动力的情况不存在、实际工资开始大幅度上升时，刘易斯转折过程才会最终完成。目前，全省农业劳动力在总的就业人口中的比重还相当大，这一现实决定了刘易斯转折在四川省将表现为一个长期的过程，也决定了未来相当长一段时间，四川还应继续积极承接东部劳动密集型产业转移，继续保持劳动力相对低廉的优势。

另一方面，转变经济发展方式已刻不容缓。在劳动力供给出现拐点以后，不仅表明劳动力资源、劳动力市场格局发生了显著转变，而且暗示着要素相对价格、产品生产方式和经济增长形态进入新的阶段，传统的粗放增长方式本身难以为继，迫切需要转型调整。从预测的结果看，21世纪20年代农村剩余劳动力将被城镇工商业吸收殆尽，届时人口老龄化程度会加深，劳动年龄人口减少，劳动力成本低廉的比较优势消失。在这种情况下，四川省应该加强承接产业转移与产业结构优化升级相结合，以重大产业化项目为重点，突出产业链和产业集群招商，积极承接技术含量高、市场前景广阔、低能耗和无污染的现代产业。

2. 将促进就业真正放在经济社会发展的优先位置，落实就业优先战略

四川人口与劳动力数量的变化并不意味着政府积极就业政策可以有丝毫的懈怠。从劳动力供求的变动研判，未来劳动力总体规模依然较大，劳动力的供给传导给就业的压力不容小觑，加之产业结构升级和转换可能造成对新增劳动力吸纳能力的下降，就业的总量压力依然存在。鉴于四川省就业面临的总体形势仍然严峻，必须千方百计扩大就业，不能因为"刘易斯拐点"到来就错误

地认为劳动力总体上已经供不应求而放松就业，要坚持不懈地把创造就业作为宏观调控的重要目标，切实解决就业问题。四川省实施就业优先战略，在实际工作中主要应体现五个基本要求：一是强化各级政府促进就业的职责；二是人力资源市场发展要优先于其他要素市场；三是劳动者利益要适度优先于资本利益；四是降低失业率的调控政策要优先于其他相关的经济政策；五是在调整财政支出结构中，优先加大对促进就业的投入，在转变经济发展过程中，优先发展教育和职业培训，在完善政府基本公共服务体系中，优先加强和完善公共就业服务能力。

B.23
四川省民族地区经济社会发展研究

贾兴元 仁青卓玛[*]

摘　要： 本文对2014年1~9月四川省民族地区经济社会运行的基本
特点进行了梳理和分析，对深化支持四川民族地区经济社会
发展的政策措施进行了述评，在此基础上提出了四川民族地
区经济社会发展目前存在的主要问题，最后对2015年四川
民族地区经济社会发展重大举措做了展望。

关键词： 四川民族地区　经济社会发展　梳理分析

2014年是全面深化改革的开局之年，也是四川省民族地区实施"十二五"
规划的关键一年。在国家、省委的亲切关怀和坚强领导下，四川各级政府深入
贯彻党的十八大和十八届三中全会以及省委十届三次、四次全会精神，牢牢把
握"各民族共同奋斗、共同繁荣发展"的主题，深入学习贯彻习近平总书记
在中央民族工作会议上的重要讲话，认真落实中央和省委省政府一系列支持民
族地区经济社会发展的重大政策措施，集中力量解决"发展、民生、稳定"
三件大事，全力推动民族地区科学发展、加快发展。四川民族地区经济社会取
得了较快的进步和发展，民生和社会事业得到了进一步的加强和改善，基础设
施建设进一步提升，产业发展后劲大幅增强。

一　2014年经济社会运行概况和基本态势

"十二五"以来，四川省民族地区经济社会进入发展快车道。2013年，四

---

* 贾兴元，四川省社会科学院民族与宗教研究所助理研究员，主要研究方向：四川民族地区经
济社会发展；仁青卓玛，西南民族大学民族研究院助理研究员，主要研究方向：区域经济。

川省民族自治地方实现地区生产总值 1742.57 亿元，较 2012 年增长 10.3%，第一产业增加值 335.96 亿元，增长 4.6%；第二产业增加值 889.28 亿元，增长 14.6%；全部工业增加值 674.9 亿元，增长 13.2%；第三产业增加值 517.33 亿元，增长 6.5%。完成全社会固定资产投资 1866.41 亿元，增长 11.1%；实现社会消费品零售总额 512.83 亿元，增长 13.7%；地方公共财政收入 164.69 亿元，增长 6.3%。农牧民人均纯收入达到 6844 元，增长 15.3%；城镇居民可支配收入 21803 元，增长 10.0%。全省民族地区经济总量增长幅度、农牧民人平纯收入增长幅度高于全省平均水平，尤其是甘孜、阿坝、凉山三州农牧民人平纯收入分别增长 17.9%、17.7%、14.6%，远远高于全省的 12.8%。①

2014 年上半年，四川民族地区实现 GDP 923.1 亿元，完成全社会固定资产投资 954.5 亿元，社会消费品零售总额 275.1 亿元，地方公共财政收入 92.5 亿元，基本实现了"时间过半、任务过半"的发展目标。需要注意的是，四川民族地区城镇居民收入增速有所放缓，51 个民族县城镇居民人均可支配收入 12333 元，同比增长 8.9%，增速分别比一季度和上年同期放缓 0.8 个和 1.2 个百分点。与四川省平均水平相比，增速低于四川省 0.8 个百分点。民族地区中，藏区城镇居民收入 12491 元，同比增长 9.3%，比四川省增速低了 0.4 个百分点②。

"藏区六大民生工程计划"③ 推进有力。预计全年各项民生资金总投入（含群众投工投劳）约 67.36 亿元。截至 2014 年 6 月底，全省共计投入了资金约 40.7 亿元，占到年度计划投入的 60.4%，④ 各项工作推进有序，进一步解决了四川藏区民生事业和设施发展滞后的局面。

（一）基础设施条件不断改善

四川民族地区全面实施多点多极支撑战略，大力推进交通、能源、水利等

---

① 四川省经济信息主编《四川经济展望》（2014），四川省统计局网站，http：//www.sc.stats.gov.cn/。
② 四川省统计局网站，http：//www.sc.stats.gov.cn/。
③ 具体指《2014 年藏区六大民生工程计划总体工作方案》中藏区新居建设、教育发展振兴、医疗卫生提升、社会保障促进、文化发展繁荣、扶贫解困行动等六个实施方案。
④ 四川省发改委主编《四川民族经济》（内部材料）。

基础设施建设项目。①交通方面：坚持用大交通促大开放、大物流、大发展。稻城亚丁机场和阿坝红原机场成功运营，雅西、映汶高速公路保障有力，成兰铁路进展顺利，成昆铁路扩能改造峨眉至米易段、川藏铁路雅安至康定（新都桥）段前期工作有序推进，雅安至康定高速公路开工建设，国道317、省道216等重点国省干道加快推进，凉山港雷波作业区开工建设，综合交通运输网络构建进一步加快。②能源方面：昌都电网与四川电网联网输变电工程全线开工，凉山州风电、光伏发电等新能源项目取得重大进展，溪洛渡，锦屏一、二级等大中型水电站进展顺利，一批重大输变电工程实现全面开工，民生用能条件进一步提升。③水利方面：会东新马灌区、北川开茂水库、石渠洛须水利工程等一批水利工程加快建设，大桥水库灌区二期工程、龙塘水库枢纽及灌区工程等项目前期工作进展顺利，农牧业发展基础进一步夯实。④城镇公共设施方面：阿坝州州庆市政工程全面投入使用，稻城、马边等市政工程加快建设，石渠县被确定为全省唯一高寒县城供暖试点县，通过建设城镇市政功能进一步完善。

（二）保障和改善民生取得新发展

四川民族地区坚持"多规融合、整体谋划、全面统筹"的发展思路，以藏区"六大民生工程计划"、大小凉山彝区"十项扶贫工程"① 等为抓手，通过系统性、制度性安排重点解决突出民生问题，有效保障和改善民生。①民生工程方面：建成彝家新寨1012个，完成住房建设8.6万户。建成藏区新居聚居点182个，完成新居建设1.9万户。2014年2万户新居建设任务和4亿元补助资金计划已下达各地。新建各类保障性住房1万余套。41万农村群众和16万师生的安全饮水问题得到解决。②教育方面：深入实施民族地区教育发展十年行动计划，重点解决双语学前教育、寄宿制学校和教师周转房等突出问题，继续做好"9+3"免费教育，扎实推进免费师范生培养等惠民政策，农村义务教育学生营养改善计划实现全覆盖，所有在园幼儿2014年春季学期保教费

① 指四川省印发的《大小凉山彝区"十项扶贫工程"总体方案》提出的强化彝家新寨建设、乡村道路畅通、农田水利建设、教育扶贫提升、职业技术培训、特色产业培育、农业新型经营主体构建、产业发展服务、卫生健康改善和现代文明普及等"十项扶贫工程"。

全部减免。③卫生方面：县、乡、村三级医疗卫生网络初具雏形，新农合参合率、健康档案建档率达到95%以上。完成包虫病筛查2.7万人，艾滋病等重大传染病防控和突发公共卫生事件应急处置能力不断增强。④社会保障方面：城乡低保实现了动态下的应保尽保，城乡养老保险覆盖率达到60%以上，城镇登记失业率均控制在4.2%以内。基本医疗保险、失业保险、工伤保险、生育保险等实现应保尽保。敬老院、福利院等建设投入进一步加大。⑤文化方面：建成7658套直播卫星、4010户地面数字电视设施，深入实施广播电视"村村通"、农村电影放映等文化惠民工程，成功创建一批国家级、省级公共文化服务体系示范区。⑥扶贫解困方面：全面实施了乌蒙山四川片区、高原藏区等扶贫攻坚与区域发展规划。启动建设了一大批整村推进、贫困群众易地搬迁、农村小型基础设施项目。①

（三）特色优势产业不断壮大

在保护好生态环境前提下，四川民族地区加快特色优势资源开发，旅游业、农牧业等三次产业发展水平显著提升。①旅游业方面：阿坝州九寨、黄龙等精品旅游景区接待游客超过2000万人次。甘孜州加快建设金沙江流域大香格里拉稻城亚丁国际精品旅游景区。北川药王谷成功创建AAAA旅游景区。②特色农牧业方面：民族自治地方农业专合组织有2000多个，山地蔬菜、特色水果、道地中药材、烤烟等各类农业基地建设加快发展，牦牛、生猪、家禽等特色养殖业不断壮大。③矿产资源开发方面：攀西战略资源创新开发试验区建设已全面启动实施。重钢西昌矿业公司630万吨/年钒钛磁铁矿采选工程、北川绵阳如玉大理石一期等项目竣工投产。④园区建设方面：西昌钒钛工业园区、德昌工业集中区等国家级、省级外贸转型升级出口基地建设进程进一步加快，成都—阿坝工业园区已有47家企业入驻，北川经济开发区成功申报为省级开发区②。

（四）生态保护与建设力度加大

四川民族地区牢固树立生态保护理念，切实加强生态文明建设。《川西藏

---

① 四川发改委主编《四川民族经济》（内部材料）。
② 四川发改委主编《四川民族经济》（内部材料）。

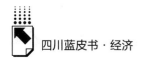

区生态保护与建设规划（2013～2020年）》获国家批复并开始实施，沙化治理及湿地恢复项目已全面启动实施。牧区全面落实基本草原保护制度，全面建立草原生态保护补助奖励机制。甘孜州被纳入了全国主体功能区建设试点。

（五）改革开放深入推进

四川民族地区简政放权工作进一步加快，审批效率进一步提高，民间资金准入渠道进一步放宽。凉山州实施阶梯水价、电价政策，创新资源价格形成机制。甘孜州、阿坝州和凉山州积极推进与北京、云南、西藏和成都市等省内外的区域合作，积极参加西博会、华商大会等贸洽活动。其中，凉山州截至9月履约招商引资项目188个，累计到位州外资金323.3023亿元，完成全州工作目标任务300亿元的107.77%，奋斗目标任务350亿元的92.37%①。

二　不断深化支持民族自治地方政策措施

（一）积极争取中央加大支持力度

通过不断努力和争取，国家藏区"十二五"规划中期调整方案新增甘孜格萨尔机场项目。东部发达省市对口支援四川省藏区工作已经基本落实，待国务院审批。国家将四川省民族地方农村危房改造补助标准从7500元/户提高到8500元/户，农村饮水安全中央补助由人均424元提高到920元。

（二）不断深化民族自治地方发展思路

通过把发展、民生和稳定工作有机结合，形成良性互动，为农牧民群众创造安居乐业的良好环境。①按照多点多极支撑战略，奋力推进川西北生态经济区和攀西特色经济区建设。针对川西北生态经济区自然资源比较丰富但环境承载力相对较弱的特点，重点发展生态经济、旅游经济，围绕争取人心，促进民生改善、农牧民增收。针对攀西特色经济区比较优势明显的水能、矿产等资源，大力发展特色优势资源产业，通过资源开发促进经济快速发展。②坚决贯

---

① 四川发改委主编《四川民族经济》。

彻中央精神，坚持从四川藏区实际出发，把部署任务与量化指标相结合，将发展目标及措施细化到年度，并明确了发展民生的总体目标、重点项目、资金投入和分年度实施计划，优先突破关键性基础瓶颈。③坚持把彝区发展与扶贫更加紧密地结合起来，围绕加快推进基础设施建设，推进资源科学开发利用，加快彝家新寨建设，重点抓好教育事业发展，大力推进医疗卫生事业发展，重点抓好禁毒防艾，着力推进彝区社会治理法治化工作，完善扶贫工作机制等重点工作，让发展成果更多、更直接地体现到群众脱贫致富上。

（三）探索和创新四川民族地区民生工作机制

为了进一步探索和创新四川民族地区民生工作方法和机制，2014年6月30日，四川省委省政府下发了《关于创新藏区民生工作机制的通知》，初期在藏区试点，待条件成熟时逐步在其他民族地区推广。通过探索，创新了藏区民生工作机制。①改进了民生奖补资金发放方式。完善"一卡（折）通"管理服务。对采取"一卡（折）通"方式发放的民生奖补资金，要进一步加强资金管理，完善工作机制，改进发放方式。从2015年起，要求相关金融机构开发制作藏（彝）汉"双语"专用存折，通过逐项提供藏（彝）汉"双语"政策名称和明细，让少数民族群众进一步知晓民生资金的名目和明细等。②积极引导群众直接参与小型工程项目建设。州、县各级部门要创新小型工程建设思路和方式，除了中央、省对资金使用及项目建设程序有明确规定的外，通过"一事一议"、"民办公助"、"以工代赈"、"村民自建"等方式组织实施，充分体现农牧民群众的主体地位，调动农牧民群众参与小型工程建设的积极性，发挥农牧民群众的参与感和创造性。对政府投资类的藏区建设项目，要求提供10%～30%的岗位吸纳当地群众就业。③加强民生政策宣传，对当年民生政策、民生项目等进行全面梳理，编印民生政策解读手册，通过藏（彝）汉"双语"形式直接发放到群众手中。④做好民生资金公开，每年定期公开民生奖补资金发放情况，接受群众监督。

（四）天保工程二期积极为四川民族地区办实事

2014年，四川省天保工程二期建设资金积极向60个民族县（自治县、享受少数民族待遇县）倾斜，为四川民族地区生态文明建设、经济社会发展和社会和谐稳定做出了重要贡献,重点打造四川省民族地区的"民生工程"。2014年中央和省共向60个民族地区(县)安排天保工程二期建设资金126796万元,占2014年全省天保总投入的45.3%。①加大中央财政资金对民族地区的支持力度。2014年天保工程二期向60个民族地区(县)安排中央财政专项资金122126万元,其中:国有林管护费(含2010年前已补偿面积)38888万元,集体所有国家级公益林补偿费71050万元,集体所有省级公益林管护补助费922万元,基本养老等五项社会保险补助费6875万元,政策性支出补助费155万元,国有中幼林抚育35.3万亩,补助4236万元。②加大中央预算内投资对民族地区的建设力度。2014年天保工程二期为60个民族地区(县)安排公益林建设封山育林1.0万亩,落实中央预算内资金70万元。③加大省级财政对民族地区的倾斜力度。省财政2014年向60个民族地区(县)安排省级财政补助费4600万元,其中:集体所有省级公益林补偿费3688万元,退休人员医保定额补助费912万元。①

三 存在的主要问题和困难

当前,四川省民族地区经济社会发展虽然取得较大成绩,但底子薄、不平衡、欠发达的问题尤为突出,部分民族地区"行路难、饮水难、用电难"等问题尚未得到根本解决,学前教育和高中阶段教育发展滞后。制约经济社会发展的因素较多。

(一)经济社会发展依然滞后

2014年上半年,四川民族地区人均地区生产总值分别为全省、全国的65%、48.5%;农牧民人均纯收入分别为全省、全国的80%、75%②,与全省、全国同步建成小康社会任务艰巨。

(二)基础设施仍然薄弱

行路难、饮水难、用电难等问题尚未得到根本解决。经统计,尚有14%

---

① 国家林业局政府网(10月15日)。
② 四川省统计局网站,http://www.sc.stats.gov.cn/(发布时间2014年8月8日)。

的行政村不通公路、20％的行政村不通电，约150万人饮水安全问题尚未得到完全解决。

（三）经济结构调整任务艰巨

传统产业比重较大，资源开发粗放，产业链短，产业层次低，服务业发展明显滞后。

（四）生态保护任重道远

草场超载、湿地萎缩、生物种群减少等问题严峻，已成为全国生态安全极度敏感区之一。生态保护建设任务繁重，与之相匹配的生态补偿政策将立未立。

（五）专业技术人才十分缺乏

服务于经济社会发展的规划设计、项目管理等专业技术人才和服务于民生的教育、卫生、文化等专业技术人才十分缺乏。尽管省级相关部门及兄弟市已启动人才对口帮扶行动，但人才缺乏、人才流失等问题较为突出。

（六）项目推进工作较为缓慢

受特殊气候环境等条件制约，大部分县乡有效施工期短，加之电力、运输、土地等建设要素保障乏力，影响项目建设进度。同时，因远离建材市场，项目建设成本远远高于内地。

（七）全面完成藏区"十二五"规划任务难度大

"十二五"规划期仅余一年半，占藏区"十二五"规划总投资57％的28个大中型水电站项目（全部为中央企业投资），尚有17个因环评等前置要件办理时间长、审批缓慢，按现有进度看，无法实现预期开工目标。

四　2015年四川民族地区经济社会发展展望

2015年是四川省民族地区经济社会发展至关重要的一年，也是"十二五"

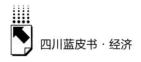

发展规划的"攻坚年",要继续深入贯彻党的十八大和十八届三中全会以及省委十届三次、四次全会精神,落实中央和省委经济工作会的部署,认真落实省委藏区工作会议精神,奋力推进四川省民族自治地方跨越式发展和长治久安。

(一)继续争取国家大力支持

一是民族自治地方与省直相关部门一道,积极加强与国家有关部委衔接,争取由国务院出台一个支持攀西国家级战略资源创新开发试验区建设的意见,积极争取对钒钛、稀土和碲铋矿资源税改革试点,并争取国家批准设立攀西战略资源创新开发基金。二是积极争取把四川省民族自治地方纳入资源开发机制改革试验区试点,争取国家给予在资源留存比例、资源留存使用、资源开发参与新机制方面"先行先试"的政策支持。三是针对四川省民族自治地方集中连片特殊贫困地区发展基础差、工程造价高、财力相对薄弱的实际,进一步争取国家加大对四川省民族自治地方交通、水利等基础设施建设支持力度,到2015年将使全省民族地区国省干线三级及以上公路比重达到80%以上,99%的乡镇、98%的建制村通油路或公路。同时,规划实施溜索改桥、发展小微型水利设施、加强电网改造等,有计划地加快解决群众出行、用电、饮水等难题。

(二)加快推进重大项目建设

一是加快交通项目建设。深入实施甘孜、凉山公路推进方案,加快成兰铁路、泸黄高速、国道318线、国道317线等国省干线公路改造工程项目建设,加快推进川藏铁路、西泸高速公路等项目相关工作,汶马高速力争择日实现开工建设,加快金沙江航道规划研究及凉山港雷波港区建设工作。二是有序推进能源项目建设。在保护生态的前提下,有序推动水能、稀土、钒钛、风能和太阳能等优势资源开发,创新资源开发机制,推动资源优势转化为经济优势,转化为就业岗位。全力推动白鹤滩、双江口等水电项目建设,加快骨干电网及一批重大电力输出通道工程建设。三是加快水利项目建设。开工建设德昌和平水库、康定力曲河、金川崇化等重点水利工程建设,继续实施农村饮水安全工程、重点城镇堤防和中小河流治理工程,推进"五小水利"工程建设。四是加快城镇公共设施建设。加快城市建设规划修编进程,积极争取国家加大支持力度，切实加强城镇道路、桥梁、供电、供排水、保障性住房、供暖等设施建设。五是加强环境保护和生态建设工作。全面实施"川西藏区生态保护与建设工程"，做好全国主体功能区建设甘孜州试点工作。科学规划建设"摩梭家园"，推动邛海"两万亩城市生态湿地"等工作。六是做好重大项目前期工作。扎实抓好成昆铁路、甘孜格萨尔机场、乐西高速等项目前期工作，努力储备一批大项目、好项目。

（三）着力推动特色产业发展

大力发展生态经济、旅游经济，推动"全域旅游"，抓好特色农牧业，使旅游业成为富民惠民的民生产业、对外交流的窗口产业、团结稳定的和谐产业。一是狠抓旅游拓景扩容。扎实抓好旅游基础设施建设，努力把四川省民族自治地方建设成为世界级精品旅游目的地。加快稻城亚丁国际旅游精品区、九寨黄龙、康定环贡嘎山等一批精品景区的打造速度；统筹抓好邛海—泸山、螺髻山、灵山等旅游线路规划建设；继续推进北川、马边、峨边旅游项目开发，打造大风顶等旅游景区。二是抓好农业提质增效工作。积极发展高附加值和高效益农业、山区生态农业和现代畜牧业，在有比较优势的前提下，做大做强民族自治地方农产品规模，进一步增强民族自治地方特色农业品牌。继续抓好农业龙头企业引进及培育，深入推进与津巴布韦烟草、丹麦嘉士伯啤酒等产业合作。三是狠抓工业转型升级。继续抓好攀西战略资源创新开发试验区、成—阿工业园区、甘—眉工业园区、北川山东产业园区、峨边核桃坪冶金工业园区等建设。加强园区企业研发，推进钒钛、稀土、磷矿等工矿产品研发下游产品，增强企业创造力，提升工矿产品价值。

（四）切实保障和改善民生

始终把保障和改善民生作为民族工作的出发点和落脚点，把改善民生、争取人心工作做深做细做实。一是抓好发展与扶贫攻坚规划实施。以藏区、乌蒙山片区（四川部分）区域发展与扶贫攻坚实施规划为基础，指导州、县做好年度项目计划，推进规划内各项民生项目建设。二是推进落实各项民生工程计划。扎实推进各项民生工程计划工作，确保民生工程细化、深化、实化。认真开展藏区"六大民生工程计划"自查与督查工作，确保高质量完成全年目标任务。彝区重点围绕彝家新寨、教育发展、医疗提升、禁毒防艾等方面，集中力量做好扶贫攻坚工作，力争到 2015 年，对藏区 5.26 万户 20 万住房困难群众进行住房改造，集中解决 12 万户 60 万彝族群众居住问题。同时，进一步加快林业棚户区建设和林场危旧房改造等民生工程实施。三是突出抓好职业教育，将藏区 "9+3" 免费教育进一步推行到彝区，组织更多彝区中职学生内地就读，大力倡导 "解决一人读书，实现一人就业，带动一个家庭脱贫" 的职业教育氛围。针对这些学生，在校学习主要是让他们掌握一技之长，解决就业问题。四是创新扶贫及民生工作机制。改进和调整现有奖补资金发放方式，确保群众及时了解和掌握，通过在村务公开栏公开、广泛宣传等方式做好惠民政策和资金公开工作。以藏区新居建设为试点，加大引导群众直接参与小型工程建设力度，拿出 10%～30% 的岗位吸纳当地群众就业。进一步健全精准扶贫工作体制机制，逐步完善和落实对口定点扶贫机制，确保增强帮扶实效。要发挥社会组织和社会力量作用，通过 "多方参与、协同推进" 的模式，打造扶贫攻坚工作新格局。

（五）深化改革促进开放

在四川省民族自治地方率先开展生态文明制度体系建设研究探索工作，如生态环境源头保护制度、自然资源有偿使用制度、生态补偿制度、生态保护红线制度等。通过深化改革，放活土地经营权和创新农业经营体系，扶持发展多种形式的农业经营主体。紧紧抓住国家推动长江经济带转型升级和建设丝绸之路经济带的发展机遇，加快研究与四川民族地区经济社会发展相关政策；以攀西战略资源创新开发试验区建设为契机，推动凉山州加强与成都经济区 "8+3" 区域合作，实现共赢发展；启动东部发达省市对口支援藏区工作，编制好相关规划，积极协调对口支援市州，主动承接优势产业转移。同时，深入做好省内 "7+20" 对口支援工作。鼓励民族自治地方深入参与川滇黔 12 市地州区域合作，加大招商引资力度，积极引进资金。

四川省丘陵地区农村特色产业发展研究

——以广安龙安柚产业发展为例

刘鸿渊　柳秋红　刘金成*

摘　要： 四川丘陵地区农村人口、经济规模和自然条件决定了农业现代化的作用和地位。农村特色产业是建立在比较优势基础上的一种现代农业发展方向。本文认为，四川丘陵地区农村经济的发展应以特色产品为基础，以特色产业为依托，形成特色产业链，从而实现农村剩余劳动力的转移和农村经济、社会的可持续发展。本文以四川省丘陵地区广安区龙安柚由特色产品发展成为农村特色产品的过程为研究样本，在对龙安柚发展历史、现状及存在问题进行规范分析的基础上，试图回答四川丘陵地区农村特色产业发展的困境和破解之策，从而为四川丘陵地区农村特色产业发展提供政策建议。

关键词： 四川省丘陵地区　特色产品　特色产业　广安龙安柚

一　问题的提出

农业作为整个国家经济、社会发展的基础，在国家现代化进程中的基础性作用和地位始终不能动摇，是国家现代化的重要组成部分。四川省作为农业大省，受自然条件、发展基础、人口规模和产业结构的影响，整个农业现代化进

---

* 刘鸿渊，西南石油大学经济管理学院教授；柳秋红，攀枝花学院经济管理学院讲师，硕士；刘金成，四川省社会科学院编审。

程缓慢，农业仍以传统农业为主。虽然，农村二、三产业在国家相关政策的支持下有较大的发展，但经济总量和规模都较小，农业增加值占 GDP 的比重仍然较高。据四川统计网数据，2010 年，四川第一产业增加值为 2483 亿元，总量在全国各省市区中仅次于山东、河南、河北和江苏，排在全国第 5 位，第一产业增加值占 GDP 的比重高出全国水平 4.3 个百分点，仅次于以农业为主的海南、新疆和云南，高出浙江和广东 9.7 个百分点，高出山西和江苏 8.5 个百分点，分别高出重庆和陕西 6 个和 4.8 个百分点。从农业增加值占 GDP 的比重可知，四川省经济仍然以种植业和畜牧业为主，种植业和畜牧业在农村经济中扮演着重要的角色，其加快发展对促进整个四川经济的发展作用巨大。

四川农村经济发展在整个经济体系中的重要性决定了加快和促进农村经济发展的现实意义。2011 年 12 月 5 日，四川省人民政府办公厅以川办发〔2011〕81 号文印发《四川省"十二五"农业和农村经济发展规划》，旨在加快推进农业现代化，加快推进社会主义新农村建设，希望在"十一五"成果的基础上能抓住机遇与挑战，能够在国家加大对"三农"支持的时代背景下，通过调整优化区域经济格局，深化改革农村经济体制，推进农村的全面建设与发展，使全省农业、农村经济再上新的台阶。为了系统促进农业和农村经济的发展，实现"十二五"规划目标，特将四川省划分为五大农业区域，包括成都平原区、盆地丘陵区、盆周山区、川西南山区和川西北高原区，并根据不同区域类型，提出农村经济社会发展的总体规划。

四川省盆地丘陵区位于四川盆地中部，辖 68 个县，占整个县（市、区）的 37.6%，在四川省的经济和社会发展中具有极为重要的地位。四川盆地丘陵区虽有较丰富的自然资源，但自然资源优势却并未转化为经济优势，农业经济结构单一，致使整个丘陵地区农村经济发展明显地滞后于平坝地区，处于相对落后状况。长期以来，由于丘陵地区要素聚集乏力、人才和资金短缺、基础设施薄弱、工业发展水平低、社会投入程度不够，社会经济发展存在很大的滞后性。2013 年，四川省统计局从经济规模、发展水平、经济结构、发展速度、经济效益等 5 个方面，对四川省的县（市、区）的经济发展情况进行了综合评价，在参评的 175 个县（市、区）中，丘陵地区占到了近 40%，但从评价结果看，进入十强县的丘陵地区仅有成都龙泉驿区和宜宾翠屏区，其他十强县主要集中在平原地区。由此可见，20 世纪 80 年代至今，四川丘陵地区经济发展滞后的状况并未因国家相关政策的支持、产业结构调整和产业转移等外在环境条件的改变而得以改善，发展滞后现状和进度缓慢仍是困扰四川丘陵地区的两大难题。

随着国家经济发展、劳动力市场的进一步开放，传统农牧业收入在整个农民的收入结构中的主导地位正在发生着变化，单纯依靠传统农牧业的发展来带动农民收入的增长的政策性意图很难实现。发展现代农业、提升农产品的竞争力已经成为农民增收的重要途径。建立在独特的资源优势、经验知识基础上的农村特色产业是现代农业的重要组成部分，其产业化发展对增加农民收入、带动农村经济社会发展具有现实的紧迫性和可操作性，是农村经济社会加快发展的新模式之一。如果说促进四川省丘陵地区农村特色产业发展，是落实农村产业结构调整和增加农民收入的重要途径，是提高土地利用率、满足人民群众不断增长的生活水平的重要保障，那么发展条件是什么以及应当如何发展就成为四川丘陵地区农村特色产业发展必须回答清楚的问题。目前，有关特色产业的研究主要集中在概念、基础以及特色产业发展的经济、社会效益上。受历史、自然、习俗的影响，地区内的某些资源被赋予独特的自然禀赋，在市场经济条件下具有比较竞争优势，经济发展应以优势资源、特色资源为基础，充分发挥其比较优势，整合其他优势资源，形成特色产业，简而言之即"人无我有，人有我优"的产业。特色产业是在区域特色生产技术和工艺水平条件下，对区域内特色资源或特色产品进行产业化开发而形成的，具有地方特色和技术特色的产业部门或行业。发展特色产业是县域经济发展的核心和关键所在，特色产业在带动区域经济，尤其是县域经济增长方面具有重要意义。基于农村特色产业在农村经济社会发展中的重要性，各地进行了大胆的探索，积累了一定的经验。张克俊、延武以四川丘陵地区安岳县大力发展柠檬产业为例，系统地分析了安岳柠檬产业的发展之路，为四川丘陵地区农村特色产业发展提供了可借鉴经验。目前，特色产业的形成离不开政府的支持。安海燕对贵州湄潭县首批新农村建设的 13 个试点村进行调研分析，研究结果显示在政府的相关政策、资金的支持下，试点村的生产方式基本发生了由单一到多元的转变，在发展中逐步形成了适合各村自身发展的主导产业，其发展模式包括特色产业带动型、立体农业带动型和企业带动型，从中不难看出，在没有外在资源输入的情况

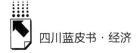

下，在政府的正确指导下，农村可以依靠自身的资源优势，大力发展特色产业，这是促进农村经济、社会发展的主要途径之一。

广安区地处四川盆地东部，是典型的丘陵地区，传统农业历史悠久，是国家级贫困县。进入 21 世纪，按照邓小平同志提出的"一定要把广安建设好"的总体要求，广安区在大力发展第二、第三产业的同时，采取多种措施，大力发展现代农业，形成了龙安柚等特色产业。本文在对广安龙安柚的产业化发展进程进行梳理的基础上，试图将具体的龙安柚产业发展抽象为一般的四川丘陵地区农业特色产业发展全景，从而为四川丘陵地区特色产业发展提供一定的经验借鉴，这不仅是四川丘陵地区农村经济发展和农业现代化进程应该思考的问题，也是新的时代背景下，培育新的农业经营主体、提升农业生产组织化程度的题中之义。

二 广安龙安柚特色产业发展历史、现状分析

（一）发展历史与基本现状

龙安柚在广安区已有 70 多年的栽培历史，其果实脆嫩化渣、酸甜适度、无核少核，深受广大消费者喜爱，是一种典型的特色农产品。近年来，在广安区委、区政府的大力扶持下，经农村部门自主选育，龙安柚已成为广安区的特色农产品。广安区充分利用龙安柚这一独特的产品，采取一体化布局、基地化建设、科技化支撑、政策化激励、品牌化运销等措施，按照现代农业产业基地建设要求，加快龙安柚产业基地建设，在种植规模、标准化种植和商品化方面都取得了一定成效。目前，广安区现有龙安柚基地面积 22 万亩，其中，挂果面积 10 万亩，年产果约 12 万吨，产值可达 3.8 亿元，形成了以广门、龙安、大龙、崇望为核心的 4 个万亩龙安柚产业核心示范区。广安区已成为四川省最大的优质柚生产基地县（区）、全国最大的红柚生产基地、首批国家现代农业示范区和省首批现代农业产业基地强县（区）。

虽然龙安柚有着多年的种植历史，但在 20 世纪 90 年代以前，龙安柚的种植局限为龙安乡及附近乡镇，以一家一户为主，仅为家庭副业，龙安柚产品优势并未得到社会的认可，社会知名度小，仅局限于广安区范围内，产品优势并

未转化为经济优势。经政府和果农的努力，广安龙安柚的产品特色逐渐被社会认可，形成了自身的品牌优势。一是多次获得奖项。龙安柚果实品质在全国红肉型柚类中名列前茅，20 世纪 90 年代，龙安柚曾连续 3 次被评为省优果品，连续 4 次获全国柚类专项评比金奖，1995 年获第二届中国农业博览会金奖。二是专有商标保护。2002 年，广安区被命名为四川省第一批优质柚生产基地，2003 年龙安柚通过了四川省农作物新品种审定，并先后注册了"吉友"、"龙安"、"延文"、"伟成"和"川广红"牌商标。2008 年龙安柚获准成为国家地理标志保护产品，是全省少数几个柑橘类水果中最先获得国家地理标志的保护产品。2009 年 1 月，广安区又被省农业厅命名为四川省优势特色效益农业"柚子基地"县（区），目前已成为四川最大的优质柚生产基地。三是品牌深入人心。通过广泛宣传、政府引导、资金扶持、统一品牌、统一标准、统一包装，以及龙安柚专合组织、种植业主自主开拓市场，龙安柚地域品牌效应逐步增强，市场逐步扩大。目前，广安龙安柚销售市场已拓展到重庆、贵州、陕西、湖北、北京、上海等地。

（二）广安龙安柚特色产业的形成过程

近年来，区委、区政府高度重视以龙安柚为产品基础，大力促进龙安柚的产业化发展，制定了中长期发展规划，龙安柚产业得到了较快发展。一是区委、区政府高度重视龙安柚产业发展，每年多次召开专题会议或在区委常委会、政府常务会上专题研究发展龙安柚产业工作，区政府出台了龙安柚产业基地建设意见，设立了龙安柚产业发展专项资金，制定了奖励扶持办法，并完善了组织机构，专设了龙安柚产业发展办公室，具体负责龙安柚产业发展的协调组织工作。二是区委、区政府按照龙安柚特色产业发展规律，确定稳步发展、创新机制、标准生产、提升品质、强化营销、加工增值、做大产业的基本发展思路，并按照无缝衔接、连片成带、攻固核心的原则，力争到 2015 年使龙安柚产业基地面积达到 3 万亩，龙安柚种植面积达到 25 万亩。三是据不完全统计，从 1992 年开始将龙安柚产业基地作为特色产业基地建设以来，共投入基地建设资金 8400 多万元，特别是近 4 年来，区委、区政府积极争取并整合各类项目资金共计 4200 多万元投入到龙安柚产业化发展中，促进了其产业化发展。

地方党委、政府的重视，产业规划和资金投入三者是统一的。产业规划的本质作用是引领，政府资金的投入改善了特色产品的种植基础设施，降低了农户的种植成本和内在的风险，无疑提高了农民参与龙安柚种植的积极性，农户的这种积极性无疑为龙安柚种植规模的扩大创造了条件，为龙安柚产业化发展奠定了良好基础，因此，从这一层面上分析，广安龙安柚从特色产品转化为农业特色产业是政府引导、农户参与相结合的一种模式。广安龙安柚特色产业是一种以特色产品为依托和基础的农业特色产业。改革开放前后，广安龙安柚虽有种植，但多以家庭为单位，表现为一种分散化的种植，其产业化面临着规模化和标准化种植两大主要问题。破解这两大问题事实上成了将特色农产品转化为农业特色产业的条件。从产业组织理论角度看，制约其顺利发展的主要因素是组织化过程中的交易成本和参与主体的利益权衡。显然，政府的介入有利于降低组织化交易成本，降低农户的经营成本，从而增加其种植收益，提升其积极性，促进了特色产业发展。

三 广安龙安柚特色产业发展存在的问题

经过近20年坚持和不懈努力，广安区龙安柚特色产业发展已经取得了一定成效，但仍存在许多问题，制约着广安龙安柚特色农业产业的持续、稳定、健康发展。

（一）龙安柚特色产业利益非一致性难题

龙安柚作为区域性特色农业产业，尤其是受其品牌作用的影响，围绕龙安柚的产业化发展形成了包括地方基层政府、村干部、果农在内的利益相关群体，其可持续发展依赖于相互之间的一致性集体行动，然而围绕着龙安柚所形成的公共利益，上述利益相关群体在龙安柚产业化发展上的私人利益却存在着差异，导致其一致性集体行动的难题。一是龙安柚产业发展存在"上重下轻"现象。区委、区政府对龙安柚特色产业发展非常重视，但乡镇、村以及种植户却因利益关系，对龙安柚产业化发展的积极性并不高，处于被动接受状况，对其发展的重要性和意义认识不到位，在行动上没有给予足够重视，重栽轻管，不少基层乡村干部将发展龙安柚产业停留在口头上，在实际工作中却行动无力，导致区委、区政府的产业意图在实际工作中走样。二是小农经济意识严重。受传统小农经济、小富即安意识的影响，农户习惯于种粮、养猪。当面临种粮与栽果的选择时，为规避种植龙安柚而带来的收入风险，农户往往是以种粮、养猪为主，仅将种植龙安柚作为副业经营，导致资金和劳动力投入不足，疏于对龙安柚果园的管理，不除草、施肥及防治病虫害。三是不合理间种虐待柚树，导致龙安柚品质下降。大多数柚农在龙安柚苗栽植后，在柚树行间不合理间种玉米、小麦、油菜等高秆作物，且没有留足树盘，当第二年柚苗生长加快、柚苗分枝迅速扩大树冠时，柚农觉得柚子树妨碍了间种作物生长，于是开始采取"剔桠丫"式的对柚子树的乱修枝，这样一直持续 5～6 年，因分枝较高，便停止修枝。柚树成了"高脚"树，造成龙安柚投产迟、单产低、品质差、效益低。四是乱引苗木及林柚混栽。在实施退耕还林过程中，个别乡镇为完成任务，在外乱调、乱引柚子苗木，造成了树种不纯，形成劣质柚园，同时基层干部为了便于做群众的工作，有意将 5 年经果林补助变为 8 年生态林补助，动员和组织柚农在柚园内间栽了柏树等林木，让纯粹的经果林变成了生态林，直接威胁着龙安柚的品质，对产业化发展造成不利影响。

（二）基础设施建设投入欠账和成本难题

一是基础设施建设欠账。龙安柚种植面积迅速扩大对相应基础设施配套建设提出了更高要求。在建设资金不足的情况下，龙安柚种植园建设时大多并没有按照产业标准化的规定性要求进行山、水、田、林、路综合治理，也没有进行土壤改良，基础设施建设不完善，历史性欠账较多，基础设施建设投入的不足直接导致柚园抗御自然灾害能力弱，龙安柚不能正常生长、发育、适时投产和品质难以保证等与特色农业产业发展相背离现象发生。二是基础设施建设成本的制度性难题。目前，龙安柚大多数果园看似连片种植、有规模，实则是以农户家庭为基础的小规模生产。建立在分散的农户家庭基础上的龙安柚生产组织模式，其基础设施面临着两大难题，一方面，如果采取社区融资方式，那么由于基础设施属于公共产品，不同的农户家庭因种植面积的不同而存在着融资困难；另一方面，如果以政府为投资主体，那么在其建设过程中因占用种植户的土地等问题而面临协调难题，上述两个难题势必会增加整个龙安柚种植基地的基础设施建设成本，对地方财政投入形成巨大压力。

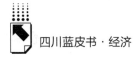

（三）标准化生产组织难题

龙安柚作为特色农产品，其形成除受特定区域范围内的气候、土壤等不可复制和替代因素作用外，离不开其生产过程的科学管理，类似于工业化生产组织。显然，这与其生产过程的组织化程度有关。然而，从广安龙安柚的生产组织看，组织化程度以及比较收益直接导致了龙安柚的日常生产管理投入难题，影响和制约着其健康、可持续发展。一是组织化程度低。虽然，在政府的大力支持下龙安柚产业化经营程度有所提高，柚业专业合作社已发展到29家，全区入社农户达5000余户，种植龙安柚面积达2.02万亩，带动农户3万余户。但大多数果农仍游离于专业化合作社之外，组织化程度低。全区龙安柚产业化组织程度低，多数地方还没有成立柚业专业合作社，大多是不懂技术的一家一户小生产分户经营，不能适应市场经济发展的需要。一些地方虽然已成立了柚业合作社，但大多数专业合作社成立的目的是得到龙安柚管护补贴或应付目标考核验收，合作社在龙安柚生产过程中的产前、产中、产后等技术性服务和专业性指导工作并未切实开展。二是疏于日常管护。由于龙安柚在挂果前培育时间较长，对常规管理要求高，龙安柚前期投入大的特点对果农的经济基础提出了挑战，为弥补龙安柚种植挂果前的经济损失，果农往往采用种植其他作物或者外出打工方式，两者都会影响到果农对龙安柚挂果前的日常管护。近年来，随着我国劳动力市场上人工工资的快速增长，果农对龙安柚的管护机会成本越来越高，因此，在基地对柚树不闻不问、任其自然生长已成为多数果农的选择。前期管护的缺乏势必会影响其日后龙安柚的品质和产量，两者不仅会给果农带来损失，也会从整体上影响龙安柚的品牌价值，给龙安柚的产业化发展造成潜在不利影响。

（四）专业技术人员缺乏难题

龙安柚特色产业的发展离不开科学技术的支撑作用。专业技术人才队伍建设是龙安柚特色产业发展的基础性条件。然而受现有的政府组织、管理和人事制度的影响，龙安柚特色产业发展的人才瓶颈较为严重，制约其发展后劲。一方面，在编制有限的情况下，乡镇机关干部工作实行打捆安排，不少乡镇的农技干部不仅要承担农业技术指导服务工作，还承担了其他工作任务，在岗不在位现象较为普遍；另一方面，长期以来，农技干部都未得到过全面、持续的系统培训和学习，特别是乡镇农技站改革后，现有农技人员大多是非农学专业出身，果树栽培知识缺乏，基本上无业务技能，缺少服务技能，多数龙安柚重点乡镇甚至没有果树专业技术人员，不能适应龙安柚产业化发展对种植技术的需求。再者，农技干部工作环境艰苦，待遇相对较低，在农技干部年龄老化现象严重的情况下，队伍得不到有效及时的补充，即使通过考试或选调等方式引来的专业技术人才也难以留住。

（五）产业链建设滞后难题

特色农产品产业化发展的本质是产品商品化程度的提高。能否对特色农产品进行深度加工是判断是否特色农业的标准之一，至今广安龙安柚都缺乏深加工，影响了其产业价值。2014 年，广安区龙安乡通过艰苦的谈判和努力，成功引进广安富康农业发展有限公司在该乡投资 2 亿元建设龙安柚加工、体验生态产业园，其中仅龙安柚深加工厂单项建设投资额就达到 7000 万元。目前，该公司机械设备采购工作已经完成，占地 40 亩的生产厂房正在加紧建设，计划生产蜂蜜柚子茶、蜜饯、浓缩汁、PET、易拉罐等产品，迈开了广安龙安柚产业化发展的关键一步。然而，对大多数广安龙安柚种植户而言，仍主要采用的是粗放式的发展模式，产业链条短且附加值偏低，依靠一家一户的生产，科技含量低且没有从本质上体现出特色产业的内涵。一是农业产业纵向整合程度低。龙安柚种植过程中未能实现农资供应，农产品生产、加工、销售及服务的纵向融合，不能实现生产、供应、加工、销售等各个环节之间的高度专业化分工以及密切的合作，不能有效地发挥特色农业产业的作用。二是尚未实现农业产业的横向融合。农业产业横向融合是在生物技术及信息技术等高新技术产业发展的基础上，通过农业与非农产业之间的逐步重叠，使产业界限日趋模糊，从而构建相应的生态农业、旅游农业，促进和深化特色农业产业的发展内涵。显然，目前，龙安柚特色农业产业发展仅停留在产品的规模化、标准化这一层面，影响了龙安柚特色农业产业的纵深发展。

四　促进广安龙安柚特色产业发展的对策建议

广安龙安柚作为一种地域性名特产品，经政府、果农的多年奋斗，正在由特色产品转化为特色产业。龙安柚在由特色产品向特色产业转化过程中所面临的组织、管理、人才、产业化等方面的问题在四川丘陵地区农村特色产业发展过程中带有一定的普遍性，对其发展的对策建议也对其他地区的农村特色产业发展具有借鉴意义。

（一）加强宣传发动，解决利益相关者的认识问题，形成一致性行动

目前，地方特色产品要发展成为特色产业离不开政府的引导、支持和农户的积极参与。在农村特色产业发展初期，政府管理者的作用是不可忽视的，因此，从目前龙安柚特色产业发展现状看，必须做好以下几项工作。一是提高各级干部思想认识。首先，聘请全国知名柑橘市场分析专家为各级、各部门领导干部讲课，进行市场分析，让各级干部了解全国柚类生产形势、龙安柚的优劣势、龙安柚的目标市场、柚类加工现状及龙安柚的加工前景，提升各级干部对龙安柚特色产业发展的总体认识水平。二是调动乡村干部和群众积极性。各有关乡镇人民政府要同区委、区政府保持高度一致，坚定发展龙安柚产业的信心和决心，要充分利用各种会议、宣传专栏、村级广播、永久性标语等形式，向广大村组干部宣传龙安柚产业的品种好、效益高、功效多、前景广，消除群众种植龙安柚的顾虑，引导广大农民群众积极种植龙安柚，自觉投入人力、物力、财力，避免"上热下冷"政策难以贯彻落实的局面，从上到下形成把龙安柚特色产业发展好的共同认识。在坚持政府引导、农户参与的基本原则基础上，把龙安柚产业发展好。

（二）完善发展体制、机制，促进龙安柚特色产业发展

一是完善工作机制。为避免"上热下冷"、"重栽轻管"现象，建立上下联动、齐抓共管的工作机制，切实加强龙安柚基地果园抚育管理工作的组织和领导。从人员配备上，坚持"一个主导产业、一名区级领导、一套工作班子、一套政策措施、一抓到底"的"五个一"工作机制。二是进一步强化组织领导。区上成立龙安柚产业工作领导小组，由区长任组长，区委、区政府分管农业的领导任副组长，协调解决龙安柚产业发展中的重大问题。参照其他地方发展特色产业的经验，组建强有力的工作机构，并将龙安柚产业发展办公室升为

副科级事业单位，编制增至 12 人，以满足龙安柚种植规模扩大后对管理协调工作的要求，更好地服务龙安柚的产前、产中、产后生产过程。三是充分发挥基层乡镇政府作用。各龙安柚基地重点乡镇要分别成立龙安柚产业领导班子，明确"柚子书记"或"柚子乡（镇）长"，成立龙安柚产业办公室，落实人员和经费，建立健全乡村两级服务体系，扶持培育一批龙安柚科技示范户。四是严格目标考核，解决各项工作不落实的问题。一方面要严格绩效考核，为确保龙安柚产业发展各项工作落到实处，要理顺从区到乡（镇）、村龙安柚产业管理关系，抓好发展规划和日常工作，加强对龙安柚产业基地建设的目标管理和绩效考核。区委、区政府着重将龙安柚基地管护纳入年度绩效考核指标体系；另一方面要强化考核结果的运用，区委、区政府依据龙安柚单项考核结果对相关单位进行严格奖惩，对发展龙安柚产业的有功人员在评优、评先及干部使用时原则上优先，充分调动各级干部发展龙安柚产业的主观能动性。

（三）强化典型示范，解决柚农身边无样板学习的问题

一是建立区、乡镇示范园区。目前，全区有低产或适龄不结果龙安柚园约 1.7 万亩、劣质果园 0.3 万亩，收益不稳定或较低，严重挫伤了柚农对种植龙安柚的投入积极性。区上重点在"一区一带"内各建立 500 亩适龄不挂果或低产柚园标准化生产示范区，开展新技术、新模式、品牌创建、市场开拓和机制创新等全方位示范，辐射带动全区龙安柚产业基地建设，推进生态农业、循环农业、旅游观光农业建设，引领现代农业发展。二是创新示范园区建管模式。示范区（园）内建立龙安柚专业合作社，并给予专项扶持资金。在专业合作社框架下，实行"六统三分"的经营模式，即由专业合作社统一管理技术标准、统一技术培训、统一整形修枝、统一农资采购、统一防治病虫、统一品牌销售，分户进行土、肥、水管理，分户采摘、分户受益，以保证龙安柚生产过程的规范化、标准化，保证和提高龙安柚的品质。

（四）建立人才网络，解决技术人才紧缺的问题

构建"三个一"的龙安柚种植技术人才网络。区上成立 1 个中枢机构（龙安柚产业发展办公室），每个龙安柚种植乡镇配备 1 名果树技术人才，对规模在 500 亩以上的龙安柚种植重点村配备 1 名村中心技术员，建立健全区一

乡（镇）—村的技术服务体系。首先是按照特色产业发展要求，通过引进高层次人才和考聘果树本科生及从乡镇调入优秀农技干部的办法，尽快将龙安柚产业发展办公室人员配齐配强，确保全区龙安柚产业发展中枢指挥系统科学运转，行动有力，为龙安柚的生产提供技术支撑。其次要采取乡镇农技站间调剂、从学校考聘或聘请农民技术员等方式，确保重点龙安柚种植乡镇有1名以上果树专业技术人才，龙安柚基地规模达到5000亩以上的重点乡镇配备2名以上果树技术人员，以满足柚农生产过程对相关种植、管理技术的要求。再次是实行村级中心技术员制度。对基地规模达到500亩以上的重点村，配齐村中心技术员，所需经费由区、乡镇两级财政解决，每个村中心技术员须对辖区内龙安柚种植户搞好培训服务、技术指导服务、农资供应服务，并对20户种植专业大户或家庭农场搞好传、帮、带，使之成为全村的龙安柚种植示范户。

（五）广泛开展培训，解决广大果农不懂技术的问题

一是开展专题培训。区别不同结构、不同层次果农，采取区集中培训到乡镇、乡镇分片培训到村社、村社培训到户以及园区，采取有针对性现场培训等多种形式，分期、分批广泛开展大规模宣传发动和技术培训。区上举办"柚子书记"、"柚子乡镇长"、乡镇及村技术员培训班、村干部培训班、种植示范户培训班，聘请有关柑橘专家授课。二是搞好现场培训。根据栽培管理不同季节，深入到田间地头，现场操作示范培训果农，使广大果农掌握关键适用技术，不断提高管树护园的主动性、积极性。三是加强典型示范。鼓励科技人员和农业科技干部积极投身龙安柚产业化建设，采取承包、领办、技术服务、投资入股等方式，参与龙安柚生产经营活动，向广大群众做好示范带动。

（六）加大资金投入，解决基地建设管护投入不足的问题

一是整合项目资金。按照项目资金性质不变、渠道不乱及项目随基地走的原则，将涉农项目整合安排、打捆使用，加大对新建龙安柚产业基地的基础设施投入。二是加大财政投入。充分发挥财政资金的导向作用，综合运用直接补助、贷款贴息、以奖代补等手段，引导龙头企业和社会资金投入龙安柚产业基地建设。对建设标准化生产基地并带动农户5000户以上的龙头企业（业主、农民专业合作社），由区财政专项资金对其技术研发、产品质量认证、品牌创

建、市场开拓等给予重点支持。严格验收、及时兑现规模化龙安柚新建基地幼树管护补贴，以增强信心。对成片低产或适龄不挂果龙安柚园的改造示范、劣质柚园的高换改良给予一定的资金补助。三是加快基础建设。对原有基础设施不完善的龙安柚果园进行基地改造，实施以深翻扩穴熟化土壤的耕地质量建设，以小型集雨蓄水和提灌设施修复的排灌渠系建设，以完善田间耕作道路、干道连基地道路的路网建设，将龙安柚老基地建成田网、水网、路网、电网配套，灌、排、蓄功能齐全，旱涝保收的三级以上的现代龙安柚产业基地。

（七）建立优势品牌，形成龙头企业，提升整体特色产业信息技术

一是进一步积极整合资源，树立品牌意识。加大形象策划和广告宣传力度，树立地域品牌，提高产业知名度，扩大产业生产经营规模，提高抗风险能力。二是抓好龙头企业，组织产业化开发。从规模化的种植开始，再从柚产品的初加工到深加工，逐步实现资金和技术的自我积累。三是积极实现特色产业的纵向、横向融合，实现区域化生产和一家一户的分散经营相结合，实行生产专业化、经营一体化、服务社会化、管理企业化，形成市场牵龙头、龙头带基地、基地连农户的新体制。四是根据龙安柚特色产业发展对于农业信息的需求，利用当前信息基础设施和信息技术，构建特色农业信息技术支持体系。充分利用广播电视、通信、互联网等信息技术，加强农业信息基础设施及农业信息资源库的建设，打造农业综合信息服务平台，完善农业信息服务体系，全面推进信息技术在龙安柚生产、经营、管理、服务中的应用，进一步提高龙安柚特色产业的竞争力，实现特色产业及农村经济的持续发展。

五　结论

在市场经济条件下，建立在特定区域的气候、土壤、种植历史等独特、不可替代、复杂环境下的特色产品具有参与市场竞争，并获取竞争优势的潜在价值，其产业化发展既是市场机会发现和特色产品组织化的过程，也是政府引导、农户参与的过程。从特色产品发展演化为特色产业的过程分析，其势必会经过特色产品培育、规模化、标准化、商品化、品牌化等过程。广安龙安柚作为一种特色产品，在政府的引导作用下正在逐渐成熟，然而其发展过程中却面

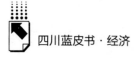

临着一系列的问题，这些问题的产生与农村特色产业发展环境有关，也与农村特色产业的组织属性和产品属性有关。

本文在对广安龙安柚的产品、产业发展历史、现状进行分析的基础上，对其存在的问题进行了规范性研究，并以此为基础提出了相关的政策建议，这些政策性建议更多的是基于问题的解决而非学术探讨，对四川丘陵地区农村特色产业的发展具有操作层面的借鉴性意义。

参考文献

刘淑珍、杨定国：《四川盆地丘陵区农村经济发展途径》，《山区开发》1989 年第 4 期。

王明杰、方一平：《四川丘陵区经济发展的核心要素及其驱动能力》，《山地学报》2008 年第 6 期。

甘晖容：《特色产业——民族地区经济发展的新增长点》，《贵州民族研究》1997 年第 4 期。

彭建文、王忠诚、齐正军：《特色产业选择初探》，《经济体制改革》2001 年第 3 期。

刘遵峰、王小慈、张春玲：《对河北省县域特色产业发展的探究》，《生态经济》2013 年第 2 期。

张克俊、延武：《"安岳柠檬"走出丘区特色农业做大做强之路》，《农村经济》2013 年第 10 期。

安海燕：《西部欠发达地区新农村建设调查分析——以贵州湄潭县为例》，《中国农学通报》2013 年第 17 期。

Keller W. Do Trade Patterns and Technology Flows Affect Productivity Growth? *The World Bank Economic Review*, 2000, 14（1）: 17 – 47.

郭京福、毛海军：《民族地区特色产业论》，中国农业出版社，2006。

王可侠、申松林：《科技推动农业产业化作用分析》，《上海经济研究》2013 年第 1 期。

B.25

2015年川南经济区经济形势分析与预测

王 倩*

摘 要： 2015年川南经济区经济发展面临复杂的全球、中国及四川省经济形势背景，发展的机遇与挑战并存，预期增长势头强劲但完成预期目标压力巨大。支撑经济增长的主要因素包括诸多叠加政策刺激、投资增长、转型升级加快、园区发展以及一体化进程加速，不利因素包括经济下行压力、要素保障不足以及若干行业企业增长基础不稳。建议在加速转型升级、推进一体化与培育开放新优势等方面继续努力。

关键词： 川南经济区 经济增长 转型升级

* 王倩，四川省社会科学院区域经济研究所副研究员，博士，主要研究方向为区域发展战略与政策、生态文明建设。

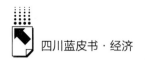

一 川南经济区经济发展面临的宏观经济环境分析

（一）全球经济形势分析

综合国际货币基金组织、经济合作与发展组织、世界银行等国际机构对2015年全球经济的预测，全球经济增长速度将会稳步复苏，其增速在3.4%～4%，其关键驱动因素在于财政货币条件的改善。美国经济预期向好，复苏势头稳固；欧元区经济触底回升，有望温和复苏；日本刺激政策收到一定成效，增加了增长信心；新兴经济体和发展中国家经济的增长速度也会有所加快。同时，国际机构普遍认为，全球复苏虽然前景有所改善，但不同经济体仍存在重大下行风险，如已经出现的地缘政治风险。仍处于金融危机后深度调整期的全球经济形势依然复杂，经济增长的内生动力不足，低增长将会是常态。欧债危机、美国退出量化宽松政策以及世界贸易与跨国投资增长缓慢都将影响全球经济复苏进程。总体来看，全球经济复苏状态将长期存在，可以为国内经济增长提供有利条件。

（二）国内经济形势分析

从国内来看，我国经济已经进入增长速度换挡期、结构调整阵痛期、前期刺激政策消化期叠加的阶段。经济增长正在逐步放缓，进入持续的结构性调整与转型期，中央政府努力控制信贷增长并全面深化体制机制改革，努力转变经济发展方式，以确保经济更加协调、可持续增长。全国经济增速从2012年的7.8%，回落到2013年的7.7%、2014年上半年的7.4%，创近五年来的新低。国际货币基金组织预计，2014年、2015年中国经济将分别增长7.4%、7.1%[①]。世界银行预计，中国的经济增速预计从2013年的7.7%小幅下降到2014年的7.6%和2015年的7.5%[②]。受"稳增长"政策影响，宏观经济状况

---

① 《国际机构预测全球经济保持增势》，http://finance.ifeng.com/a/20140805/12860002_0.shtml，2014年8月5日。

② 世界银行：《中国经济简报》，http://www.shihang.org/zh/country/china/publication/china - economic - update - june - 2014，2014年6月6日。

良好，经济发展基本面总体较好，2014 年中央确定的指导性经济增长目标为 7.5%，高于"十二五"规划确定的 7.0% 的增长目标，其支撑因素主要是：投资增长下降可能会被消费增速上升所抵消，但下行压力依然存在，如金融风险的累积、地方政府债务风险以及过度产能风险①。总体而言，宏观经济形势依然复杂严峻，增长动力和下行压力并存。

（三）四川经济形势分析

从四川省经济形势来看，受全国经济增速回落等影响，四川省经济增速也从 2012 年的 12.6%，回落到 2013 年的 10.0%、2014 年上半年的 8.5%，回落幅度大于全国。随着全国经济转型力度的加大，四川经济增长也转入了增速下行减缓的总体态势。但是，四川处在西部地区，新一轮西部大开发、建设长江上游经济带等将给四川经济带来较大的发展机遇，加上四川还处于城镇化和工业化的加速发展期，强劲的内需也是拉动四川经济增长的核心动力，四川省经济发展速度在未来一段时间内将仍然快于全国。2014 年，随着白酒企业逐步转型、煤炭企业的陆续开工复产，雅安灾区经济的逐渐复苏，上半年全省实现地区生产总值（GDP）12697.4 亿元，按可比价格计算，同比增长 8.5%，增速比全国平均水平高 1.1 个百分点。其中，第一产业增加值 1326.6 亿元，增长 3.9%；第二产业增加值 7088.2 亿元，增长 9.3%；第三产业增加值 4282.6 亿元，增长 8.5%。下半年，随着世界经济持续复苏以及国内经济"微刺激"效应逐步显现，四川省有针对性的稳增长政策措施，其积极效果有望在 2014 年下半年到 2015 年上半年逐渐显现。全省经济有望保持进一步回升态势，全年经济预期增长 9% 左右。

二 川南经济区经济发展面临的机遇与挑战

（一）川南经济区经济发展面临的重大机遇

尽管国际国内宏观经济环境复杂多变，川南经济区发展仍然面临许多重大

---

① 《IMF2014 年 4 月〈世界经济展望〉概要》http：//www. mofcom. gov. cn/article/i/jyjl/m/201404/2014040055 8913. shtml，2014 年 4 月 22 日。

机遇。国家把深入实施西部大开发战略放在区域发展总体战略的优先位置，着力在西部地区培育壮大若干城市群，加快推进成渝经济区建设，加快推进长江经济带和丝绸之路经济带建设，支持老工业基地城市改造和资源型城市转型发展，扶持乌蒙山片区区域发展与扶贫攻坚，加快推进"中国白酒金三角"建设，使南部城市群在国家战略中的重要位置和重大作用进一步凸显，为南部城市群加快发展、跨越提升，争取国家更多支持奠定了基础。四川省第十次党代会提出"加快发展川南城市群，推动自泸内宜一体化发展"，并在实施多点多极支撑发展战略中赋予川南经济区"次级突破"的重要功能与使命，为川南经济区加快发展注入了强大动力。

（二）川南经济区经济发展面临的重大挑战

同时，南部城市群发展面临诸多困难和挑战。南部城市群总体规模偏小，中心城市向心力不足，体系结构不合理，辐射带动力不强，增长潜力尚未有效释放；城乡二元结构矛盾突出，区域发展不平衡，有3个县属于国家乌蒙山集中连片特殊困难地区，统筹城乡区域发展任务艰巨；经济增长方式粗放，产业创新不足，四个城市属于国家老工业基地调整改造规划确定的老工业基地城市，泸州市被列为全国资源枯竭型城市转型发展试点，资源环境日益增强，结构转型升级尤为迫切；基础设施有待加强，内外交通不畅，区位和开放门户优势没有得到充分发挥；一体化发展体制不健全，区域合作的长效机制尚未建立，促进要素合理流动的制度环境和市场体系有待完善；地处长江上游，生态环境保护与建设任重道远。

（三）川南经济区经济发展趋势

川南经济区正处于工业化、城镇化加速发展阶段，未来一段时间仍将保持较快发展。尤其是近年来，川南经济区增长势头强劲。2013年，川南经济区一跃成为全省首个市州GDP均过千亿元的经济区，经济增速为10.1%。2013年，川南经济区城镇化率达到42.3%，宜宾、自贡、泸州、内江四个中心城市人口规模均将达到100万人左右，根据发展规律，这些城市将进入资源要素加快集聚、经济社会加快发展的新阶段，有力带动了区域经济发展。

（四）川南经济区经济发展目标

根据《成渝经济区南部城市群发展规划（2014～2020年）》，到2020年，成渝经济区南部城市群将实现全面建成小康社会目标。省委、省政府高度重视川南经济区建设，做出了加快把川南经济区发展成为四川新兴增长极的部署，明确指出川南要率先实现次级突破，率先实现全面建成小康社会的目标，川南四市实质上都提出了率先实现全面建成小康社会的目标。从目前来看，各项经济社会发展指标与全面建成小康社会的标准尚存有差距，尤其是在经济发展、文化教育、资源环境方面等指标差距较大，率先实现全面建成小康社会，对经济增长的要求较高。同时，四川省要求川南经济区2017年建成地区生产总值超万亿元的新兴增长极，川南四市在发展战略与发展规划中，都提出了较高的增长目标，如泸州市提出的发展目标是，着力"六个突破"，力争"四年翻番"（以2012年为基础），到2016年，生产总值达到2100亿元以上，规模以上工业增加值达到1000亿元，全社会固定资产投资达到1400亿元，地方公共财政收入达到165亿元；城镇居民人均可支配收入和农民人均纯收入分别达到41000元和15000元。内江提出到2017年，5个县（区）同步实现"三个翻番"。自贡提出到2017年，全市GDP要突破1800亿元以上，力争突破2000亿元。宜宾确立和实施"两大目标"：一是在川南城市群率先崛起，2017年GDP超过2000亿元；二是先于全省全面建成小康社会，2018年GDP超过2800亿元，2020年GDP超过3700亿元。在整体宏观经济下行趋势下，实现预期目标难度巨大，川南经济区面临较大经济增长压力，必须下大功夫做好经济发展的重点工作。

三　2015年川南经济区经济增长支撑与风险分析

（一）2015年川南经济区经济增长支持点分析

1. 宏观政策刺激

国家深入实施西部大开发战略，加快推进成渝经济区建设，加快推进长江经济带和丝绸之路经济带建设，支持老工业基地调整改造和资源型城市转型发展，扶持乌蒙山片区区域发展与扶贫攻坚，为川南经济区发展提供了强有力的政策保障。四川省实施"三大战略"、实现"两个跨越"的重大战略部署，提出要加快川南经济区发展，建设国家级能源化工基地、装备制造业基地和"中国白酒金三角"核心区，发展临港经济和通道经济，加快老工业基地改造，到2017年建成地区生产总值超万亿元的新兴增长极，赋予川南经济区"次级突破"的重要功能与使命，为川南经济区加快发展注入了强大动力。2014年，四川省财政安排川南四市促发展资金12.1亿元，占全省补助总额的26%，下达川南四市均衡性转移支付增量18.9亿元，总量达到94.7亿元。加大地方政府债券支持，2014年安排川南四市24.5亿元。国土资源厅编制川南经济区土地利用规划，2014年年度计划指标分别分配宜宾市730公顷、泸州市600公顷、内江市600公顷、自贡市550公顷，川南经济区的计划指标占市州（含成都市）用地计划的17%，高于全省平均水平①。

2. 投资持续增长

投资增速较快是拉动经济增长的主要因素，2013年，五大经济区中增长最快的是川南经济区，完成投资2909.3亿元，同比增长25.7%，增幅比全省高9个百分点，占四川省投资比重由2013年的12.8%提升为13.8%。2014年上半年川南经济区投资同比增长24.3%，比全省平均水平高11.3个百分点。川南经济区加快推进川南城际铁路、隆黄铁路建设，推进泸州、宜宾两港整合，加快过境高速、城际高速及快速通道建设，加快向家坝灌区前期工作等；推动老工业基地调整改造和资源枯竭城市转型发展；加快推动产业转型升级，推动白酒、煤炭等行业转型发展，加快长宁—威远国家级页岩气开采及利用示范区建设，必然会拉动投资更快增长。2015年是"十二五"规划的收官之年和"十三五"规划的编制之年，规划中涉及的目标基本上都要实现，这意味着相关项目投资增长，也会拉动经济增长（见表1）。

---

① 戚原、张兀：《川南经济区一体化加速》，http://www.xyshjj.cn/bz/xyjj/yb/201408/72048.html，2014年8月11日。

表1   2014年上半年川南经济区投资情况比较

单位：亿元，%

地区	全社会固定资产投资				房地产开发投资			
	总量	位次	增速	位次	总量	位次	增速	位次
自贡	292.36	17	9.4	15	48.78	11	43.2	8
泸州	555.39	5	37.0	3	99.48	4	70.8	3
宜宾	559.76	4	21.7	8	89.76	5	34.0	9
内江	358.9	14	24.2	7	51.35	10	44.7	7

资料来源：四川统计信息网。

3. 转型升级稳步推进

随着经济形势的变化，川南经济区传统优势产业，尤其是白酒产业等产业提前进入调整期，转型升级加速。以泸州为例，调整产品结构，坚持走纯粮酿造的品质之路，以"民酒"、"放心酒"稳住市场。2014年上半年，白酒产业增加值同比增长16.2%。同时，投资结构和产业结构优化迈出重要步伐，如高耗能产业投资下降、节能环保和高端装备制造业产业投资上升、高新技术和战略新兴产业快速发展。

4. 园区发展

自贡高新技术产业园区、内江经济开发区、宜宾临港经济开发区升级为国家级开发区，目前正在积极推动泸州高新技术产业园区申创为国家级高技术产业开发区，推进宜宾、泸州申报保税区物流中心（B型）、自贡申报综合保税区前期工作。泸州将依托江南新区和临港产业物流园区，构建以装备制造、节能环保、商贸物流为主的临港产业体系。

5. 一体化加速

2014年4月23日，省川南经济区发展协调小组暨川南经济区联席会第一次会议在宜宾市召开，会议讨论通过了《川南经济区联席会章程》，四市签署了《川南经济区合作发展协议》，标志着川南经济区建设进入了制度化、常态化、一体化发展新阶段。2014年6月，省政府办公厅印发了《成渝经济区南部城市群发展规划（2014~2020年）》。目前，川南城市群已布局了完善的高速公路网，成渝、成自泸赤、隆纳、内自宜水、乐自、乐宜、宜泸渝、内遂等高速公路已建成通车，路网主骨架基本形成。

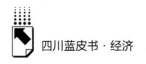

（二）2015年川南经济区经济增长风险分析

1. 经济持续回落

近年来，全国、四川省经济增速呈逐步回落态势。全国经济增速从2012年的7.8%，回落到2013年的7.7%、2014年上半年的7.4%，创近五年来的新低。四川省经济增速也从2012年的12.6%，回落到2013年的10.0%、2014年上半年的8.5%。川南经济区同样面临经济增长下行压力，如内江市GDP从2012年的13.6%，回落到2013年的10.3%、2014年上半年的9.5%。规模工业增加值、固定资产投资、社会消费品零售总额的增速也从2013年上半年的11.6%、28.2%、13.9%，回落到2014年上半年的11.1%、24.2%、13.1%。2014年上半年，内江市完成工业投资127.63亿元，增长12.4%，增速比2013年同期回落14.8个百分点，增速呈现大幅回落的态势。工业投资占比由2013年同期的39.3%下降到35.6%①。

2. 资金和土地等要素不足制约投资增长后劲，对企业发展制约明显

川南经济区资金紧缺、融资困难具有普遍性，国家预算内资金比重太低、国内贷款资金不足、项目单位自身融资压力大，制约投资高速增长。另外，建设用地矛盾特别突出，相当一部分项目因土地因素开工不足，直接影响了投资进度以及部分企业的扩大再生产。

3. 建筑业、房地产业、服务业等产业回升基础尚不稳定

2014年上半年，房地产开发投资建设均呈现回落态势，商品房销售市场的低迷，导致投资增速回落。房地产行业的严峻形势，将直接影响关联产业的发展，最终会给经济发展带来较大的负面影响。随着"节能家电补贴政策"、"家电汽车以旧换新"、"汽车下乡"等政策的结束，市场消费缺乏新的消费热点，对市场消费的拉动减弱。

四　需要关注的问题及相关政策建议

（一）在转型升级中加快发展依然是川南经济区面临的首要任务

无论是2015年顺利完成"十二五"规划预期目标，还是实现2017年多点

---

① 四川统计信息网。

多极支撑发展战略确定的目标，或是与全国同步全面建成小康社会，加速发展都是川南经济区的必由之路，加速发展必须回答"增长从哪里来"这一核心问题。过度依赖投资拉动以及低端产业规模扩展的发展道路不可持续，过度消耗资源能源的粗放增长方式更不可持续，地方政府"债台高筑"推动的快速增长已经危机重重。顺势而为，在"全国一盘棋"中加快转型升级才能把握发展的主动权。实现绿色转型，川南经济区有其自身优势和现实基础，一来川南经济区地处长江上游，生态屏障地位重要，牢固树立"保护生态环境就是保护生产力、改善生态环境就是发展生产力"的理念，加快生态文明建设，将生态文明建设融入现代化建设的各方面和全过程，守得住青山绿山就守住了金山银山；二来川南四市均属国家确定老工业基地城市，泸州还是资源枯竭型城市，抓住国家推进老工业基地转型的历史机遇，坚定不移地走结构转型和绿色转型之路，以绿色转型推进产业结构优化升级，既是使命更是出路；三来川南经济区已经在转型升级中初步实现了经济增长，如泸州在遭遇占工业比重近七成的白酒产业深度调整后，调整产品结构，走纯粮酿造的品质之路，2014年上半年白酒产业增加值同比增长16.2%。机械行业坚持创新驱动，以兼并重组促进产业整体提升，2014年上半年，机械行业增加值同比增长18.5%。川南经济区立足区情，在转型升级中培育经济增长点，产业结构调整升级和城镇化转型发展是重中之重。

促进产业结构调整升级，一是要做强特色优势产业，推动名优白酒产业转型发展，并与旅游业融合发展，打造白酒"金三角"核心区。提升机械装备制造业，重点发展高端精密机床、大型工程机械设备、清洁能源设备、化工容器及设备、汽摩零部件等，建设临港重装产业基地和汽车零部件制造基地。发展壮大电子信息产业，大力发展现代林竹业，壮大绿色食品精深加工，发展地方名优特产品和绿色产品。二是大力发展战略性新兴产业。依托国家级高新技术产业开发区和经济技术开发区，大力承接战略性新兴产业项目，发展壮大节能环保装备、高端装备制造、新材料、新能源、生物医药等产业。三是加快资源型产业转型发展。推动能源清洁高效利用以及煤层气综合开发利用。加快建设四川长宁—威远国家级页岩气开采及利用示范区，推进富顺—永川页岩气区块勘探开发。有序推进水电开发，加快安谷、枕头坝一级、沙坪二级等水电站建设。大力发展再生资源综合利用产业，加快建设国家"城市矿产"示范

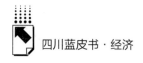

基地。

促进城镇化转型发展，一是以人为核心推进城镇化，提升城市的公共服务功能，有序推进农业转移人口市民化，全面提高城镇化质量。二是优化城市布局。加快自贡、泸州、内江、宜宾的新城区建设，推动产城、港城融合发展。加快老工矿区、棚户区改造和老工业企业搬迁，促进老城区更新改造与功能再提升。科学布局，加快建设结构合理、功能明晰、协调联动的城市发展格局。三是全面提升城市品质。依托自然山体和江河水系，建设山水园林城市。加强国家历史文化名城和中国历史文化名镇的保护建设，建设人文城市。推动文化创新、技术创新、商业模式创新和管理创新，建设创新型城市。积极创建低碳城市、环保模范城市和循环经济试点城市，加快建设智慧城市。四是统筹新型工业化、新型城镇化与新农村建设，形成以城带乡、以工促农、城乡互动、和谐相融的城乡发展一体化格局。

促进川南经济区加快转型升级，争取国家和省对区域内老工业基地调整改造和资源型城市转型发展中的棚户区改造、接续替代产业培育、污染整治等加大投入。

（二）加速推进川南一体化，打造新兴经济增长极

川南经济区之所以能够成为四川省潜在的增长极，在四川实施多点多极支撑战略中具有举足轻重的作用，关键在于作为空间聚合度较高的多中心大城市群一体化发展的要素集聚优势与增长潜力。如何发展川南经济区一体化优势，是打造新兴增长极的关键所在。从现实来看，一体化发展的最大障碍仍然是行政分割和各市较低的行政势能，多中心发展、竞争性发展无法形成合理分工，也难以形成内聚力较强的经济中心，使整体优势得不到有效发挥。这些障碍要从两个层面来解决，一个是川南经济区内部的整合发展，一个是从国家、省级层面进行行政体制的改革创新。

就川南经济区内部而言，加快一体化进程必须进入实质操作层面，深入到产业、基础设施、开放合作、城市群发展等领域，而不能停留在理念认识与框架协议层面。自泸内宜四市要主动作为，加强机械制造、化工、食品加工、旅游、物流等重点产业区域协作，实现共建共享；推进川南经济的开放合作，大力实施川南经济一体化进程，加速基础设施建设一体化和区域城市之间生产要

素的融合与流动。加强城市之间的经济联系，合理分工、密切协作，加速川南一体化，包括基础设施、产业、市场等方面。共同构建区域合作协商机制，搭建政府间、企业间合作平台。

在国家与省级层面加强行政管理体制机制改革创新，着力破解制约经济区一体化发展的行政壁垒，更是治本之策。由国家发改委批复的《成渝经济区南部城市群发展规划（2014~2020年)》确立了川南多中心城市群一体化发展试验区的战略地位。国家和省级层面要支持川南建设"多中心城市群一体化发展试验区"。探索建立城市群公共财政储备制度，设立川南城市群发展基金，推动基础设施共建共享、生态环境共建共治、产业深度分工合作、公共服务一体化。探索制定跨区域经济核算、税收分成、基础设施投融资、资源调度使用、土地利用统筹等共建共享政策。探索建立生态补偿机制，支持开展能源资源开发、水电开发和饮用水源保护等生态补偿试点。创新川南城市群评价考核，积极引导川南一体化发展。

（三）培育开放新优势，积极融入长江经济带

川南经济区在把握自身经济发展的同时，要注重对接成渝经济区、丝绸之路经济带、长江经济带等新的发展机遇，培育开放新优势。

以长江黄金水道和主要陆路交通通道为纽带，大力发展临港和通道经济。充分发挥长江黄金水道的作用，加强宜宾港、泸州港与长江中下游港口合作，加快形成沿江铁路、公路、水路协调发展的综合运输大通道，促进长江上、中、下游地区的要素流动与产业协作，形成重要的沿江城镇和产业密集带。提升长江川境段航道等级，完成宜宾至水富三级航道整治，加强泸州港和宜宾港国际物流港建设，密切与长江沿岸港口的港航、物流合作，共推长江黄金水道建设。积极承接长三角等地区产业、资金和技术转移，建设长江经济带产业转移示范基地，共同推进长江流域生态环境保护。大力发展港口岸线的"蓝色经济"，践行宜宾"以港兴园、以园兴城、以城带乡"的发展思路以及泸州"以港促产、以产兴城、港产城一体、港园城共生"的发展思路，重点加快重化工业和优势农产品加工业发展，积极发展机械制造和能源工业，建设特大型城市的密集群，使其成为长江上游最具潜力的增长极，加快建设长江上游临港经济示范区。加快川南经济区与长江中下游各省市间建立分工协作的经济联

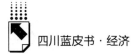

系，共同推进长江经济带发展步伐和一体化进程。

　　沿长江黄金水道，加强川南经济区与东亚、南亚和美洲的联系，积极与日、韩等地区和国家建立广泛的经济合作关系。密切对接 21 世纪海上丝绸之路，打通从太平洋到波罗的海的运输大通道，逐步形成连接东亚、西亚、南亚的交通运输网络，进一步扩大跟海上沿岸国家、日韩、东亚的自由贸易。以综合交通通道为载体，依托沿线交通基础设施和中心城市，推进贸易投资便利化，深化经济技术合作，建立自由贸易区，促进川南经济区经济发展。

参考文献

　　《四川省人民政府办公厅关于印发成渝经济区成都城市群发展规划（2014～2020年)》和《南部城市群发展规划（2014～2020 年）的通知》（川办发［2014］54 号），2014 年 6 月 17 日。

　　世界银行：《中国经济简报》，http：//www. shihang. org/zh/country/china/publication/china‐economic‐update‐june‐2014，2014 年 6 月 6 日。

B.26

2015年川东北经济区经济形势
分析与预测

郭凌 吴春平*

摘　要：　2014 年上半年，川东北经济地区经济增速高于四川省平均水
　　　　　平，同比增长 8.88%，快于四川省平均增速 0.38 个百分点，
　　　　　产业结构有所改善，城乡差异呈缩小趋势，总体经济质量提
　　　　　升，但整体经济发展水平与全川相比还存在一定差距。经济
　　　　　水平随着《川东北经济区发展规划（2014～2020 年）》的出
　　　　　台，以及国家微刺激政策、宏观调控等政策的变化，预计
　　　　　2015 年川东北经济区经济形势依然保持低速增长，各项经济
　　　　　指标平稳增长。

关键词：　川东北经济区　经济形势　分析　预测

2014 年，川东北经济区各市以发展为首要任务，各市委、市政府坚持以
"稳增长、促改革、调结构、惠民生"为行动指南，深入实施四川省委"三大
发展战略"要求，着力破除影响增长的不利因素，主要经济指标逐步回升，
产业结构有所改善，城乡差异呈缩小趋势，2014 年上半年各市总体经济质量
提升，经济实现了稳中有进，平稳增长。

＊　郭凌，四川农业大学旅游学院，博士，主要研究方向：区域经济；吴春平，四川农业大学经
济管理学院硕士研究生，主要研究方向：产业经济。

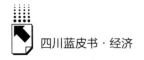

一　2014年上半年川东北经济区经济发展概况

川东北经济区总面积6.4万平方公里，约为全省面积的1/8，包括南充、广安、达州、广元和巴中5市，辖区内有34个县（市、区），2013年末该地区常住人口约2000万，占全省2013年末常住人口的1/4，人口密度接近全省平均水平的两倍，属于典型的人多地少的区域。川东北经济区在历史上一直属于欠发达地区，经济发展较为落后，截至目前，该地区仍有13个县为国家扶贫开发的工作重点县，该地区属于革命老区，同时也是贫困的边远山区，因此该地区的经济发展对当地居民摆脱贫困、推动全省经济发展具有重要意义。

2014年上半年，川东北地区经济随着宏观经济政策的调整，各项经济指标逐步回归正常，生产总值增速缓慢提升，第三产业较第一、第二产业增长较快，工业增速回落，7、8月份工业增速温和回升，财政收入增速快于财政支出，城乡居民收入差距缩小，社会固定投资快速增长，消费市场疲软，整体经济质量有所提升。

（一）生产总值增速回升，服务业发展加速

2014年上半年，川东北经济区实现生产总值437.47亿元，同比增长8.88%，高于四川平均增速0.38个百分点。从季度数据来看，2013年下半年川东北经济区生产总值增速浮动较大，主要受南充市增速变化幅度的影响，而2014年第一季度和第二季度增速回升，川东北经济区各市区GDP增速趋同（见图1）。

2014年上半年，川东北经济区第三产业实现增加值125.64亿元，同比增长10.34%，高于川东北地区GDP平均增速1.44个百分点，分别快于第一产业和第二产业增速6.58个和0.78个百分点（见图2），第三产业对整个经济区经济增长贡献率达28.72%。

（二）农业生产平稳发展

2014年上半年，川东北经济区第一产业实现增加值341.46亿元，同比增长16.67%，高于全省5.22个百分点。农业生产总体呈现平稳发展态势，主要表现在两个方面。一是小春粮油产量稳中有升。川东北经济区小春粮食产量

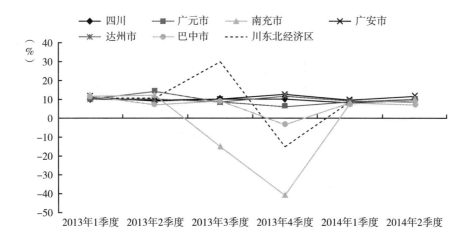

图1 川东北地区生产总值增速比较

资料来源：经四川统计网数据整理而得。

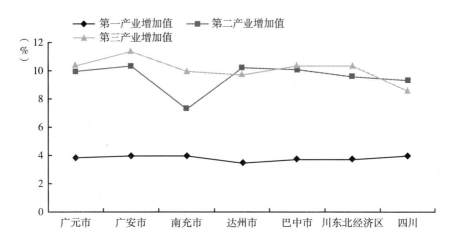

图2 2014年上半年川东北地区三次产业生产总值增速比较

资料来源：四川统计局。

221万吨，同比增长2%，低于四川0.6个百分点，其中油菜产量91万吨，同比增长2.4%，低于四川1.6个百分点。二是畜牧业稳中有升。上半年川东北经济区肉类总产量102.5万吨，同比增长3.04%，生猪出栏量1002万头，同比增长2.5%，快于全省同比增速0.1个百分点。

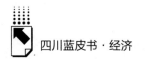

（三）工业经济企稳向好

2014 年上半年，川东北地区规模以上工业增加值为 764.2 亿元，增速为 8.7%，低于全省平均增速 0.9 个百分点，较同期增速降低 4.5 个百分点，其中广元市与南充市增速回落幅度较大，分别为 5.3 个和 8.5 个百分点（见表 1）。但从月度数据来看，上半年川东北经济区规模以上工业增加值增速逐月回升，6 月底增速较年初增加了 10.4 个百分点，呈现良好态势（见图 3）。

表 1 川东北地区规模以上工业增加值、增速及增速与上年同期比较

指标	2014 年 1~6 月		2013 年 1~6 月		增速变化（个百分点）
	规模以上工业增加值（亿元）	比同期变化（%）	规模以上工业增加值（亿元）	比同期变化（%）	
广元市	108.0	9.6	98.5	14.9	-5.3
广安市	165.7	9.4	151.5	12.8	-3.4
南充市	232.3	5.7	219.8	14.2	-8.5
达州市	216.2	9.4	197.6	11.6	-2.2
巴中市	42.0	9.2	38.5	12.5	-3.3
川东北经济区	764.2	8.7	705.9	13.2	-4.5
四川	5807.2	9.6	5298.5	11.9	-2.3

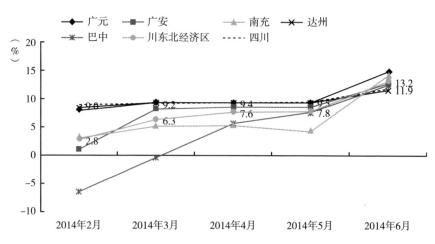

图 3 2014 年上半年川东北地区规模以上工业增加值累计增速

资料来源：经川东北各市及四川统计网数据整理而得。

（四）产业结构有所改善

2014 年上半年，川东北经济区第二产业占比逐步增加，第一产业占比下降，第三产业较为平稳（见图4）。三次产业占比由 2013 年同期的 19.6∶52.3∶28.1 调整为 2014 年的 15.6∶55.7∶28.7。从区域产业结构来看，川东北经济区第一产业比重过大，占比 15.61%，分别高出四川、全国 5.16 个和 8.25 个百分点，工业发展与四川持平，但高于全国 9.62 个百分点，这就意味着第三产业占比过低，且发展缓慢（见图 5 ~ 图 7）。

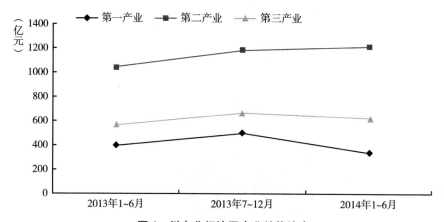

图4　川东北经济区产业结构演变

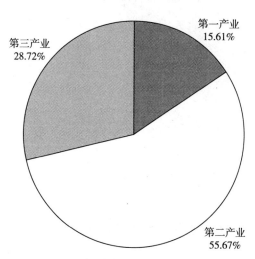

图5　2014 年上半年川东北经济区三次产业产值比重

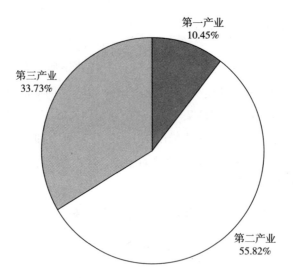

图6 2014年上半年四川三次产业产值比重

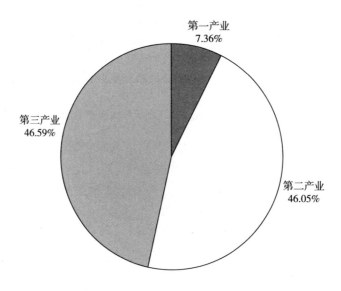

图7 2014年上半年全国三次产业产值比重

（五）市场消费增速回落，城镇消费市场活跃

2014年上半年，川东北经济区社会消费品总额达888.53亿元，增速为

13.04%，略高于全省增长速度（13%），消费总额增速低于同期与上期增速（见图8）。川东北经济区限额以上零售额实现417亿元，同比增长16.8%，上半年川东北经济区城镇消费市场活跃，城镇消费总额增速（13.16%）快于农村消费总额增速（12.2%），同时快于四川城镇消费总额增速（12.7%）。

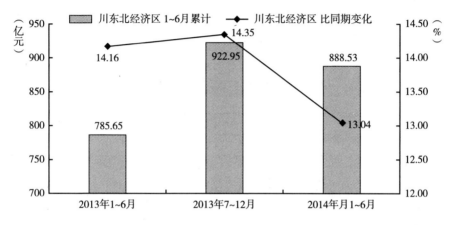

图8　川东北经济区社会消费总额及增速比较

从2014年3~8月各月消费总额数据来看，川东北经济区社会消费品零售总额在6月后呈现缓慢回落趋势，与四川总体情况大体相似（见图9）。

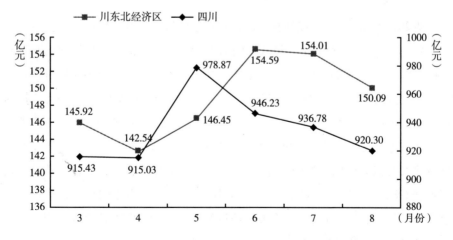

图9　四川、川东北经济区社会消费品零售总额比较

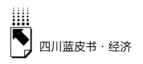

（六）社会固定投资快速增长

2014年1~8月，川东北经济区完成社会固定投资达3192.79亿元，对比上年同期，增速达21.1%，高出全省平均增长速度8.3个百分点，其中以广安和巴中增长速度最为显著，分别高出全省平均增速26.6个和17.7个百分点，仅广元投资增速低于全省平均增速，相比于6月，8月的投资增速有些回落，与四川整体投资趋势相吻合（见表2）。

表2 2014年全社会固定资产投资数据

单位：亿元，%

地　区	2014年全社会固定资产投资			
	1~8月累计	比同期变化	1~6月累计	比同期变化
广　元	371.7	5.5	274.6	5.6
南　充	830.1	15.1	495.4	39.4
广　安	697.9	39.4	604.1	18.4
达　州	807.8	15.0	592.0	14.7
巴　中	485.3	30.5	356.6	30.7
川东北经济区	3192.8	21.1	2322.7	21.8
全　省	15522.7	12.8	11651.3	13.0

从2014年2~8月月度数据来看，川东北经济区全社会固定资产投资增速在5月、6月趋同，整体增速呈现躺倒的X形，川东北经济区的增速均高于全省投资增速（见图10）。从三次产业投资情况来看，上半年川东北经济区第三产业投资占比达到71.13%，高出四川第三产业投资占比4.95个百分点，同时也大大高于一、二产业的投资占比。川东北经济区三次产业中，二、三产业增速均高于四川同产业投资增速，其中第三产业投资增速高于四川同产业增速11.3个百分点。房地产投资增速拉动了第三产业增速的快速增长，其增速达到44.68%，高于第三产业投资增速14.18个百分点，高于四川房地产投资增速29.18个百分点。同时，川东北经济区第三产业的投资增长速度快于一、二产业（见图11、图12）。

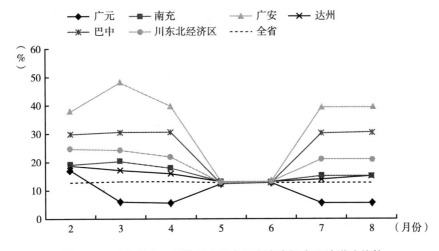

图10　2014年川东北经济区全社会固定资产投资累计增速趋势

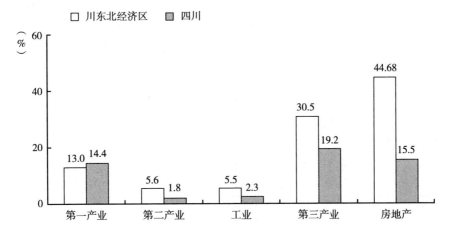

图11　2014年上半年川东北经济区、四川三次产业占比比较

（七）财政金融稳健运行

财政收入方面，2014年1～8月，川东北经济区财政收入实现179.36亿元，同比增长17.3%，高出全省平均增速9个百分点，但其财政收入增速低于2013年同期增速。从区域内部来看，川东北经济区除广元外，各市区增速均高于四川平均水平，同时除广元外，各市区增速均低于2013年同期增长

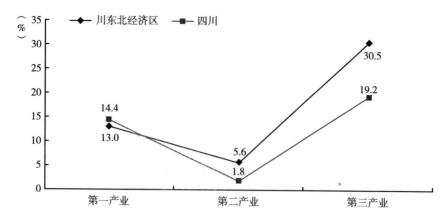

图12 2014年上半年川东北经济区、四川三次产业增速比较

速度。财政支出方面，2014年1~8月，川东北经济区平均增速低于全省平均增速，此外川东北经济区2014年的平均增速低于上年同期平均增速。总体来说，川东北经济区财政收入的平均增速高于财政支出平均增速，财政收入增速下降的幅度小于财政支出下降的幅度（见表3、表4）。2014年上半年，川东北经济区全金融机构各项存款余额实现6864.33亿元，同比增长14.6%，而贷款余额为2910.52亿元，同比增长19.8%，财政金融总体呈现稳健运行态势。

表3 2014年川东北经济区地方公共财政收入与支出数据对比

单位：亿元，%

地区	地方公共财政收入		公共财政支出	
	1~8月累计	同比变化	1~8月累计	同比变化
广 元	20.50	11.9	114.42	12.9
南 充	57.02	18.2	198.69	16.1
广 安	32.85	18.1	108.27	13.7
达 州	47.69	18.2	165.25	2.6
巴 中	21.30	19.9	118.93	17.2
川东北经济区	179.36	17.3	705.56	12.5
全 省	2009.90	8.3	3833.83	15.1

表4 2014年川东北经济区地方公共财政收入与支出增速与上年同期对比

单位：%、个百分点

地区	公共财政收入			公共财政支出		
	2013年8月	2014年8月	增速变化	2013年8月	2014年8月	增速变化
广　元	18.32	20.50	2.1	101.35	114.42	-8.4
南　充	48.23	57.02	-2	171.09	198.69	-3.1
广　安	27.82	32.85	-2.8	95.21	108.27	1.2
达　州	40.33	47.69	-0.9	161.14	165.25	-26.2
巴　中	17.76	21.30	-16.7	101.46	118.93	8.9
川东北经济区	152.46	179.36	-4	630.25	705.56	-5.5
全　省	1856.10	2009.90	-7.6	3329.64	3833.83	4.9

（八）居民收入增速趋同，城乡居民收入呈现缩小趋势

2014年上半年，川东北经济区城镇居民人均可支配收入达11142元，同比增长10.8%，分别高于全省城镇居民收入人均增速和全省GDP增速1.1个和1.92个百分点，农村居民人均现金收入为4175元，同比增长13.1%，分别高于四川平均增速和全省GDP增速0.8个和4.32个百分点；且川东北经济区农民人均现金收入增速比城镇居民人均可支配收入增速高2.3个百分点，城乡居民收入比逐步缩小（见表5）。

表5 2014年上半年川东北经济区城乡居民人均收入与GDP及增速比较

单位：亿元，%

地区	城镇居民人均可支配收入		农民人均现金收入		地区生产总值（GDP）	
	1~6月累计	同比变化	1~6月累计	同比变化	1~6月累计	同比变化
川东北经济区	11142	10.8	4175	13.1	2187.37	8.9
全　省	12842	9.7	5411	12.3	12697.4	8.5

从季度数据来看，四川与川东北经济区无论是城镇居民还是农村居民收入的同比增长速度趋势一致，这说明川东北经济区居民收入基本达到四川总体收入增长目标，最近四个季度的居民收入同比增速较为平稳，预测2014年下半年川东北经济区居民收入同比增长速度将维持在11.21%左右（见图13、图14）。

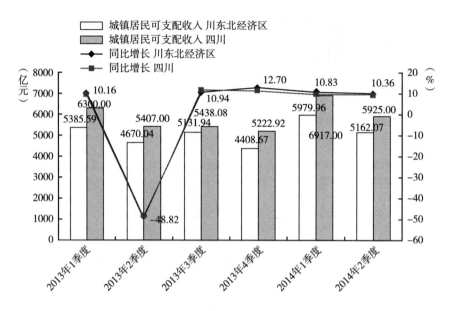

图13 川东北经济区、四川城镇居民可支配收入及增速比较

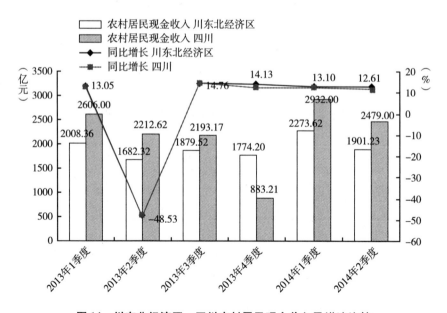

图14 川东北经济区、四川农村居民现金收入及增速比较

从城乡居民收入差额季度数据总体来看，川东北经济区 2014 年第一季度差额增加，其原因在于上一期基数过低，第二季度差额逐步缩小，总体来看，自 2013 年第一季度至 2014 年第二季度，四川和川东北经济区城乡居民收入差额均呈现出缩小趋势（见图 15）。

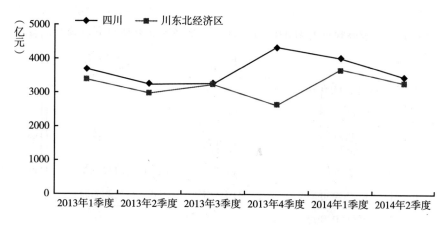

图 15　川东北经济区、四川城乡居民收入差额比较

二　经济运行中存在的主要问题

2014 年以来，面对国际经济形势不稳定、国内经济下行压力下降、工业复苏后劲不足、市场消费增长缓慢等复杂严峻的经济发展环境，川东北经济区各市委市政府切实落实中央宏观调控政策，按照省委"三大发展战略"，稳中求进的工作总部署、总基调，采取了一系列止滑稳增长措施，稳增长、促改革、调结构等取得明显效果。经济继续朝着宏观调控的方向运行，但一些长期存在的问题和矛盾仍未得到解决，而新问题、新矛盾也在不断地涌现。从总体看，川东北经济区仍然属于欠发达地区，贫困人口多，贫困程度未得到有效改善，基础设施建设成本高，城乡区域差距大，产业结构不合理，发展中不平衡、不协调、不可持续等问题依然突出。

（一）经济下行压力仍然存在

上半年，全国全省的 GDP 增速、规模以上工业增加值增速、全社会固定资产投资增速、社会消费品零售总额增速，与第一季度相比呈现缓中趋稳、稳中有升、稳中有进的态势，但川东北经济区一些主要指标持续回落，与全国全省经济发展趋势不尽相同。上半年除 GDP 增速、规模以上工业增加值增速、社会消费总额增速较第一季度分别增加了 1 个、2.4 个、0.3 个百分点以外，全社会固定资产投资、公共财政收入、城镇居民可支配收入、农村居民现金收入较第一季度均有不同程度的回落，其中全社会固定资产投资、公共财政收入均有较大程度的回落，经济下行压力依然存在。

（二）产业同构问题突出

川东北经济区正处于工业化初期向中期迈进阶段，经济发展水平较低，而产业整体层次和集聚度不高，产业同构化问题十分突出，且近年来同构系数呈现上升趋势（见表6）。产业同构问题的突出意味着川东北经济区5市重复建设严重，资源和投资没有得到有效利用，不利于川东北经济区规模经济的形成和地区经济的可持续发展。

表6 川东北经济区 5 市间产业结构相似性系数

地区	广元市			广安市			南充市		
	2010 年	2013 年	2014 年上半年	2010 年	2013 年	2014 年上半年	2010 年	2013 年	2014 年上半年
广元市	1	1	1	0.98	0.99	0.99	0.97	0.98	0.99
广安市	0.98	0.99	0.99	1	1	1	0.99	0.99	0.99
南充市	0.97	0.98	0.99	0.99	0.99	0.99	1	1	1
达州市	0.96	0.99	0.98	0.99	0.99	0.99	0.99	0.99	0.99
巴中市	0.99	0.99	0.99	0.96	0.99	0.98	0.93	0.98	0.98

地区	达州市			巴中市		
	2010 年	2013 年	2014 年上半年	2010 年	2013 年	2014 年上半年
广元市	0.96	0.98	0.98	0.99	0.99	0.99
广安市	0.99	0.99	0.99	0.96	0.99	0.98
南充市	0.99	0.99	0.99	0.93	0.98	0.98
达州市	1	1	1	0.94	0.98	0.98
巴中市	0.94	0.98	0.98	1	1	1

（三）城市发展不均衡

川东北经济区5市当中，巴中市是经济发展最为落后的市。2014年上半年，除全社会固定资产和地方财政收入略高于广元外，其他主要经济指标均低于该区域内其他4市（见图16，城乡居民收入单位与图16中经济指标单位相差太大，未列入）。其他4个城市当中，经济发展存在不均衡现象，各个经济指标呈现不同比例增长。

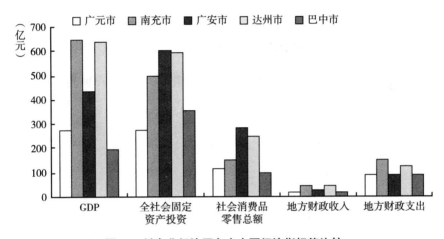

图16 川东北经济区各市主要经济指标值比较

三 2015年经济发展预测

2015年，作为"十二五"规划的最后一年，川东北经济区经济发展面临较大的不确定性。随着2014年下半年川东北经济区发展规划的出台以及国家经济政策不变的预期，经济增速下滑的可能性较小，各项经济指标预计将呈现平稳发展态势。2015年作为"十二五"规划的收尾年，也是川东北经济区发展规划实施的第二个年头，做好收尾工作，打好整个地区规划的开局工作，川东北经济区发展将打开一个新的局面。

（一）国民经济较快增长

2014年上半年，全球经济增长速度都有所放缓，预计2015年国内经济增长仍然缓慢。川东北经济区经济受国际环境的影响较小，其经济发展受国内及四川经济政策和经济形势影响较大。适逢国家深入西部大开发战略以及四川省实施多点多极支撑发展战略，将川东北经济区打造成为全省新兴增长极，为经济区加快发展注入了强大动力。2014年，川东北经济区承办了"5·19"中国旅游日以及中国文化旅游节，吸引大批投资者，同时将川东北经济区作为四川新的名片宣传到国内外，预计投资力度将有所增长。投资是拉动经济发展的"三驾马车"之一，受投资增长的驱动，预计2015年国民经济将较快增长，经济减速的可能性较小。

（二）工业经济平稳发展

2014年1~8月，工业经济增速6月达到最高，8月有所回落。川东北经济区以食品饮料、丝麻纺织和中药材加工为主的农产品深加工产业基地正在逐步形成。以汽车摩托车配件加工为代表的机械加工业快速发展，以天然气、盐卤、煤炭为代表的化工业和建材业产业链日趋完善。以此来看，预计2015年工业经济将平稳发展。

（三）固定资产投资强劲

随着川东北经济区规划的实施，川渝陕甘接合部区域经济中心地位的确立，川东北经济区的投资力度将不断加大。清洁能源化工、特色农产品、生态文化旅游等资源开发类产业，基础设施建设特别是交通建设和信息基础建设，以及新型产业的投资方面，都会有较快的发展。预计2015年川东北经济区的投资将保持较快速度的增长。

（四）消费市场增速维持平稳

2014年以来，国务院出台了一系列稳增长、调结构、促改革、惠民生的政策措施，特别是四川率先在全国出台了"稳增长"的十六条措施，川东北经济区各市认真贯彻落实这些政策措施，效果逐步显现，川东北经济区消费品市场呈现回升的态势，2014年上半年实现社会消费品零售总额888.53亿元，增长13.04%，较一季度回升0.34个百分点，较上年同期回落1.13个百分点，高于全国增速0.94个百分点，1~8月实现社会消费品零售总额1192.62亿元，增长13%。综合判断，2014年消费市场总体将保持平稳发展态势，随着国家扩大消费一系列政策措施的进一步落实到位，预计2015年消费市场增速维持平稳增长。

（五）收入水平较快增长

十八大以来，中央及地方积极开拓渠道，鼓励群众多方面发展致富。推动全民创业、自主创业、艰苦创业，有效推动了居民经营性收入的增加。2014年上半年，川东北经济区城镇居民可支配收入达11142元，同比增长10.8%，高于全省城镇居民收入平均增速1.1个百分点，农村居民平均现金收入为4175元，同比增长13.2%，高于四川平均增速0.82个百分点。综合预测，2015年，川东北经济区城乡居民收入将在一系列政策的有效实施下，保持较快增长。

（六）扶贫开发取得成效

川东北经济区属于典型的地少人多区域，在历史上经济发展一直较为落后，该地区有13个县为国家扶贫开发工作重点县，是四川省集革命老区、贫困地区、边远山区为一体的欠发达区域，贫困人口多，贫困程度深。2014年，国家深入西部大开发战略，四川将川东北经济区打造成为全省新兴增长极，将旅游文化节、中国旅游日等重点活动场地设在川东北经济区，积极带动经济发展，在广元市旅游文化节上，签订投资金额近865亿元。在这些良好扶贫政策的带领下，预计2015年川东北经济区扶贫工作将取得良好成效。

参考文献

四川统计局、国家统计局四川调查总队：《四川统计年鉴（2011）》，中国统计出版社，2011。

四川统计局、国家统计局四川调查总队：《四川统计年鉴（2012）》，中国统计出版社，2012。

四川统计局、国家统计局四川调查总队：《四川统计年鉴（2013）》，中国统计出版社，2013。

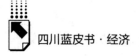

四川信息统计网：《2014 年 1 ~ 6 月四川省国民经济主要指标数据》，http：// www. sc. stats. gov. cn/，2014 年 9 月 16 日。

四川信息统计网：《2014 年 1 ~ 8 月四川省国民经济主要指标数据》，http：// www. sc. stats. gov. cn/，2014 年 9 月 16 日。

四川省人民政府办公厅：《川东北经济区发展规划（2014 ~ 2020）》（川办发［2014］66 号）。

广元统计局 1 ~ 8 月统计数据，http：//www. scgytjj. gov. cn/。

2015年攀西经济区经济形势分析与预测

吴振明*

摘　要：　2015 年将是转变经济发展方式、全面深化改革的关键年，攀西经济区不仅要面对世界经济增速放缓、国际贸易环境恶化等严峻的外部环境，还将继续面对国内需求不足、投资增速放缓、生产成本上升、产能过剩、地方债务压力显现等不利因素的影响。如何化解经济社会发展中长期存在的各种矛盾、探索适合攀西经济区发展特点的转型路径仍然是未来需要长期关注的问题。

关键词：　经济形势　攀西经济区　预测

2015 年是"十二五"规划的最后一年，也是四川省实施"多点多极支撑、两化互动和创新驱动"三大发展战略的第二年，攀西经济区与全省一样面临着转变经济发展方式、改革攻坚克难的任务。

一　2014年攀西经济区经济运行分析

2014 年上半年，受我国经济短周期调整和中长期增长阶段转换的共同影响，攀西经济区经济下行压力加大。同时，在全省"三大发展战略"实施的作用下，攀西经济区结构调整、改革措施成效开始显现，经济效益性指标出现好转。攀西经济区总体保持了经济平稳增长，经济增速向新常态平稳过渡，但产能过剩、结构调整、消费增长不足等问题仍然突出。

＊　吴振明，四川省社会科学院区域经济研究所助理研究员，经济学博士，主要研究方向：区域经济、能源经济。

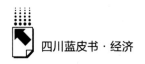

（一）经济增长总体平稳，经济向新常态平稳过渡

2014年前6个月，攀西经济区实现地区生产总值1025.4亿元，其中攀枝花市实现地区生产总值429.5亿元，比2013年同期增长9.0%；凉山州实现地区生产总值595.9亿元，比2013年同期增长9.5%，增长速度均高于同期全省8.5%的增速。

与2013年相比，攀西经济区经济增速出现回落，但同时又高于全省平均增速，表明攀西经济区在全国经济发展全面进入"增长速度换档期、结构调整阵痛期、前期刺激政策消化期"的宏观背景下，经济长期、持续高速增长积累的矛盾将进一步显现，经济潜在增长率出现明显下降，经济增速回归到合理区间；同时，攀西经济区在攀西战略资源创新开发试验区建设、乌蒙山片区区域发展与扶贫攻坚、全省多点多极支撑发展战略等一系列支持政策下，具有在一定时间内保持适度快于全国、全省经济增速的条件和基础，促进攀西经济向新常态平稳过渡。

（二）工业经济整体回升向好，仍然是经济增长的主要动力

2014年上半年，攀西经济区实现第二产业增加值661.84亿元，其中攀枝花市实现第二产值增加值326.64亿元，同比增长9.8%，凉山州实现第二产业增加值335.2亿元，同比增长12.3%。攀枝花市规模以上工业企业实现工业增加值增速由2014年第一季度的9.2%、2014年1~4月的9.4%、2014年1~5月的9.5%，提升到2014年上半年的10%，呈现逐月回升的态势，2014年上半年增幅比四川省平均水平高出0.4个百分点；凉山州规模以上工业企业实现增加值同比增长13.5%，高于全省平均水平3.9个百分点，连续4个月保持全省第1位，攀西经济区工业经济总体呈现回升向好态势。

2014年1~6月，攀西经济区三次产业结构仍然保持着"二、三、一"的结构，第二产业占攀西经济区地区生产总值的比重为64.5%，其中凉山州工业对经济增长的贡献率达到了61.4%，工业仍然是攀西经济区经济增长的主要动力。

（三）工业增长高度依靠资源型产业拉动，产能过剩问题仍然严峻

从工业内部结构来看，矿业、钢铁、水电三大行业是攀西经济区工业增加

值增长的重要力量。攀枝花市铁矿、精铁矿产量分别比2013年同期增长14.5%和31.6%；生铁、粗钢、钢材产量分别比2013年同期增长3.9%、6.1%、12.9%。凉山州前6个月累计发电量比2013年同期增长337.4%，电力生产和供应业增加值比2013年同期增长111.5%。同时，有色金属冶炼和压延加工业、非金属矿物制品业等行业增加值大幅度下滑，显示出行业产能过剩问题仍然严峻。

随着凉山州水电开发的深入推进，水电成为攀西地区，特别是凉山州工业经济增长的主要拉动力。以凉山州为例，2014年上半年电力生产和供应业利润总额占规模以上工业利润总额的53.2%，拉动规模以上工业利润总额增长58.8个百分点，其中电力行业94.3%的利润来自于雅砻江水电凉山有限公司和三峡金沙江川云水电开发有限公司，形成了工业经济增长高度依靠水电行业和少数企业的情况。

（四）投资增速缓中趋稳，投资结构有待优化

受攀枝花市工业投资增速大幅下滑、凉山州农业投资锐减的影响，2014年上半年，攀西经济区累计完成社会固定资产投资832.07亿元，同比增长8.03%，低于全省平均水平3.27个百分点；同时，随着基础设施投资止滑回升和民生及社会事业投资的快速增长，投资增速总体缓中趋稳，未出现大幅度波动。

由于攀西经济区固定资产投资行业分化严重，各区域表现差异较大。从投资结构来看，攀枝花第二产业投资增速同比下滑22%，其中采矿业、制造业两大支柱行业继续下滑，采矿业完成投资28.75亿元，下降18.7%；制造业完成投资36.35亿元，下降35.5%；而民生及社会事业投资75.72亿元，同比增长63.7%，环比上升1.5个百分点，有效对冲了工业投资下滑的影响，攀枝花市累计完成固定资产投资295.97亿元，比2013年同期增长11.27%，增速低于全省平均水平1.7个百分点。凉山州第一产业投资增速同比下滑50.7%，同时第二、第三产业投资保持平稳，使凉山州总体投资增速放缓，2014年上半年累计完成固定资产投资536.1亿元，比2013年同期增长6.3%，低于全省平均水平5个百分点。

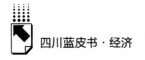

（五）消费品市场增长乏力，全年整体不容乐观

2014年上半年，受宏观经济下行、房地产市场调控政策的持续影响，攀枝花市、凉山州消费品增速持续回落。攀枝花市社会零售消费品总额同比增长12.1%，回落1.3个百分点；凉山州社会零售消费品总额同比增长13.1%，比2013年全年增速回落0.6个百分点。

分行业来看，批发业、零售业、住宿业、餐饮业消费均出现不同程度的增速回落，导致攀西经济区消费品市场增速整体放缓。除宏观经济形势、调控政策的外部影响因素外，攀西地区居民收入增长放缓也成为制约消费品市场增长的重要因素。2014年上半年，攀枝花市城镇居民人均可支配收入同比增长9.9%，扣除价格因素实际增长6.9%；凉山州城镇居民可支配收入同比增长9.2%，扣除价格因素实际增长6.2%，均低于地区生产总值增速；城镇居民人均消费性支出扣除价格因素后出现负增长。

二 2015年攀西经济区经济发展面临的形势分析

（一）国际经济环境出现改善，有望培育新的经济增长点

2014年，美、欧、日等发达经济体经济呈现回暖态势。受能源价格下降和房地产市场好转等因素影响，美国经济保持了良好复苏势头，2014年7月，美国失业率为6.2%，仍保持在2008年以来的低位；制造业PMI处于57.1的高位。欧元区的低利率推动了经济持续复苏，2014年6月失业率降至11.5%，创2012年10月以来的新低；7月，制造业和服务业PMI均在荣枯分界线上方。日本在消费税率影响下，二季度GDP负增长0.1%，预计从第三季度开始可以实现稳定增长。发展中国经济也表现出稳定增长趋势。

可以预见，攀西经济区2015年所面临的国际经济环境将有所改善。同时，随着我国丝绸之路经济带、21世纪海上丝绸之路和长江经济带战略的深入实施，攀西经济区在2015年可能在承接产业转移、外贸出口方面取得突破，培育新的经济增长点。

（二）国内经济迈进新常态，资源型产业增长空间进一步压缩

此前，我国政府对经济形势的总体判断是"经济增长速度换挡期、结构调整阵痛期和前期刺激政策消化期"的"三期叠加"。不久之前，习近平主席提出我国经济要适应新常态，这既是对我国经济增长阶段的基本判断，也是对未来宏观经济政策的基本态度，表明政府将不会出台大规模的经济刺激政策，而是顺应经济规律、适应市场变化。与以往相比，政府将不会在经济波动时，对遭遇危机的传统行业进行"救市"，而是将依靠市场力量推动经济结构调整，容忍一定限度的经济减速，直面结构调整中的风险。对传统行业来说，整体增长空间将受到挤压，企业利润增速放缓，行业转型阵痛难以避免。

攀西经济区以钢铁、矿业、水电等传统资源型产业为支柱，将面临需求下降和产能过剩的双重挤压。以钢铁行业为例，2014年上半年，钢铁行业整体营业收入同比下滑4.85%，净利润总额下滑37.32%；国内钢铁产能严重过剩，仅正规企业年产钢就达11亿吨，加上不正规企业生产的，年产钢超过12亿吨，而国内市场需求大约是7.5亿吨。因此，在国内经济迈入新常态的宏观背景下，攀西经济区的资源型产业增长空间将进一步压缩，可以预见，2015年这些行业将面临更加严峻的生存环境，可能出现增速下滑。

（三）全面深化改革，有利于培育经济增长新动力

党的十八大提出了全面深化改革的战略任务，十八届三中全会正式作出了全面深化改革的《决定》，我国进入了改革开放的新阶段。四川省委十届四次全会通过了《中共四川省委关于贯彻落实党的十八届三中全会精神全面深化改革的决定》，为四川在新形势下全面深化改革提供了总的依据和行动指南，也标志着四川改革开放进入了全新的阶段。

全面深化改革，将为攀西经济区调整经济结构创造有利环境，有利于在保持经济增速温和调整的前提下，培育经济增长新动力。在全面深化改革的新形势下，为短期内稳投资、扩需求提供了较大的政策空间；在长期，为调整经济结构、培育新兴产业、扩大对外开放提供了政策支撑。

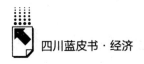

三 2015年攀西经济区经济的可能走势

展望2015年，国际经济环境有望得到改善，国家、全省的稳增长政策效应开始集中显现，攀西经济区经济下行压力有希望得到缓解，经济增速可以维持在合理区间。同时，通过调整投资结构，稳定投资增长，拓展对外开放领域，推进相关领域改革，释放经济内在增长潜力，加快化解过剩产能，更加重视增长质量，可以有效对冲经济下行趋势，促进经济进入新常态。

（一）经济平稳增长的基本面不会发生改变，增速仍将保持在合理区间

从短期来看，攀西经济区经济平稳增长有强有力的支撑，基本面不会发生改变。工业化、城镇化仍然是推动攀西经济区经济增长的基本力量，2015年各级政府稳增长的政策效应将集中显现，经济下行压力有希望得到缓解。从长期来看，攀西经济区一些新兴产业、现代服务业正在积蓄力量，在未来可能成长成为新的经济增长点；通过全面深化改革，市场力量不断增强，政府调控还有较大政策空间，可以有效应对经济波动，保障经济平稳增长。

（二）工业经济增速可能回落，依靠资源型产业拉动经济增长的风险增加

在传统经济发展方式下，我国和全省经济高速增长的主要动力来源于能源、原材料等重化工业。攀西经济区以其资源优势，在全国、全省经济高速增长阶段，形成了以钢铁、矿业、能源等为主导的工业结构，并实现了持续、高速增长。目前，全国、全省都进入了增长阶段转换期，化解过剩产能、调整房地产市场，将会对攀西经济区钢铁、能源、矿业等行业形成较大冲击，工业经济增速可能回落。同时，随着攀西地区水电开发逐渐由建设期进入运营期，水电对工业经济增长的拉动作用将逐渐回归平稳，可能进一步促使工业经济增速回落。

另外，随着我国资源环境约束的增强，政府对自然资源的使用限制将更加严格，将推高资源使用成本，这使攀西经济区矿产资源、水能资源等自然资源

的开发利用成本攀升，进一步压缩相关行业的利润空间，依靠资源型产业拉动经济增长的动力结构风险更加凸显。

（三）消费对经济增长贡献明显提升的可能性较小

消费增长是随着国民收入提高、社会保障制度健全而自然形成的。为应对国际金融危机，自2009年开始国家和省都实施了消费激励政策，这些激励政策将居民远期消费转变为即期消费，对后续消费能力的影响已经开始逐步显现。目前，攀西经济区还处在上一轮消费刺激政策的消化期，2014年居民消费增速持续下滑，我们预计2015年将仍然处在消费刺激政策的消化期，消费增长短时间内难以明显提升。

受宏观经济形势影响，居民收入增长放缓也是制约消费增长的重要因素。随着攀西经济区经济增速回落至合理区间，居民收入增速也随之回落，扣除价格因素后，回落幅度更大，居民消费支出也随之下降。2015年，攀西经济区经济增速仍将保持缓中趋稳态势，居民收入增长也将趋于平稳，居民消费也难以在短期内显著提升。

目前，四川省、攀西经济区已经出台了一些消费刺激政策，如《四川促进经济稳增长的十六条措施》、《攀枝花市促进当前经济稳增长的二十六条措施》等，这些刺激政策虽然可以在短期内缓解消费增速下滑的幅度，但是不会改变消费增速趋向平稳的趋势。综合以上因素，我们判断，2015年攀西经济区消费对经济增长的贡献不会明显提升。

（四）公共消费型基础建设投资增长还有较大空间，投资仍是经济增长的主要变量

公共消费型基础建设投资包括城市基础设施建设、防灾抗灾能力建设、农村垃圾和水处理、生态环境改善、公共保障性住房等，该类投资能够直接进入未来居民消费，同时又具有一定的公共产品性质。该类投资与一般固定资产投资相比，既不形成新的生产能力，不会带来产能过剩问题；又具有一定的投资回报能力，可以逐步形成社会福利回报。

从攀西经济区投资结构看，公共消费型基础建设投资还有很大空间，扩大公共消费型基础建设投资既可以改善民生、提高居民生活水平，又可以保持合

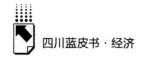

理的投资增速，在短期内缓解经济下行压力。更为重要的是，公共消费型基础建设投资不会加重产能过剩问题，反而有助于化解攀西经济区部分行业产能过剩这一难题。

从攀西经济区经济运行情况看，2015年消费增长和出口增长可能与2014年大体相当，投资增长将仍然是决定2015年经济增长的主要变量。攀西经济区的投资构成中，制造业、房地产开发、基础设施投资占比80%以上，制造业、房地产业可能持续下滑，而公共消费型基础建设投资将是投资增长的关键，也将成为决定2015年经济增速的主要因素。

（五）对外贸易可能取得突破，成为新的经济增长点

从全球经济形势来看，美国经济保持了良好的复苏势头，日本受消费税税率调整影响，也逐步实现增长。在发达经济体经济回暖的作用下，发展中国家经济也将呈现稳定发展态势。攀西经济区在逐渐宽松的国际经济环境下，外贸出口可能出现增长。

另外，国家"一带一路"战略和长江经济带发展战略的深入实施，为攀西经济区对外贸易发展带来了重要机遇。四川对接"一带一路"战略和长江经济带发展战略的政策措施逐步出台和落实，其政策效应将在2015年初步显现，攀西经济区也有望抓住机遇，在对外贸易方面取得突破性进展，成为新的经济增长点。我们预计，2015年攀西经济区对外贸易增长要好于2014年，对经济增长的支撑作用将更加突出。

五　结论与建议

总体来看，2015年作为"十二五"规划的收官之年，攀西经济区经济社会发展的任务仍然艰巨，经济结构调整在短期内难以完成，外部环境的不确定性依然存在；虽然内需和出口对攀西经济区经济增长的作用得到了一定程度的强化，投资依赖的增长路径短期内难以得到明显改变，投资结构调整空间较大。

当前，攀西经济区经济发展面临的重大问题是如何实现经济增长动力平稳转型，尽快培育新的经济增长点，并形成持续驱动力。面向未来，攀西经济区需要深化改革、培育经济增长新动力，调整投资结构、稳定投资总量，提高居

民消费能力、有效扩大内需，实现传统产业与新兴产业、制造业与服务业、制造业投资与公共消费型投资间的均衡。

（一）深化改革，培育经济增长新动力

2015 年，攀西经济区需持续深化改革，在短期以扩需求、稳增长、控风险为目标，在中长期以调整经济结构、培育增长新动力和提高经济运行质量为目标。一是加快垄断领域改革，为扩大公共消费型基础建设投资营造良好环境。积极落实国家、全省关于放开石油、天然气、电力、铁路、电信等行业的准入限制和门槛的相关政策；加快推进基础设施建设领域改革，鼓励民间资本参与垄断性行业的竞争性缓解，鼓励民营企业进入城市基础设施、垃圾处理、防灾减灾能力建设等公共消费型基础设施投资领域。二是加快落实房地产领域改革。加大棚户区改造、保障性住房建设的金融支持力度；落实住房公积金改革政策，提高公积金使用效率。三是扩大服务业特别是现代服务业对内对外开放。将服务业作为攀西经济区未来发展的重点，鼓励电子商务、物流、金融等行业的创新发展，推动现有企业转型升级。着力推进金融、教育、医疗、文化、体育等服务业领域对外开放，营造平等进入和竞争的环境。

（二）调整投资结构，稳定投资总量

就攀西经济区现实而言，消费和出口在短期内还难以支撑经济增长；从长远来看，当前的投资结构就是未来的产业结构、消费结构和出口结构。化解过剩产能、培育新兴产业总是与投资密切相关；同样，投资方向也决定了消费品的数量和质量，决定了出口产品的结构和竞争力。因此，调整投资结构、稳定投资总量既是攀西经济区加快转变经济发展方式的要求，又是稳定经济增长的现实需要。

一是要科学确定投资方向。通过规划控制、政策引导等方法，促进资金向"三农"、保障性住房、民生工程、节能减排和生态建设、自主创新等领域流动，进一步加大对经济社会薄弱环节、科技、民生、环保、战略性新兴产业的资金支持，严格控制高耗能、高排放和产能过剩行业投资。超前谋划、科学规划投资方向，尽快建立产能过剩预警机制，准确反映市场供求变化趋势，防止盲目投资造成新的产能过剩。二是"放活"民间投资。按照十八届三中全会

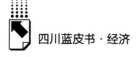

和中央经济工作会议要求,攀西经济区可以在文化旅游、健康养老、医疗卫生、交通物流、农林水利、教育培训等领域进一步放宽民间资本准入。选取部分行业开展试点,探索不同的支持方式。三是落实和深化投资领域改革,保障民间资本的平等地位,逐步扩大民间资本在非竞争性领域竞争环节的参与力度。

(三)优化消费环境,扩大居民消费

居民消费是内需的重要组成部分,目前攀西经济区居民消费对经济增长的支撑作用还有待提升。2015年,攀西经济区应进一步优化消费环境,为扩大居民消费创造有利条件,同时也有利于加快产业结构调整。一是支持零售企业做大做强。加大对大型商贸企业的支持力度,给予其适当的优惠政策,促进其稳定健康发展。支持小型和新增商贸企业做大做强,培育一批新的大型企业,形成新的消费增长点。二是大力发展电子商务。加快快递、仓储等配套设施建设,大力发展多元化的第三方电子商务发展平台,多方引进和培育电子商务企业,支持电子商务技术和商业模式创新。鼓励传统商贸企业向电子商务方向转型。三是发挥旅游对消费的拉动作用。依托攀西经济区旅游业发展,发挥民族文化、特色农产品等资源优势,开发面向游客的产品,推动旅游消费。

Abstract

Analysis and Forecast of Economy of Sichuan (*2015*) is completed by researchers from Institute of Industrial Economy of Sichuan Academy of Social Science, together with other external research capability. The book not only describes general situation of economic development and forecast of development trend in Sichuan, but also deeply analyzes regional and key industries and sectors in Sichuan, and also case studies on focus and key issues in the economic development and reform in Sichuan. It is an important research output to fully display current situation and future trend of Sichuan economy. The book consists of five parts: the first part is "general report", general report is a report that on analysis of economic trend and forecast in Sichuan. the second part is "comprehensive reports", including analysis and forecast in investment, export, consumption and finance and etc. ; the third part is "industrial and sectoral reports", including current situation and future development trend of three industries in Sichuan, analyzing and forecasting some key industries and sectors; the fourth part is "special reports", including some key issues occurred in recent socio – economic development, like new – type urbanization, state – owned enterprises, county economy, private economy, population and labor and employment, urban housing security and so on; the fifth part is "regional reports", including analysis and judgment on economic development of five economic zones in Sichuan.

Contents

B I   General Report

Abstract: In 2014, Sichuan economic growth fell by 15 percent, significantly higher than the nation overall. It is because of the industry and service industry growth slow further, the high pressure of structure adjustment in some regions, and the decline in investment main body's ability to raise funds, etc. Facing the new situation and new problems, Sichuan takes the initiative to adjust structure and vigorously promote the reform while it is trying to keep a steady growth , and the economy rapid downward trend basically be suppressed, progress was made in structural adjustment. In 2015, Sichuan is expected to use the condition that domestic and foreign markets are recovering to further digest the overdraft factors during reconstruction, speeding up the new growth pole that TianFu new area and Sichuan urban agglomeration's development and the pace of economic restructuring, vigorously promoting the development of strategic emerging industries and modern service industry, laying a new foundations of the economic turnaround, and making the economic growth rate slightly higher than that of last year.

Keywords: Economic trend of Sichuan; New normal Growth rat

B II   Comprehensive Reports

B. 2   Analysis and Forecast of Development of Fixed Asset
Investment in Sichuan in 2015   *Chen Yu* / 019

Abstract: In 2014, the fixed assets investment in Sichuan province continues to maintain a steady growth, and also shows the following characteristics, the structure of investment is improved, the investment grow strong in third industry, the rate of funds is stable and on the rise, private investment continues to increase rapidly, spatial structure changes obviously, etc. But there are also some problems, as http://fanyi.baidu.com/the growth rate of the investment in industry declines, the sales in the real estate market is poor; the investment in Chengdu grows sluggishly. Looking to 2015, fixed assets investment in Sichuan province will continue to maintain a steady growth, but the challenges will also be in the investment areas, the investment in second industry also will be low-price running.

Keywords: Sichuan; Fixed asset investment; Spatial Structure

B. 3   Analysis And Forecast of Fiscal Situation In Sichuan In 2015
                                        Hu Jianzhong / 032

Abstract: From January to Augus, 2014, Sichuan saw a steady rise of the provincial public fiscal income, with non-tax income contributing 32.1% of the total growth in fiscal income. Fiscal expenditure keeps growing quickly, as input intensity increases in the fields of people's livelihood, industrial development and infrastructure construction. With the implement of "one zone one road" national strategy and Tianfu New Area upgrading to national level, the sustainable development of Sichuan's economy has been put on a firmer basis. It is predicted preliminarily that 2015 will see a relative large increase in provincial local fiscal income compared to 2014, the growth rate about 10%.

Keywords: Fiscal income; Fiscal expenditure

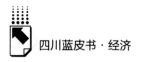
四川蓝皮书·经济

B. 4　Analysis and Forecast of Financial Situation in Sichuan in 2015

Du Kunlun, Luo Zhihua / 041

Abstract: Based on Sichuan's financial development in the first half of 2014, the characteristics and major future influential factors of Sichuan's financial system are analyzed. Historical data and correlation methods are used to focus on analysis and forecast about important economic indexes of Sichuan's banking industry and multi-level capital markets. It is concluded that the depth and process of national financial reforms have a macro dominant and determinant effect on local economic development. Related market players should actively take action, while local government should play a better role in promoting local financial development and strengthening control of local financial risks.

Keywords: Local finance; Situation analysis; Development forecast

B. 5　Analysis and Forecast of Import and Export in Sichuan in 2015

Chen Youqing, Sun Lijun / 051

Abstract: In 2014, the foreign trade of Sichuan province has witnessed a momentum of stable and rapid growth, with further optimized trade structure, speedy development of private enterprises, and enhanced drag force by key areas. Sichuan export-import growth rate leads among Economic Big Provinces, higher than the national average level. However, Sichuan also faces a lot of pressure, such as slowly recovery of external demand, prevalent global trade protectionism, and weak competitiveness of local enterprises. Sichuan should insistently put foreign trade's "steady growth" in the first place, adjust the trade structure and transfer trade development mode, promote the implementation of policies and measures, spare no effort to cultivate the export-oriented industries and enterprises, so as to create new competitive advantages of Sichuan's open economy.

Keywords: Sichuan; Import and export; Growth

B Ⅲ   Industry Reports

B. 6   Analysis and Forecast of Sichuan's Agricultural Economic
Development in 2015   *Yu Hong , Sang Wanqing* / 062

Abstract: In recent years, the overall operation of Sichuan agriculture has showed a steady growth trend, which is mainly reflected in the following aspects: the stable yield of grain and other major agricultural products, the rapid development of characteristic agriculture; the continuous optimization of the structure of agricultural production; and rapid growth of the income of the farmers, and the increase is more than urban residents steadily; modern agriculture develops steadily. But there are still some problems in the rural economic operation. In order to promote the development of agricultural economy, National and provincial government constantly improve relevant policies, provide a good external environment for the development of Sichuan agriculture, Based on multi-analysis, Sichuan agricultural development will continue to maintain the good momentum of development in 2015.

Keywords: Sichuan; Agricultural Economic Situation; Agricultural Policy; Agricultural Development Forecast

B. 7   Analysis and Forecast of Sichuan's Industrial Economic
Development in 2015   *Da Jie , Wang Lei* / 082

Abstract: The first three quarters of 2014, Sichuan industrial economy has achieved a steady and rapid economic growth, the industrial added value growth rate reaches 9. 8% , industrial structure was optimized obviously, and the overall strength significantly improves. In 2015, the province's macro environment at home and abroad needed for industrial economic development will continue to be improved, industry development vitality gradually released, it is expected that the whole year will maintain steady and rapid growth, the growth rate remained at around 10% , growth quality and benefit will be further enhanced.

Keywords: Sichuan Province; Industrial Economy; Industrial Structure

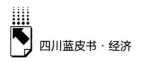
四川蓝皮书·经济

B. 8　Analysis and Forecast of Sichuan's Service Industry

　　Development in 2015　　　　　　　　　　*Wu Jianqiang* / 095

Abstract: In the first three quarters of 2014, the rapid development of the third industry has become an important power of Sichuan steady growth. From the service sector of GDP, Sichuan service industry still has great potential for development. Now, with many favorable conditions for the development of Sichuan service industry, Sichuan service industry is expected to maintain a sustained growth trend in 2015. To promote the development of service industry, some measures should be taken for Sichuan government.

Keywords: Sichuan; Service Industry; Analysis of situation; Forecast

B. 9　Analysis and Forecast of Sichuan's Electronic

　　Information Industry Development in 2015

　　　　　　　　　　　　　　　Fang Qian, Su Ping / 105

Abstract: In recent five years, Sichuan electronic information industry has showed a good running situation of general growth. It also has the distinct characteristics of reduced growth, missile investment, obvious structural adjustment, and good export growth. At present, the factors which are conducive to the growth of Sichuan electronic information industry include: regional economy is stable; domestic demand and exports change for the better; development environment is improved; industry prosperity is in positive trend. While, unfavorable factors show as follows: the product cost is increased; production capacity of the new investment is reduced; capacity utilization is low; introduction of large projects is slowed. Based on multi-analysis, Sichuan electronic information industry will remain a good growth in 2015, and the main business income will fluctuate in a range of around 750 billion.

Keywords: Electronic Information Industry; Electronic Information Manufacturing Industry; Software and Information Service Industry

B. 10   Analysis and Forecast of Sichuan's Energy and
Electricity in 2015   *Lao Cheng Yu* / 120

Abstract: The paper describes current situation of the advantages of energy resource development in Sichuan Province, mainly focusing on biggest clean energy base, that is, scale of hydropower development in Sichuan and their conflicts. It is predicted that the energy revolution will bring a series of opportunities and challenges for the development of electric power energy industry in Sichuan. And 2015 Sichuan energy production will remain 3% to 5% , the annual generating capacity of about 15% of steady growth.

Keywords: Sichuan; Energy; Electricity; Situation; Forecast

B. 11   Development of Food and Beverage Industry in
Sichuan and Its Prospect Analysis   *Yuan Jing, Li Qiang* / 133

Abstract: Food and beverage industry is the one related to people's livelihood, is an effective way to promote agriculture to improve the overall efficiency and to increase farmers' income, to make agricultural modernization, and is one of the dominant industries in Sichuan. In the phase of economic restructuring, under the conditions of the macroeconomic environment in the new normal, Sichuan food and beverage manufacturing industry is facing a new environment for the development and structural adjustment, which needs to accelerate industrial restructuring and upgrading, and enhance the brand influence, expand markets, enhance core competitiveness .

Keywords: Sichuan Province Food and beverage industry Development Status Prospect Analysis

B. 12   Development of Automobile Industry in Sichuan and
Its Countermeasures   *Liang Hao* / 145

Abstract: The article thinks that the development of Sichuan auto industry is in

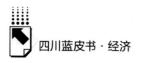

rapid growth process, the leading role of the automobile industry has begun to show. It is in a critical period of structure adjustment and optimization with enormous potentiality. However, leaping development of Sichuan automobile industry is currently restricted by some key problems: lack of large automobile production enterprises, leading enterprises are not playing their leading role, the construction of infrastructure facilities lag, lack of attention to the development of related products, lack of investment and other issues. It also restricts the rapid development of automobile industry in Sichuan. The author thinks, in order to achieve the rapid development of automobile industry of Sichuan health, it is necessary to first further increase the auto adjustment of industrial structure, promote the advantages of enterprises upgrading; second is to insist on do articles focusing on the auto industry park, the development of the automobile industry to accelerate Sichuan from point to surface spread; 3rd is to the automobile product structure in the region optimization; 4th is to through the strategic restructuring, build Sichuan automobile industry "aircraft carrier"; Fifth is to speed up the optimization of the layout of automobile industrial park; Sixth is to cater to the current international and domestic future demand for new energy vehicles, promote the industrialization of new energy vehicles.

Keywords: Sichuan Province; Automobile industry; Development; Counter-measures

B. 13 Analysis and Forecast of Development of Sichuan's Tourism Industry in 2015
Yang Qizhi, Wu Chunping / 158

Abstract: since 2013, with the interference of unfavorable factor like slow world economic recovery, 4.20 Lushan earthquake, July's big flooding, under the pressure of Sichuan's economy going downward, Sichuan tourism industry maintains a sustained, rapid and healthy development, constantly improve the operation quality. Tourism in the overall stability in economic operation, the steady development and structure adjustment coexist, the characteristics of the three markets continues to grow. The provincial tourism revenue reached 245.761 billion Yuan, up to 29.3% from a year earlier. Three big tourism markets continues to grow in Sichuan in 2015, Sichuan tourism international fame will be greatly enhanced, construction of wisdom tourism will be greatly improved, online travel grows faster with a substantial increase in percentage, the theme hotel will flourish, the Tibetan tourism will achieve good performance again.

Keywords: Sichuan Province; Tourism industry; Development; Forecast

Abstract: The cultural industry is world recognized as a sunrise industry; its development has received extensive attention. In recent years, The Sichuan culture industry is developing rapidly, which contributes to social and economic development of Sichuan province. At present, promoting cultural industry to become a pillar industry in Sichuan has significant importance to promote regional economic transformation and upgrading. Therefore, this paper provides an overview of development of Sichuan's cultural industry and analyze with the tool of SWOT, pointed out that Sichuan Province should implement total expansion of cultural industry strategy, cultural upgrading of industrial structure, expand the Consumption of cultural industry strategy, culture industry's "going out" strategy, strategy for cultural heritage, cultural industries talents strategy. With these six key strategies, it is to promote the cultural industry to become a pillar industry in Sichuan province, which realizes the changes from big province with cultural resources to powerful cultural province.

Keywords: Pillar industry; Culture Industry; Strategy; Sichuan

B IV   Special Reports

Abstract: Sichuan province implements the principles of the Eighteenth National Congress of the CPC and the Third Plenary Session of the 18th CPC Central Committee, through promoting the development of the state-owned

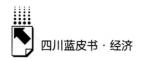

enterprises to go on a new step and enhancing their vitality, controlling force and influence constantly by deepening the reform of state-owned enterprises. This paper introduces the development of state-owned enterprises of Sichuan Province, analyses their existing problems, and puts forward the corresponding recommendations of policy, from the following five aspects: the state-owned enterprise production and operation, the corporate governance structure, state-owned assets management system, and undertaking non-economic task, bearing a burden of the society and the problems left over by history, the reform of mixed ownership.

Keywords: State-owned enterprises; Production and operation; Corporate Governance structure; Mixed ownership

B. 16 An Evaluation Report on Development of County Economy in

Sichuan (2014) *Zhang Kejun, Long Jingju* / 207

Abstract: County economy is a kind of regional economy with full local features and full functions. It is divided geographically by county administration, based on county district, guided by the market, optimizing resource allocation. It is an important part of the national economy. Sichuan is a province with a large population, and its output of the agriculture, forestry, animal husbandry and fishery is in the forefront of the country. In order to enhance the competitiveness of the county economy, narrow the gap with the developed areas, reinforce the bottom base of building a multi-point multi-polar pattern and implement the "moderate prosperity" program in a well-rounded way, research and development of the county economy in Sichuan has a special significance.

Keywords: Sichuan Province; County economy; Municipal county

B. 17 A Report on Development of Non‐Public Economy in

Sichuan *Wei Liangyi, Yang Gang* / 223

Abstract: Since the reform and opening up, the development of the non-public sector of Sichuan province has made great achievements. The individual private economy of the non-public sector of the economy has an absolute dominance position t in the province, there is an upward trend for the foreign Hong Kong, Macao and Taiwan investment in the province, but the amount is small. This paper lists the main characteristics and problems of the development of the non-public sector economy of Sichuan province, and some countermeasures and suggestions have been put forward.

Keywords: Sichuan Province; Non-public Economy; Entrepreneurial innovation

B. 18　A Report on Economic Development of High − Tech and
Industrial Park in Sichuan　　　　　　　　　　*Wang Lei* / 237

Abstract: With the continuous expansion of strength and the scale, high-tech industry and economy of the park in Sichuan province has become the important strength to support the implementation of the "three big development strategy". But compared to the eastern coastal provinces and cities, there still have big disparity, spatial layout, such as strength and spatial arrangement in high tech Industry Park, and the function orientation and development mode needs to be improved. Therefore, we should seize strategic opportunities, promoting high-tech industry strength, as soon as possible to increase the number of above the Provincial Park, accelerate industrial agglomeration advantages, and enhance the overall level of development, for the realization of "two leaps" make greater contribution.

Keywords: Sichuan Province; High Tech Industry Industrial Park

B. 19　Self − Independent Innovation in Medium − Sized Industrial
Enterprises in Sichuan　　　*Wang Qiaomiao, Li Zhongpeng* / 249

Abstract: This article describes current situation of self-independent innovation in large and medium-sized industrial enterprise in Sichuan province from these aspects: first

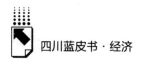

enterprises with R&D activities, R&D investment, R&D spending, R&D project, R&D, production of new products, technology innovation and patent application and authorization, and then use the factor analysis method to make empirical analysis of self-independent innovation in large and medium-sized industrial enterprises in Sichuan province, finally puts forward some countermeasure to promote self-independent innovation in large and medium-sized industrial enterprises in Sichuan province.

Keywords: Self-independent innovation; Large and medium-sized industrial enterprise; Factor analysis method

B. 20　Development of Urban Housing Security System in Sichuan

Tian Yan, Liu Wenjie and Hong Yun / 279

Abstract: Through a long and tortuous development process, government has established a relatively complete urban housing security system at the national level and Sichuan, which includes low-cost housing, affordable housing, public rental housing supply system and provident fund, low rent housing rent subsidies consumption system. This system is gradually expanding insurance coverage, and earnestly solves the basic living security object difficult at the same time, also presents high management costs and efficiency of resource allocation problems. Because of this, the present system starts a new transformation and change. It will gradually streamline into "one rent one sale", and the migrant workers absorption security system. In this regard, Sichuan needs to firm up the short-term and the long-term goal task in the transformation, draft policy implications and strategies in order to improve the development of Sichuan urban housing security system.

Keywords: Sichuan Urban; Housing Security; System Development

B. 21　The Analysis of Sichuan's Financial Aggregate of Banking and Regional Economic Growth in 2015

Luo Zhihua / 291

Abstract: The paper analyzes major economic data from Sichuan's banking financial institutions from 2003 to 2013, using the method of historical data analysis and correlation analysis. It predicts and inspects the Sichuan banking's main economic indicators in 2014 and 2015, basing on the assumption of good stability credit growth and LDR. The paper takes conversion rate for a hypothesis, it forecasts and inspects Sichuan's regional gross domestic product in the year of 2014 and 2015, based on correlation and conversion rate between credit growth and regional economic growth.

Keywords: Sichuan's Banking; Finance; Regional Economy; Growth

B. 22   Analysis and Forecast of Sichuan's Population and

Labor Employment   *Jiang Hua, Tang Qing* / 314

Abstract: Sichuan is characterized by its huge population and weak economic foundation. Within next 5 to 10 years, an aging population, non-equalization of regional migration of population and demand imbalance of labor and other issues will become the new normal, which challenges the implementation of " Three Strategies" in Sichuan. In the new phase of development, Sichuan should be based on reform and innovative ideas, adhere to the people-centered development philosophy, establish a new population development concept and build new services and management system on population and labor employment adapting to new normal, in order to promote harmonious development among human, society and economy.

Keywords: Sichuan's Population; Labor employment; Development strategy; Forecast

B. 23   Socio –Economic Development in Sichuan's Minority Regions

Jia Xingyuan, Renqing Zhuoma / 332

Abstract: This paper reviews and analyzes the basic features of the social economic operation from January to September 2014 in Sichuan minority areas, also

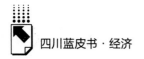

四川蓝皮书·经济

comments on the policies and measures taken to deepen the economic and social development in these areas. Based on this, the paper points the main problems existed in the economic and social development of ethnic regions in Sichuan. Finally it prospects the major measures which will be taken on the socio-economic development in Sichuan's minority areas in 2015.

Keywords: Sichuan minority areas; The economic and social development; Review and analyze

B. 24   Development of Characteristic Industry in Sichuan's Rural Hilly Areas
—A Case Study of Guangan's Longan Pomelo Industry
Liu Hongyuan, Liu Qiuhong and Liu Jincheng / 343

Abstract: Rural population, economic size and natural condition in Sichuan's hilly regions determine the position and function of agricultural modernization. The rural characteristic industry is based on the comparative advantage of a modern agricultural development direction. In order to realize the transfer of rural surplus labor and rural economic and social sustainable development of Sichuan hilly region, it should be based on the features, based on characteristic industry, forming characteristics of the industrial chain. Guangan's Long An pomelo as the research sample of characteristic product becoming the rural characteristic product In hilly region of Sichuan province, based on normative analysis on the Long An pomelo development history, current situation and existing problems, this paper attempts to answer the Sichuan hilly region the plight of the rural characteristic industry development and the crack, thus for Sichuan hilly region rural characteristic industry development to provide policy recommendations.

Keywords: Of Sichuan's hilly region; Characteristics product; Characteristic industry; Guangan's Long An pomelo Postscripts

ß V   Regional Reports

Abstract: The Southern Sichuan Economic Zone is facing problems like complex global economy, our country and our province's economic situation, opportunities and challenges of development are co-exist. The strong growth momentum is expected but it is hard to be completed expectations. The main factors supporting economic growth are from the superposition of many policies to stimulate, investment growth, to speed up the transformation and upgrading, parks development and the integration process accelerated, the negative factors include economic growth rate downturn, lack of elements of security as well as several industry-based business growth instability. It is recommended to accelerate the transformation and upgrading, promote integration and foster the opening of new advantages, etc.

Keywords: Southern   Sichuan   Economic   Zone; Economic   growth; Transformation and upgrading

Abstract: In the first half of 2014, the economic growth rate in Sichuan's northeastern area is higher than the average level in Sichuan province, increased by 8.88% from a year earlier, faster than the average growth rate of 0.38% in Sichuan province. With the industrial structure improvement, shrinking trend of urban and rural differences, the overall economic quality improvement, general economic development level is still lag behind compared with the whole Sichuan. With the Development Plan of Sichuan's Northeastern Economic Area came into being,

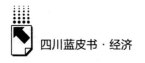

changes of national incentive policies and macro control, Northeastern Economic Zone is expected to maintain slow growth rate and steady growth of economic indicators.

Keywords: Sichuan's Northeast Economic Zone; Economic situation; Analysis; Forecast

B. 27　Analysis and Forecast of Economy in Sichuan's Panxi Economic Zone in 2015　　*Wu Zhenming* / 387

Abstract: 2015 will be the crucial year for transformation of the pattern of economic development and deepening the reforms in an all-round way. Panxi economic zone will have to face a serious external environment, such as the world economic slowdown, the international trade environment deterioration. It will continue to face other unfavorable factors, like insufficient domestic demand, investment growth slowed, rising production costs, excess capacity, and the local debt pressure. How to solve various contradictions which exist in the long-term of the economic and social development? And how to explore the transition path for Panxi economic area to meet it own characteristics? Those questions still need to be concerned in a long-term.

Keywords: Economic situations; Panxi economic zone; Forecast

❖ 皮书起源 ❖

"皮书"起源于十七、十八世纪的英国，主要指官方或社会组织正式发表的重要文件或报告，多以"白皮书"命名。在中国，"皮书"这一概念被社会广泛接受，并被成功运作、发展成为一种全新的出版型态，则源于中国社会科学院社会科学文献出版社。

❖ 皮书定义 ❖

皮书是对中国与世界发展状况和热点问题进行年度监测，以专业的角度、专家的视野和实证研究方法，针对某一领域或区域现状与发展态势展开分析和预测，具备权威性、前沿性、原创性、实证性、时效性等特点的连续性公开出版物，由一系列权威研究报告组成。皮书系列是社会科学文献出版社编辑出版的蓝皮书、绿皮书、黄皮书等的统称。

❖ 皮书作者 ❖

皮书系列的作者以中国社会科学院、著名高校、地方社会科学院的研究人员为主，多为国内一流研究机构的权威专家学者，他们的看法和观点代表了学界对中国与世界的现实和未来最高水平的解读与分析。

❖ 皮书荣誉 ❖

皮书系列已成为社会科学文献出版社的著名图书品牌和中国社会科学院的知名学术品牌。2011年，皮书系列正式列入"十二五"国家重点图书出版规划项目；2012~2014年，重点皮书列入中国社会科学院承担的国家哲学社会科学创新工程项目；2015年，41种院外皮书使用"中国社会科学院创新工程学术出版项目"标识。

中国皮书网

www.pishu.cn

发布皮书研创资讯，传播皮书精彩内容
引领皮书出版潮流，打造皮书服务平台

栏目设置：

☐ **资讯**：皮书动态、皮书观点、皮书数据、
　　皮书报道、皮书发布、电子期刊
☐ **标准**：皮书评价、皮书研究、皮书规范
☐ **服务**：最新皮书、皮书书目、重点推荐、在线购书
☐ **链接**：皮书数据库、皮书博客、皮书微博、在线书城
☐ **搜索**：资讯、图书、研究动态、皮书专家、研创团队

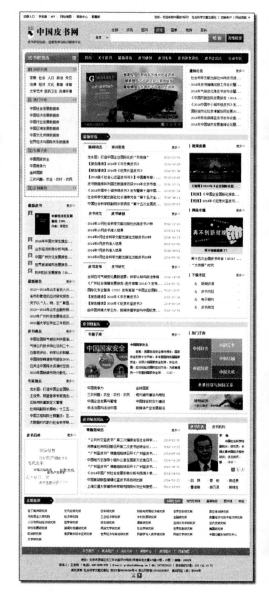

　　中国皮书网依托皮书系列"权威、前沿、原创"的优质内容资源，通过文字、图片、音频、视频等多种元素，在皮书研创者、使用者之间搭建了一个成果展示、资源共享的互动平台。

　　自 2005 年 12 月正式上线以来，中国皮书网的 IP 访问量、PV 浏览量与日俱增，受到海内外研究者、公务人员、商务人士以及专业读者的广泛关注。

　　2008 年、2011 年中国皮书网均在全国新闻出版业网站荣誉评选中获得"最具商业价值网站"称号；2012 年，获得"出版业网站百强"称号。

　　2014 年，中国皮书网与皮书数据库实现资源共享，端口合一，将提供更丰富的内容，更全面的服务。

法 律 声 明

"皮书系列"（含蓝皮书、绿皮书、黄皮书）之品牌由社会科学文献出版社最早使用并持续至今，现已被中国图书市场所熟知。"皮书系列"的LOGO（ ）与"经济蓝皮书""社会蓝皮书"均已在中华人民共和国国家工商行政管理总局商标局登记注册。"皮书系列"图书的注册商标专用权及封面设计、版式设计的著作权均为社会科学文献出版社所有。未经社会科学文献出版社书面授权许可，任何使用与"皮书系列"图书注册商标、封面设计、版式设计相同或者近似的文字、图形或其组合的行为均系侵权行为。

经作者授权，本书的专有出版权及信息网络传播权为社会科学文献出版社享有。未经社会科学文献出版社书面授权许可，任何就本书内容的复制、发行或以数字形式进行网络传播的行为均系侵权行为。

社会科学文献出版社将通过法律途径追究上述侵权行为的法律责任，维护自身合法权益。

欢迎社会各界人士对侵犯社会科学文献出版社上述权利的侵权行为进行举报。电话：010－59367121，电子邮箱：fawubu@ssap.cn。

社会科学文献出版社